拳击教练员岗位培训教材

（高级）

王德新　邓爱民　哈达巴特尔　主编
国家体育总局科教司　审定

人民体育出版社

图书在版编目（CIP）数据

拳击教练员岗位培训教材．高级 / 国家体育总局科教司审定．-- 北京：人民体育出版社，2019（2024.7 重印）

ISBN 978-7-5009-5418-7

Ⅰ．①拳… Ⅱ．①国… Ⅲ．①拳击－基本知识 Ⅳ．① G886.1

中国版本图书馆 CIP 数据核字 (2018) 第 177463 号

*

人 民 体 育 出 版 社 出 版 发 行

北 京 建 宏 印 刷 有 限 公 司 印 刷

新　华　书　店　经　销

*

787 × 1092　16 开本　21.5 印张　431 千字

2019 年 12 月第 1 版　2024 年 7 月第 2 次印刷

*

ISBN 978-7-5009-5418-7

定价：95.00 元

社址：北京市东城区体育馆路 8 号（天坛公园东门）

电话：67151482（发行部）　　邮编：100061

传真：67151483　　邮购：67118491

网址：www.psphpress.com

目 录

CONTENTS

理论篇

实践篇

理论篇

第一章

拳击运动概论与发展

王德新　邓爱民　张喜燕

第一节　拳击运动起源

拳击是一项古老的体育项目，为了生存和竞争，人类发明了它。它是人类古时的生存技巧，处于原始时期的人类，要凭借智慧、体力和带有一定技巧的动作，不断同来犯之敌或凶猛的野兽进行搏斗，才能于恶劣的环境之下生存。弓箭未面世前，人类要以拳头来自卫，这是拳击的雏形，它是保护人们生命财产的一种手段。在古希腊，拳击被称为角力拳击，它是一项重要的搏击技术。

在《英国大不列颠百科全书》中就有“公元前 40 世纪，幼发拉底和底格里斯两河流域发现拳击的遗迹”的记载，距今已有 5000 年的历史。考古学家在破译的埃及象形文字中发现了有关公元前 3700 年拳击护具“皮绷带”的记述，见图 1-1，这种拳击手佩戴的特别的拳击手套，被称作“锐利皮带”。“锐利皮带”延伸至上臂且与四个手指用皮带连在一起。后来大约在公元前 17 世纪，拳击运动经过地中海的克里克岛传播到古希腊。公元前 5 世纪在爱琴海岸发掘的一对瓷瓶上，有两人相互攻防的拳击图案（图 1-2）。在希腊神话中，传说雅典王子赛希阿斯（公元前 1000 年）通晓拳术，曾练习过这种搏击术。大英博物馆里收藏的公元前 336 年双耳花瓶上同样描绘了古希腊泛雅典娜女神节的拳击场景（图 1-3）。

在美索不达米亚的考古发掘中，也发现了 1700 年前拳击活动的遗迹。

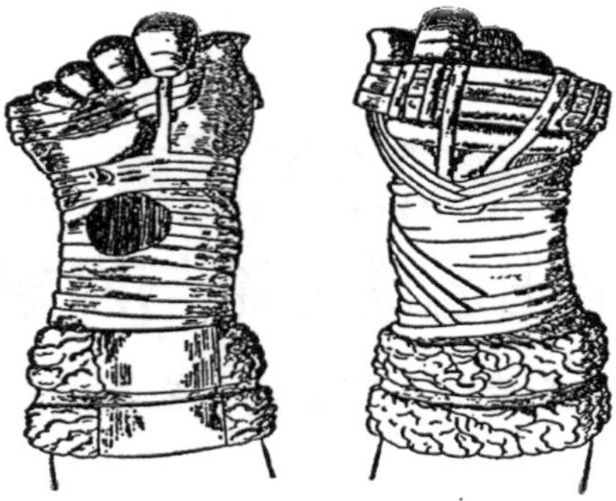

图 1-1　公元前 3700 年有关拳击用的护具“皮绷带”

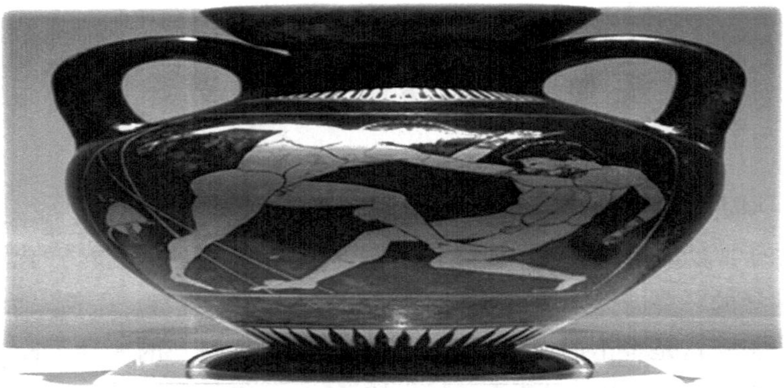

图 1-2　图左强壮的青年击败他的对手，图右青年举起右手食指承认失败

图 1-3　公元前 336 年古希腊泛雅典娜女神节的拳击场景（大英博物馆）

现代拳击运动起源于 18 世纪的英国，成就于美国。1888 年美国成立了世界上最早的 12 个业余拳击俱乐部，是现代拳击运动的雏形，经过近一个世纪的风云变化，拳击运动愈来愈受到人们的青睐，已成为世界性的运动，深受世界各国人民的喜爱。

2014 年 8 月 15 日下午，在南京第 2 届夏季青年奥林匹克运动会即将开幕之际，中共中央总书记、国家主席、中央军委主席习近平来到南京青奥会运动员村对拳击运动员吕平说，“拳击是一个勇敢者的项目，攻守要全面，速度、力量、抗打击能力、反应、体能要全面发展，要有过硬的心理素质和意志品质”。“拳击是一项勇敢者的运动，需要一颗勇敢的心”。作为一个用“力量”说话的同场对抗性项目，拳击比赛正逐渐将起源之初的“生存”和“竞争”，演变成坚毅、无畏、激励参与者持续实现超越自我的拳击精神。

第二节 拳击运动组织与赛事

拳击运动分为职业拳击（Professional Boxing）和业余拳击（Amateur Boxing）两大体系。两大拳击组织在赛制、规则、社会影响等方面都有着极大的差异。职业拳击是指由教练员、运动员及经纪人共同组建的团体，由经纪人运作比赛，属于俱乐部或个人行为，所有的赛事和活动都受经纪人和俱乐部的控制和安排，追求市场利益最大化和商业化运作气氛；业余拳击是指奥运会中所设的拳击项目和相应的各级各类拳击比赛，也就是我们通常说的奥运拳击，参赛运动员代表各自的国家，争金夺银为国争光的意愿强烈。业余拳击以增进拳击爱好者和运动员的健康，培养其顽强拼搏、机智勇敢和英勇善战的优良品质为目的，适应广大拳击爱好者健身和竞技的需要，是以提高拳击运动技术水平和增进各国人民的友谊为宗旨，代表着拳击运动健康向上的发展方向，是世人所共同希望和倡导的勇敢顽强、努力拼搏的竞技精神的具体体现。

因具有极其强烈的对抗性、健身性和职业拳击利益的驱使，现代拳击在短短百余年的时间内，迅速发展成为世界上最受欢迎的体育项目之一，遍及201个国家及地区，吸引着千百万青少年拳击爱好者和拳击运动员热衷于这项运动，同时也吸引着数以亿计的拳迷观众，这些爱好者和热心拳迷为促进现代拳击运动的发展，同样做出了巨大的贡献。

一、国际业余拳击联合会

国际业余拳击联合会（International Amateur Boxing Association，以下简称国际拳联，缩写：AIBA）是由英、法等24个国家的拳击协会倡议，于1946年在伦敦成立的协会。首任主席为法国拳击协会主席 Émile Grémaux（1893—1959），他本人从事过拳击训练和教练工作，同时也是个商人。

2017年10月10日，AIBA在官方网站宣布暂停国际奥委会执委、AIBA主席吴经国的职务权限（2006年担任AIBA主席）。2018年1月27日在迪拜举行的AIBA代表大会上109个会员国成员选举乌兹别克斯坦人卡夫（Gafur Rahimov）为临时AIBA主席。图1-4为国际业余拳击联合会会标。

图 1-4　国际业余拳击联合会会标

AIBA 总部设在洛桑，目前拥有的会员遍及 201 个国家及地区。欧洲是会员国家最多的大洲，有 51 个，非洲 49 个，亚洲 44 个，美洲 42 个，大洋洲 15 个（图 1-5）。

图 1-5　AIBA 会员国及地区分布图

英语、西班牙语、德语、俄语和法语为 AIBA 的官方语言。1946 年 1 月 28 日在伦敦第一次代表大会上通过了 AIBA 的第一部章程。AIBA 得到国际奥委会的承认。我国拳击协会于 1987 年 6 月 25 日加入 AIBA。

代表大会是 AIBA 的最高机构，由主席、执行主任、副主席、执委以及会员代表组成，每 4 年召开 1 次。每个会员协会可派出 3 名代表参加大会，但只有 1 票表决权。代表年龄不得小于 21 岁，而且只能代表 1 个会员协会。

AIBA 的任务：传播拳击运动的真正精神和开展各国运动员之间的友好竞赛；制定世界锦标赛和国际比赛的规程；保证 AIBA 的一切比赛严守比赛规则；促进各会员之间的相互友好和尊重。

AIBA 下属委员会：有国际拳联职业拳击赛（以下简称 APB）发展委员会、国际拳联职业拳击联赛（以下简称 WSB）发展委员会、运动员与青年委员会、女子发展委员会、教练员委员会、裁判员委员会、技术规则委员会、道德委员会、医务委员会和纪律委员会共10个委员会。

（一）APB发展委员会

职责：负责APB赛制体系研究与完善，对于该赛事积分制度、运动员资格、赛事运行模式、商业开发、市场推广、电视转播等问题进行研究并提出发展建议。

（二）WSB发展委员会

职责：负责WSB赛制、俱乐部权益、组建与运营、积分制度、竞赛规则等相关问题的研究并提出发展建议。

（三）运动员与青年委员会

职责：负责研究与制定AIBA运动员持续职业发展规划，研究制订世界青少年拳击项目发展计划、赛事体系、培训体系。

（四）女子发展委员会

职责：负责研究制定世界女子拳击项目发展规划，推进女子教练员、技术官员等各类专业人才培养计划，就规则、奥运会设项、青少年、教练员、职业赛事等涉及女子拳击的有关内容提出建议和实施举措，与相关委员会共同推进。

（五）裁判员委员会

职责：负责AIBA裁判员的管理与培养，制定AIBA裁判技术手册，裁判员晋升、考核、监督与管理办法，与总部配合负责国际重要赛事裁判员的选拔、推荐与评估，向技术规则委员会反馈并提出规则修改建议。

（六）医务委员会

职责：负责研究制定AIBA赛事、训练及相关活动所涉及的医疗、救护、安全措施等所有涉及医务问题的规定，负责比赛拳台医生、伤病防护师（Cutman）标准的制定与考核和AIBA反兴奋剂工作。

（七）技术与规则委员会

职责：负责研究、制定与修改AIBA技术规则和竞赛规则。

（八）教练员委员会

职责：负责研究制定AIBA教练员训练手册，制定教练员资格认证、晋升、考核等管理办法；负责世界拳击教练员培训与发展，推动教练员执教水平的提升；负责全球拳击教练员的培训和考试工作，经过考试合格的教练员才能在比赛中担任助手工作。

（九）道德委员会

职责：负责研究制定 AIBA 道德规范性文件。

（十）纪律委员会

职责：负责研究制定 AIBA 纪律条例，对 AIBA 任何会员违反 AIBA 章程、技术规则、竞赛规则等条例中规定的奥林匹克体育精神的行为做出处理。

二、职业拳击运动

世界拳击界公认最主要的职业拳击组织：世界拳击协会（WBA）、世界拳击理事会（WBC）、国际拳击联合会（IBF）、世界拳击组织（WBO）。四大国际职业拳击组织，各有不同的章程、系统、比赛、世界冠军和世界拳王，但四个组织之间有着紧密的联系。

职业拳击比赛形式灵活多样，比赛以尊重双方运动员的意愿为前提，以获得精彩的比赛效果为目的，所以比赛回合数是依据运动员水平高低协商而定，分为 4 回合、5 回合、6 回合、8 回合、10 回合和 12 回合 6 种赛制；运动员使用的拳套大小也需双方运动员协商而定，可以使用 8 盎司，也可以使用 10 盎司，总之，只要确保比赛是在同等条件下遵守公平、公正的竞赛原则进行即可。

（一）世界拳击协会（The World Boxing Association，简称 WBA）

WBA 成立于 1921 年，它是目前世界四大国际拳击组织中历史最长、资历最老的世界性的拳击组织，当时简称 NBA（原名为国家拳击协会），1962 年改为 WBA。现任主席为吉尔伯托·门多萨（Gilberto Mendoza）。目前总部设在巴拿马城。WBA 拥有的会员达 167 个国家和地区（图 1-6）。

阿里、弗雷泽、福尔曼被称为“70 年代重量级拳坛三巨头”，是当之无愧的拳王，他们获得的金腰带都刻有 WBA 字样。

WBA 的下辖组织有：北美洲拳击协会（NABA）、南美洲拳击协会、欧洲拳击协会（EBA）和亚洲及泛太平洋地区拳击协会（PAPA）。

图 1-6　世界拳击协会会标

（二）世界拳击理事会（The World Boxing Council，简称 WBC）

WBC 成立于 1963 年 2 月 14 日，总部设在墨西哥城，最初有 11 个会员成员国：美国、阿根廷、英国、法国、墨西哥、菲律宾、巴拿马、智利、秘鲁、委内瑞拉和巴西。其主要创始人有墨西哥的 Luis Spota、世界拳击委员会主席 Ramon G. Velasquez 教授、英国的 Onslow Fane 和菲律宾的 Justiniano Montano（图 1-7）。

图 1-7　世界拳击理事会会标

该组织目前有 164 个会员国成员，有欧洲拳联、英国拳联、拉丁美洲拳联、美国部分州的拳联以及亚洲、非洲的一些国家的拳联。WBC 大部分收入用来促进拳击运动、保护运动员及改善医疗设施，具有一定的世界性和包容性。1979 年，WBC 进行了重建，目前已经成为世界上知名度最高、实力最强的职业拳击组织。WBC 有史以来最伟大的拳击手包括：穆罕默德·阿里、拉里·福尔摩斯、迈克·泰森、糖雷·伦纳德、罗伯托·杜兰、赫恩斯、哈格勒、奥斯卡德拉霍亚、瓦瑞斯、弗洛伊德·梅威瑟和帕奎奥等。

（三）国际拳击联合会（The International Boxing Federation，简称 IBF）

国际拳击联合会成立于 1983 年，这个组织的前身是美国拳击协会（USBA，成立于 1976 年），原来两个组织并存，现在又重新合并，简称 IBF/USBA，冠军为两个组织所共有。总部设在美国的新泽西州，主席是罗伯特·李（图 1-8）。

图 1-8　国际拳击联合会会标

（四）世界拳击组织（The World Boxing Organization，简称 WBO）

WBO 是 1987 年从 WBA 中分裂出来的一个新的职业拳击组织（图 1-9）。总部在波多黎各，其冠军委员会在美国佛罗里达州的迈阿密。现任主席为美国人 Francisco Valcarcel。到目前为止，WBO 已在世界各大洲的 20 多个国家举办过拳王争霸赛。

图 1-9　世界拳击组织会标

（五）世界拳击基金协会（The World Boxing Foundation，简称 WBF）

世界拳击基金协会最初以世界拳击联合会的名字成立于 1988 年，是由就任主席 Larry Carrier 先生在美国的田纳西发起成立的，现任主席 Croucher 先生来自拳击世家，为拳击事业长久持续发展做出了巨大贡献（图 1–10）。

图 1–10　世界拳击基金协会会标

（六）世界拳击好友联盟（The World Boxing Buddies Union，简称 WBBU）

世界拳击好友联盟，由中国的张宝健先生和张恒先生于 2017 年共同创建，旨在联合世界拳击爱好者和拳击俱乐部建立拳击联盟，目前有菲律宾、泰国、印度、马达加斯加、日本、哈萨克斯坦等国家的职业组织和俱乐部已加盟 WBBU，2019 年 1 月将在菲律宾举行一场拳王争霸赛。同时 WBBU 还为各个国家拳击爱好者和俱乐部提供组织和参加比赛的便利，让更多人参与到拳击运动中来，懂拳击，会拳击，强身健体，保护自己和家人并实现拳击运动的大众化（图 1–11）。

图 1–11　世界拳击好友联盟会标

（七）业余拳击与职业拳击对比（表 1-1）

表 1-1　业余拳击与职业拳击对比

序号	内容	业余拳击	职业拳击
1	理念	传承奥林匹克精神，增强交流与学习，以为代表的国家、省市取得优异成绩升国旗、奏国歌为荣	商业性比赛，追求利益最大化，借媒体宣传扩大社会影响力；延长运动员运动生涯
2	组织	AIBA 是唯一组织，隶属国际奥委会	四大职业拳击协会，每个组织有各自的冠军拳王头衔和金腰带
3	规则	使用 AIBA 的竞赛规则；具有权威性	使用自己协会制定的竞赛规则；规则解释权在各自协会
4	取胜方式	分数取胜为主要取胜方式；有效拳是决定胜负的关键指标，1 次数 8 秒本回合的分数要根据情况而定，可能是 10-9或 10-8 或 9-10	击倒或技术性击倒为主要取胜方式；1 次数 8 秒本回合必须是 10-8，被数 8 秒的输；追求击倒或重拳
5	比赛回合	成年男女：3 分钟×3 回合 青年男女：3 分钟×3 回合 少年男女：2 分钟×3 回合	拳王争霸赛 3 分钟×12 回合 挑战赛 3 分钟×4-10 回合
6	服装	比赛服装颜色与角落颜色相同	比赛服装自己选择
7	拳击手套	69kg 级以下使用 10 盎司，69kg 级以上使用 12 盎司	双方协商使用 8-10 盎司拳套
8	安全性	保护运动员的安全是裁判员的首要职责	保护运动员的安全是裁判员的首要职责
9	外表	不允许留胡须；可以使用少量凡士林涂抹；手套和上体必须用毛巾擦干	规则未有严格限制
10	体检和保险	提供年度体检报告和保险方可参加比赛	提供年度体检报告和保险方可参加比赛
11	培训	不断进行教练员、裁判员、技术官员业务培训，持证上岗	针对裁判员进行业务培训，持证上岗
12	级别	男子 10 个级别：49kg、52kg、56kg、60kg、64kg、69kg、75kg、81kg、91kg、+91kg	男子 17 个级别：91. 25kg、90. 8kg、79. 45kg、76. 27kg、72. 64kg、69. 91kg、66. 74kg、63. 56kg、61. 29kg、59. 02kg、57. 2kg、55kg、53. 57kg、52. 21kg、50. 84kg、49. 03kg、48kg

三、国际拳击赛事

AIBA 为国际奥委会唯一指定的管理拳击赛事的官方机构，奥运会拳击比赛资格均需通过 AIBA 举办的奥运会资格赛来获得。AIBA 拥有国际拳联公开赛暨奥林匹克比赛（AIBA Open Boxing，简称 AOB）、国际拳联世界拳击联赛（AIBA World Series of Boxing，简称 WSB）和国际拳联职业拳击赛（AIBA Pro Boxing，简称 APB）三大赛事。图 1-12 为 AIBA 拥有的三大赛事 logo。

图 1-12　AIBA 举办的三大赛事

（一）AOB

AOB 是我们通常参与的业余比赛，也就是我们说的奥运会拳击，正规的 AOB 拳击比赛必须是在 AIBA 监管下与地方承办国家协同完成的。包括以下类别的比赛。

世界男子拳击锦标赛（AIBA World Boxing Championships）

世界女子拳击锦标赛（AIBA Women's World Boxing Championships）

世界杯拳击比赛（World Cup Boxing）

奥运会拳击比赛（Olympic Boxing Games）

青年拳击奥运会（Youth Boxing Olympic Games）

世界青年男女拳击锦标赛（AIBA Youth World Boxing Championships）

世界少年拳击锦标赛（AIBA Junior World Boxing Championships）

各大洲际比赛（Intercontinental Boxing Matches）

洲际比赛以亚洲为例：

亚运会拳击比赛（Boxing at the Asian Games）

亚洲拳击锦标赛（Asian Amateur Boxing Championships）

亚洲青年拳击锦标赛（Asian Youth Boxing Championships）

亚洲少年拳击锦标赛（Asian Junior Boxing Championships）

中国拳击公开赛（China Open Boxing）

（二）WSB

1. WSB 基本情况

WSB 是 AIBA 于 2010 年推出的赛事，并得到国际奥委会认可的世界范围内最高水平的拳击俱乐部比赛，比赛规则采用 AIBA 裁判委员指定的 WSB 竞赛规则。比赛为 5 回合，每回合 3 分钟，间隙 1 分钟，10 个级别分两个单元进行，每单元 5 场比赛。截至 2017 年 6 月已经成功举办了 7 届，累计 22 个国家参加比赛。

其中 WSB 第五赛季（2014—2015 年）被列为 2016 年里约奥运会拳击项目资格赛之一，产生了 17 张奥运入场券。该赛季由德国、阿尔及利亚、乌克兰、墨西哥、俄罗斯、摩洛哥、中国、古巴、阿塞拜疆、委内瑞拉、哈萨克斯坦、阿根廷、美国、英国、意大利、波兰共 16 支俱乐部参赛。2014 年我国拳击队在国家体育总局拳击跆拳道运动管理中心及各方努力下首次以“中国龙”队参加了 WSB 的比赛，主场设在海南三亚。表 1-2 为截至目前参加 WSB 比赛的国家俱乐部汇总情况。

表 1-2　WSB 各国俱乐部汇总（22 支）

阿尔及利亚沙漠之鹰队	阿根廷秃鹰队	哈萨克斯坦阿斯兰狼队
摩洛哥雄狮队	阿塞拜疆巴库火之队	英国狮王心队
委内瑞拉酋长队	中国龙队	古巴驯兽师队
意大利米兰雷霆队	莫斯科戴拿莫队	德国雄鹰队
波兰轻骑兵队	墨西哥格雷罗队	摩洛哥雄狮队
法国巴黎联合队	波多黎各飓风队	俄罗斯拳击队
土耳其征服者队	乌克兰奥特曼斯队	美国斗牛士队
乌兹别克斯坦老虎队		

表 1-3 为截至目前获得 WSB 冠亚军的国家俱乐部汇总情况。

表 1-3　WSB 赛季成绩（2010—2017 年）

赛季	俱乐部	冠军	亚军	决赛成绩
2010—2011	12	巴黎联合队	阿斯兰狼队	6-4
2011—2012	12	意大利米兰雷霆队	莫斯科戴拿莫队	4-1
2012—2013	12	阿斯兰狼队	乌克兰奥特曼斯队	6-5
2013—2014	12	古巴驯兽师队	巴库火之队	6-5
2015	16	阿斯兰狼队	古巴驯兽师队	6-4
2016	16	古巴驯兽师队	英国狮王心队	9-1
2017	12	阿斯兰狼队	古巴驯兽师队	6-5

2. WSB 运行情况

WSB 运行权由 AIBA 持有。所有 WSB 运动员均为 AIBA 在册运动员，所有在 WSB

比赛中执裁的裁判员都必须获得 WSB 裁判员资格，并有丰富的 AIBA 执裁经验。各国拳击协会在通知运动员参赛和确保参赛能力等方面仍然扮演着很重要的角色。比赛分为季后赛和决赛两种形式，比赛在全球范围内进行，使用 10 分制打分系统，严格按照 WSB 竞赛规则执行。

第一和第二赛季特许经营权主要在城市范围，从第三季开始启动国家认证。每支队伍要求外籍运动员名额总数不超过 8 人，相同国籍不超过 3 人。参赛级别为 AIBA 设定的 10 个级别，常规赛阶段采用团体形式，各级别间采用主客场赛制比赛形式，获胜队伍进入季后赛。

队伍经营权包括运动员招募、备战和后勤管理等部门。包括的内容有综合管理、财务、市场、赛事、后勤、推广、交流和最为重要的训练。经营可根据职能划分为三个部门：商务部门、营销和竞赛部门。如此一来可以保证俱乐部日常经营的流畅，并且能够与竞赛相关的进展相符合，确保队伍招募、训练和管理的高标准。

WSB 第一赛季，来自亚洲、欧洲、美洲联盟的共计 12 支队伍参加常规赛季的比赛。按规则规定积分排名第一和第二位的队伍进入季后赛。哈萨克斯坦的阿斯兰狼队对战美国的洛杉矶斗牛士队，阿塞拜疆的巴库火之队对战法国的巴黎联队。经过主客场作战，阿斯兰狼队和巴黎联合队进入到在我国贵阳举行的决赛，自开赛以来，经过近 400 场较量，巴黎联合队获得了历史上第一个 WSB 团体冠军的头衔。

WSB 第二赛季，竞赛被分为两组，聚集了超过 40 个国家的 260 多名运动员。经过第一阶段的激烈对抗，半决赛莫斯科戴拿莫队对战阿斯兰狼队，莫斯科戴拿莫队在主场回访赛中胜出。半决赛第二场巴库火之队对战意大利米兰雷霆队，意大利米兰雷霆队以明显优势战胜对手。最终意大利米兰雷霆队在决赛中战胜莫斯科戴拿莫队获得第二赛季冠军。

WSB 第三赛季，为了吸引更多的拳迷来到现场，各代表队的主客场经营由固定城市到国家范围之间城市相互转换，并进一步增加了赛事相关活动的运作力度。五支新增加的队伍阿尔及利亚沙漠之鹰、阿根廷秃鹰、英国狮王心、波兰轻骑兵、乌克兰奥特曼斯队为 WSB 带来了新的观众，并在非洲举办了首次比赛。乌克兰奥特曼斯队和哈萨克斯坦阿斯兰狼队的最终对决成为 WSB 历史以来最为激烈的比赛之一，哈萨克斯坦阿斯兰狼队在最后关头比赛中战胜对手取得最后的胜利。

WSB 第四赛季，比赛首次进入加勒比海的市场，迎来了世界拳击最强大的队伍之一古巴队，古巴队在本赛季获得冠军。

WSB 第五赛季，哈萨克斯坦阿斯兰狼队两次战胜古巴驯兽师队再次获得赛季冠军。图 1-13 和图 1-14 为 WSB 第五赛季中国“龙”队合影。

WSB 第六赛季，古巴驯兽师队第 2 次获得赛季冠军。

图 1-13　WSB 第五赛季中国“龙”队全体运动员合影

图 1-14　WSB 第五赛季中国“龙”队全家福

（三）APB

1. APB 基本情况

APB 是 AIBA 继创办 WSB 4 年后于 2014 年 10 月创办的又一重要赛事。缩小了奥运与职业拳击之间的距离，旨在让奥运拳手也有机会打职业比赛，给世界拳击带来了职业拳击的巅峰，而且赛事有着无与伦比的透明度，是一个新时代的开端，标志着 AIBA 从“业余拳击”向“职业拳击”转变的改革进程不断加快。

APB 资格运动员是 AIBA 根据过去两年各国拳手在奥运会、世锦赛、洲际锦标赛等综合成绩积分排名，选出 10 个级别前 8 名的顶级运动员，参加 10 个级别的拳王争霸赛。2015 年 3 月，APB 赛事迎来入围拳手的第一轮比赛。比赛规则采用 AIBA 裁判委员指定的 APB 竞赛规则，6-12 回合，每回合 3 分钟，间隙 1 分钟。同时，2016 年里约奥运会首次允许职业拳手参赛。APB 比赛是职业拳手获得 2016 年里约奥运会参赛资格的唯一方式，此举措得到了国际奥委会的大力支持。获得资格的途径是参加 2014—2015 年度的 APB 奥运会资格赛。根据 APB 运动员选拔和排名委员会 7 名成员决定的排名，经过了两轮 3 分钟×6 回合的比赛，最终在 120 人中决出 80 人进行 10 个级别的世界排名。然后，根据排名，每人至少再进行 3 场 6 回合的比赛来争夺冠军，争夺成功后再进行 8 回合较量，向 APB 世界冠军头衔发起挑战。

2014—2015 年度的 APB 赛事同时也是 2016 年里约奥运会资格赛之一，10 个级别的比赛于 2014 年 10—11 月在全球 10 个不同的国家拉开帷幕。APB 赛事共分两个阶段，第一阶段各级别的冠军成为该级别金腰带卫冕者；于 2015 年下半年举行的第二阶段比赛，每个级别的冠军作为该级别的挑战者向金腰带卫冕者发起挑战。根据里约奥运会资格办法，两个阶段的冠军不仅会最终争夺该级别的王者，还可以直接获得里约奥运会入场券。我国拳击运动员吕斌和张家玮经过坚持不懈的努力拿到了个人第一条拳王金腰带，同时也取得了 2016 年里约奥运会的参赛资格，极大地激励了备战里约奥运会的国家拳击队全体将士，为最终获得 11 张里约奥运会资格打下了坚实的基础（图 1-15、图 1-16）。

图 1-15　2015 年 2 月 5 日吕斌获得 49kg 级世界拳王头衔暨奥运拳击比赛入场券

图 1-16　2015 年 7 月 10 日张家玮获得 56kg 级世界拳王头衔暨奥运拳击比赛入场券

2. APB 独特之处

①参加过 20 场或低于 20 场职业比赛的运动员首次可以与 AOB 拳手同台竞技争夺 2016 年里约奥运会资格。

②APB 体现在运动员转向职业后其国家拳击协会仍保留对运动员的领导权，这就使得 AIBA 的作用可以贯穿运动员运动生涯的始终。这也首次使运动员转入职业后仍可以代表国家在洲际比赛和奥运赛场上为国争光。

③参加 APB 比赛的运动员与 AIBA 拳击营销部门签订为期 5 年的合同。每名签约运动员按照协议每年至少参加 4 场比赛，按比赛场次给予相应薪酬，并且会按照每年竞赛安排尽可能多地安排训练和比赛。另外，运动员所在国家拳击协会可以得到与运动员相同的薪酬。

④比赛在世界范围内开展，经商讨，中国、德国、俄罗斯、阿根廷、意大利、阿塞拜疆、澳大利亚、阿尔及利亚、古巴和哈萨克斯坦被定为主办国家。

⑤APB 的竞赛形式为具备强对抗实力的运动员提供持续发展的机会，而且由于比赛回合的增加有助于运动员技战术的提升和展现。

第三节　拳击运动发展

一、世界拳击运动发展

拳击活动迹象要追溯到约公元前 3000 年的埃及，当时战士们赤身裸体搏斗是国王庆典的部分表演内容。随着时间的流逝，拳击运动一直在不断发展，并在公元前688年第23届古代奥运会中，拳击首次被接受为奥林匹克运动项目，士麦那（土耳其沿海城市）一个叫Onomastos的运动员获得了该项目的第一枚奥运会金牌。直至2700多年后的今天，拳击运动仍在奥林匹克大家庭中。现代奥林匹克运动会的第一场拳击比赛是1904年在美国的圣路易斯举办的，当时只有7个级别的比赛，而且运动员全部为美国人。几年后，英国、法国、比利时、巴西、荷兰等国的代表就筹建国际拳击联合会举行了一次关于成立“国际拳击协会”（FIBA）的预备会议。1920年8月24日，在比利时安特卫普奥运会上国际拳联（FIBA）正式成立。1946年11月，第二次世界大战期间国际拳击协会一些官员的不良行为给拳击项目发展带来了负面影响，FIBA被解散。随后英国业余拳击协会与法国拳击联合会合作，决定创立国际业余拳击联合会，英文缩写为AIBA。

AIBA持续为奥运会拳击项目的发展行使职责60年后，2006年，中国台北人吴经国担任AIBA主席一职，他执政期间对拳击运动规则进行了一系列改革，将拳击带入了一个新的时代。“业余”这个词已经不再使用了，而世界各地的拳击运动正在通过一个新的标志和革命性的竞赛规则来维护它的形象。最重要的是确保一种公平、安全、无毒品的竞赛环境，以造福所有的拳击从业者和亿万拳迷。

现代拳击项目发展历程：

1904年9月，美国圣路易斯的第3届奥林匹克运动会首次设立拳击比赛项目，此次运动会设立了7个级别的比赛。

1906年，拳击比赛开始对参赛运动员实行赛前体检。

1920年2月，举行国际拳击协会的筹备会议，来自英国、法国、比利时、巴西和荷兰的代表，以及美国、爱尔兰和苏格兰的观察员参加会议。英语为本次联合会的官方语言，该联合会的官方名称是国际拳击联合会（FIBA）。

1920年8月，国际拳击协会（FIBA）在奥运会期间的官方代表情况如下：主席为约翰H·道格拉斯（英国）；参与国为比利时、加拿大、丹麦、法国、英国、荷兰、挪威、苏联、瑞士、瑞典和美国。

1921年，法语成为国际拳击协会的第二官方语言。

1926年5月，在巴黎举行了第5届FIBA大会和第一次FIBA执行委员会的选举。会议决定将参赛奥运会的级别人数限制为每个国家一名拳击手。拳击比赛由原来的一回合2分钟四回合，改为一回合3分钟三回合。

1931年5月5日，布鲁塞尔（贝尔）第9届FIBA大会上做出决定：台上裁判员要在拳台上而不是坐在拳台边的高椅子上执裁，裁判员必须由中立的一方担任。在洛杉矶（美国）奥运会上，第一次允许拳击手佩戴头盔和护裆。

1946年11月，21个国家的代表参加了在伦敦（GBR）举行的第1届国际业余拳击联合会（AIBA）成立大会。第一任AIBA主席为Emile Grémaux，法国人。

1948 年 8 月，在伦敦召开的 AIBA 特别会议上成立了医务委员会。

1950 年 6 月，AIBA 大会在丹麦的哥本哈根举行，54 个成员国参加会议并制定了新规则。新规则规定，一名拳手在一回合比赛中被击倒三次后，应终止比赛，目的是保护运动员的安全。

1952 年，赫尔辛基奥运会（FIN）拳击比赛，增加了轻量级和重量级两个级别的比赛，级别数达到 10 个，半决赛的失败者直接获得第三名（铜牌）。

1962 年，第 5 届 AIBA 大会上，英国人 Rudyard H. Russell 当选为 AIBA 新主席。

1968 年 10 月，在墨西哥城举行的第 19 届奥运会上，拳击比赛首次设立第 11 个级别。

1970 年 10 月，在巴黎举行的第 7 届 AIBA 大会上会员国达到 111 个。

1972 年 8 月至 9 月，德国慕尼黑奥运会上首次使用了白色标志带拳击手套。

1974 年 8 月，哈瓦那（古巴）第一次 AIBA 世界锦标赛，来自 45 个国家的 242 名运动员参加了比赛。

1974 年 9 月，第 8 届 AIBA 大会上，尼基弗诺夫·丹尼索夫（苏联）当选为 AIBA 主席。AIBA 用于世界各国拳击运动发展的基金会成立。

1978 年 11 月，127 个会员国参加了第 9 届 AIBA 大会，赫尔上校（美国）当选为新一届 AIBA 主席。

1979 年 10 月，在纽约麦迪逊广场花园（美国）举办了第 1 届 AIBA 世界杯拳击比赛。同年 12 月，在横滨市（日本）举行了第 1 届 AIBA 世界青年锦标赛。

1984 年 7 月，洛杉矶奥运会拳击比赛首次将+91kg 级纳入比赛级别，且比赛运动员必须佩戴头盔。

1989 年 9 月，在第 5 届世界锦标赛（俄罗斯）上来自 43 个国家的 236 名拳击运动员参加了比赛。首次采用了电子计分系统对运动员的胜负进行判定。

1993 年 11 月，AIBA 执委会通过了一项关于女子拳击项目发展的决议。

1994 年 11 月，187 个会员国参加了在北京举行的第 13 届 AIBA 大会。会议一致通过使用 10 盎司手套，以提高拳击运动员的安全；会议决定，参赛运动员年龄上限从 32 岁延长到 34 岁，这是根据拳击运动员的健康水平所采取的措施；女子拳击运动首次被拳击界公认。

1996 年 1 月，规则规定拳击运动员必须使用 AIBA 运动员手册。

2006 年 11 月，吴经国（中国台湾人）在圣多明哥（多米尼加）第 16 届 AIBA 大会上当选为第 6 届 AIBA 主席。

2007 年 2 月，AIBA 改革委员会的首要任务是将世界拳击运动带入一个新时代。

2007 年 10 月，在芝加哥（美国）AIBA 特别大会上，进行了一系列的改革，其中包括新的 AIBA 标识、新的章程和竞赛规则的改革。

2007 年 10 月，国际拳击联合会新使命的宣言是“以各种不同的形式管理世界拳击运动”。

2009年9月，“国际拳击联合会之路”项目启动，该项目为来自新兴国家的拳击运动员和教练提供培训，并通过支付他们所有的费用的方式，帮助他们参加更多的大型赛事。

2009年10月，世界拳击联赛赛事的提出（WSB）。

2010年8月，国际奥委会执行委员会决定将女子拳击项目列入2012年伦敦奥运会拳击正式项目。

2010年11月，世界拳击联赛第一赛季开始。

2010年11月，AIBA在哈萨克斯坦阿拉木图宣布建立世界拳击学院。

2011年8月，AIBA世界个人职业赛（APB）的设想提出。

2012年7月，女子拳击首次在伦敦奥运会上亮相。7月9日，英国选手尼古拉·亚当斯击败我国选手任灿灿，成为第一位赢得奥运会金牌的女拳击运动员。

2013年10月，在对2000多场拳击比赛的安全状况进行了广泛的研究之后，AIBA医学委员会对安全问题进行了两项统计评估，他们认为在成年运动员的比赛中，拳击运动员不再戴头盔是安全的。这些评估数据是由AIBA医学委员会主席在国际奥委会医疗委员会的联合会议上提出的。所有数据表明，男子成年运动员比赛中移除头盔会减少脑震荡的发生。

2013年10月，在哈萨克斯坦阿拉木图举行的世界男子拳击锦标赛上，首次采用十分制评分新规则判定比赛胜负。

2014年9月，AIBA主席吴经国宣布世界拳击学院开始运行。该学院位于哈萨克斯坦阿拉木图的塔格尔，是一所综合训练学院。世界拳击学院将为全球拳击人才的教育、发展和实践提供一个高水平的平台。

2014年11月，在韩国济州岛举行的AIBA大会上，吴经国再次当选为AIBA主席。AIBA医疗委员会和AIBA代表大会投票一致通过比赛运动员不佩戴头盔作为一项安全措施，以保障成年拳击运动员的安全。

2015年1月，德国运动员埃里克·普法伊费尔（Erik Pfeifer）获得AIBA第一个个人职业赛世界冠军，也就是APB冠军。

2015年6月，哈萨克斯坦阿斯兰狼队在哈萨克斯坦阿斯塔纳举行的WSB第5赛季中击败古巴第2次获得WSB团体赛冠军。

2016年，十分制评分系统采用5名评判员的评判分数作为最终胜负评定的依据；取消10-6或6-10的分值。

2017年，对部分取胜方式进行了调整，技术性击倒取胜（TKO）重新回归到台上，并采用裁判员终止比赛（RSC）取胜方式。

2017年10月10日，AIBA纪律委员会要求暂停吴经国的主席职务。

2017年11月21日，AIBA官网发表联合声明，国际奥委会执委、国际体育单项联合会主席吴经国决定辞去主席一职。AIBA 副主席意大利人福兰克担任临时主席。

2018 年 1 月 28 日，国际拳击联合会在迪拜召开了全球特别临时大会，提出了针对拳击未来发展的可行性建议，推选乌兹别克斯坦人拉西莫夫担任国际拳击联合会临时主席。2018 年 11 月 3 日，AIBA 在俄罗斯莫斯科举行全球大会，拉西莫夫当选国际拳击联合会主席。

（一）世界男子业余拳击锦标赛

世界业余拳击锦标赛（World Amateur Boxing Championships）是 AIBA 最高级别的比赛。男子第 1 届世界业余拳击锦标赛于 1974 年 8 月 17 日至 30 日在古巴的哈瓦那举行，共有 45 个国家的 274 名运动员参加了 11 个级别的比赛，这标志着世界拳击运动的蓬勃发展，同时世界拳坛的垄断格局再次形成。古巴运动员再次在家门口展示了自己的实力，以 5 枚金牌、1 枚银牌和 2 枚铜牌的成绩，继 1972 年奥运会拳击比赛以来又一次获得总分第一，震惊了世界拳坛。1974—1986 年每 4 年举办一届世界男子业余拳击锦标赛，1989 年起改为每两年举办一届，至今已举办 19 届，历届世界男子拳击锦标赛比赛基本信息如表 1-4 所示，奖牌分布如表 1-5 所示，个人奖牌排行榜见表1-6。古巴、俄罗斯、英国、法国、哈萨克斯坦、乌兹别克斯坦一直是业余拳击运动发展最好的国家，属于拳击强国，一直引领着世界拳击发展的方向。

表 1-4　历届世界男子拳击锦标赛基本信息

序号	年份	承办国家/城市	日期
1	1974	古巴/哈瓦那	8 月 17 日—30 日
2	1978	南斯拉夫/贝尔格莱德	5 月 6 日—20 日
3	1982	联邦德国/慕尼黑	5 月 4 日—15 日
4	1986	美国/里诺	5 月 8 日—18 日
5	1989	苏联/莫斯科	9 月 17 日—10 月 1 日
6	1991	澳大利亚/悉尼	11 月 14 日—23 日
7	1993	芬兰/坦佩雷	5 月 7 日—16 日
8	1995	德国/柏林	5 月 4 日—15 日
9	1997	匈牙利/布达佩斯	10 月 18 日—26 日
10	1999	美国/休斯敦	8 月 15 日—29 日
11	2001	英国/贝尔法斯特	6 月 3 日—10 日
12	2003	泰国/曼谷	7 月 6 日—13 日
13	2005	中国/绵阳	11 月 13 日—20 日
14	2007	美国/芝加哥	10 月 23 日—11 月 3 日

续表

序号	年份	承办国家/城市	日期
15	2009	意大利/米兰	9月1日—12日
16	2011	阿塞拜疆/巴库	9月22日—10月10日
17	2013	哈萨克斯坦/阿拉木图	10月14日—26日
18	2015	卡塔尔/多哈	10月5日—18日
19	2017	德国/汉堡	8月25日—9月3日
20	2019	俄罗斯/叶卡捷琳堡	9月9日—9月21日
21	2021	印度/新德里	待定

表1-5 世界男子业余拳击锦标赛奖牌分布（1974—2019）

名次	国家	金牌	银牌	铜牌	总数
1	古巴	77	35	26	138
2	俄罗斯	26	21	22	69
3	美国	16	11	19	46
4	苏联（1974—1991）	15	11	17	43
5	哈萨克斯坦	12	13	21	46
6	乌兹别克斯坦	9	14	18	41
7	保加利亚	8	8	19	35
8	罗马尼亚	7	5	17	29
9	乌克兰	6	12	11	29
10	阿塞拜疆	6	4	9	19
11	意大利	6	2	14	22
12	德国	4	6	25	35
13	法国	4	6	14	24
14	中国	3	1	9	13
15	匈牙利	3	1	6	10
16	土耳其	2	3	11	16
17	韩国	2	3	8	13
18	波多黎各	2	1	3	6
19	民主德国（1974—1990）	1	8	15	24
20	南斯拉夫（1974—2006）	1	6	10	17
21	英国	1	4	9	14

续表

名次	国家	金牌	银牌	铜牌	总数
22	蒙古	1	4	6	11
23	爱尔兰	1	3	9	13
	波兰	1	3	9	13
25	泰国	1	3	5	9
26	亚美尼亚	1	1	6	8
27	巴西	1	1	5	7
28	格鲁吉亚	1	1	4	6
29	尼日利亚	1	1	3	5
30	肯尼亚	1	1	0	2
31	摩洛哥	1	0	2	3
32	乌干达	1	0	1	2
33	委内瑞拉	0	5	6	11
34	菲律宾	0	3	3	6
35	芬兰	0	3	2	5
36	白俄罗斯	0	2	6	8
37	朝鲜	0	2	5	7
38	阿尔及利亚	0	2	2	4
	挪威	0	2	2	4
40	印度	0	1	5	6
41	加拿大	0	1	4	5
42	立陶宛	0	1	3	4
43	阿根廷	0	1	2	3
	日本	0	1	2	3
	威尔士	0	1	2	3
46	克罗地亚	0	1	1	2
	厄瓜多尔	0	1	1	2
48	联邦德国（1974—1990）	0	0	6	6
49	澳大利亚	0	0	5	5
	埃及	0	0	5	5
51	瑞典	0	0	4	4

续表

名次	国家	金牌	银牌	铜牌	总数
52	捷克斯洛伐克	0	0	3	3
	塔吉克斯坦	0	0	3	3
54	挪威	0	0	2	2
	塞尔维亚	0	0	2	2
	斯洛伐克	0	0	2	2
57	喀麦隆	0	0	1	1
	哥伦比亚	0	0	1	1
	哥斯达黎加	0	0	1	1
	捷克斯洛伐克（1974—1992）	0	0	1	1
	丹麦	0	0	1	1
	多米尼加	0	0	1	1
	加纳	0	0	1	1
	大不列颠	0	0	1	1
	墨西哥	0	0	1	1
	新西兰	0	0	1	1
	巴基斯坦	0	0	1	1
	巴拿马	0	0	1	1
	西班牙	0	0	1	1
共计（69 个国家）		222	220	444	886

表 1-6　历届世界男子拳击锦标赛个人奖牌排行榜

排序	运动员	国家	级别（kg）	第一次获奖	最后一次获奖	金牌	银牌	铜牌	合计
1	Félix Savón	古巴	91	1986	1999	6	1	–	7
2	Juan Hernández Sierra	古巴	67	1991	1999	4	–	1	5
	Julio César La Cruz	古巴	81	2011	2019	4	–	1	5
4	Lázaro Álvarez	古巴	56/60/57	2011	2019	3	2	–	5
5	Serafim Todorov	保加利亚	54/57	1989	1995	3	1	–	4
	Zou Shiming	中国	48/49	2003	2011	3	1	–	4
7	Francisc Vaştag	罗马尼亚	67/71	1989	1995	3	–	1	4

续表

排序	运动员	国家	级别（kg）	第一次获奖	最后一次获奖	金牌	银牌	铜牌	合计
8	Roberto Balado	古巴	+91	1989	1993	3	–	–	3
	Adolfo Horta	古巴	54/57/60	1978	1986	3	–	–	3
	Mario Kindelán	古巴	60	1999	2003	3	–	–	3
	Magomedrasul Majidov	阿塞拜疆	+91	2011	2017	3	–	–	3
	Odlanier Solís	古巴	91/+91	2001	2005	3	–	–	3
	Teófilo Stevenson	古巴	+81/+91	1974	1986	3	–	–	3

（二）世界女子拳击锦标赛

女子第 1 届世界业余拳击锦标赛于 2001 年 11 月 24 日至 12 月 2 日在美国斯克兰顿举行，至今已举办 11 届。历届世界女子拳击锦标赛比赛基本信息如表 1–7 所示，奖牌分布如表 1–8 所示，个人奖牌排行如表 1–9 所示。

表 1–7 历届世界女子业余拳击锦标赛基本信息

序号	年份	承办国家	时间
1	2001	美国	11 月 24 日—12 月 2 日
2	2002	土耳其	10 月 21 日—27 日
3	2005	俄罗斯	9 月 26 日—10 月 2 日
4	2006	印度	11 月 18 日—23 日
5	2008	中国	11 月 22 日—29 日
6	2010	巴巴多斯	9 月 10 日—18 日
7	2012	中国	5 月 21 日—6 月 3 日
8	2014	韩国	11 月 13 日—25 日
9	2016	哈萨克斯坦	5 月 19 日—27 日
10	2018	印度	11 月 15 日—24 日
11	2019	俄罗斯	10 月 3 日—13 日
12	2020	哥伦比亚	待定

表 1-8　世界女子拳击锦标赛奖牌分布（2001—2019）

名次	国家或地区	金牌	银牌	铜牌	总数
1	俄罗斯	24	11	25	60
2	中国	18	15	18	51
3	印度	9	8	19	36
4	朝鲜	8	7	10	25
5	美国	7	9	22	38
6	加拿大	7	2	17	26
7	土耳其	6	8	13	27
8	爱尔兰	6	1	1	8
9	哈萨克斯坦	5	4	9	18
10	爱尔兰	4	4	3	11
11	法国	4	3	4	11
12	乌克兰	3	7	10	20
13	匈牙利	3	5	11	19
14	瑞典	3	2	6	11
15	中国台北	3	0	2	5
16	菲律宾	2	2	7	11
17	巴西	2	0	2	4
18	英格兰	1	6	4	11
19	罗马尼亚	1	4	8	13
20	波兰	1	3	6	10
21	保加利亚	1	2	2	5
22	白俄罗斯	1	1	2	4
23	德国	1	0	2	3
24	大不列颠	1	0	1	2
	威尔士	1	0	1	2
26	巴拿马	1	0	0	1
27	荷兰	0	3	4	7
28	挪威	0	3	1	4
29	泰国	0	2	4	6
30	阿根廷	0	2	2	4
31	阿塞拜疆	0	2	1	3

续表

名次	国家或地区	金牌	银牌	铜牌	总数
32	丹麦	0	1	5	6
33	澳大利亚	0	1	3	4
34	希腊	0	1	2	3
35	哥伦比亚	0	1	0	1
	牙买加	0	1	0	1
	瑞士	0	1	0	1
38	芬兰	0	0	4	4
39	日本	0	0	3	3
40	埃及	0	0	2	2
	韩国	0	0	2	2
42	摩尔多瓦	0	0	1	1
	蒙古	0	0	1	1
	摩洛哥	0	0	1	1
	新西兰	0	0	1	1
	塔吉克斯坦	0	0	1	1
	突尼斯	0	0	1	1
	越南	0	0	1	1
共计（48 国家及地区）		123	122	245	490

表 1-9　历届世界女子拳击锦标赛个人奖牌排行榜

排序	运动员	国家	级别（kg）	第一次获奖	最后一次获奖	金牌	银牌	铜牌	合计
1	Mary Kom	印度	48/ 45/ 46/ 51	2001	2019	6	1	1	8
2	Katie Taylor	爱尔兰	60	2006	2016	5	0	1	6
3	Irina Sinetskaya	俄罗斯	67/ 66/ 80/ +81	2001	2012	3	1	1	5
4	Yang Xiaoli	中国	81/ +81	2014	2019	3	1	0	4
5	Mary Spencer	加拿大	66/ 75	2005	2010	3	0	1	4
6	Simona Galassi	意大利	51/ 50	2001	2005	3	0	0	3
	Ren Cancan	中国	52/ 51	2008	2012	3	0	0	3
8	Mária Kovács	匈牙利	90/ 86/ 75	2001	2010	2	2	1	5

续表

排序	运动员	国家	级别（kg）	第一次获奖	最后一次获奖	金牌	银牌	铜牌	合计
9	Ariane Fortin-Brochu	加拿大	70/ 75	2005	2014	2	1	1	4
	Anna Laurell	瑞典	75	2001	2012	2	1	1	4
	Sofya Ochigava	俄罗斯	52/ 54/ 57/ 60	2005	2012	2	1	1	4

（三）世界青少年拳击锦标赛

世界青年拳击锦标赛（The Youth World Amateur Boxing Championships or AIBA Youth World Championships）为 AIBA 所举办的 17~18 岁年龄段青年拳击赛事，首届世青赛于 2008 年在墨西哥瓜达拉哈拉举行，每两年举办一次。世界少年拳击锦标赛（AIBA Junior World Boxing Championships）是 AIBA 举办的 15~16 岁年龄段的少年拳击赛事，首届世少赛于 2009 年在亚美尼亚首都埃里温举行，每两年举办一次，至今已举办 4 届，当年我国国青队也参加了首届世少赛拳击比赛。

世少赛的前身是世界中学生拳击锦标赛（World Cadet Boxing Championships），首届比赛于 2001 年在阿塞拜疆首都巴库举行，每年举办一次（表 1-10）。

由于世界青少年年龄的界定问题导致世青赛、世少赛发生了变化。世青赛在 1979—2006 年取代了世少赛。2001—2007 年世少赛取代了世界中学生拳击锦标赛。历届青少年锦标赛基本信息如表 1-11、表 1-12 所示。

表 1-10　历届世界男子青少年拳击锦标赛基本信息（15~17 岁 13 级别）

序号	年份	承办国家/城市	日期
世界中学生拳击锦标赛基本信息			
1	2001	阿塞拜疆/巴库	10 月 11 日—21 日
2	2002	匈牙利/凯奇凯米特	5 月 3 日—13 日
3	2003	罗马尼亚/布加勒斯特	6 月 20 日—29 日
4	2005	英格兰/利物浦	10 月 10 日—18 日
5	2006	土耳其/伊斯坦布尔	8 月 3 日—13 日
6	2007	阿塞拜疆/巴库	8 月 31 日—9 月 9 日
世界少年拳击锦标赛基本信息			
1	2009	亚美尼亚/埃里温	5 月 23 日—30 日
2	2011	哈萨克斯坦/阿斯塔纳	7 月 23 日—30 日
3	2013	乌克兰/基辅	9 月 8 日—15 日

续表

序号	年份	承办国家/城市	日期
4	2015	俄罗斯/圣彼得堡	9 月 4 日—12 日

表 1-11　历届世界男子青少年拳击锦标赛基本信息

序号	年份	承办国家/城市	日期
世界少年拳击锦标赛基本信息			
1	1979	日本/横滨	12 月 9 日—16 日
2	1983	多米尼加/圣多明各	9 月 17 日—24 日
3	1985	罗马尼亚/布加勒斯特	9 月 1 日—9 日
4	1987	古巴/哈瓦那	6 月 25 日—7 月 6 日
5	1989	波多黎各/巴亚蒙	8 月 9 日—17 日
6	1990	秘鲁/利马	10 月 13 日—20 日
7	1992	加拿大/蒙特利尔	9 月 25 日—10 月 4 日
8	1994	土耳其/伊斯坦布尔	9 月 8 日—18 日
9	1996	古巴/哈瓦那	11 月 4 日—10 日
10	1998	阿根廷/布宜诺斯艾利斯	11 月 6 日—16 日
11	2000	匈牙利/布达佩斯	11 月 5 日—12 日
12	2002	古巴/圣地亚哥	9 月 15 日—22 日
13	2004	韩国/济州岛	6 月 12 日—18 日
14	2006	摩洛哥/阿加迪尔	9 月 8 日—18 日
世界青年拳击锦标赛基本信息			
1	2008	墨西哥/瓜达拉哈拉	10 月 31 日—11 月 1 日
2	2010	阿塞拜疆/巴库	4 月 20 日—5 月 2 日
3	2012	亚美尼亚/埃里温	11 月 25 日—12 月 8 日
4	2014	保加利亚/索非亚	4 月 14 日—24 日
5	2016	俄罗斯/圣彼得堡	11 月 17 日—26 日

表 1-12　历届世界青少年拳击锦标赛基本信息

序号	年份	承办国家或地区/城市	日期
1	2011	土耳其/安塔利亚	4 月 20 日—30 日
2	2013	保加利亚/阿尔贝纳	9 月 22 日—28 日
3	2014	保加利亚/索非亚	4 月 14 日—24 日

续表

序号	年份	承办国家或地区/城市	日期
4	2015	中国台湾/台北	5月16日—23日

注：少年15~16岁13级别，青年17~18岁10级别，总计23级别。

（四）亚洲拳击锦标赛

亚洲拳击锦标赛（Asian Amateur Boxing Championships）作为亚洲地区及亚太地区年度最重要的拳击比赛，为亚洲各国选手提供了重要的交流和学习平台，从1963年首次举办至今已举办29届（表1-13至表1-15）。

表1-13　亚洲男子拳击锦标赛基本信息

排序	年份	承办国家/城市	获得金牌最多国家
1	1963	泰国/曼谷	日本（3枚金牌）
2	1965	韩国/首尔	韩国（8枚金牌）
3	1967	斯里兰卡/科伦坡	韩国（4枚金牌）
4	1970	菲律宾/马尼拉	韩国（4枚金牌）
5	1971	伊朗/德黑兰	韩国（4枚金牌）
6	1973	泰国/曼谷	泰国（5枚金牌）
7	1975	日本/横滨	日本（6枚金牌）
8	1977	印度尼西亚/雅加达	伊朗（4枚金牌）
9	1980	印度/孟买	韩国（3枚金牌）
10	1982	韩国/首尔	韩国（7枚金牌）
11	1983	日本/冲绳	韩国（6枚金牌）
12	1985	泰国/曼谷	韩国（7枚金牌）
13	1987	科威特/科威特	韩国（8枚金牌）
14	1989	中国/北京	韩国（7枚金牌）
15	1991	泰国/曼谷	泰国（6枚金牌）
16	1992	泰国/曼谷	韩国（6枚金牌）
17	1994	伊朗/德黑兰	哈萨克斯坦（5枚金牌）
18	1995	乌兹别克斯坦/塔什干	哈萨克斯坦（6枚金牌）
19	1997	马来西亚/吉隆坡	泰国（4枚金牌）
20	1999	乌兹别克斯坦/塔什干	乌兹别克斯坦（7枚金牌）
21	2002	马来西亚/芙蓉	乌兹别克斯坦（5枚金牌）

续表

排序	年份	承办国家/城市	获得金牌最多国家
22	2004	菲律宾/普林塞萨港	哈萨克斯坦（3 枚金牌）
23	2005	越南/胡志明市	巴基斯坦（3 枚金牌）
24	2007	蒙古/乌兰巴托	乌兹别克斯坦（3 枚金牌）
25	2009	中国/珠海	中国（3 枚金牌）
26	2011	韩国/仁川	中国（2 枚金牌）
27	2013	约旦/安曼	哈萨克斯坦（7 枚金牌）
28	2015	泰国/曼谷	哈萨克斯坦（5 枚金牌）
29	2017	乌兹别克斯坦/塔什干	乌兹别克斯坦（9 枚金牌）

表 1-14　亚洲女子拳击锦标赛基本信息

排序	年份	承办国家或地区/城市	获得金牌最多国家
1	2001	泰国/曼谷	朝鲜（5 枚金牌）
2	2003	印度/希萨尔	朝鲜（6 枚金牌）
3	2005	中国台湾/高雄	印度（7 枚金牌）
4	2008	印度/古瓦哈提	中国（6 枚金牌）
5	2010	哈萨克斯坦/阿斯塔纳	哈萨克斯坦（4 枚金牌）
6	2012	蒙古/乌兰巴托	中国（5 枚金牌）
7	2015	中国/乌兰察布	中国（6 枚金牌）
8	2017	越南/胡志明市	中国（4 枚金牌）

表 1-15　亚洲女子拳击锦标赛历年奖牌分布（截至 2015 年）

排名	国家或地区	金牌	银牌	铜牌	总数
1	中国	23	15	14	52
2	朝鲜	21	15	10	46
3	印度	19	21	20	60
4	哈萨克斯坦	5	4	11	20
5	泰国	4	4	6	14
6	菲律宾	2	3	7	12
7	蒙古	2	1	6	9
8	中国台湾	1	8	12	21
9	韩国	1	2	7	10

续表

排名	国家或地区	金牌	银牌	铜牌	总数
10	塔吉克斯坦	1	1	2	4
11	越南	0	2	12	14
12	乌兹别克斯坦	0	2	2	4
13	中国香港	0	1	1	2
14	日本	0	0	10	10
15	斯里兰卡	0	0	6	6
16	尼泊尔	0	0	3	3
17	印度尼西亚	0	0	2	2
18	中国澳门	0	0	1	1
	阿富汗	0	0	1	1
总计		79	79	133	291

二、奥运会拳击比赛发展

在公元前 688 年举行的第 23 届古代奥运会上，拳击就被列为正式比赛项目，并且逐渐成为古代奥林匹克运动会中占有重要地位的运动项目。现代业余拳击运动于 1904 年在美国圣路易斯举行的第 3 届奥运会上成为正式比赛项目，由于种种原因当时只有 18 名运动员参加了现代奥运会，但在 4 年后的伦敦奥运会上，运动员人数已经上升到 41 名，比赛级别达到 5 个。由于瑞典人认为拳击运动有损于人的健康，因此，第 5 届在瑞典举办的奥运会没有设此项目。第 6 届、12 届、13 届奥运会因为两次世界大战而没有举办。直至 2016 年里约奥运会结束，奥运拳击比赛已举行了 24 届。拳击进入现代奥运会初期，由于竞赛规则和裁判法不够完善，比赛大多借鉴了当时职业比赛的规则。比赛的级别是按照当时职业拳击赛的 7 个级别进行划分的，并且允许在自己级别夺冠的运动员参加重于自己体重的另一级别的比赛。

第 4 届奥运会拳击比赛的级别减为 5 个，运动员可以跨级别比赛。1920—1948 年的奥运会拳击比赛的级别设为 8 个；1952—1964 年的奥运会拳击比赛级别增加到 10 个；1968—1976 年的奥运会拳击比赛的级别又增加了 48kg 级，使拳击比赛的级别增加至 11 个；而且从本届奥运会起不再使用原来的轻量级、中量级等称呼，而是变更为数字形式；1980—2000 年的奥运会拳击比赛级别又增至 12 个；2004 年国际业余拳击联合会根据新形势的变化，将拳击比赛的级别从 12 个缩减到 11 个。

2009 年 8 月 13 日，国际奥委会在柏林召开执委会正式确认女子拳击为 2012 年伦敦奥运会正式比赛项目。这是“让女性走进奥运会”的一大进步，也是奥运会现有项目中，最后一个实现男女平等的项目。2012 年伦敦奥运会女子 51kg、60kg 和 75kg 级 3 个级别首次被正式列入奥运会比赛项目，英国 51kg 级女运动员尼古拉·亚当斯成为奥运会女子拳击史上首位冠军，爱尔兰运动员凯蒂·泰勒和美国运动员克拉莎·希尔兹获得了女子奥运会首届比赛金牌，写入奥运会拳击女子比赛历史，目前奥运会拳击比赛男女级别共 13 个。

青年奥林匹克运动会（Youth Olympic Games，简称青奥会）是一个为青少年举办的国际赛事，参赛选手年龄限定为 15~18 岁，比赛项目大部分与奥林匹克运动会相同。青年奥运分为冬季青年奥林匹克运动会和夏季青年奥林匹克运动会，均为每四年一届，与奥运会一样，火炬接力、奏国歌、升国旗等奥运会象征仪式获得保留，以传递奥运精神。夏季青年奥运会赛程最长 12 天。

（一）2010 年新加坡青年奥运会拳击比赛

2010 年 8 月 21 日—25 日第 1 届青年奥运会拳击比赛在新加坡国际会展中心举行。来自 48 个国家的 66 名运动员参加了男子 11 个级别的争夺。参赛运动员通过资格赛暨年度世界青年锦标赛获得，每个国家的运动员只能参加 3 个级别的比赛，古巴青年运动员获得了 3 枚金牌，23 个国家获得了奖牌，具体获奖情况如表 1-16 所示。

表 1-16　2010 年第 1 届青年奥运会拳击比赛奖牌分布

名次	国家	金牌	银牌	铜牌	合计
1	古巴	3	0	0	3
2	立陶宛	2	0	0	2
3	澳大利亚	1	1	0	2
4	巴西	1	0	0	1
	法国	1	0	0	1
	德国	1	0	0	1
	爱尔兰	1	0	0	1
	波多黎各	1	0	0	1
9	阿塞拜疆	0	2	0	2
10	乌兹别克斯坦	0	1	2	3
11	印度	0	1	1	2
	土耳其	0	1	1	2
	委内瑞拉	0	1	1	2
14	哥伦比亚	0	1	0	1
	意大利	0	1	0	1

续表

名次	国家	金牌	银牌	铜牌	合计
14	秘鲁	0	1	0	1
	新西兰	0	1	0	1
18	阿根廷	0	0	1	1
	埃及	0	0	1	1
	匈牙利	0	0	1	1
	摩尔多瓦	0	0	1	1
	波兰	0	0	1	1
	土库曼斯坦	0	0	1	1
合计		11	11	11	33

（二）2014 年南京青年奥运会拳击比赛

2014 年 8 月 23 日—27 日，第 2 届青年奥运会拳击比赛在我国南京展览中心举行。来自 36 个国家的 78 名运动员参加了男女 13 个级别的比赛。有 62 个青奥会资格通过 2014 年世界青年锦标赛产生，分别为各级别男子前 5 名运动员和女子前 4 名运动员。14 张入场券通过三方协商后重新分配。我国作为东道主，可以有两张资格券。每个国家的运动员最多只能参加 3 个男子级别和 2 个女子级别的比赛。男女运动员必须在 1996 年 1 月 1 日至 1997 年 12 月 31 日之间出生才符合参赛条件。女子 3 个级别首次进入青年奥运会，常园获得女子 51kg 级冠军，各级别获奖情况如表 1-19 所示。我国男子青年运动员吕平获得 52kg 级亚军（表 1-18），有 21 个国家和 1 个地区获得了奖牌，具体获奖情况见表 1-17。

表 1-17　2014 年南京第 2 届青年奥运会拳击比赛奖牌分布

名次	国家或地区	金牌	银牌	铜牌	合计
1	古巴	2	1	0	3
	美国	2	1	0	3
3	意大利	1	1	1	3
4	保加利亚	1	1	0	2
	中国	1	1	0	2
	哈萨克斯坦	1	1	0	2
	乌兹别克斯坦	1	1	0	2
8	阿塞拜疆	1	0	0	1

续表

名次	国家或地区	金牌	银牌	铜牌	合计
8	德国	1	0	0	1
	波兰	1	0	0	1
	乌克兰	1	0	0	1
12	克罗地亚	0	1	1	2
	爱尔兰	0	1	1	2
	日本	0	1	1	2
	俄罗斯	0	1	1	2
16	中国台湾	0	1	0	1
	多米尼加	0	1	0	1
18	英国	0	0	2	2
	土耳其	0	0	2	2
20	亚美尼亚	0	0	1	1
	澳大利亚	0	0	1	1
	瑞典	0	0	1	1
	匈牙利	0	0	1	1
合计		13	13	13	39

表 1-18　2014 年南京青年奥运会男子拳击奖牌分布

级别（kg）	金牌	银牌	铜牌
49	Rufat Huseynov 阿塞拜疆	Sulaymon Latipov 乌兹别克斯坦	Subaru Murata 日本
52	Shakur Stevenson 美国	Lu Ping 中国	Muhammad Ali 英国
56	Javier Ibañez Díaz 古巴	Dushko Mihaylov 保加利亚	Peter McGrail 英国
60	AblaikhanZhussupov 哈萨克斯坦	AlainLimonta Boudet 古巴	Richard Konnyu 匈牙利
64	Vincenzo Arecchia 意大利	Toshihiro Suzuki 日本	Adem Furkan Avci 土耳其
69	Bektemir Melikuziev 乌兹别克斯坦	Juan Ramón Solano 多米尼加	Vincenzo Lizzi 意大利
75	Ramil Gadzhyiev 乌克兰	Dmitriy Nesterov 俄罗斯	Luka Plantic 克罗地亚
81	Blagoy Naydenov 保加利亚	Vadim Kazakov 哈萨克斯坦	Narek Manasyan 亚美尼亚

续表

级别(kg)	金牌	银牌	铜牌
91	Yordan Alain Hernández 古巴	Toni Filipi 克罗地亚	Michael Gallagher 爱尔兰
+91	Peter Kadiru 德国	Darmani Rock 美国	Marat Kerimkhanov 俄罗斯

表 1–19　2014 年南京青年奥运会女子拳击奖牌分布

级别（kg）	金牌	银牌	铜牌
51	Chang Yuan 中国	Irma Testa 意大利	Neriman Istik 土耳其
60	Jajaira Gonzalez 美国	Ciara Ginty 爱尔兰	Agnes Alexiusson 瑞典
75	Elzbieta Wojcik 波兰	Chen Nien–chin 中国台湾	Caitlin Parker 澳大利亚

（三）2018 年阿根廷青年奥运会拳击比赛

2018 年夏季青年奥运会拳击比赛于 10 月 14 日至 18 日在阿根廷布宜诺斯艾利斯大洋洲馆举行。来自 38 个国家的 82 名运动员参加了 13 个级别的比赛，19 个国家获得了奖牌，8 个国家夺得金牌，其中俄罗斯和英国各获得 3 枚金牌，成为本届青年奥运会的最大赢家，非常遗憾，我国没有运动员参加比赛（表 1–20 至表 1–22）。

本届青奥会每个国家奥委会（NOC）最多可允许 5 名运动员参加（3 男和 2 女），每个级别只允许 1 名运动员参加。作为东道国，阿根廷获得 3 个配额（2 男和 1 女）参加比赛，另外 10 个配额，7 男和 3 女分配给三方委员会。其余 69 个名额将通过资格赛确定，即 2017 年女子世界青年锦标赛和各大洲资格赛。青年奥林匹克运动会的运动员必须在 2000 年 1 月 1 日至 2001 年 12 月 31 日之间出生。

表 1–20　2018 年阿根廷青年奥运会拳击奖牌分布

名次	国家	金牌	银牌	铜牌	总数
1	俄罗斯	3	1	0	4
2	英国	3	0	1	4
3	泰国	2	2	1	5
4	哈萨克斯坦	1	2	1	4
5	阿根廷	1	0	2	3
	乌兹别克斯坦	1	0	2	3
7	巴西	1	0	1	2

续表

名次	国家	金牌	银牌	铜牌	总数
8	意大利	1	0	0	1
9	阿尔及利亚	0	2	0	2
	乌克兰	0	2	0	2
11	法国	0	1	0	1
	墨西哥	0	1	0	1
	摩洛哥	0	1	0	1
	尼日利亚	0	1	0	1
15	阿塞拜疆	0	0	1	1
	埃及	0	0	1	1
	爱尔兰	0	0	1	1
	波多黎各	0	0	1	1
	美国	0	0	1	1
19 个国家		13	13	13	39

表 1-21　2018 年阿根廷青年奥运会男子拳击奖牌分布

级别（kg）	金牌	银牌	铜牌
52	Ivan Hope Price 英国	Sarawut Sukthet 泰国	Luiz de Oliveira 巴西
56	Abdumalik Khalokov 乌兹别克斯坦	Maksym Halinichev 乌克兰	Mirco Jehiel Cuello 阿根廷
60	Atichai Phoemsap 泰国	Taras Bondarchuk 乌克兰	Nurlan Safarov 阿塞拜疆
64	Ilia Popov 俄罗斯	Talgat Shaiken 哈萨克斯坦	Hassan Azim 英国
69	Brian Arregui 阿根廷	Yassine Elouarz 摩洛哥	Jakhongir Rakhmonov 乌兹别克斯坦
75	Keno Machado 巴西	Farid Douibi 阿尔及利亚	Weerapon Jongjoho 泰国
81	Karol Itauma 英国	Ruslan Kolesnikov 俄罗斯	Timur Merjanov 乌兹别克斯坦
91	Aibek Oralbay 哈萨克斯坦	Mohamed Amine Hacid 阿尔及利亚	Alvin Canales 波多黎各

续表

级别（kg）	金牌	银牌	铜牌
+91	Aleksei Dronov 俄罗斯	Damir Toibay 哈萨克斯坦	Ahmed Elsawy 埃及

表 1-22　2018 年阿根廷青年奥运会女子拳击奖牌分布

级别（kg）	金牌	银牌	铜牌
51	Martina La Piana 意大利	Adijat Gbadamosi 尼日利亚	Heaven Destiny Garcia 美国
57	Panpatchara Somnuek 泰国	Jennifer Carrillo 墨西哥	Dearbhla Rooney 爱尔兰
60	Caroline Sara DuBois 英国	Porntip Buapa 泰国	Oriana Saputo 阿根廷
75	Anastasiia Shamonova 俄罗斯	Tallya Brillaux 法国	Nadezhda Ryabets 哈萨克斯坦

三、我国拳击运动的发展

（一）我国现代拳击发展回顾

我国拳击运动的发展道路是曲折的。1958 年的全国拳击比赛，由于医疗、裁判员判罚水平等因素，导致了意外事故，给国人留下了“拳击过于残忍”等不良印象，因而拳击在我国一度被禁止至 1986 年，该阶段在拳击界被描述为“沉睡阶段”。

1984 年，世界拳王穆罕默德·阿里的到来改变了我国拳击运动发展的命运，邓小平一句“多来带带徒弟”的中肯话语让阿里深受感动，1986 年我国拳击运动开始“解冻”，终于重新恢复。

我国拳击运动自 1986 年以来，在十几年的“蛰伏期”当中，先后聘请了苏联、古巴、菲律宾等拳击强国的教练来执教国家队，试图迅速提高我国的拳击运动水平，虽然他们的到来为我们带来了先进的训练方法和手段，但是实践证明，我国拳击运动的发展完全依赖国外专家不符合我国国情，必须依靠我们充分挖掘自身潜力，发挥我们的聪明才智，必须探索出一条符合我国拳击运动的发展之路。因此，从 1986 年到 21 世纪初，这一阶段可称为我国拳击运动的“探索阶段”。

经过我国拳击界几代人“探索阶段”的经验积累，我们逐步摸索出了一条具有我国特色的拳击发展之路。由于我国训练理念的提升和训练手段的创新与运用，我国拳击运动员的竞技水平迅速提高。近几年，在世界拳击大赛中不仅崭露头角，而且取得了骄人战绩。首先，在 2003 年第 12 届曼谷世界拳击锦标赛上，邹市明获得了 48kg 级的一枚宝贵的银牌，实现了我国拳击运动的历史性突破；继而在 2005 年、2007 年两届世界拳击锦标赛上蝉联冠军。我国拳击队在北京奥运会上又获得了2金、1银、1铜的空前胜利，在拳击金牌榜上力压俄罗斯的2金、1铜，占据了榜首的位置，终于实现了我国拳击百年奥运梦想。2011年，作为我国拳击项目领军人物的邹市明在巴库世界锦标赛49kg级比赛中不负众望，夺得冠军，为2012年伦敦奥运会再续辉煌打下了坚实的基础。另外，在首次进入奥运会的女子拳击比赛中，我国优秀女子运动员任灿灿和李金子分别夺得51kg级银牌和75kg级铜牌，尤其是李金子在手臂肘关节韧带严重撕裂的情况下，坚持与俄罗斯名将托尔洛波娃激战四个回合，最终点数10比12不敌对手无缘决赛，最终收获一枚宝贵的铜牌。后来李金子的事迹得到刘鹏局长的多次表扬，2016年在巴西圣保罗奥运会训练营时，刘鹏局长再次以李金子的精神激励我国拳击队全体将士“为国争光！为民族争气！为自己添彩！”这一阶段可称为我国拳击运动的“快速发展阶段”。

2013年6月1日起，世界业余拳击比赛胜负判定由原来的点数取胜改为十分制评价系统，而且成年男子运动员不再佩戴头盔，这给世界各国拳击训练和竞赛体系一个明显的信号，说明现代业余拳击的发展正向着职业化进程迈进，要想赢得比赛，要想拳击有市场，最简单的道理就是在拳击台上多出拳攻击对手，占据场上的主动，使得那些能够利用拳台空间，积极主动进攻的拳手赢得更多比赛的机会，重新回到拳击运动的本质上来：激烈、凶悍、对抗是拳击运动发展的必然趋势。在2013年10月的世界男子拳击比赛中，我国9名运动员未有一人获得名次，比赛的残酷性、现实性给我们好好上了一课。因此，我们必须清醒地认识到，十分制评分系统是职业拳击唯一的评价胜负方式，合理性、客观性一直是职业拳击引以自豪的根本。显然，AIBA的所有比赛采用该系统的目的就是向职业拳击靠拢，进一步还原拳击本质，增加观赏性、对抗性和偶然性，同时要求运动员更加全面。这一评价方式极大地冲击了我国拳击项目。我国拳击运动员在北京、伦敦两个奥运周期所形成的步伐移动灵活、机会把握准确、“打吊”及“吊打”结合紧凑的打法特点，突然间导致我们的教练员和运动员跟不上变化的趋势，甚至出现感觉看不懂比赛的情况。例如，2016年亚洲男子拳击锦标赛60kg级的一场预赛，我们的全运会冠军运动员场上积极主动、节奏的控制及得点拳数明显优于对手，按以往我们对胜负判定的认识来看，我们的队员明显取胜，但结果我们输了。比赛结束后队员说了这样的一句话，“我不适应这种比赛了”，我们完全能理解运动员的感受，拳击回到对抗、打拳击的要求上了。要想赢得比赛只有用拳头说话，利用每回合展示自己的优势给对手、评判员及观众，而且规则规定一回合一评价，运动员必须认真对待每一回合。与旧评分方式相比，新评价规则下运动员不会出现过多移动、摆脱、搂抱、不对抗等利用规则消极方式获利甚至获胜的场次发生。

在里约奥运备战周期之初，我国拳击界缺乏对拳击对抗本质和精髓的深刻认识已是不争的事实。以往我国运动员具备的快速单拳得点、步法移动灵活、击打距离控制、打吊结合的特点被压制，原有的优势难以有效发挥。忽视了前手直拳的作用，导致无法通过前手拳控制比赛的距离和节奏，为后手进攻创造机会，尤其在中近距离内，缺乏连续进攻、瞬间二次进攻的能力，仅依靠“抢点”得分为主的方式难以抗衡一流拳手。教练员、运动员对规则、对手和对抗产生了“认识误区、本能恐慌”，2013年世锦赛后，拳跆中心多次组织国家队教练员、科研人员及权威国际裁判员座谈，研究我国拳击项目的发展定位，同时拳击界开始传播“我国拳击一夜又回到了从前”等消极、不客观的声音。关键时刻，国家拳击队及时转变观念，主动适应新规则，回归拳击本质，从基础做起，系统筹划。备战里约奥运周期，国家拳击队确定了“回归拳击本质，以扎实的体能为基础，以灵活多变的技术训练为发展方向，以系统科学的训练监控为监督保障”的指导方针，亡羊补牢，知耻后勇，勇敢地迎接挑战。

历经几年的拼搏努力，我国拳击整体水平的进步是有目共睹的，国家拳击队主动参加WSB的比赛与世界拳击强国古巴、俄罗斯、乌克兰、乌兹别克斯坦进行主客场对抗，据统计，我国WSB运动员在前两个赛季惨遭十几人次击倒和重击之后，逐渐发展成不仅可以与世界优秀运动员进行5个回合的强对抗，而且在个别级别上同样可以KO对手，经过三个赛季的锤炼，整体能力和信心发生了质的变化。吕斌和张家玮率先获得世界职业赛拳王称号并取得了2016年里约奥运会参赛资格，大大提升了备战里约奥运会全体将士的信心，为最终获得11张入场券奠定了基础，创造了我国运动员参加奥运会拳击比赛人数的历史新高。同时，2014年亚运会前，国家女子拳击队被纳入男子拳击队，两队共同训练、共同生活、同步发展，采用男陪女训练的方式，不仅恶补了运动员能力上的不足，而且在技战术运用和对抗能力方面均得到明显提高。但要拿我们当时阶段取得的一点点成绩与拳击强国相比，无论是男子还是女子项目，整体实力都与拳击强国存在一定差距，在2017年汉堡世界男子拳击锦标赛上，我国5名参赛运动员颗粒无收，可以说我国拳击任重道远。为了长远规划、布局东京奥运，就必须认真总结以往的备战经验和教训，进一步研究、探讨项目制胜规律，正视自身的不足。顺应世界拳击强对抗、高速度的发展趋势，这一战略目标的实施有赖于举国体制下全国拳击界的齐心协力的奋斗和努力，已成为摆在我国拳击项目面前的重大课题。这将是我国拳击发展史上一个“宁知不可为而为之”的关键阶段。

2017年第十三届全运会结束后，我国拳击项目伴随着体育事业改革浪潮进入了以中国拳击协会为主导的新的备战东京奥运会周期。

（二）我国拳击运动取得的成绩

我国拳击项目自1986年恢复以来，经过几代拳击人的努力，在1990年北京亚运会拳击比赛中实现金牌零的突破，截至目前，我国拳击项目共获得奥运会3枚金牌、3枚银牌、5枚铜牌；男女世界拳击锦标赛共获得21枚金牌、16枚银牌、26枚铜牌等成绩，但从世界拳击发展来看，我们暂时取得的一点成绩与付出尚不成正比，这也是今后我们拳击人继续努力工作的动力。我国拳击运动员自1986年拳击项目恢复以来在世界及亚洲的重大拳击比赛中所获得的成绩如表1–23至表1–33所示。

表 1-23　世界男子拳击锦标赛中国运动员成绩统计（1986—2019）

年份	1986—2003	2003	2005	2007	2009	2011	2013	2015	2017	2019
奖牌	无	1 银	1 金	1 金 4 铜	2 铜	1 金 1 铜	无	2 铜	无	无
运动员		邹市明 48kg（银）	邹市明 48kg（金）	邹市明 48kg（金） 李洋 57kg（铜） 哈那提 69kg（铜） 尼加提玉山 91kg（铜） 张志磊+91kg（铜）	黎家赵 49kg 张志磊 +91kg	邹市明 49kg（金） 王玄玄 81kg（铜）		胡建关 52kg（铜） 刘伟 69kg（铜）		
排名	无	10	4	4	12	5	无	9	无	无

表 1-24　世界女子拳击锦标赛中国运动员成绩统计（2001—2019）

年份	2001	2002	2005	2006	2008	2010	2012	2014	2016	2018	2019
奖牌	1 金 1 铜	1 金	未参加	2 银 2 铜	4 金 2 银 4 铜	1 金 3 银 3 铜	3 金 1 银 1 铜	1 金 1 银 2 铜	2 金 2 银 2 铜	4 金 1 银	1 金 3 银 1 铜
运动员	张毛毛 57kg（金） 郭帅 75kg（铜）	张喜燕 54kg（金）		李思源 50kg（银） 李金子 75kg（银） 张琴 54kg（铜） 吴斌 57kg（铜）	任灿灿 52kg（金） 秦健 57kg（金） 李金子 75kg（金） 汤洁丽 80kg（金） 董程 60kg（银） 杨婷婷 70kg（银） 张琴 54kg（铜） 马建霞 63kg（铜）	任灿灿 52kg（金） 杨颜滋 57kg（银） 董程 60kg（银） 李金子 75kg（银） 杨婷婷 69kg（铜） 王艳蕊 81kg（铜） 李云飞 +81kg（铜）	任灿灿 52kg（金） 苑美庆 81kg（金） 李云飞 +81kg（金） 徐诗琪 48kg（银） 刘可佳 54kg（铜）	杨晓丽 81kg（金） 李倩 75kg（银） 尹军花 60kg（铜） 王诗锦 +81kg（铜）	杨文璐 64kg（金） 杨晓丽 81kg（金） 王玉岩 48kg（银） 谷红 69kg（银） 刘飘飘 54kg（铜） 王诗锦 +81kg（铜）	窦丹 64kg（金） 李倩 75kg（金） 汪丽娜 81kg（金） 杨晓丽 +81kg（金） 谷红 69kg（银）	窦丹 64kg（金） 王聪 60kg（银） 杨柳 69kg（银） 杨晓丽 +81kg（银） 汪丽娜 81kg（铜）

续表

年份	2001	2002	2005	2006	2008	2010	2012	2014	2016	2018	2019
奖牌	1 金 1 铜	1 金	未参加	2 银 2 铜	4 金 2 银 4 铜	1 金 3 银 3 铜	3 金 1 银 1 铜	1 金 1 银 2 铜	2 金 2 银 2 铜	4 金 1 银	1 金 3 银 1 铜
运动员					王茜 66kg （铜） 张丽娜 86kg （铜）						
排名	7	9		8	1	1	1	3	2	1	2

表 1-25　世界杯拳击比赛中国运动员成绩统计（1986—2005）

年份	1986—1994	1998	2002	2004（女子）	2005
奖牌	未参加	2 银 3 铜	未参加	3 金 3 银 1 铜	未参加
运动员		潘殿军 75kg（银） 西库+91kg（银） 刘渊 48kg（铜） 邹刚 51kg（铜） 马经纬 91kg（铜）		张喜燕 54kg（金） 郭帅 75kg（金） 王亚囡+81kg（金） 色彦富荣 50kg（银） 李霞 48kg（银） 吴斌 57kg（银） 王茜 70kg（铜）	

表 1-26　青年奥运会中国运动员成绩统计（2010—2018）

年份	2010	2014	2018
奖牌	未参加	1 金 1 银	未参加
运动员		常园 51kg（金） 吕平 52kg（银）	

表 1-27　世界青年拳击锦标赛中国运动员成绩统计（1979—2018）

年份	1979—2000	2002	2004	2006	2008	2010	2012	2014	2016	2018
奖牌	未参加	无	无	1 铜	未参加	无	1 金 1 铜	1 铜	无	无
运动员				周全 91kg （铜）			吕斌 49kg （金） 张志迪 69kg （铜）	吕平 52kg （铜）		

表 1-28　世界男子少年拳击锦标赛中国运动员成绩统计（2001—2019）

年份	2001—2007	2009	2011	2013	2015	2017	2019
奖牌	未参加	无	未参加	无	无	无	无

表 1-29　世界女子少年锦标赛中国运动员成绩统计（2001—2019）

年份	2001—2007	2009	2011	2013	2015	2017	2019
奖牌	未参加	未参加	未参加	1 金 1 银 2 铜	1 金 2 铜	无	无
运动员				常园 51kg（金） 陈思敏 75kg（银） 包琳颖 57kg（铜） 马欣阳 63kg（铜）	禹立赛 63kg（金） 黄佳文 52kg（铜） 岳媛 70kg（铜）		

表 1-30　世界大学生运动会中国运动员成绩统计（2004—2016）

年份	2004	2006—2014	2016
奖牌	1 金 1 银	未参加	1 铜
运动员	邹市明 48kg（金） 张志磊+91kg（银）		张哲 91kg（铜）

表 1-31　亚运会拳击比赛中国运动员成绩统计（1951—2018）

年份	1951—1986	1990	1994	1998	2002	2006	2010	2014	2018
奖牌	未参加	1 金 5 银 2 铜	1 银 2 铜	1 银	3 铜	1 金 1 银 3 铜	5 金 3 银 2 铜	1 金 2 银	2 金 3 铜
运动员		白崇光 81kg （金） 于川 60kg （银） 刘立军 67kg （银） 王亚伟 71kg （银） 王伟雄 91kg （银）	潘峰 71kg （银） 陈涛 75kg （铜） 江涛 91kg （铜）	杨相中 48kg （银）	邹刚 51kg （铜） 陈通州 57kg （铜） 张君龙 +91kg （铜）	邹市明 48kg （金） 胡青 60kg （银） 杨波 51kg （铜） 哈那提 69kg （铜） 张建艇 75kg （铜）	邹市明 49kg （金） 张志磊 +91kg （金） 常勇 51kg （银） 张家玮 56kg （银） 胡青在 60kg （银）	尹军花 60 kg （金） 张家玮 56 kg （银） 李倩 75 kg （银）	常园 51kg （金） 尹军花 57kg （金） 吴中林 49kg （铜） 许柏祥 56kg （铜） 山俊 60kg （铜）

续表

年份	1951—1986	1990	1994	1998	2002	2006	2010	2014	2018
奖牌	未参加	1 金 5 银 2 铜	1 银 2 铜	1 银	3 铜	1 金 1 银 3 铜	5 金 3 银 2 铜	1 金 2 银	2 金 3 铜
运动员		赵德岭 +91kg （银） 刘刚 51kg （铜） 刘新军 75kg （铜）					土孙琼 69kg （铜） 孟凡龙 81kg （铜） 任灿灿 51 kg （金） 董程 60 kg （金） 李金子 75 kg （金）		

表 1-32　亚洲拳击锦标赛中国运动员获得成绩统计（1992—2019）

年份	1992	1994	1995	1999	2002	2004	2005	2007	2008
奖牌	3 铜	1 金	4 铜	1 金 2 铜	1 金 1 银 2 铜	2 银 1 铜	无	4 银 2 铜	1 金 2 银 1 铜
运动员	张广平 54kg （铜） 朝鲁 75kg （铜） 白崇光 81kg （铜）	江涛 +91kg （金）	杨相中 48kg （铜） 闫江宁 60kg （铜） 潘殿军 75kg （铜） 赵勇 81 kg （铜）	阿布都 热合曼 75kg （金） 杨相中 48kg （铜） 赵勇 81kg （铜）	哈达 巴特尔 71kg （金） 买康德 51kg （银） 陈通州 57kg （铜） 张君龙 +91kg （铜）	邹市明 48kg （银） 雷玉平 81kg （银） 张志磊 +91 kg （铜）		邹市明 48kg （银） 杨波 51kg （银） 张小平 81kg （银） 张志磊 +91kg （银） 李洋 57kg （铜） 哈那提 69kg （铜）	胡青 60kg （金） 土孙琼 69kg （银） 张小平 81kg （银） 杨波 51kg （铜）

续表

年份	2009	2011	2012	2013	2015	2016	2017	2019
奖牌	3金 3银 2铜	2金 3银 1铜	3金	1铜	1银 1铜	1银 1铜	1银 2铜	2铜
运动员	马运浩 54kg （金） 张建艇 75kg （金） 张志磊 +91kg （金） 李超 51kg （银） 孟繁龙 81kg （银） 李斌 91kg （银） 陈通州 64kg （铜） 陈红伟 69kg （铜）	常勇 52kg （金） 土孙琼 69kg （金） 刘强 60kg （银） 孟凡龙 81kg （银） 王玄玄 91kg （银） 张志磊 +91kg （铜）	刘强 60kg （金） 土孙琼 69kg （金） 张志磊 +91kg （金）	吕斌 49kg （铜）	王志宝 +91kg （银） 胡建关 52kg （铜）	胡谦逊 64kg （银） 山俊 60kg （铜）	张家玮 56kg （银） 山俊 60kg （铜） 黄家彬 81kg （铜）	胡建关 52kg （铜） 土孙琼 69kg （铜）

表 1-33 亚洲女子拳击锦标赛中国运动员获得成绩统计（2003—2019）

年份	2003	2005	2008	2010	2012	2015	2017	2019
奖牌	2金 3银 2铜	无	6金 2银	2金 2银 2铜	5金 2银 1铜	6金 1银	4金 1银	6金 1银 1铜
运动员	郭帅 75kg （金） 王亚楠 +80kg （金） 色彦富荣 48kg （银）		李思源 50kg （金） 张琴 54kg （金） 杨婷婷 70kg （金）	杨婷婷 69kg （金） 王艳蕊 81kg （金） 秦建 57kg （银）	刘可佳 54kg （金） 王冬梅 69kg （金） 李金子 75kg （金）	鄂奈严 48kg （金） 任灿灿 51kg （金） 杨文璐 64kg （金）	尹军花 57kg （金） 谷红 69kg （金） 李倩 75kg （金）	史倩 54kg （金） 杨文璐 60kg （金） 窦丹 64kg （金）

续表

年份	2003	2005	2008	2010	2012	2015	2017	2019
奖牌	2金 3银 2铜	无	6金 2银	3金 2银 2铜	5金 2银 1铜	6金 1银	4金 1银	6金 1银 1铜
运动员	王茜 66kg （银） 师红宁 70kg （银） 张喜燕 54kg （铜） 吴斌 54kg （铜）		李金子 75kg （金） 汤洁丽 80kg （金） 张丽娜 86kg （金） 任灿灿 52kg （银） 马建霞 63kg （银）	杨勤勤 64kg （银） 汤洁丽 75kg （铜） 李云飞 +81kg （铜）	苑美庆 81kg （金） 李云飞 +81kg （金） 任灿灿 51kg （银） 谢丽丽 64kg （银） 董程 60kg （铜）	谷红 69kg （金） 杨晓丽 81kg （金） 汪世锦 +81kg （金） 李倩 75kg （银）	杨晓丽 81kg （金） 窦丹 64kg （银）	谷红 69kg （金） 李倩 75kg （金） 杨晓丽 +81kg （金） 汪丽娜 81kg （银） 常园 51kg （铜）

第二章

我国拳击队备战奥运会比赛

王德新　赵　勇　哈达巴特尔　杨晓强　邓爱民　叶新春

第一节　2012年伦敦奥运会我国拳击队的参赛历程

一、伦敦奥运会拳击比赛概况

2012年第30届伦敦奥运会拳击比赛于2012年7月28日—8月12日在英国伦敦卓越综合体育馆举行。286名获得参赛资格的运动员参加了13个级别的比赛，最终我国拳击健儿获得了1金、1银、1铜的优异成绩，圆满完成了我们预定的目标，再次为我国竞技体育的发展做出了贡献。

2012年伦敦奥运会拳击比赛从7月28日—8月12日贯穿整个奥运会，其中8月9日进行3个女子项目的决赛诞生了奥运会史上第一枚女子拳击金牌，这是现代拳击运动发展的一件大事。男子10个项目的决赛全部在8月11日—12日进行。

7月28日早上7：00~9：00称重、体检，下午2：00抽签。7月28日下午1：30进行奥运拳击比赛56kg和75kg级的首日比赛，1天两个单元，没有休息日。我国拳击运动员参加了9个级别的比赛。各运动员具体参赛日程如表2-1所示。

表2-1　中国运动员参赛伦敦奥运会拳击比赛日程表

级别	7月							8月											
	25	26	27	28	29	30	31	1	2	3	4	5	6	7	8	9	10	11	12
49																			
60																			
69																			
81																			
91																			

续表

级别	7月							8月											
	25	26	27	28	29	30	31	1	2	3	4	5	6	7	8	9	10	11	12
+91																			
51																			
60																			
75																			

奥运拳击比赛场馆是伦敦卓越展览及会议中心被隔成可以容纳10 000人的临时场馆，举行七项奥运赛事和六项残奥比赛：乒乓球、柔道、摔跤、跆拳道、击剑、拳击、举重、轮椅击剑、地滚球、坐式排球和力量举重等。

来自79个国家的286名运动员分别参加男子10个级别和女子3个级别奖牌的争夺。各大州运动员人数，男子如表2-2所示，女子如表2-3所示，欧洲男女运动员均是在各级别中获得最多的参赛资格，而大洋洲男女运动员在各级别中获参赛运动员的奥运资格分别是通过2011年巴库男子世锦赛、2012年女子秦皇岛世锦赛、各大洲一次奥运资格选拔赛以及少数三方会议资格的比赛获得的。如表2-2所示，男子49kg级、52kg级和81kg级各有26名运动员参赛，91kg级和+91kg级各有16名运动员参赛，其余级别各有28名运动员参赛，除91kg级和+91kg级以外，要想获得冠军，运动员至少参赛4场。邹市明由于是1号种子，轮空一轮，经过4场势均力敌的比赛，才再次蝉联冠军。

表2-2　伦敦奥运会各大洲参赛运动员统计（男子）

级别（kg）	非洲	美洲	亚洲	欧洲	大洋洲	合计
49	6	4（1）	6	8	1	26
52	6	4（1）	6	8	1	26
56	6	6	6	9	1	28
60	6	6	6（1）	8	1	28
64	6	6	6	8（1）	1	28
69	6	6	6（1）	8	1	28
75	5	6	7	9	1	28
81	5	6	7	6（1）	1	26
91	2（1）	4	2	6	1	16
+91	2（1）	4	2	6	1	16
合计	52	54	56	78	10	250

表 2-3 伦敦奥运会各大洲参赛运动员统计（女子）

级别（kg）	非洲	美洲	亚洲	欧洲	大洋洲	合计
51	1	2（1）	2（1）	3（1）	1	12
60	1	2（1）	2（1）	3（1）	1	12
75	1（1）	2（1）	1（1）	3（1）	1	12
合计	4	9	8	12	3	36

二、伦敦奥运会拳击比赛回顾

（一）伦敦奥运会拳击比赛奖牌统计

2012 年伦敦奥运拳击比赛最终东道主英国是最大的赢家，不仅获得了 3 枚金牌、1 枚银牌和 1 枚铜牌的最好成绩，而且尼古拉获得了奥运史上女子 51kg 级比赛的首枚金牌（表 2-4）。此次比赛中，有 9 个国家获得了金牌，20 个国家获得了奖牌，与 2008 年北京奥运会奖牌分布相似，呈现金牌、奖牌相对集中的局面，另有金牌数从原来的 10 枚增加到 13 枚，奖牌数也从原来的 44 枚增加到 52 枚（表 2-5）。

非洲在 2008 年北京奥运会上获得了 1 枚铜牌，但这次在伦敦奥运上，虽然从比赛上看，非洲运动员技战术水平有大幅度的提高，却与奖牌无缘。古巴进步迅速，从 2008 年北京奥运会的 4 枚银牌，直接上升到 2 枚金牌、2 枚铜牌的优异成绩，重返世界拳坛强国之列。俄罗斯金牌从 2 枚降为 1 枚，但奖牌数依然名列第一。

表 2-4 伦敦奥运会拳击比赛各级别奖牌榜

Events	Gold	Silver	Bronze	Bronze
Men's Light Fly（49kg）	 CHN ZOU Shiming	 THA PONGPRAYOON Ka.	 IRL BARNES Paddy	 RUS AYRAPETYAN Dav.
Men's Fly（52kg）	 CUB RAMIREZ CARRAZ.	 MGL NYAMBAYAR Tugs.	 IRL CONLAN Michael	 RUS ALOIAN Misha

续表

Events	Gold	Silver	Bronze	Bronze
Men's Bantam (56kg)	 GBR CAMPBELL Luke	 IRL NEVIN John Joe	 JPN SHIMIZU Satoshi	 CUB ALVAREZ ESTRAD.
Men's Light (60kg)	 UKR LOMACHENKO Vas.	 KOR HAN Soonchul	 CUB TOLEDO LOPEZ	 LTU PETRAUSKAS Eva.
Men's Light Welter (64kg)	 CUB IGLESIAS SOTOL.	 UKR BERINCHYK Denys	 ITA MANGIACAPRE Vi.	 MGL URANCHIMEG Mun.
Men's Welter (69kg)	 KAZ SAPIYEV Serik	 GBR EVANS Freddie	 RUS ZAMKOVOY Andrey	 UKR SHELESTYUK Tar.
Men's Middle (75kg)	 JPN MURATA Ryota	 BRA FALCAO FLORENT.	 UZB ATOEV Abbos	 GBR OGOGO Anthony
Men's Light Heavy (81kg)	 RUS MEKHONTCEV Egor	 KAZ NIYAZYMBETOV	 BRA FALCAO FLORENT.	 UKR GVOZDYK Oleksa.

续表

Events	Gold	Silver	Bronze	Bronze
Men's Heavy（91kg）	 UKR USYK Oleksandr	 ITA RUSSO Clemente	 BUL PULEV Tervel	 AZE MAMMADOV Teymur
Men's Super Heavy（+91kg）	 GBR JOSHUA Anthony	 ITA CAMMARELLE Rob.	 KAZ DYCHKO Ivan	 AZE MEDZHIDOV Mago.
Women's Fly（51kg）	 GBR ADAMS Nicola	 CHN REN Cancan	 IND HMANGTE Chungn.	 USA ESPARZA Marlen
Women's Light（60kg）	 IRL TAYLOR Katie	 RUS OCHIGAVA Sofya	 TJK CHORIEVA Mavzu.	 BRA ARAUJO Adriana
Women's Middle（75kg）	 USA SHIELDS Clares.	 RUS TORLOPOVA	 KAZ VOLNOVA Marina	 CHN Li Jin zi

值得一提的是，日本拳击的进步让我们联想到我国运动员的未来发展。同样作为亚洲选手，75kg级冠军日本运动员村田凉太（MURATA Ryota）出生于1986年，2005年获得胡志明市亚洲锦标赛75kg级铜牌，直到2011年巴库世锦赛上才崭露头角。他拥有敢打敢拼、不畏强手的精神和顽强的斗志，面对场场硬仗，他进攻积极、步步为营，很大程度上模拟了乌克兰运动员的紧逼式打法风格，是亚洲拳击运动员学习的榜样，值得我国选手借鉴。

表 2-5　2012 年伦敦奥运会拳击比赛奖牌统计

排名	国家	金牌	银牌	铜牌	合计
1	英国	3	1	1	5
2	乌克兰	2	1	2	5
3	古巴	2	0	2	4
4	俄罗斯	1	2	3	6
5	爱尔兰	1	1	2	4
	哈萨克斯坦	1	1	2	4
7	中国	1	1	1	3
8	日本	1	0	1	2
	美国	1	0	1	2
10	意大利	0	2	1	3
11	巴西	0	1	2	3
12	蒙古	0	1	1	2
13	韩国	0	1	0	1
	泰国	0	1	0	1
15	阿塞拜疆	0	0	2	2
16	保加利亚	0	0	1	1
	印度	0	0	1	1
	立陶宛	0	0	1	1
	塔吉克斯坦	0	0	1	1
	乌兹别克斯坦	0	0	1	1

（二）世界拳坛格局

随着英国、乌克兰异军突起，金牌分布相对集中。毋庸置疑，俄罗斯和古巴作为业余拳击运动发展最好的国家，一直引领着世界拳击运动技战术发展的方向，为世界拳击运动的发展做出了巨大贡献。随着世界拳击运动的快速发展，除老牌拳击强国之外，乌克兰、英国等国的拳击运动水平也不容小觑，果然在 2011 年巴库世锦赛上，这些国家拳击水平的进步直接确保了他们在伦敦奥运会上的胜利。

古巴运动员全面的技战术水平和专项能力的完美结合，不仅从北京奥运会无缘金牌的低谷中迅速崛起，而且培养出了一批 20 岁左右的年轻运动员。本届奥运会 52kg 级冠军罗贝希·拉米雷斯·卡拉扎纳出生于 1993 年 12 月 20 日，获得奥运冠军时还不到 18 岁，他在比赛场上充分展示了动作灵活、移动协调、准确、有效把握距离和时机的能力，拥有较为全面的技术，先后在半决赛和决赛中战胜了爱尔兰运动员迈克尔·柯兰和2009年米兰铜牌获得者蒙古运动员图特斯·亚姆巴雅尔，他在比赛中积极主动，最大限度地限制了对手技战术水平的发挥，控制了场上的主动，是一名有激情、有巨大潜力的年轻运动员。

从2011年巴库世锦赛和这次伦敦奥运会来看，俄罗斯运动员的直线进攻型压迫式打法风格优势逐渐被乌克兰、巴西等国家运动员的打法所代替，实力及优势没有上个奥运周期突出，无论是小级别还是中大级别，在绝对对抗和与亚洲选手较量过程中，都没有原来的霸气，52kg级巴库世锦赛冠军米萨·阿洛伊安在半决赛中不敌蒙古运动员积极主动、灵活，失去进入冠亚军决赛的机会；91kg级2009年米兰世锦赛冠军贝特比耶夫首场比赛被美国小将HUNTER Ⅱ淘汰；+91kg级2010年欧洲锦标赛冠军OMAROV MAGOMED同样是在首场比赛中被美国运动员大比分取胜。相比之下，乌克兰运动员攻势凌厉、压迫式打法特征显著，较好地控制比赛节奏和场上主动，运动员打法风格较为适应现阶段裁判员的判罚尺度。

作为本届奥运拳击比赛的最佳运动员，哈萨克斯坦选手里克·萨皮耶夫当之无愧，他在决赛中以17:9较大优势战胜欧洲锦标赛冠军爱尔兰运动员弗雷迪·埃文斯，充分发挥了自己最高水平，具有亚洲小级别移动灵活、积极主动、进攻凌厉又不缺欧洲强对抗的攻防转换能力，具有极强的时机和距离控制能力，属于一名全面型打法风格的运动员，是我国拳击运动员学习的榜样。

非洲运动员整体进步较快，虽然最终未能获得奖牌，但突尼斯、摩洛哥、阿尔及利亚、毛里求斯等国家运动员水平也让人眼前一亮，这些国家的运动员、教练员对拳击项目的理解水平不断进步，加上他们具有充沛的体能且能合理运用，在不久的将来，想必也会有一片自己的天空。

南美洲运动员整体实力水平进步显著，尤其是巴西运动员在中级别上具备了和欧洲运动员强强对抗的能力，2011年巴库世锦赛上，巴西运动员历史性地获得了64kg级世锦赛冠军，极大地推动了拳击运动在巴西的开展，提高了运动员的竞技能力和水平，本届奥运会上巴西获得1银、2铜的优异成绩。

亚洲在本届伦敦奥运会上一共获得3枚金牌，占金牌总数的23%，16枚奖牌，占奖牌总数的39%，排名第2，与欧洲27枚奖牌，占奖牌总量的53%相比，还有一定的差距。

（三）奥运冠军的年龄特征与打法趋势

人们一直认为不同风格的运动员都能获得奥运会、世锦赛冠军，事实已经充分验证了这一论证，合理有效并最大限度地发挥运动员技战术水平的打法风格无疑是最佳的打法，当然是符合每个个体综合能力的体现。我国上个备战周期提出的冠军模型很好地概括了运动员的打法特征，很大程度地提高了我国对拳击项目的认知程度，从而提高了运动员的技战术水平和能力。从 2011 年巴库世锦赛和伦敦奥运会比赛来分析，可以把当今拳击冠军运动员的年龄特征和打法趋势总结如下。

1. 年龄特征

2008 年北京奥运会拳击冠军平均年龄 25.4 岁，2011 年巴库世锦赛冠军平均年龄 23.8 岁，2012 年伦敦奥运会冠军平均年龄 24.7 岁。拳击冠军的年龄有缩小趋势，尤其是伦敦奥运会 52kg 级冠军罗贝希才 18 岁，可谓后生可畏。

依表 2-6，获得本届世锦赛各级别冠军的年龄在 20~30 岁这个区间，波动较大；而从各级别参赛运动员的平均年龄来看，所处的区间是 23.5~25.5 岁，相对集中。由表 2-6 可知，邹市明是 10 个级别冠军中年龄最大的运动员，与古巴 56kg 级运动员阿尔瓦雷斯相差最大，整整相差 10 岁，比其他 8 个级别冠军运动员平均年龄也大将近 6 岁。由此，我们应高度赞扬邹市明顽强拼搏的精神和为国争光的崇高人生境界。另外，也应充分认识到世界各拳击强国已陆续完成了运动员的新老交替，如古巴国家拳击队参赛运动员平均年龄为 21 岁，乌克兰运动员平均年龄为 23 岁，都低于本次世锦赛各级别冠军的平均年龄 23.9 岁。从本届世锦赛参赛运动员的年龄特征看，我们在看到自身各种优势的同时，也应充分预料到这些刚崛起的年轻运动员所构成的极大威胁。

表 2-6　2011 年巴库世锦赛冠军及各级别平均年龄统计表

级别（kg）	运动员	国家	冠军年龄（岁）	各级别平均年龄（岁）
49	邹市明	中国	30	23.6
52	阿洛安	俄罗斯	23	23.5
56	阿尔瓦雷斯	古巴	20	24.8
60	洛马钦科	乌克兰	23	23.6
64	桑托斯	巴西	23	23.8
69	谢列斯丘克	乌克兰	26	24.7
75	赫伊特罗夫	乌克兰	23	25.3
81	克鲁斯	古巴	22	24.7
91	尤塞克	乌克兰	24	25.5
+91	梅德兹多夫	阿塞拜疆	25	24.7

从表 2-7 可以发现，伦敦奥运会冠军平均年龄与北京奥运会 25.4 岁的平均年龄相比年龄较小。邹市明依然是冠军中年龄最大的选手，两位古巴冠军运动员平均年龄 20.5 岁，要比我国本次参赛运动员的平均年龄小很多，故梯队建设是我们面临的一大问题。

表 2-7　伦敦奥运会各级别冠军年龄统计表

级别（kg）	运动员	国家	冠军年龄（岁）
49	邹市明	中国	30
52	罗贝希	古巴	18
56	卢克·坎贝尔	英国	24
60	洛马钦科	乌克兰	23
64	罗尼埃尔	古巴	23
69	萨皮耶夫	哈萨克	28
75	村田凉太	日本	26
81	马可霍特切夫	俄罗斯	28
91	尤塞克	乌克兰	24
+91	约书亚	英国	23
平均			24.7

2. 打法趋势

①全方位的进攻逐渐转向内线直线进攻，突出直拳击打效果；
②大强度的进攻节奏到高强度压迫式打法，突出紧逼式攻击效果；
③进攻技术简单，进攻时机、距离更加准确，追求得点成功率；
④攻防转换节奏明快、格挡防守运用增多，得点和失点性质相同。

（四）裁判员队伍与总体判罚特征

1. 奥运裁判员选派与水平

本届伦敦奥运拳击比赛经国际拳联考察、考试最终选派了 35 名国际级三星裁判员和 22 名国际技术官员，其中，非洲 2 名（包括 1 名女子裁判员）、南美洲 5 名（包括 1 名女子裁判员）、北美洲 2 名、亚洲 8 名和欧洲 18 名（包括 1 名女子裁判员）。

从国际拳联最初的规定来看，只有希腊裁判员参加过 2004 年雅典奥运会，其他都是第一次参加奥运会工作，据不完全统计，裁判员的平均年龄为 45 岁左右。

从整体执裁经验来看，绝大多数裁判员具有 40～60 场国际大赛判罚经验，他们反应灵活、组织纪律性强，而且都具备用英语沟通交流的能力。

从比赛判罚结果上看，不像我们想象的那样，尤其是开始前 4 个单元，打点不统一，对得点拳的概念理解不一致，导致回合间显示器比分落差太大，遭到观众、教练员、运动员的不满。美国 CNN（美国有线电视新闻网，Cable News Network）等媒体以“本届奥运拳击裁判员根本不符合奥运会的条件”等言论抨击，虽然最后国际拳联把美国媒体驱出奥运赛场，但从实际情况上分析，也确实由于水平问题带来了不少麻烦，后来国际拳联加强了对得点拳统一标准的要求，控制多给点现象的发生，如果打点数过多的裁判员，直接停赛 1 到 2 个单元。结果导致运动员比分拉不开，多次出现难得的大分平、小分平，再由 5 位评判最后按点决定胜负的比赛情况，其实场上的结果很明显。

2. 奥运拳击裁判管理

国际拳联加强了对裁判员的管理力度，规定裁判员不允许单独外出、串门、开小会，尤其是不能跟技术官员谈论有关比赛的事情。除个别国家裁判员有聚集喝酒情况外，其他人相当严肃，紧张的气氛时刻围绕着裁判员，精神压力很大。

3. 奥运拳击裁判员总体判罚特征

整个比赛过程中，裁判员的评判标准出现了两次调整。比赛开始前的两单元，由于裁判员对得点拳理解不统一，导致了比分差较大的现象，使得观众、各国官员、教练员及运动员产生质疑。国际拳联针对这种情况进行了判罚尺度统一的培训，加大对评判员的评估，针对多打点的裁判员给予警告处分等，结果导致运动员的比分非常接近，甚至出现了误判现象，本来前两个回合比分可以拉开的，但由于裁判员手“紧”，而没有拉开比分，这种情况下最大受益者就是弱者，大比分明显落后的比赛，结果变成比分接近，导致落后一方信心倍增，加大最后一回合反扑力度，而领先一方会质疑自己前两个回合的打法，结果有 25%左右的这种比赛，出现了逆转；点数领先一方，会出现自信心不够，本以为领先很多，结果一回合下来只领先 1~2 点，甚至平局的局面，顿时出现质疑自己的技战术水平出现了偏差，从而技术变形，想赢怕输的心理作怪，结果不尽如人意，时间、机遇瞬间即逝。

总体上来讲，本次奥运会拳击比赛，判罚尺度与 2011 年巴库世锦赛有很大不同，呈现出以下趋势：①台上裁判员对运动员开掌拳击打判罚尺度比以往有放宽的趋势；②台上裁判员对消极、搂抱等非拳击技术犯规动作加大了判罚力度；③台上裁判员合理运用有利和无利判罚原则进行执裁；④台下评判员鼓励积极主动进攻一方运动员多得点，打分更加独立；⑤台下评判员鼓励在最后一回合中表现积极主动一方并对消极情况加以制止。

三、伦敦奥运会我国运动员的表现情况

（一）我国参赛运动员基本情况

本届奥运会我国 9 名男女运动员共进行了 20 场比赛，获胜 12 场、负 8 场，最终夺得 1 金、1 银、1 铜 2 个第五名的成绩。邹市明经过 4 场激战夺得金牌，为我国拳击项

目续写辉煌，完成了历史使命；任灿灿在决赛中不敌东道主选手获得银牌；李金子在手臂骨折的情况下坚持比赛最终夺得一枚宝贵的铜牌，李金子所表现出的拳击人敢拼敢打的精神多次得到国家体育总局原局长刘鹏的表扬。我国参赛运动员比赛基本信息如表 2-8 所示。

表 2-8　参赛运动员比赛基本信息表

序号	级别（kg）	姓名	场次	得点	失点	得失点比（%）	2008 奥运比（%）	名次
1	48	邹市明	4	55	46	83	23	1
2	60	刘强	2	30	21	70	—	—
3	69	土孙琼	1	11	16	145	45	—
4	81	孟繁龙	2	34	25	73		—
5	91	王玄玄	1	7	10	142		—
6	+91	张志磊	2	18	17	94	39	5
7	51	任灿灿	3	29	31	107		2
8	60	董程	2	18	18	100		5
9	75	李金子	3	46	40	87		3

（二）重点运动员情况

赛前拳跆中心、拳击部和教练组依据各级别运动员自身和主要对手情况，特别是近期世锦赛等重大赛事运动员的表现及成绩，确立了邹市明依然是本届奥运会的领军人物，肩负着夺金重担，女子三个级别同样被寄予争金夺银的厚望。

1. 邹市明

邹市明作为 1 号种子选手第一轮轮空，经过 4 场比赛最终蝉联冠军，完成了为国争光的历史使命。第一场比赛对手是古巴年轻运动员维塔，也是我们赛前认真对待的头号对手，在比赛中邹市明发挥了自己快、连、积极主动的优势，没给对手发挥的机会，最终以第一回合 4:3 、第二回合 4:3、第三回合 6:5，总比分 14:11 赢得比赛；第二场比赛对手是哈萨克斯坦老将扎克波夫，从赛前分析来看，邹市明胜率远远大于对手，结果也充分验证了这样的预判，以总比分 13:10 获胜；第三场比赛也就是半决赛，对手是 2008 年北京奥运会邹市明战胜过的爱尔兰运动员，从准备上都做了充分的研究，开局顺利；第二回合延续上一回合的打法，继续保持领先；第三回合，邹市明突然改变打法紧逼对手，多次与其展开对攻，使用了自身短处来对抗他的长处，第三回合对手反超 3 点，比赛结果邹市明以大点平，小点多 1 点的微弱优势险胜。当天晚上岳岩部长给张传良的电话里强调了赛中战术的运用尤其关键，稍微变化、预判不准，就会造成前功尽弃的局面，留下终身遗憾；决赛中邹市明的对手是泰国老将庞普里亚杨，邹市明稳扎稳打，保持每个回合都能领先，虽然在第三回合体能有所下降，凭借顽强的意志和丰富的大赛经验，最终取胜，完美收官，也为自己的业余拳击生涯画了一个圆满句号。

2. 刘强

本届奥运会上刘强信心十足，第一场以 20∶7 大比分战胜澳大利亚运动员，充分发挥了自己的水平；第二场对手是古巴运动员洛普兹，2011 年巴库世锦赛 60kg 级亚军得主，面对实力强劲的对手，刘强表现出最高水准，虽然最终以 10∶14 不敌对手，但他在场上表现出来的主动进攻、防守严密的技战术，以及敢于挑战古巴高手的过硬心理素质，得到了观众认可。唯一不幸的是抽签运气不佳，过早与洛普兹相遇，但从长远来看并不是件坏事，相信通过这次比赛，刘强自信心大增，年轻运动员也会从中有所收获，这对我国拳击项目的发展大有裨益。

3. 土孙琼

土孙琼的第一场对手是俄罗斯运动员扎姆科沃伊，2009 年米兰世锦赛亚军得主。虽然土孙琼整场发挥出了自己的优势，但与扎姆科沃伊相比，还是技不如人，打法风格相近，始终处于被动地位，最终以 11∶16 输给对手，失去进入下一轮比赛的机会。最后俄罗斯运动员扎姆科沃伊获得了该级别铜牌。

4. 孟繁龙

孟繁龙，从抽签来看，算是一个上签，第一场遇到摩洛哥运动员，以大比分 17∶8 获胜，从本届奥运评价方式来看，出现大比分的落差很不容易；第二场比赛对手是巴西运动员佛罗伦迪诺，第一回合，孟繁龙积极主动，后手直拳果断，进攻的转移到位，以 6∶5 领先；第二回合，孟繁龙进攻节奏放慢、果断进攻时机没有把握好，以 5∶6 落后；第三回合，正好迎合了本届奥运会评判员的评价方式，巴西选手信心大增，加上孟繁龙防守出现漏洞，被对手后手直拳连续击中，最后以 17∶17 小点输，本有机会进入下一轮比赛，结果就这样结束了，留下了遗憾，这场比赛是我们应该好好总结的一个典型。

5. 王玄玄

王玄玄在伦敦奥运会上留下了最大的遗憾。如果在第一轮战胜保加利亚运动员顺利过关，获得奖牌的概率将会很大。结果恰恰相反，第一回合，在与保加利亚的比赛中，王玄玄缩手缩脚，进攻犹豫不定，心理出现了障碍，在对手不强的情况下，以比分 2∶5 输掉第一局；第二、三回合，虽然有一定的主动性，但为时已晚。按王玄玄世锦赛水平的50%，拿下第一场比赛应该是情理之中的事情，但却失去了晋级机会，可见其训练和心理上都出现了不同程度的问题。

6. 张志磊

张志磊，作为一名老运动员，在本届奥运会上表现出较好的状态，与2011年巴库世锦赛相比，变化很大。虽然第二场与东道主选手相遇，该选手最终获得该级别的冠军，张志磊在比赛过程中心理上没有丝毫害怕对手，反而积极主动进攻，赢得了全场观众的掌声。

7. 任灿灿

任灿灿作为1号种子选手，第一轮轮空，第一场与俄罗斯运动员艾琳娜比赛，第一回合，双方都有一定的紧张度，但任灿灿发挥相对稳定，防守严密，做到了不轻易失点，最终以2∶1领先；第二回合，任灿灿积极主动，前摆拳加上后手直拳果断进攻，继续扩大领先局面；第三回合同样也没给对手多少机会，最终以12∶7进入下一轮比赛；第二场比赛对手是美国运动员马汀，在备战训练过程中陈涛教练针对该选手的进攻节奏慢、动作幅度大的薄弱环节做了充分的应对训练，虽然以10∶8险胜对手，也反映出任灿灿直线进攻能力和击打准确性还存在一定问题，尤其是第三回合反而被对手反超，在决赛中与尼古拉的比赛，反映了我们的训练水平和技术打法等方面，与对手有一定的差距，可以用技不如人来形容。

8. 董程

董程在本次比赛中总体上发挥出了自己应有的水平，第一场战胜罗马尼亚运动员，在情理之中。董程与塔吉克斯坦运动员的比赛，存在技不如人的情况。应该说董程从秦皇岛世锦赛比赛后，奥运会资格始终没有落实，状态出现了反复的情况，导致体重过大，在离比赛不到一个月的时间内完成了降体重和体能恢复问题，而且能在比赛中充分发挥自己水平，值得表扬。

9. 李金子

李金子在肘关节严重受伤的情况下战胜了她曾经大比分输给的加拿大运动员，进入半决赛，极大地鼓舞了当时的国家拳击队全体将士，为队友继续前进，增加了她心理上的动力，值得大力表扬。李金子是我们年轻运动员学习的榜样，用拼搏的精神、坚强的毅力、顽强的斗志来战胜对手是拳击项目的魅力之一。

（三）差距与问题

在伦敦奥运会拳击比赛中，我国拳击项目能够再创辉煌，为国家争得荣誉，是我们拳击几代人的心愿。虽然我们取得了1金、1银、1铜共3枚奖牌的战绩，在本届奥运会上排名第七，进入了拳击第一集团，但从整体和实力方面，我们与古巴、乌克兰、英国、俄罗斯甚至亚洲的哈萨克斯坦等国还有一定的差距，成绩已成为过去，我们必须认真总结，从与世界拳击发达国家运动员对比中找差距，找不足，只有在发展的过程中不断反思，才能帮我们更好地进步和发展。

1. 整体表现出的差距

①进攻技术复杂，反而给对手留下破绽；
②进攻连续性不够，且进攻前过多闪躲动作，错过机会，徒劳；
③攻防转换能力与世界强国乌克兰选手相比相差甚远；
④与古巴运动员相比，我们的灵活性、“打吊”能力还有一定的差距；
⑤与日本75kg级运动员村田凉太相比，我们的心理素质有待提升。

2. 技术单调，临场战术应变能力差

随着现代拳击运动的快速发展和普及，拳击运动员的技战术打法得到不断的丰富与完善，出现了不同技术风格的世界冠军。在目前的新评判方式下，制胜拳击比赛的策略已经不能仅仅依靠单拳、出拳的准确度，而要根据比赛情况，主动采用抱头防守、点数领先后有意拖延比赛时间、打完就跑等战术。据分析，技术全面、能攻能守的打法类型在现代拳击比赛中占据主导地位，竞赛效果日渐突出。我国运动员过去形成的是步伐移动灵活、机会把握准确、“打吊”及“吊打”结合紧凑的技战术打法。这一打法在遇到注重防守、务实、对抗力量强、压迫式进攻为主的强对抗类型打法时，我国选手则显得比较被动，得点得分越来越困难。目前，以英国、俄罗斯、乌克兰和欧洲国家为主要代表的运动员基本属于强对抗类型打法。

3. 参加世界大赛的心理调控能力欠佳

在本届奥运会上，我国运动员在心理调控能力方面表现欠佳，普遍存在想赢怕输的思想。由于想赢怕输，导致运动员出现赛前过度紧张或过度兴奋的行为表现。在具体的比赛过程中表现为攻防技战术运用单一、临场应变能力下降、不能正常发挥自己所具有的竞技能力。

4. 大赛中连续三、四回合的攻防能力不足

本届奥运会上，75kg级日本运动员、60kg级乌克兰运动员、60kg级爱尔兰运动员，都展示了其强劲的中近距离连续攻击能力和敢打敢拼的意志品质，这种打法能够在比赛中给对手以威慑力，属于典型的紧逼式打法。正是这种打法风格迎合了当今国际拳联新计分规则和判罚趋势，所以，擅长这种打法的英国队、乌克兰队不仅成了本

届奥运会的最大赢家，而且使得世界拳击比赛更加激烈、观赏性更强。通过比赛我们清楚地看到，我国主力运动员的体能储备无法完全适应比赛的要求。

5. 比赛中击打力度和命中率较低

根据现代国际拳击规则要求和对若干高水平拳击比赛的观察发现，目前的国际拳击比赛中，裁判员对比赛的判罚评分越来越朝着“清晰、有力”的方向发展，对于运动员在比赛中的力量和击打的清晰度的要求更高。具体来说，我国运动员和欧美运动员相比，在力量素质方面处于劣势，这使我国运动员在比赛中得点变得更加困难。

6. 中近距离的拼打能力有待提高

新拳击计分规则的出台给世界各国拳击训练和竞赛体系一个鲜明的信号，要想赢得比赛，最简单的道理就是在拳击台上多出拳攻击对手，占据场上的主动，这使那些能够利用拳台空间，积极主动进攻的拳手赢得了更多比赛的机会。通过这次比赛我们也清醒地意识到，中近距离是制胜的最佳距离，中近距离的对抗使力量与技术完美地结合，而我国运动员在比赛中常常由于在远距离寻找进攻机会，不敢靠近对手，从而失去了得点的最佳距离。

7. 对奥运会拳击比赛准备不够充分

在北京奥运会上，我国拳击项目一举获得了 2 金、1 银、1 铜的好成绩，完成了该项目的历史性突破，一度震惊了世界拳坛。特别是以邹市明为代表的中国式打法，成为世界各国研究与学习的典型。但是北京奥运会已经过去 10 年的时间，拳击竞赛规则和拳坛世界格局都发生了诸多变化，因此，我们也应在积极接触世界的过程中，努力做到与时俱进。毫无疑问，在比赛中，运动员如果一直沿用固有的比赛模式，就会给对手留下更多的机会。

在国家体育总局领导的关怀下，在拳跆运动管理中心领导的正确指引下，在全国拳击界上下的大力支持下，在长期奋战在一线的教练员、运动员和工作人员的共同努力下，我国拳击项目在伦敦奥运会上再创辉煌，为我国竞技体育运动的发展做出了应有的贡献。这是我国拳击队始终坚持团结协作，开拓进取，科学训练的结果，是“用生命捍卫我们拳击的尊严”。

面向未来，面向发展，我们一定要在目前的发展基础上，紧紧把握世界拳击发展变化的脉络，抓好拳击后备人才的培养，为我国拳击项目走可持续发展道路做好充分的准备，再创佳绩，为国争光。

第二节　2016年里约奥运会我国拳击队参赛历程

随着奥运圣火的熄灭，举世瞩目的2016年第31届里约奥运会落下了帷幕。赛场硝烟散尽，回顾四年来国家拳击队备战里约奥运会的1400多个日日夜夜，充满了太多坎坷与艰辛。四年中我们有过失败，有过彷徨，但是我们始终没有放弃，在习总书记“拳击是勇敢者的运动，需要一颗勇敢的心”的教诲和鞭策下，我们从基础做起，重拾“拳击”精神，打出了我国拳击人的尊严。“知其不可为而为之”，我国拳击人的里约备战之路“悲情、悲壮”，一路走来，我们有太多东西值得总结、需要凝练，在历经里约奥运会的锤炼洗礼之后，逐渐加深了对拳击的认识，对我国拳击的发展之路更加清晰。

一、里约奥运会拳击比赛概况

第31届里约奥运会拳击比赛于2016年8月6日至21日在巴西里约热内卢举行，来自76个国家和地区的286名运动员争夺13个级别的桂冠。我国11名参赛运动员“浴血奋战”，最终获得1银、3铜的优异成绩。

参加里约奥运会的资格产生方式：本届奥运会资格的产生方式较往届有较大改变，除世锦赛和各洲际资格赛外，又新增了APB拳王争霸赛、WSB个人积分赛以及AOB、APB和WSB两个落选赛。这样层层选拔的资格产生方式，极大地提升了奥运会参赛选手的质量，使得比赛更加激烈、观赏性更强，为广大拳迷奉献了一场场精彩的比赛（表2-9）。

表2-9　2016年里约奥运会资格赛信息一览表

资格赛	时间	承办国家	资格
APB拳王争霸赛	2014年10月24日至2015年9月19日	中国	20
WSB个人积分赛	2015年1月15日至6月13日	中国	17
2015年男子世锦赛	2015年10月5日至15日	卡塔尔	23
美洲资格赛	2016年3月11日至19日	阿根廷	25
非洲资格赛	2016年3月11日至19日	喀麦隆	30
亚大区资格赛	2016年3月25日至4月2日	中国	30
欧洲资格赛	2016年4月9日至17日	土耳其	30
2016年女子世锦赛	2016年5月19日至27日	哈萨克斯坦	12

续表

资格赛	时间	承办国家	资格
2016年男子奥运资格落选赛	2016年6月16日至25日	阿塞拜疆	39
2016年APB&WSB奥运资格落选赛	2016年7月3日至8日	委内瑞拉	26
东道主			5
三方协议			5
各大州女子资格赛			24
运动员			286

本届奥运会资格赛中，乌兹别克斯坦、哈萨克斯坦、英国、俄罗斯、古巴等拳击传统强国依然实力突出，他们均实现了男子全额参赛。我国选手奋力拼搏，通过APB、世锦赛、亚大区资格赛及AOB落选赛四个赛事渠道，最终获得了11张入场券，创造了我国拳击参加奥运会比赛最多名额的历史，参赛名额排在了世界前列，较好地完成了里约奥运会备战的第一阶段任务。

本届奥运会国际拳联对部分规则再次进行了修改。一方面取消了统一称重，这更利于运动员适应环境和时差，调整状态。另一方面对赛制进行了调整，比赛中后期每日均有金牌产生，极大地提高了拳击项目的关注度。同时，本届奥运会首次向职业拳手敞开了大门，实现了职业拳手和奥运选手的同台较量。男子比赛也是国际拳联摘除头盔后的首届奥运会，比赛激烈、观赏性强，但伤病情况也较高。据统计，本届奥运会因伤病而终止比赛的比率高达15%。

二、里约奥运会拳击比赛回顾

（一）里约奥运会奖牌统计

如表2-10所示，里约奥运会拳击比赛中，13个级别的52枚奖牌分别被19个国家的运动员获得，我国获得1银、3铜的优异成绩，占奖牌总数的7.7%。乌兹别克斯坦是本届奥运会最大的赢家，从伦敦奥运会的默默无闻到本次奥运会11人参赛，斩获3金、2银、2铜，可谓本届奥运会上的拳坛霸主；古巴依然实力不凡，获得了3金、3铜，再次证明其雄厚的实力。

表2-10　2016年里约奥运会奖牌统计

排名	国家	金牌	银牌	铜牌	合计
1	乌兹别克斯坦	3	2	2	7

续表

排名	国家	金牌	银牌	铜牌	合计
2	古巴	3	0	3	6
3	法国	2	2	2	6
4	哈萨克斯坦	1	2	2	5
5	俄罗斯	1	1	3	5
6	英国	1	1	1	3
	美国	1	1	1	3
8	巴西	1	0	0	1
9	中国	0	1	3	4
10	阿塞拜疆	0	1	1	2
	哥伦比亚	0	1	1	2
12	荷兰	0	1	0	1
13	克罗地亚	0	0	1	1
	芬兰	0	0	1	1
	德国	0	0	1	1
	墨西哥	0	0	1	1
	蒙古	0	0	1	1
	摩洛哥	0	0	1	1
	委内瑞拉	0	0	1	1
19 个国家		13	13	26	52

（二）世界拳坛格局

从各大洲奖牌的分布来看，欧洲占35%、亚洲占33%、美洲占23%、非洲占2%的份额。从统计来看，亚洲实力提高幅度较大。亚洲各参赛国除乌兹别克斯坦、哈萨克斯坦、中国和蒙古外，菲律宾、泰国、韩国、塔吉克斯坦、印度等亚洲传统拳击强国，在本届奥运会均与奖牌无缘。

（三）奥运冠军的年龄特征与打法趋势

1. 年龄特征

依据表2-11，里约奥运会冠军平均年龄为24.6岁，与伦敦奥运会冠军平均年龄24.7岁接近，本届奥运会大多数获得级别冠军运动员的年龄大于奖牌运动员平均年龄，说明冠军是实力的最终体现，需要时间和功夫的积累，符合拳击取胜制胜规律。各级别奖牌运动员平均年龄为24.25岁，对拳击运动员运动生涯来讲，正是刚开始的时候，远大的事业目标还在等待他们去实现。

表2-11　2016年里约奥运会冠军年龄和获奖牌运动员平均年龄统计

级别（kg）	运动员	国家	冠军年龄（岁）	获奖牌运动员平均年龄（岁）
49	Hasanboy Dusmatov	乌兹别克斯坦	23	21.75
52	Shakhobidin Zoirov	乌兹别克斯坦	23	22
56	Robeisy Ramírez	古巴	25	23
60	Robson Conceição	巴西	23	24.5
64	Fazliddin Gaibnazarov	乌兹别克斯坦	28	27.25
69	Daniyar Yeleussinov	哈萨克斯坦	25	24
75	Arlen López	古巴	23	22.25
81	Julio César La Cruz	古巴	27	26
91	Evgeny Tishchenko	俄罗斯	25	26
+91	Tony Yoka	法国	24	25.75
平均年龄			24.6	24.25

2. 打法趋势

总体上来看，运动员进攻及攻防转换节奏明快，击打次数增加，凸显击打效果；以乌兹别克斯坦为代表的运动员技战术简单实用，后手直拳进攻比例达到60%以上，全力以赴打好前两个回合的战术意识；强强对攻次数增加，回归拳击的本质。

三、里约奥运会我国运动员的表现情况

（一）我国选手比赛基本情况

本届奥运会我国11名运动员共进行了21场比赛，胜10场、负11场，夺得1银、3铜、2个第五名的成绩。其中尹军花经过4场激战获得银牌，胡建关历经4场厮杀获得铜牌，任灿灿和李倩均是取胜一场获得铜牌；64kg级胡谦逊获胜2场获得第五名；56kg级张家玮获胜1场获得第五名。本次比赛超额完成了赛前制定的一枚奖牌的任务。虽然我们未能夺冠，留下少许遗憾，但我们将继续奋勇前进，强大自身，以更加坚定的信念和决心去“搏”出我国拳击美好的明天。

（二）重点运动员情况

赛前拳跆中心、教练组根据各级别运动员实际情况和主要对手，特别是近期世锦赛等重大赛事运动员的表现及成绩，确立了本届奥运会的重点运动员为：男子 52kg 级胡建关、69kg 级刘伟；女子 51kg 级任灿灿、60kg 级尹军花和 75kg 级李倩。事实证明我们的判断基本准确，也充分说明赛前我们的分析是客观、冷静而又全面的。

1. 52kg 级胡建关

本级别共有 26 名选手参赛，胡建关被国际拳联设为 7 号种子。胡建关在先后战胜了土耳其、亚美尼亚选手后，与该级别 2 号种子古巴选手维塔在 1/4 决赛中狭路相逢。维塔是我国拳击的老对手，其曾与邹市明在世锦赛、奥运会中都有过交锋，是国际拳坛公认的世界超一流选手之一。2015 年多哈世锦赛中胡建关就是被维塔阻挡在了决赛门外。本次相遇，教练组充分研究了维塔世锦赛以及奥运会前几场的表现，并对其做了心理分析和评估，制订了一套能够充分发挥胡建关速度优势，坚决抓反击，避免近距离缠斗的战术。胡建关在比赛中以其稳健的心态，坚定地执行了教练组赛前制订的战术意图，最终赢得了比赛，获得了该项目的铜牌（表 2-12）。第一次参加奥运会，胡建关不畏强手，表现出了良好的心态，充分发挥其良好的技术和战术意识，他是一名具有一定的发展潜力的运动员。胡建关在奥运会最后重要场次比赛总结如表 2-13 所示。

表 2-12 里约奥运会 52kg 级奖牌分布

级别	金牌	银牌	铜牌
52kg	乌兹别克斯坦	俄罗斯	委内瑞拉、中国（胡建关）

表 2-13 胡建关比赛过程总结

轮次	国家	年龄	比分	比赛优势发挥	不足
1/16 决赛	土耳其	25	2∶1	抢先进攻节奏快、内外线击打准确	在占据优势时，容易下放手臂，防守意识减弱
1/8 决赛	亚美尼亚	24	3∶0	移动+抢先+转体+果断后手直拳，控制了对手的冲击式打法	围绳边角处手臂下放、身体摆动幅度过大
1/4 决赛	古巴	24	2∶1	很好地执行了教练的战术打法，较好控制了比赛的节奏	体力分配和击打落点不够清晰
半决赛	俄罗斯	28	0∶3	整体上发挥了自己最好水平	对抗能力不如对手

2. 69kg 级刘伟

69kg 级参赛人数为 28 人。刘伟第一场与 2015 年世锦赛曾经战胜过的立陶宛选手相遇，比赛结果再次验证了我们上个周期经常说的“最可怕的对手就是你曾经赢过的”，本场比赛不论从速度、击打准确性还是节奏控制上我们都出现了被动（0:3），刘伟的比赛止步第一轮。金、银、铜牌分别被哈萨克斯坦、乌兹别克斯坦、摩洛哥和法国选手夺得（表2-14）。

表2-14　里约奥运会69kg级奖牌分布

级别	金牌	银牌	铜牌
69kg	哈萨克斯坦	乌兹别克斯坦	摩洛哥、法国

3.60kg级尹军花

女子三个级别的参赛人数均为12人，尹军花与上届奥运会冠军爱尔兰选手泰勒、2015年欧运会冠军阿塞拜疆选手亚娜以及2016年世锦赛上刚刚输给的芬兰选手分在下半区，从对手情况来看，每场比赛都是硬仗。

事实上，像我们开始预料的一样，尹军花第一场与非洲冠军摩洛哥选手相遇，可以说两名选手实力相当，虽然尹军花最终以3:0拿下比赛，但这对第一次参加奥运会而且又是第一场比赛的尹军花来讲，已经是难上加难；第二场与阿塞拜疆运动员亚娜的比赛，是尹军花在她本次奥运会比赛中发挥较好的一场，其果断的后手进攻，让对手防不胜防，完全控制了对手；第三场比赛的获胜让大家看到了希望，芬兰老将未能阻挡她进军决赛的步伐，且该场比赛尹军花较好地抑制了对手的发挥，始终控制场上节奏；决赛中尹军花对阵法国选手，在两回合领先的情况下，她出现体能骤降、指挥失控的情况，未能把优势保持到最后，错失金牌，留下了遗憾。最后，法国选手获得该级别的金牌，我国选手尹军花获得银牌，铜牌由芬兰选手和俄罗斯选手获得（表2-15）。

表2-15　里约奥运会60kg级奖牌分布

级别	金牌	银牌	铜牌
60kg	法国	中国（尹军花）	芬兰、俄罗斯

4.56kg级张家玮

56kg级共有28名选手参赛，张家玮在首场比赛战胜韩国选手后，第二场与古巴选手相遇。通过分析，从该选手在资格赛及奥运会前几场的表现来看，教练组认为其中近距离能力较强，张家玮必须发挥自身前手拳优势，以远距离击打为主。而开赛后，古巴选手前手拳的效果、时机和准确度均在张家玮之上，想刹那间取胜变成了天方夜谭。本场比赛值得我国所有拳击从业者，尤其是运动员和教练员认真学习、分析并剖析自身问题。本级别冠军由古巴选手夺得，亚军由美国选手获得，季军由俄罗斯和乌兹别克斯坦选手获得（表 2-16）。

表 2-16 里约奥运会 56kg 级奖牌分布

级别	金牌	银牌	铜牌
56kg	古巴	美国	俄罗斯、乌兹别克斯坦

四、里约奥运会备战情况

（一）兵败世锦赛，我国拳击遭遇空前危机

伦敦奥运会后，以邹市明、张传良为代表的老一批运动员、教练员选择退役或转战职业拳坛。同时，国际拳联于 2013 年 6 月 1 日起实行最新规则，规定比赛采用十分制记分，并在成年男子比赛中摘除头盔。新规则让我国拳击遇到了前所未有的挑战。

2013 年 10 月，第 17 届男子拳击锦标赛在哈萨克斯坦阿拉木图举行，国家拳击队共派出了 9 名选手参赛。由于队员竞技状态欠佳，大赛经验不足，导致本届世锦赛中颗粒无收。12 场比赛，3 胜 9 负，只有 49kg 级运动员吕斌、56kg 级张家玮和 75kg 级文银杭各取得了一场胜利，其余运动员均止步第一轮，全队无一人进入八强，创下了近十年我国男子拳击在世锦赛中的最差战绩。此次世锦赛，让我们清醒地认识到我们面临着梯队建设断档、对新规则认知较少及世界拳坛格局变化等不利因素，尤其是优势判定胜负的规则极大冲击了我们近两个奥运周期形成的训练模式和固有的打法类型，拉大了我国与世界拳击的距离。

更为可怕的是，新规则向职业拳击靠拢进一步还原了拳击运动“对抗”的本质，但当时我国大部分运动员出现了对新规则、对手和对抗的恐惧。教练员此时也出现了“本能恐慌”，发现过去的训练手段和方法不管用、新的训练方法和手段不会用、创新的训练方法和手段不敢用的场面。与此同时，由于比赛成绩不理想，国家拳击队受到各界的质疑与批评，更有甚者断定我国拳击将就此沉寂。2013 年我国拳击可谓跌至低谷，遭遇空前危机。

（二）转变观念，卧薪尝胆，重拾信心

2014 年面对困局，拳跆运动管理中心领导高屋建瓴地提出了“只要心脏还在跳动，追梦的步伐永不停歇”的口号；制定了“唱低调、举哀兵、思创新、狠抓实”的工作思路；组建我国拳击的“铁血团队”，发扬“亮剑”精神。这一系列的工作，为国家拳击队里约奥运会备战工作指明了方向。

同时国家拳击队痛定思痛，对 2013 年世锦赛的失败原因进行了深入剖析和总结，

并在此之后进行了一系列改革。改革的主要内容有：①加快转变观念，努力学习新规则，扭转过去以单一点数取胜到综合优势取胜的思路，把对规则及项目特征的认识、学习始终放在一个重要的位置上。②快速进入状态，认清世界拳坛格局变化趋势，正确面对现实，摒除一切杂念和困惑，以积极的心态投入训练。③树立“能力是练出来的”信念，坚持“三从一大”训练原则，实实在在提高运动员身体能力，抓好基本训练和对抗能力训练。④优化选拔机制，提高淘汰率，利用竞争上岗的原则选拔优秀的国家队教练员和运动员。⑤利用“走出去、请进来”的训练模式，充分吸收国外先进训练理念，不断丰富我们的训练思路。⑥细致准备，从主要对手情况、训练措施、科研保障、医务保障、参赛准备和心理调整等多个方面制订详细的方案，使得教练员、运动员在参赛时做到了赛前准备有的放矢，赛中心理平稳，不慌不乱。⑦通过比赛检验训练效果，坚定训练理念与方向，重拾信心。

2014 年在拳跆运动管理中心领导的指导下，在全体教练员与运动员的共同努力下，训练质量和队伍管理工作等方面也有了长足的进步，并在 2014 年的各项赛事中取得了一定的成绩。2014 年南京青奥会获得 1 金、1 银的成绩，实现了青年奥运会金牌零的突破；2014 年仁川亚运会取得 1 金、2 银的成绩，完成了参赛亚运会的目标；2014 年女子世锦赛上获得 1 金、2 银的优异成绩，尤其是 60kg 级奥运级别，尹军花与奥运冠军泰勒实现了同场竞技，过了招，达到了目的；欧美拉练比赛中共获得 3 枚金牌、9 枚银牌和 5 枚铜牌的近两年最好成绩，极大地鼓舞了国家拳击队每位将士，坚定了我们的训练方向。

在国家体育总局领导的英明领导下，在拳跆运动管理中心领导的精心谋划下，国家拳击队相继参加了国际拳联举办的 WSB 和 APB 比赛，极大地提高了我们对拳击比赛的认识，这对我国拳击具有里程碑的意义，应该说我国拳击从此迈开了快速追赶的步伐。

（三）夯实基础，不断提高科学化训练水平

2015 年对于国家拳击队来讲，是备战 2016 年里约奥运会周期中的一个重要阶段，这一时期训练的质量直接决定里约奥运会出线资格的数量。但是近年国际拳联加大了职业改革力度，赛事密度更高、强度更大。面对训练与国际比赛的双重压力，国家拳击队积极应对，迎难而上，转变以往赛事观念，打破大板块训练划分，克服长时间大跨度的赛程安排等困难，边比赛、边总结、边学习，主动适应新赛制。如 2015 年冬训期内进行 14 轮 70 场 WSB 的比赛，一周一赛，运动员动辄经历 40 个小时的飞行后，在没有任何调整的情况下进行比赛，即使是主场作战也常要经历 4 个小时的飞行。虽然国际赛事密度高、强度大，但国家拳击队仍然取得了不错的成绩。2015 年 2 月，吕斌在佛山举行的国际拳联 APB 49kg 级决赛中战胜对手，获得金腰带，成为我国拳击队首位获得里约奥运会资格的选手。张家玮在 2015 年 7 月贵阳举行的国际拳联 APB 56kg

级决赛中夺冠，成为我国拳击队直通里约的第 2 人。刘伟、胡建关在 2015 年 10 月多哈世锦赛上获得第 3 名，刘伟因此成为我国第 3 位获得里约奥运会参赛资格的拳手。2015 年我们共取得了 3 张里约奥运会入场券，超额完成了预期任务。

兵法有云，“两军相遇勇者胜”，胜在于一往无前的气势和勇气，最强的气势和最大的勇气，则来自自断退路的决心和背水一战的信念。为了避免队伍的任何侥幸心理，任何安于现状、不思进取的心态，2015 年冬训前，拳跆运动管理中心领导精心筹划，在河北迁安举行了盛大的“中国英雄盛典”颁奖活动，表彰了近两年为我国拳击事业做出突出贡献的集体和个人。通过表彰，一方面让教练员和运动员清楚地认识到自身的责任和使命，另一方面要传递我国拳击队“置之死地而后生”的决心和不留任何退路的勇气。同时为了更好地锻炼运动员，推广、宣传拳击项目和国家拳击队，我们克服重重困难，做了大量的工作，派出吕斌、张家玮等 7 位运动员参加了 2016 年央视“贺岁杯”拳王争霸战，并获得全胜战绩。这场比赛的收视人数超过 2 亿，在国内外产生了巨大轰动效应，通过中央电视台这样一个主流媒体，让广大观众了解了目前国家拳击队的面貌、水平与实力。通过这两次活动，大大振奋了整个团队的精神、凝聚了力量，无论教练员还是运动员在之后的训练和比赛过程中都展现出了更加自信的精神风貌和顽强的意志品质，起到了事半功倍的作用。

2015 年冬训是备战里约奥运会的最后一个冬训，训练质量好坏将直接影响备战的整个进程。拳跆运动管理中心在冬训动员大会上提出冬训要紧紧围绕 2016 年 3 月份迁安亚大区奥运资格赛进行系统的设计，并明确了冬训的主攻方向：强体能、抠技术、抓个体、重监控。会后，相关人员对本次会议进行了深入的研讨，确定了“回归拳击本质，以扎实的体能为基础，以灵活多变的技术训练为发展方向，以系统科学的训练监控为监督保障”的指导方针，教练组和科医组在经过了充分的评估后制订了详细的训练计划，决定将本次冬训分为 4 个板块（阶段）：调整期、基础准备期、专项准备期和赛前准备期。教练组和科研组经过细致的规划，在冬训工作中进行了大胆尝试，依据国际拳击发展趋势确定了以专项体能促进竞技能力为基本训练方针，“按照板块周期训练理论对整个备战周期进行了系统规划，按照能量代谢系统理论和肌肉适应原理对专项体能训练方法进行了大范围调整，按照物质代谢理论对营养恢复手段进行了强化，并在备战全过程中依据能量系统工作原理和超量恢复原理对训练与恢复进行了严密的生理生化监控”，通过以上 4 项工作，增加了有效训练比例，减少了无效训练的消耗，提高了备战工作的系统性及科学性。此次冬训，全队基础体能平均提高 15%，专项体能平均提高 7%，使得运动员在比赛节奏掌控能力和高强度对抗下技术水平的发挥得到良好保障。另外，此次冬训的训练量和强度显著高于以往，但在严密的生理生化监控指导下，全队在整个备战期间未发生劳损性伤病，这也是前所未有的，保障了队伍时刻保持完整的战斗力，也保障了训练的系统性。

（四）亚大资格赛大放异彩，全力冲刺里约奥运会

2016年3月25日至4月2日，在河北迁安举行的亚大区（亚洲和大洋洲）资格赛中，我国拳击队共有7名选手获得奥运资格。其中女子51kg级任灿灿、60kg级尹军花、75kg级李倩均以冠军成绩获得奥运资格；男子52kg级胡建关、75kg级赵明刚、91kg级于丰铠分别在半决赛中击败对手获得亚军，拿到奥运资格；男子64kg级胡谦逊以第3名成绩获得奥运资格。另外2016年6月16日至25日在阿塞拜疆巴库举行的AOB落选赛中，男子60kg级山俊以第3名的成绩夺得奥运资格。加上2015年获得的3个奥运会资格，我国拳击队共获得11个里约奥运会参赛资格（男子8名、女子3名），出线情况名列世界前茅，首次超过俄罗斯、英国、乌克兰、阿塞拜疆等世界拳击强国，是超过北京奥运会10个、境外伦敦奥运会9个参赛资格的最好成绩。

在最后的冲刺阶段，为抓好重点运动员的个性化训练，切实提高运动员的竞技能力，做好赛前状态调整和技战术准备，根据板块周期训练理论将训练划分为3个阶段：基础体能训练期、专项体能训练期和赛前准备期。其中基础体能训练期体能训练重点为提高最大力量，强化最大有氧能力，兼顾灵敏、速度、协调和柔韧性的提高；技术训练则着重在基础技术方面对个性化的技术问题进行分步骤解决与改进。专项体能训练期主要任务是将基础体能向专项体能进行转化，进一步强化优势技术，较好地弥补技术不足；重点处理好两个问题，一是如何根据运动员的个性化特点选择和制订有针对性的训练方法，使训练强度能够达到所需要的高度；二是通过监控和调整解决持续高强度训练带来的深度疲劳问题。赛前准备期目标主要为根据每个运动员的训练水平、竞技状态、恢复措施和比赛能力等因素，合理安排最后阶段训练；主要任务是比赛能力和最佳竞技状态的形成、主要对手技术分析及对策准备、比赛装备及比赛预案准备、体重控制及女队员生理周期调整。在全面分析奥运对手基础上，训练以我为主，以比赛为中心，训练突出实效性、实战性。

在此阶段，通过依据不同时期的训练目标制订不同的训练方案，依据运动员的适应规律确定调整、恢复保障措施等环节的侧重点，并用严密的生理生化监控保障训练效果和运动员机能状态，较好地处理好了体能训练与技术训练的比例关系、个性化训练与共性训练的关系、系统训练与备战过程中重要比赛的关系。

（五）圣保罗及里约赛前训练精心调整竞技状态

由于赛制改革，里约奥运会拳击比赛由过去的同时开赛，最后两日产生金牌，改为不同时间开赛，多日产生金牌，并且由于种子选手首日比赛轮空，最终使得不同级别的运动员首日参赛的时间差别很大，因此赛前训练必须进行精心的个性化设计，使得每位运动员都能在开赛前调整到最佳竞技状态。根据这一情况，对赛前训练的原则进行了精心设计。

①赛前训练以状态调整为主要目标，不追求能力提高，在负荷量上保持中低水平，强度保持高水平，赛前要实现充分的超量恢复。由于不同队员对训练负荷的承受能力和恢复能力差别很大，如长期机能状态跟踪测试的结果表明，吕斌、胡建关、山俊、尹军花、李倩、于丰铠等队员通常超量恢复时间为3~4天，张家玮、刘伟、胡谦逊、赵明刚、任灿灿等超量恢复时间为5~6天，在他们各自参赛前5~6天开始不再采用大力量、循环耐力等高强度训练方法。另外，为充分实现个性化训练，还在每日训练前后进行生理指标测试，随时根据运动员的状态调整训练。

②尽快适应时差，主要通过较大负荷的训练来实现。2016年7月28日，国家拳击队全体奔赴巴西圣保罗训练营，7月29日到达后当天傍晚就进行了一堂中等负荷的训练课，使得队员快速适应时差。有些运动员时差适应较慢，如李倩在训练营训练1周后，下午训练中仍然有较强的困倦感，因此为她在下午比赛时段安排了2次较大负荷量的训练，使她产生一次较深的疲劳，帮助消除困倦感。

③比赛前1天运动员的身体疲劳应保持中低水平（恢复到80%~90%），同时神经疲劳必须保持在低水平（恢复到90%以上）。从本次比赛前数小时测试的结果来看，如果运动员身体疲劳恢复程度低于70%，神经疲劳恢复程度低于60%，则最多能在前1.5~2回合对抗中保持体能充沛及头脑清醒，后续比赛基本无质量可言，且会出现体能大幅度下降或头脑不清醒现象。今后重大比赛中必须加强疲劳监测，及时采取措施，确保运动员能够快速恢复，为下一战做好充分准备。

五、里约奥运会经验总结

比赛胜负的评价标准改变往往可以颠覆拳击项目的制胜规律，影响拳击备战训练的理念和方法。2013年国际拳击联合会实施十分制评价体系对备战2016年里约奥运会拳击比赛产生重要影响。新规则对运动员的评价体系发生了质的变化，由过去计分打点的单一评价发展为高强度对抗状态下运动员体能、基本技术、场上控制力、战术素养的全方位评价，突出了对运动员技术、体能、心理的全面要求，对以往我国选手擅长的吊打、防反技战术方法产生了巨大挑战。在这一背景下，中国拳击尽快适应新规则，扬长避短，提高技术的全面性成为备战里约奥运会的训练重点。因此，及时准确地围绕新规则的学习、宣讲及运用来开展各项工作成为中国拳击协会工作的出发点和切入点。

（一）收获

1. 创新管理模式，精心组建备战团队

教练员竞聘上岗，运动员依规选拔。本周期备战伊始，面对邹市明等优秀选手退

役、竞赛规则大幅更改等困难，在拳跆运动管理中心领导的正确引领下，在拳击部的具体策划、实施下，我们坚定信心、转变观念、深挖潜力，首次通过公开竞聘的方式，挑选组建了新一期拳击队教练组，并在日常的训练、生活管理中赋予了他们相应的责任、权利，充分调动了教练员的积极性。建立、完善了国家拳击队管理机制，保证了备战过程中未出现任何兴奋剂事件、安全伤害事故等。

同时，结合我国拳击运动发展现状，我们制订并完善了运动员的选拔办法，依据全国比赛成绩，教练组共同研究确定国家队运动员、陪练运动员，实施动态管理，依据日常训练、比赛表现，结合对手特点，发挥举国体制优势，及时调整相关运动员、陪练人员。

树队魂、寻勇气、敢亮剑，争做勇敢的人。备战过程中，国家拳击队共同面对、经历了一个个困难和挑战，经受住了一场场艰苦而又“惨烈”的赛事考验，相互激励、赶超着完成了一堂堂高强度、大运动量的训练课。这些磨难极大地凝聚了团队的意志，为团队注入了力量，注入了一种不言放弃、永不服输的拳击精神。这种精神在我们的运动员、教练员心中生根发芽，他们共同以实际行动和坚定的信念铸就了我国拳击“铁血团队”，创造了一个个奇迹，做到了“明知不可为而为之”。

自新规则实施以来，国家拳击队相继有 20 人次在训练和比赛中被击倒，在比赛中流血、受伤已是“常态”。文银航视网膜脱落、于丰铠鼻梁骨折……这些事例在这个备战周期中数不胜数，他们以“血、汗”捍卫了我国拳击的尊严，诠释了不畏强手、敢于战斗的精神，诠释了国家队团结协作、争做“勇敢者”的决心。这种精神是我们整个团队的灵魂，是我们夺取胜利的利剑，是我们继续追梦的支柱。

引入科学训练理念，强化监控，提升训练质量。随着训练工作的开展与深入，国家拳击队通过各方渠道，相继选调了专业的科研教练、体能教练、康复教练，并补充了多名队医，他们共同组成了高效的科医保障组。他们专业能力出众、有责任心、团队意识强，并且能够长时间随队，及时准确地掌握运动员动态。他们能与教练组进行良好的沟通和配合，引入先进的训练理念和方法，以数据说话，通过基础测试、阶段目标设定、阶段考核，使运动员、教练员及时准确地认识到自身的进步和提高。

2. 各部门协调作战，保持良好的运转机制

本届奥运会，就参赛人员、比赛成绩来说，亚洲各参赛队中我国排名仅次于乌兹别克斯坦和哈萨克斯坦。但是，从客观分析，印度、蒙古、泰国的整体实力均强于我国，我国之所以能够暂时领先，一方面源于运动员的刻苦训练和团队的共同努力，另一方面离不开社会各界的大力支持。在 APB、WSB 组队参赛的过程中，拳跆运动管理中心领导多次向总局进行专题汇报，最终促成了参赛。这次比赛开启了我国拳击追赶拳击强国的步伐，具有里程碑意义。当然，本次比赛也得到了社会各界的支持，北京天行九州拳击俱乐部多年来一直支持和配合；亚大区资格赛迁安九江线材集团鼎力支

持，耗费巨资，为我国选手获得资格提供了最强有力的保障。最后，中心领导、拳击部和国家队协调作战，全局谋划，保持良好的运转机制。中心、部领导现场办公，第一时间处理各类问题。分管中心领导长期驻队，与教练员共同探讨项目发展、队伍建设中出现的问题，为运动员、教练员排忧解惑。拳击部全体人员全力保障、系统谋划，做了大量细致、基础而又烦琐的工作，始终默默无闻地为团队奉献。

3. 合理整合资源，取得了良好的效果

备战工作初期，考虑到阶段目标不同，我们采用了分散与集中相结合的训练管理模式，男、女国家拳击队分为不同地点各自训练。随着备战工作的深入，国家男子拳击队通过 WSB、APB 等赛事的历练，在新规则的认识、训练监控、团队建设等方面积累了一定的经验。中心果断进行资源整合，自 2015 年 9 月开始将女子 60kg、75kg 两个组别合并至国家男子拳击队共同训练，由男队主教练杨晓强担任男女队总教练。两支队伍合并后，教练组细化训练计划，利用科学监控，着重提高了女子运动员的最大有氧能力、最大力量等各方面的素质与能力，在实战对抗、技术训练中采用男帮女、男带女的方式，取得了良好的训练效果。同时，两支队伍的合并，较好地整合了保障团队，提高了保障效率，取得了良好的效果。从备战过程和比赛结果来看，尹军花、李倩是后期提高最为明显的运动员。

（二）不足

1. 教练员队伍的综合能力有待提高、大赛经验欠缺

里约奥运会是国际拳联采用新规则后的首届奥运会，赛前我们预想到了比赛的残酷性、严峻性。但是，从比赛过程和运动员的表现来看，奥运会的竞争格局呈现“枣核型”特点，即超一流选手和水平较低的选手只占很小的比例，绝大部分选手水平处于伯仲之间，每场比赛都是生死战。比赛的胜负不仅取决于运动员自身的竞技能力，更重要的是考验教练组技战术应对方案的制订、临场指挥教练突发情况的应变、运动员的心理状态和迅速的调节能力等。任何一个环节的微小失误都将改变整个比赛走势。

旧规则条件下，教练员随时可以根据比分的变化对运动员采取针对性的战术布置。而新规则条件下，在教练员无法随时掌握比分的情况下，却要求教练员在比赛的任何过程中，能够准确判断比赛的趋势和对方运动员的技战术的变化，并随时对运动员进行技战术调整，这是对整体备战团队，尤其是主要教练员能力的考验。充分印证了我们常说的“集体项目靠个人，个人项目靠集体”。客观地讲，我们的教练员队伍年轻、缺乏大赛经验，与国外高水平教练员相比，我们的底蕴和对项目的理解还不够。在关键场次出现了开局领先，面对对手的调整我们无法应对的情况，也出现了开局落后，却无法改变战术的情况。

此外，面对每名运动员分别在跨度很长的时间内陆续比赛的全新竞赛日程，我们的研究和准备不够充分，对每名运动员赛前的针对性强度训练和方案设计不够准确。与此同时，我们对运动员的心理调节和疏导不够细致，导致个别选手在比赛中出现体能突然的严重下降而遗憾输掉比赛的情况。

2. 运动员能力虽有普遍提升，但与国外优秀选手相比仍存在差距

本次备战，我们转变观念，在基础能力、基本功、最大力量等方面进行了强化，取得了一些成绩。但是，客观来说，受国内青少年培养体制、竞赛体制等限制，我国选手普遍在能力上与国外优秀选手仍有差距。究其原因，我国运动员真正从事拳击专项训练的时间较短，基础训练极为薄弱，运动员的基本功不够扎实，基础能力普遍较差。

本周期备战过程中，国家拳击队三次组队赴世界拳击强国古巴比赛、训练，也多次赴欧洲强国拉练。新规则的实施对拳击强国选手影响不大，还原拳击对抗本质更利于他们取得优异成绩，究其原因，他们在基础能力、基本功训练这些方面打下了良好的基础。我们曾多次感叹古巴运动员轻盈的步伐、洒脱的拳风，但殊不知，在古巴国内比赛中，他们对抗能力激烈、能力出众，这些都是他们在少年、青年训练时期储备、积累起来的。新规则实施以来，对这些基本技术、基础能力的要求不断放大，在比赛表现相当的情况下，这些因素将起到决定性作用。

3. 运动员技术不够全面、技术结构有欠缺

新规则实施以后，在外教肖恩的帮助下，我们对职业拳击先进的理念有了全新的认识，通过手靶等方面的训练提高了我国运动员的技战术能力，尤其对进攻能力的提高较为明显。但通过奥运会比赛反映出我国运动员的防守能力相对较差，拳击的基础应从防守开始，防守反击是每个运动员的必经之路。只会进攻不会防守，遇到弱者就是杀敌一千，自损八百，遇到强者就是杀敌最多八百，自损一千。拳击的本质还是多打别人，少挨打。无论遇到谁都是这个原则。因此先做好防守，少挨拳，再想怎么去打别人、用什么方法去打别人，才是正道。要通过步伐、身体、腰部等的不断移动使对手始终找不到目标才行，对手不停地移动我们不好打，但我们打完了站着不动，就是白白送分，在对手面前我们就是固定靶，而在我们面前的对手永远是移动靶。我国运动员与国外高水平选手对比速度较快，但短板也突出，就是技术粗、防守差，进攻的方式过于简单、技术单调，比赛中暴露了很多漏洞。古巴等强队整体表现为技术全面，可以做到左右架变换自如。反观我国运动员，2012 年备战伦敦奥运会时，邹市明尝试左架新技术时，不熟练、不敢用，反而视为秘密武器，足以说明差距。

究其原因，我们没有在借鉴外教的同时，对自己的技术训练进行系统设计、因材施教。外教只能依靠，而不能依赖。我们要在肖恩手靶训练的基础上进行拓展，尤其是我国教练员要总结和设计出更为适合我国运动员特点的技术训练方法和手段，丰富我们的技术结构。

（三）建议

1. 切实抓好青少年选手的训练工作，夯实基础

结合当今拳坛竞争来看，东京奥运会我们将面临更为艰难的形势和挑战，要想在东京奥运会上有所收获，基础工作对我们来说极为重要。要切实做好青少年梯队建设，进一步加大青少年竞赛体制的改革，使青年队、少年队集训常态化。聘请高水平外教，一方面帮助青少年运动员训练水平的提高，另一方面帮助我们本土教练员水平的提高。要沉下心来细致解决好基本功，提升基础能力。要对青少年训练的周期进行系统划分，参照以往国家队的成功经验，不仅把国际比赛作为阶段性考核，更要看重比赛中的表现和技术的提高。

2. 继续以男子拳击运动整体水平的提升带动女子拳击运动的快速发展

女子拳击运动从伦敦奥运会首次入奥到本届奥运会，虽然本届奥运会上我们 3 个女子级别均获得了奖牌，但是从整体参赛运动员所展现的技战术风格、对抗强度等方面来说，世界女子拳击水平提升迅猛，男性化特点和趋势更为显著，我们已无以往的优势可言。

结合我国的实际情况来说，女子拳击仍将是东京奥运会实现突破的重点。从拳击项目的本质来说，男子拳击始终引领项目发展方向，对男子拳击运动的认识将决定国家拳击整体水平。故我们不能放弃，必须继续花大力气提升男子拳击运动水平，从而带动女子拳击运动的飞速发展。

3. 加大教练员培训力度，提高从业人员能力

纵观里约奥运会的整个备战、比赛过程，新规则对拳击教练员的要求更为苛刻，标准更为严格，分工更为细致。同时，面对现今如火如荼的拳击市场，教练员能否对训练、对运动员进行把控，都将是我们面临的难题。今后我们应通过“请进来、走出去”的办法，加大教练员培训力度，实行分级上岗、定期考核等方法“倒推”“迫使”教练员提升自身素质和自身水平，提高整体拳击从业人员的业务水平、敬业精神，以适应拳击项目发展的需要。

虽然我们在里约奥运会留下了未能夺金的遗憾，但在备战过程中、在赛场上我们不畏强敌、英勇拼搏，尽情展现了我国拳手的勇气和力量，向世人证明了我国拳击的真正实力。2016 年里约奥运会结束了，但我国拳击腾飞的步伐没有停歇，新的挑战就在眼前，我们必须同心同德、团结协作，以更加饱满的热情和更加坚定的意志，勇往直前。

第三章

拳击竞赛规则的演变及其影响

王德新　王　猛　毛瑞秋

自拳击起源以来，拳击的发展必然伴随竞赛规则的演变，每一次拳击规则的演变又必定促进拳击运动新的发展，两者辩证统一且相辅相成。近年来，国际拳击联合会多次修订竞赛规则，尤其是2013年6月1日开始执行的十分制新评分规则，促使拳击项目技战术特征及其制胜规律皆随之而变。为适应规则的变化和要求，教练员在运动员选材及训练理念、方法、手段和比赛临场指挥等方面都要做出相应调整。拳击运动则在新规则的导向作用下，向着公平、准确、激烈及更富有观赏性的方向发展。

第一节　拳击规则演变的历程

比赛规则的演变伴随着现代奥林匹克拳击运动发展的整个过程。现代拳击竞赛规则自1972年奥运会以来，以评分方式、比赛回合数等的变化为主要特点，竞赛规则共经历四次较重大变革。拳击规则的多变主要源于拳击运动的本质，拳击是双方运动员体能、技能和心理等全面直接对抗与较量的过程，进攻是拳击的核心，每次规则细微的变动都有利于最大限度地挖掘运动员的进攻潜力，从而有助于对抗，有利于提高拳击项目的观赏性并最终为拳击运动的发展注入新的生命力。拳击规则的演变主要分为四个阶段。

第一阶段，即探索比赛规则阶段。最初的拳击比赛是双方运动员从赤手对抗开始，逐步发展到佩戴拳击手套进行比赛，其发展过程漫长。当时没有成文的规则，只是在口头协议或签好生死状，不戴拳套情况下进行比赛，直至一方丧失继续比赛的能力为止。1747年，英国著名拳击家约翰·布劳顿针对当时混乱的比赛局面，制订了最早的一份拳击规则并设计了拳击手套，为近代拳击运动的开展做出了贡献（图3-1）。

图 3-1 赤手对抗到佩戴拳击手套演变过程

第二阶段，即规则引导拳击技术发展起步阶段。1865 年，英国记者约翰·古拉哈姆·千巴斯完善并修订了《伦敦拳击锦标赛规则》，并把它命名为英国“昆士伯利拳击规则”。在这个规则中，明确规定了参加拳击比赛的人必须戴拳击手套、只允许以拳头击打、每回合为 3 分钟、回合间休息 1 分钟、受到重击一方倒地后数 8 秒。此规则开始强调拳击技术和战术的运用，也是当今业余拳击规则的雏形，为推动未来拳击的技战术发展指明了方向（图 3-2、图 3-3）。

图 3-2 佩戴拳击手套的比赛

图 3-3 裁判员给被击倒在地运动员读秒

第三阶段，即现代拳击与竞赛规则协同发展阶段。国际拳击联合会 1972 年慕尼黑奥运会拳击比赛首次使用增添了 15cm 白色标志带的拳击手套。经过 40 多年的发展，在 2011 年巴库世锦赛上再次使用了无标志带的拳击手套，标志带从有到无的改变，使拳击的训练、比赛发生了根本性的变化。使用有标志带的拳击手套可以起到规范技术动作和击打准确性；相反，使用无标志带的拳击手套比赛有助于加快进攻节奏、增加对抗性和观赏性，拳击的本质功能没变。每次规则的变革都是拳击发展过程中的客观反映，符合拳击项目自身发展的规律（图 3-4 至图 3-7）。

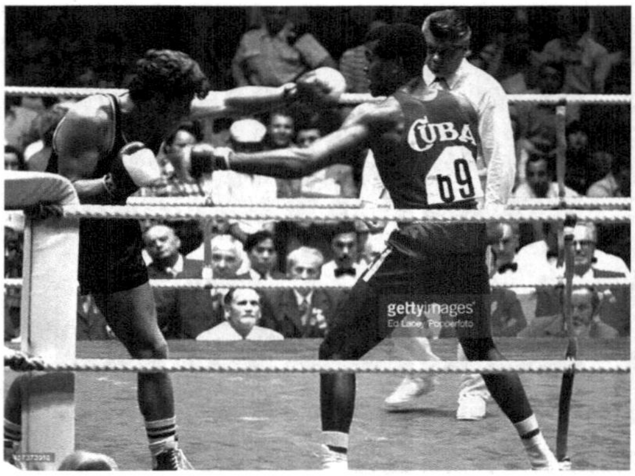

图 3-4 1972 年慕尼黑奥运会首次使用有标志带的拳击手套

图 3-5 2008 年北京奥运会使用有标志带的拳击手套

图 3-6 2012 年伦敦奥运会女子 51kg 级比赛拳套

图 3-7 2016 年里约奥运会拳击 49kg 级比赛拳套

第四阶段，即评价体系的改变带来的拳击项目的持续发展阶段。在 1992 年莫斯科世界拳击锦标赛上，有来自 43 个国家的 236 名运动员参赛，本次比赛第一次采用电子记分系统（Electronic Scoring System）进行记分，取代了传统的手记分方式（The Manual Scoring System）。电子记分系统的出现顿时在世界拳坛引起轰动。一直以来，在奥运会及世界大型拳击比赛中，有关电子记分系统利弊的争论就从未停止过。电子记分系统是拳击运动发展到一定时期的产物，它给拳击运动的发展带来了相对公平的判罚方式，该系统对教练员、运动员的训练、比赛中的进攻、反击，以及攻防转换节奏都提出了很高的要求。训练理念由原来的拳重、出拳少而精逐渐向着快、连、准的方向演变，体现了“快”是拳击运动竞赛的灵魂，准确则更容易得点，得点多为胜者。但电子记分系统是一把双刃剑，对规则研究透彻的教练员、运动员，可以充分利用规则的漏洞从中获利，一度出现消极比赛反而获得了胜利的场次，引起拳坛不小轰动，给拳击运动带来了很严重的负面影响。

自 2013 年 6 月 1 日起，AIBA 的所有比赛采用十分制评分系统，比赛的胜负取决于每回合运动员比赛的优势大小，从单一的点数取胜转变到整体优势大取胜的评价体系。结果是比赛的精彩程度发生了巨变，比赛更加激烈，不到最后 1 秒双方运动员的对抗不会减弱，使得比赛场面更具有观赏性，极大程度地扭转了以点数取胜评分规则中的比赛因一方运动员点数领先而采用消极对抗、拖延时间来保住胜利的局面，新规则后的更精彩的比赛也把对拳击失去信心的拳迷重新吸引到赛场上来（图 3–8、图 3–9）。

众所周知，拳击项目一度面临被驱逐出奥林匹克大家庭的尴尬局面，因而改变规则势在必行。规则的修订使得拳击运动的胜负判定逐渐向着公平、准确、激烈及更富有观赏性方向发展，而且加快了拳击运动职业化与商业化的步伐，迎合了拳击运动发展的客观需要。

图 3–8　点数取胜方式时的显示胜负

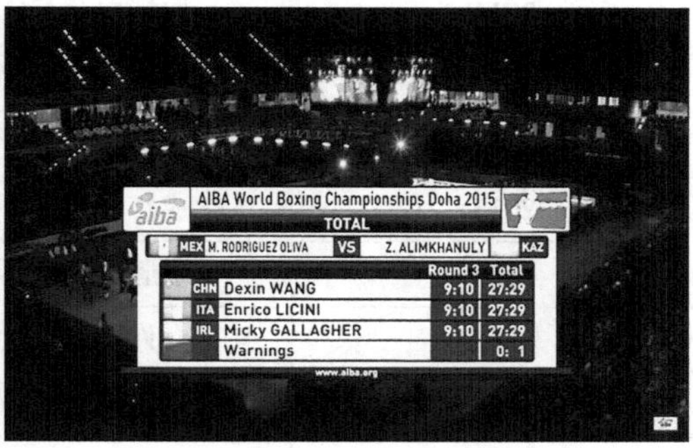

图 3–9　优势判定胜负时的显示胜负

第二节　拳击规则变化特点与趋势

在 AIBA 实施摘头盔和采用职业拳击的十分制评分规则及后来允许职业拳击运动员参加里约奥运会的改革决定正式宣布后，引起了美联社等世界主流媒体的广泛关注，因为它将彻底改变近 30 年来人们对业余拳击的看法，也是拳击运动与时俱进、顺应时代潮流、回归拳击运动本质的体现。

竞赛规则的改变深刻影响着拳击运动项目的变化，理清规则背后的项目特征是拳击运动不断发展、实现超越的前提。因此，在准确解读规则内涵、透彻理解规则本质的基础上把握拳击运动发展方向，不仅有助于全面深化认知拳击运动规律，而且有助于促进拳击运动的发展，让比赛更加具有竞技性、观赏性。

由表 3–1 可以看出，1972 年慕尼黑奥运会上拳击手套首次增加了 15cm 的白色标志带，严格规定非拳击技术以外的技术都不得认可，拳击运动向着合理的技术方向发展，符合有效拳的概念（只有清晰、有力，使用拳峰部位击打到有效部位的击中才能被判定为有效拳）。

表 3-1　国际拳击联合会重要规则演变

修改时间（年份）	修改内容
1972	增加白色标志带
1984	头盔使用
1992	电子计分系统使用
2008	4 回合×2 分钟
2009	3 回合×3 分钟
2010	WSB 比赛
2011	取消 1 秒内打点方式改为单独记点
2011	取消白色标志带
2012	女子三个级别首次进入奥运会
2013	使用十分制评分系统、随机选取 5 名评判员中 3 名的分数
2013	成年男子不佩戴头盔比赛
2013	取胜方式由原来的 RSC RSC-I 改为 TKO TKO-I 等
2014	允许职业运动员参加奥运会
2016	使用十分制评分系统、采用 5 名评判员的分数
2017	取胜方式由原来的 TKO TKO-I 等又改回 RSC RSC-I 等
2017	成年女子比赛时间、回合数改为 3 分钟 3 回合
2017	胜负依据由原来的 4 个标准改为 3 个
2017	胜负等级缩减为 10-9、10-8 和 10-7
2018	采用 5 位评判员的分数

1984 年美国洛杉矶奥运会前，规则规定拳击比赛拳手不得佩戴头盔，但必须穿拳击背心和拳击短裤。无论是前奥运会冠军选手阿里、福尔曼还是伦纳德、斯平克斯等都经历了那个时代，在他们身上也没有出现过严重的伤病。只是当时的国际业余拳联受到美国医学委员会禁止拳击的警告和“威胁”后，才匆忙做出了拳手戴头盔的决定。

1988 年汉城奥运会出现韩国拳手因贿赂裁判大面积夺金的丑闻，当时以乔杜里为主席的国际业余拳联决定采用电子计分方法，以示公正。

在 1992 年巴塞罗那奥运会的赛场上，规定拳手佩戴头盔以及采用电子计分系统，这体现了规则对拳手的保护以及使拳击项目计分更加准确、公平，但所谓的电子计分也是由人来操控，并不能彻底解决主观打分和偏袒的根本问题，因此抱怨依然不断。

2009 年，男子比赛回合数和时间由原来的每场比赛 4 回合、每回合 2 分钟改为每场比赛 3 回合、每回合 3 分钟，增加了比赛时间，减少了比赛中断的次数，提高了比赛的连续性和连贯性；将 1 秒内打点的方式改为评判员独立记点数，使得比赛评判更为准确、客观；奥运会女子拳击比赛项目的增设，表明拳击运动开展更为普及；去掉头盔规则，让拳击运动员在身体、心理上对抗更加直接，比赛更加刺激、精彩。

十分制评分系统是国际拳联引导拳击运动发展的重大变革之一，使拳击回归本质，提高奥林匹克拳击的观赏性和最高水平，推广拳击职业化。此举得到了国际奥委会主席罗格的大力支持。它取代了之前以点数多少判定胜负的方式，摒弃了以往每个回合取最接近 3 名评判的比分，计算平均值，最后累加的方式，改为职业拳击使用的十分制规则，即每回合比分分为 3 个等级：10–9、10–8 和 10–7，这更体现了现代拳击的公平性、竞技性和对抗性。AIBA 起初采用点数取胜评分规则的思路是为了区别职业拳击，硬性规定一次数 8 秒的有效重击与一次前手拳的击中同样都被记为 1 点，而忽略了击中拳的效果，没有公平、公正地记录下运动员为之付出的代价，这样的判罚不仅没有鼓励进攻型运动员，反而将比赛变成了一个计分游戏，实际上是与拳击的本质背道而驰的，使许多进攻凶狠的拳手无法得到裁判的认可，如拳王泰森甚至连洛杉矶奥运会美国选拔赛都没有出线，比赛变得索然无味，没有对抗，更谈不上观赏性。

2009 年以来，国际拳击比赛的台上裁判对运动员犯规的判罚尺度适度放宽，对于一般性犯规不予暂停，比赛连续性和比赛强度进一步增强，这就要求运动员始终处于快速的攻防转换节奏之中，对运动员的能力提出更高的要求。2010 年 WSB 和 2014 年 APB 赛事的推出取得了成功，参加的国家越来越多，水平越来越高，对抗和观赏性越来越强。比赛期间经过 AIBA 指定的医学委员会调研后发现，摘掉头盔后拳手受伤的比率更低，拳手更安全，最终决定从 2013 年 6 月 1 日起无论是世锦赛还是奥运会，均实行新的职业拳击计分方法并摘掉头盔。这表明拳击运动已经开始向职业拳击迈进，允许职业运动员参加奥运会，除比赛回合数量外，同职业拳击规则已完全接轨。显然，“强对抗”是现代拳击运动在发展过程中呈现出的一种必然趋势。

由表 3–2 和表 3–3 显示，2013 版和 2017 版十分制评分系统发生了重大变更，胜负判定的四个依据缩减为三个，笔者认为评定胜负的依据越少，对评判员来说评判过程也越简单，但评判结果的客观性、准确性会降低，因此，评定胜负的依据与胜负准确性成反比关系。从四个胜负等级直接删除 10–6，一是因为自 2013 年 6 月以来的拳击比赛结果中从未使用过 10–6，二是评判员在评定过程中没有完全理解 10–9 与 10–8 的概念而导致优势接近或不接近的回合都使用 10–9 的比分，10–8 的机会少之又少，更是直接导致没有使用 10–6 的机会。

表 3-2　十分制评分体系（2013）

评价依据	有效拳	评价等级
①有效拳的次数 ②运用技战术控制比赛的能力 ③积极主动性 ④比赛的合法性	①拳峰部位击打 ②击打在有效部位 ③蹬转及肩部发力 ④未犯规前提下 ⑤击打清晰	①10-9＝优势接近 ②10-8＝胜负明显 ③10-7＝完全被控制 ④10-6＝将被终止

表 3-3　十分制评分体系（2017）

评价依据	有效拳	评价等级
①有效拳的次数 ②运用技战术控制比赛的能力 ③竞争性	①拳峰部位击打 ②击打在有效部位 ③蹬转及肩部发力 ④未犯规前提下 ⑤击打清晰	①10-9＝优势接近 ②10-8＝胜负明显 ③10-7＝一边倒

2013 年国际拳联新推出的十分制评分规则是一次重大的规则变革，直接影响、引导拳击运动向着更公平、公正的方向发展，拳击比赛更激烈，打法更凶悍，对抗更强硬，让多出拳、积极主动进攻和最大限度地展示对抗优势的拳手获得更多取胜比赛的机会，由此推动现代拳击运动向更竞技化、职业化的方向发展，迎合了当前拳击运动发展的客观需要，拳击重回到它的本质——“对抗”。

第三节　拳击竞赛新规则的变化及其影响

一、新规则的主要变化

国际拳联于 2013 年 6 月 1 日起执行新的拳击竞赛规则，新规则的实施导致以下五种情况发生变化。

第一，新规则摒弃了以点数多少取胜的方式，而是在积极借鉴职业拳击十分制规则（每回合比分分值为三个等级：10-9；10-8；10-7）的基础上，由 5 名评判员根据比赛场上运动员的优势大小判定胜负。判定优势大小主要依据双方运动员击打有效拳的次数多少、运用技战术控制比赛的能力大小和竞争性 3 个方面进行综合评定，最终叠加 5 个评判员 3 个回合的结果来评定整场比赛的胜负。这一变化使得胜负判定成为一个综合指标的合成，要求运动员更加全面，不仅要积极主动增加击打次数，而且要提高击打有效拳的质量、合理分配体能，因为每个回合的比分都将影响整场比赛的胜负判定。

第二，台上裁判根据运动员犯规的性质及程度进行合理判罚，确保运动员技战术水平的发挥。以不中断比赛的情况下对犯规运动员进行口头、手势的提示而实施台上裁判员的职责为最佳。减少了比赛的中断时间和次数，保障了运动员的比赛节奏和能力的发挥，大大增加了比赛的激烈程度和观赏性。

第三，成年参赛运动员的年龄放宽至19至40岁，延长了运动员的运动生涯。

第四，成年男子拳击比赛采用摘除头盔的方式。这一变化不但提升了比赛的观赏性，而且使得比赛更具有挑战性和偶然性，比赛在不到最后一秒结束的情况下无法判定胜负，一切皆有可能发生。一方面比赛中运动员眉弓、鼻子出血的情况出现频率加大，另一方面规则中放宽了对受伤情况的处理办法和限制条款，允许运动员在局部受伤，甚至伤口缝合的情况下依然可以参加比赛。这就要求运动员在训练和比赛中要学会避免受伤，在受伤的情况下，增强坚持继续比赛的顽强精神和取胜的信念。

第五，奥运资格产生方式发生改变：往届奥运会资格产生办法主要是通过男女世锦赛、洲际奥运会资格赛、WSB以及外卡的方式产生286个资格（男子250个、女子36个）。里约奥运会男子拳击资格的产生方式是：①初定APB比赛产生20个资格，即通过2014年度和2015年度的比赛，最终各级别前7名运动员获得里约奥运会资格；②WSB比赛产生17个资格，即通过2014年度至2015年度运动员积分排名及WSB落选赛分别获得里约奥运会参赛资格；③2015年世界拳击锦标赛产生23个资格，其中包括49kg级、52kg级各2个资格、56kg级至81kg级每级别3个资格、91kg级和+91kg级各1个资格，2015年洲际锦标赛的前8名获得2015年世锦赛的参赛资格（大洋洲划入亚洲），2015年世锦赛各级别的冠军获得里约奥运会的参赛资格；④亚洲大洋洲资格赛产生30个资格，亚洲和大洋洲合并，各级别前3名获得资格；⑤2016年举行世界范围资格赛，10个级别产生17个里约奥运会参赛资格；⑥外卡产生3个资格。女子拳击资格产生方式是：①2016年世界女子拳击锦标赛各级别前8名运动员及各大洲奥运资格赛共产生24个资格；②外卡产生12个资格。

二、新规则产生的主要影响

2013年6月新规则的实施，尤其是拳击竞赛评分规则的改变以来，对拳击项目的观赏性、竞赛激烈程度、拳击训练理念及训练方法等一系列因素产生了重大影响。

由表3-4可以看出，在新规则背景下，拳击项目取胜的关键因素、技战术的运用体系及项目特征均产生了质的变化。多年来，我国拳击界专家与学者在对拳击项目认识过程不断提高的基础上，较好地把握了拳击项目的本质特征，突出了拳击运动员灵活的特点，发挥自身的优势，扬长避短，取得了优异的成绩，为国家竞技体育事业做出了巨大贡献。但随着拳击评价体系及发展趋势的变化，拳击的主要制胜因素已转变为“全、控、快、准、重、变”。在以往“快”的基础上增加对击打“力度”的要求，这将是我们拳击项目今后训练理念转变的新起点，从而为切实提高有效拳的击打效果服务。改变从以下几个方面展开：①训练模式的改变。针对比赛规则变化，训练模式改变，须加强与科医人员的合作，认真研究规则变化对运动员训练、比赛、伤病的影响，合理安排训练负荷。围绕比赛时间、供能特点及运动员自身特长，设计训练方法和手段，注重顽强作风的培养，做到赛练不脱节。②训练目的、重点的改变。纵观新规则改变后的比赛，出拳力度加大、对抗增强、攻防节奏加快，绝大部分胜者表现为特点突出、攻守均衡。所以在训练安排上，教练员应注重把攻防两项作为训练的重点去抓，突出对抗，丰富进攻和防守的手段，细化进攻和防守的技术，形成攻中有防、防中有攻的技术风格。③参赛动机和战术思维的改变。树立比赛是训练延续的理念，在技术训练中加大战术训练的比例，坚信每一回合都是生死战的思路，提高以取胜为目的的战术意识。因此，教练员、运动员在训练中，更需要注重基本功、对抗能力的针对性训练，在比赛过程中要积极主动、控制比赛节奏、控制对手、敢打敢拼，发挥全面的技战术水平和能力。

表 3-4　新旧规则下拳击项目取胜关键因素对比

内容	旧规则（点数取胜）	新规则（整体优势取胜）
取胜依据	得点拳（唯一）	优势（三个评价依据-综合性）
取胜手段	①打好开局； ②快进快出； ③得点不失点为最高境界； ④采用领先后的战术； ⑤合理利用规则，取胜为目的	①积极主动； ②进得去站得住； ③提高有效拳的质量； ④每回合全力以赴； ⑤用拳头对抗，实力说话
取胜因素	快、全、连、变、准、控	全、控、快、准、重、变
训练理念	①技术在先，能力在后； ②发挥灵活、快、智慧等特点	①能力和技术相辅相成； ②训练与评价标准相统一
训练主要内容	①强度手靶； ②强度对练； ③针对训练等	①攻防转换技术； ②对抗能力； ③针对训练等

自 2013 年 6 月 1 日起，规则规定成年男子拳击比赛摘除头盔，比赛瞬间变得对抗激烈、精彩，且具有很强的观赏性，拳击的发展与开拓市场开始接轨，这将是奥林匹克拳击发展的主要趋势。

第四节　新规则下我国拳击项目训练思路

我国拳击项目的发展经过几代拳击人的共同努力，经历了较为艰辛和漫长的奋斗过程，终于从落后挨打的局面发展到在北京、伦敦奥运会上摘金夺银，在拳击评分规则发生颠覆性改变的情况下，在里约奥运会中仍取得了1银、3铜的优异成绩，我国拳击项目之所以能从逆境中走出来，得益于我国拳击人较好地把握了适合我国拳击的项目制胜规律，但是我们必须清醒地认识到，随着国际拳联近期多次的规则改变，以及各国对手对我国运动员的研究与制约，我国拳击运动员成绩有所下滑。随着新的东京奥运会备战周期的开始，我国拳击项目要想在今后的国际拳坛上为国家竞技体育事业再做贡献，就必须认真总结以往的备战经验并汲取教训，进一步研究、探讨新评分规则下的拳击项目的制胜因素，发挥自身优势和特点，取长补短，才能在拳坛上激烈的竞争中再创辉煌。

一、我国拳击的先天不足及应对思路

身体形态以及对抗不足都是目前国家拳击队的劣势，而我们拳击取胜的机会在于对手攻击出拳时，我国选手能够果断进行快速有效的交叉迎击，变被动为主动，由防转攻。只有制造打击的机会，才有取胜的可能。

通过分析近期国际大赛的情况，结合我国拳击运动员打法特征，我们认为要想占据场上的优势，我国拳击运动员应采用先发和后发制人相结合的打法，交手前的击打和防守后的反击是取胜的关键，确保一个交手单位中我们的有效拳要准、要多；第一回合、第二回合是比赛的灵魂，第三回合是决战。

二、传承成功经验、丰富我国特色的拳击风格

通过备战北京、伦敦和里约奥运会，我们在对项目制胜方面有了初步认识的基础上，总结出一套适合我们自身条件的训练理念和比赛方法，对我国拳击项目的快速发展起到了一定的推动作用。

2020年东京奥运会拳击比赛对于每一个拳击人来说意义重大。我们要在失去天时地利人和的环境下，在备战时间短、规则变化大等诸多不利因素的影响下发挥出应有的水平，为我国竞技体育事业做出应有的贡献，任务艰巨、责任重大。首先，我们要以牢牢把握当今拳击技战术发展趋势和世界拳坛格局的变化趋势为前提，在备战以往奥运会周期已经获得的成功经验的基础上，坚持拳击是同场技能型格斗对抗性项目的认识，拳击的技术和能力的关系就如同“水涨船高”，水可以比喻为能力，船比喻为技术，能力保障技术的发挥，技术可以保障能力的最大化释放以达到战胜对手的目的。只有坚持走技能和智慧的发展道路，形成以技能智慧型为本质特征的具有我国特色的拳击风格，才能满足新形势下的要求。

三、坚持“三从一大”训练原则，贯彻“八以”方针

（一）“三从一大”训练原则

“三从一大”训练原则是20世纪60年代我国体育界提出的一项训练方针，“三从一大”的提出为我国竞技体育事业快速发展指明了训练方向。原国家体委根据贺龙副总理的指示，研究了当时我国训练工作中存在的问题，正确地提出要反对右倾的保守思想，要反对训练中的保守思想、反对教条主义和“骄娇”二气，要在运动队中树立“三不怕”（不怕苦、不怕累、不怕难）和“五过硬”（思想、身体、技术、训练、比赛过硬）的作风，实行“三从一大”（从难、从严、从实战需要出发，进行大运动量训练）的训练原则。

（二）“八以”训练方针

为了更好地提高我国拳击项目的训练水平，在“三从一大”训练原则的基础上，依据我国拳击发展现状提出了我国拳击“八以”训练方针：

①以竞赛为目的的技术使用上要求简单直接高效；

②以竞赛为目的的战术运用上要求多变合理实效；

③以竞赛为目的的专项体能上要求强度意志成效；

④以竞赛为目的的节奏控制上要求快速善变有效；

⑤以竞赛为目的的针对对手上要求清楚准确奏效；

⑥以竞赛为目的的个体训练上要求全面个性实效；

⑦以竞赛为目的的改进不足上要求严格仔细速效；

⑧以竞赛为目的的创新思路上要求逆向超常功效。

四、高水平拳击运动员技战术能力的提出

在变幻莫测的对抗比赛中，强劲有力的对抗能力是运动员发挥技战术水平的先决条件，距离的控制能力、时机的创造水平、变化的虚实合理、对抗的强悍心理、预判的冷静准确、动作的转换灵活以及强势的反复交手能力是场上控制对手的实力体现，出其不意、攻其不备是运动员取胜的重要手段。

高水平运动员应具备合理的动作轨迹、隐蔽的发力方式、强烈的击打效果、快速的机体反应、过人的柔韧素质、良好的平衡控制、超常的协调变化、坚强的动作碰撞能力。

五、提升教练员和运动员对拳击制胜规律的认识和运用能力

天地运行、日升月沉，万物运转皆有其道，这种道就是规律。对于拳击项目而言，要想在比赛中战胜对手赢得最终胜利，必须要遵循其内在规律。对项目规律的研究和探索，不仅是教练员工作的重要内容和关键环节，而且是运动员提高训练效果和比赛成绩的拳击意识能力培养过程。教练员不理解项目的规律，训练安排与实施工作就会缺乏针对性，就可能出现大量的无效甚至是破坏性训练；运动员在比赛过程中很难理解教练员赛前制定的战略战术，甚至出现颠覆胜负的错误。因此，我们不仅要高度重视教练员对项目规律的培养，而且要注重运动员强对抗能力和意识的培养，培养运动员敢打比赛、敢对抗的智慧型打法特征，铸造具有自己特色的教练员和运动员队伍。

六、合理安排技战术训练和身体素质训练

新规则下的拳击比赛，不同打法风格运动员都可能获得冠军这一现象已被拳击界逐渐认知。2016 年里约奥运会乌兹别克斯坦队以 3 金、2 银、2 铜（男子），总分名列第 1 的优异成绩，震惊了世界拳坛，打破了以往奖牌被少数几个拳击强国垄断的局面，对拳击训练理念产生了巨大冲击。

我们应在坚持“三从一大”原则的基础上，围绕对抗能力和技战术训练，加强一般身体素质训练的同时，把专项身体素质的训练纳入技战术训练中去，使得训练更有针对性和实效性。重点解决体能和专项能力的训练，以快速力量和脚下能力为主，注重连续和反复能力的训练。全面提高运动员的实力才能真正地突出特长，只有在全面基础上才能做到既能进攻又能防守，无论是进攻型打法，还是防守反击型打法，正架、反架，高个、矮个，重拳型、轻重型以及技术型选手均有相应的技战术进行对应，才能在东京奥运会上增加胜算。

七、加强中近距离对抗能力训练，适应判罚趋势

乌兹别克斯坦运动员的进步得益于突出的大幅度爆发进攻和快节奏的攻防转换能力，以后手直拳作为主要进攻技术的紧逼式打法，迎合了当今国际拳联提倡进攻、对抗激烈、回归拳击本质的发展趋势，是十分制评分规则下进步最明显的国家之一，乌兹别克斯坦拳击项目的进步不仅给世界拳击技战术发展乃至现代拳击训练理念带来了新的思考，我国拳击运动员存在对抗能力弱、受重击后抗击打能力差等问题，乌兹别克斯坦的技术打法对我们备战训练也是一个很好的借鉴，加强中近距离对抗能力的训练，提高攻防能力，将能更好地适应当今拳坛的判罚趋势。

八、加强针对性训练，知己知彼、扬长避短

“从严从难从对手出发，进行全面技术的训练”是我国拳击项目训练的重要原则之一，经过3届奥运会的实践检验，充分验证了它的正确性，很好地指导了我国拳击运动的训练和竞赛工作，符合我国拳击运动现阶段的发展方向，对我国拳击运动的进一步发展起到了积极的指导和推动作用。

随着拳击运动的普及与快速发展，世界各国运动员之间竞技能力水平高度接近，比赛中的战术实施相当重要。拳击比赛场上运动员发挥的技战术水平也就是平时训练的内容，因此，在我们备战的关键时期，加强针对对手的个性化特征进行训练尤其重要，这样能使我们的教练员和运动员在备战阶段和奥运会等重大比赛中，做到知己知彼，扬长避短，战胜对手。

九、全力构建以教练员为主体的复合型训练团队

国家拳击队在年北京奥运会和伦敦奥运会上分别取得了2金、1银、1铜，1金、1银、1铜的好成绩，但我国与古巴、美国等拳击强国仍有较大差距，而且随着新规则实施以及后备力量的不足等原因，使得国家拳击队陷入新的困境，要使我国的拳击运动在奥运会等国际大赛上取得更大的突破，已经不能单靠运动员和教练员个体能力的竞争，而是要建立一支以教练员为主体，同时涵盖管理人员、科研人员、队医、心理咨询专家及营养师等多学科的复合型训练团队。运动员竞技能力水平的提高和发挥已越来越离不开科研、医疗和管理的支持与服务，而科研与医疗也只有更紧密而有效地服务于训练才能更凸显出它的生命与活力。在团队中，各成员分担不同的任务，拳击训练团队应以教练员为主体，科研人员为先导，医务人员为督导，高效的管理人员为之辅佐。有针对性地开展具有拳击项目特点的生理生化训练监控、营养恢复、伤病防治康复训练方法及对手情报分析的研究工作，建立重点运动员科技服务工作数据库，包括控体重方法、生理生化监控指标、营养方案等，为今后重大比赛的控体重等工作提供系统的解决方案。

奥运会的备战过程是一个系统工程，运动员的竞技能力也涉及方方面面，训练团队共同对其对抗能力以及技战术训练研究是使运动员由现实状态向目标状态发展和转移的重要抓手，其目的是深刻认识新规则下的拳击项目特征、训练规律和创新训练方法并在此过程中及时发现训练中的不足，提出改进与完善建议。为教练员全面认识与剖析运动员对抗能力和技战术训练全过程，把握运动员的训练状态，评价运动员的训练水平及科学规划训练方案提供较为明确、具体和可行的依据。为运动员达到预期的训练目标提供具有较强可操作性的量化指标，有利于优化训练过程，确保有效地提高

我国拳击运动员的整体竞技能力，对促进我国拳击项目的可持续发展具有重要的现实意义与理论价值。

第五节　新规则下我国拳击运动的发展策略

一、研究新评分规则及拳击制胜规律，提升认识水平

在新规则下，我国拳击队应认真总结以往参赛的成功经验，吸取失败教训。深入探讨和研究新评分规则的内涵，紧紧把握当前世界拳击技战术的特征和发展趋势。重新审视拳击项目制胜因素，及时调整我国男子拳击队的训练指导思想，教练员和运动员务必统一认识，转变训练理念，加强训练的改革和创新，积极探索新评分规则下的训练方法和手段，注重训练质量，争取在较短的时间达到训练质量的最大化。

二、贯彻以竞赛为目的的训练指导思想，努力提高训练效果

新评分系统的改变，使国内外拳击运动形势产生了巨大的变化，在训练方面更要求我们的理念、方法和手段要不断创新和改变。在训练的实效性上，结合拳击项目的特点，用量化的办法落实“高强度、高水平、高质量”的训练的安排。围绕以竞赛为目的的训练方针，在技术使用上要求简单、直接、高效；战术运用上强调多变、合理、实效；专项体能上要求强度、意志、成效；节奏控制上要求快速、善变、有效；针对对手上要求清楚、准确、奏效；个体训练上要求全面、个性、实效；改进不足上要求严格、仔细、速效；创新思路上要求逆向、超常、功效。

以拳击项目的制胜因素为标准来衡量训练质量，努力实现技术全面、特长突出、战术多样、体能出众、作风顽强和心理过硬的训练目标，使运动员具备敢打硬仗恶仗的强对抗能力。

三、注重基础技术训练，强化对抗能力

新拳击计分规则的出台，给世界各国拳击训练和竞赛释放一个明显信号，要想赢得比赛，就是要在拳击台上最大限度地控制对手，占据场上主动性。同时给予更加积极主动、攻击性强的运动员展示自身优势的机会，以赢得评判员的认可。

通过对我国拳击教练员、运动员和管理者的访谈，最深刻的感触就是，大家一致认为现代拳击重新回归原有的本质，那就是“对抗”。新规则下的拳击比赛强对抗更多，比赛更激烈，运动员的组合技术动作更加快速、有力和隐蔽，躲闪幅度更小，以

便能够在躲闪后迅速组织有效的进攻，然而，这些动作的完成完全依赖于扎实而全面的基本技术。而我国选手，普遍存在基本功较差，动作单一，发力过猛，躲闪幅度较大，躲闪动作与进攻脱节等问题，这与部分省市过度重视成绩、忽视基本功练习有关。当前，我们应当正确认识到以往的训练思路和临场指挥方式已与新规则不相适应，只有积极探索能够提高我国运动员比赛对抗能力的理论与实践方法，才是我国拳击项目走向强大的迫切任务。

四、全面提高我国优秀运动员的比赛能力和强对抗能力

拳击是强对抗项目，是双方运动员智力、体力的激烈较量，它要求运动员必须具备优良的技术战术水平、身体素质、应变能力以及勇敢顽强的心理能力。我们要结合拳击新规则的变化，加强对拳击比赛专项能力的研究，提高运动训练的强度，按照“从难、从严、从实战出发”的要求，提高优秀运动员高强度比赛的专项能力以及连续比赛能力，并采取有效措施，提高运动员的强对抗能力，使运动员能经受住奥运会等高水平、大强度、强对抗的比赛考验。

五、根据规则的变化研究和改革我国的竞赛体制和模式

为了适应新规则下拳击竞赛特点，降低运动员伤害事故的发生，应针对性地改革我国的拳击竞赛体制，尽量避免重点运动员因国内赛事过多而出现伤病的情况。新赛制应减少运动员在一个赛会制中的比赛场数，提高拳击比赛观赏性与激烈程度。完善现有竞赛模式，探索性地举办高水平商业赛事，丰富国内竞赛，为高水平运动员创造实战锻炼的机会。

第四章

整体性视角下拳击运动员竞技能力的结构特征

张　辉　樊庆敏　邓爱民

系统是自然界和人类社会中一切事物存在的基本方式，各式各样的系统组成了我们所在的世界。一个系统是由相互关联和相互作用的多个元素（或子系统）所组成的具有特定功能的有机整体，这个系统又可作为子系统成为更大系统的组成部分。现代科学在从基本粒子到宇宙的不同时空尺度上研究各类具体系统的结构与功能关系，逐渐形成了自然科学与社会科学的各门具体科学。现代科学在还原论思维和追求复杂现象背后的简单规律范式主导下，经过几百年发展取得了辉煌成就，推动了人类文明进程。然而，客观世界在本质上是统一的，描述世界的科学亦应如此。正如著名物理学家普朗克所指出的“科学是内在的整体，它被分解为单独的部门不是取决于事物的本质，而是取决于人类认识能力的局限性”。

体育科学在简单范式的主导下，在训练实践中发挥了重要的作用，为我国体育事业的发展提供了重要的理论支撑和实践指导。在对运动员竞技能力的认识过程中，传统的训练理论把原本具有整体性的、复杂性的竞技能力按照运动的类属，简约还原为技术、战术、体能、心理和智能五要素。这样的还原理论可以使人们更容易地认识和理解运动过程中发挥不同作用的能力以及贡献程度，并且在现有基础上能够对某一能力进行更深层次的分解，就可以将竞技能力的训练展现为分类、分层次的简单性。这种还原论的方法体现了当代科学思想的基本特征，在发展运动员竞技能力训练科学理论和实践中被证明是非常有效的，也取得了非常好的成绩。然而，传统的竞技能力分类理念在当今实践中却受到了前所未有的挑战，尤其是在高水平运动员的训练和比赛实践中，运动员竞技能力的复杂性，以及对影响竞技能力因素的掌控，已经超越了原有竞技能力分类理论所提供的简单思维范畴，简单范式对运动员竞技能力类属的还原分类，一定程度上简化了其所包含的功能，使得人们更容易理解运动员复杂的竞技能力，但也忽视了其存在的结构性基础。系统功能一般不能还原为其不同组分自身功能的简单相加，故称之为“涌现（emergence）”。

从复杂性科学视角来看，竞技能力分类实质上是将整体的能力以拆零的方式，从外在静态能力的表现进行的划分，把竞技能力定位在能力与成绩线性因果关系上，过分强调或放大其子能力的功能。用简单范式去理解竞技能力本身所具有的复杂性，割裂了各个子能力及能力之间相互作用、相互协同的整体属性。竞技能力的整体属性以及所表现出的水平不是各子能力属性和功能简单的叠加，而是各子能力之间相互作用、相互协同而涌现出的更高级别的竞技状态。同时，也是一个动态的复杂系统。随着科学技术的发展以及对训练实践认识的不断深入，人们已经开始把注意力关注在竞技能力系统的整体性、结构性以及各能力之间的相互作用。竞技能力的理论模型“合金理论”“胶泥模型”“蜂巢模型”“皮球理论模型”等都从竞技能力各子能力之间的相互关系入手，在理论层面上探讨了运动员竞技能力系统的结构特征、层级划分和相互关系等。但是限于运动员竞技能力本身的复杂性和科学技术，这些对于其结构的认识也仅仅是在理论层面的探讨，并没有深入到竞技能力系统在技术、战术、体能、心理、智能各子能力结构特征的分析，更缺乏实践论证的方法。

20 世纪以来，不少学者一直在寻找一种能够描述复杂系统的理论和方法，试图把物理学的适用领域应用到复杂系统中，从 2000 年左右兴起的复杂网络成为被寄予希望的一种描述工具，而且逐渐得到了大家的认可，并形成了一种新的学科——网络科学。网络科学可以将现实中的许多问题抽象成一个复杂网络加以研究。一个典型的网络是由许多节点与连接节点的边组成的，就是将真实的系统虚拟成一个网络，其中节点代表真实系统中不同的个体，而边则表示个体与个体之间的关系。例如，计算机网络可以看作不同的电脑主机通过电缆相互连接形成的网络；航空网络可以看作不同的机场通过航线相互连接形成的一个网络；还有神经网络、蛋白质网络、食物链网络等，这些都可以通过网络科学的方法来进行描述，并且利用网络科学的一些统计特征参数来解释复杂网络的结构特点，网络科学方法的运用为人类了解复杂系统中个体相互关联作用提供了一种新的视野。因此，本文拟从拳击运动员竞技能力的整体性视角入手，借助网络科学的定量化描述工具，在实践数据的基础上深入分析拳击运动员竞技能力的结构特征，为我们认识拳击运动员的竞技能力结构特征及训练实践特点提供一个全新的视野。

第一节　男子拳击运动员竞技能力结构特征

男子拳击运动员竞技能力整体网络结构，经过建模及可视化后的图形如图 4-1 所示，图中不同深浅的圆点体现了不同节点的度值大小，圆点面积越大表示度值越大，反之度值越小。从图中可以基本看出度值较大的节点集中在一个区域，而度值较小的节点基本在整个网络的边缘。

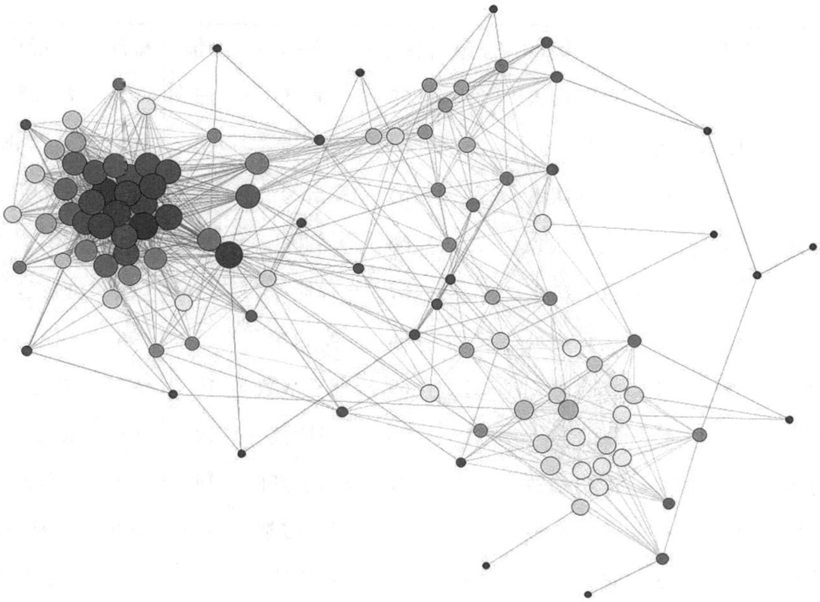

图 4-1 男子拳击运动员竞技能力网络结构模型

一、男子拳击运动员竞技能力网络模型度分布

男子拳击竞技能力网络模型中每一个“节点”代表一个体系中的指标，“度值”是描述该指标与其他指标之间的连边数量，度值越大说明与该指标相关的节点指标越多，一定程度上也体现了该指标在整个网络模型中的重要性，也是本研究探索竞技能力网络结构重要的分析对象。男子拳击运动员竞技能力网络模型共有 110 个指标，存在 2118 条连边。最大度值为 40，最小度值为 1，平均度值为 19.25，即男子拳击运动员竞技能力系统中平均每个指标与 19.25 个指标直接相联。男子拳击运动员竞技能力网络中度值分布如表 4-1 所示。

表 4-1 男子拳击运动员竞技能力网络节点度值排序

排序	指标	度值	排序	指标	度值	排序	指标	度值	排序	指标	度值
1	进攻控制	40	29	后直最大	26	57	三拳次数	19	85	多拳次数	10
2	进攻节奏	39	30	血乳酸	26	58	果断性	19	86	闪躲防守	10
3	防守能力	38	31	前摆最大	25	59	上臂围度	18	87	迎击防守	10
4	自信心	38	32	3 回合拳	25	60	抱头防守	18	88	30m 跑	9
5	进攻时机	37	33	近距离	24	61	承受力	18	89	击空次数	8
6	进攻效果	37	34	前勾最大	23	62	体重	17	90	步法防守	8

续表

排序	指标	度值	排序	指标	度值	排序	指标	度值	排序	指标	度值
7	防守效果	37	35	后摆最大	23	63	肩宽	16	91	贴靠防守	8
8	防反能力	37	36	自控力	23	64	反击两拳	16	92	红细胞	8
9	战术执行	37	37	后勾次数	22	65	反击勾拳	16	93	血球压积	8
10	时机把握	36	38	击中次数	22	66	胸围	15	94	15s 沙总	7
11	训练年限	35	39	反直次数	22	67	体脂%	15	95	血红蛋白	7
12	进攻距离	35	40	主动进攻	22	68	实力拉	15	96	控制力	7
13	防守距离	35	41	回合拳	21	69	前直次数	14	97	拍击防守	6
14	防守时机	35	42	回合拳	21	70	中距离	14	98	防守反击	6
15	创造时机	35	43	总出拳数	21	71	格挡防守	14	99	准备性	4
16	防反时机	35	44	平均拳数	21	72	反击多拳	14	100	沙平反应	3
17	反击效果	34	45	前勾次数	21	73	白细胞	14	101	象限跳	3
18	深蹲最大	33	46	远距离	21	74	平功功率	14	102	十字跑	3
19	主动时机	33	47	四拳次数	21	75	坚韧性	14	103	T-test	3
20	后勾最大	32	48	反三次数	21	76	任务自信	14	104	肌酸激酶	3
21	30 拳功率	32	49	反摆次数	21	77	身高	13	105	尿素氮	3
22	VO_{2max}	32	50	后摆次数	20	78	指间距	13	106	目标清晰	3
23	能重比	31	51	最大功率	20	79	腰围	13	107	转肩距	2
24	睾酮	30	52	顽强性	20	80	体前屈	13	108	沙短反应	1
25	卧推最大	29	53	颈围	19	81	前直最大	12	109	左右滑步	1
26	心率	29	54	力重比	19	82	反击单拳	12	110	皮质醇	1
27	应对自信	29	55	后直次数	19	83	100m 跑	10			
28	跳绳	28	56	前摆次数	19	84	两拳次数	10			

为了深入了解六大类指标在整体竞技能力网络中所占的比例，在总度值 2118 的基础上，分别统计了六大类指标的度值。结果分别为：身体形态类度值为 187（8.22%）、身体机能类度值为 175（9.21%）、身体素质类度值为 378（18.08%）、技术能力类度值为 938（42.40%）、战术能力类度值为 251（13.17%）、心理能力类度值为 189（8.92%）（图 4-2）。

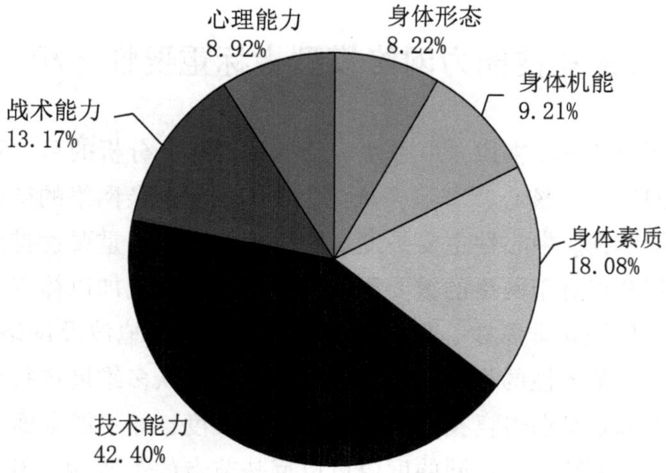

图 4-2 男子拳击竞技能力六大类指标度值分布

在图 4-2 中可以看出，男子拳击运动员竞技能力网络中，六大类指标的占比情况中技术能力所占比例最大，身体素质第二，战术能力第三，身体机能、心理能力和身体形态占比较小。

二、男子拳击竞技能力网络模型平均最短路径

连接两个节点的边数最少的路径是网络中的最短路径，网络中的平均最短路径定义为任意两个节点之间距离的平均值。对男子拳击运动员竞技能力网络模型的连接矩阵，通过 Matlab 软件计算得出男子拳击运动员竞技能力网络的平均最短路径为 2.4279，意味着在男子拳击竞技能力网络中平均一个节点通过 2.4279 次连边就可以影响另外一个节点，体现了网络具有相对较短的路径长度。

三、男子拳击竞技能力网络模型聚类系数

聚类系数是反映网络模型中各节点连接紧密程度的一项度量指标，取值为 $0 \leqslant C \leqslant 1$。越接近于 1 说明节点连接得越紧密，等于 1 时表示网络各节点全部连通。越接近于 0 说明网络连接越稀疏，等于 0 时表示网络中各节点互不连通。对男子拳击竞技能力整体网络的平均聚类系数计算结果为 0.6219，体现了较大的聚类系数。结合网络最短路径为 2.4279 的数值，说明男子拳击竞技能力的网络是一个平均路径较短、连接较为紧密的网络模型，也反映了男子拳击运动员竞技能力系统是一个各能力之间相互关联、相互影响的整体，在拳击训练和比赛实践过程中，竞技能力各要素之间相互协作，涌现出拳击比赛中运动员快速、爆发力的出拳，灵活的移动和防守，连续的攻防转换等特性。

四、男子拳击竞技能力网络模型指标重要性分析

从网络科学研究的角度来说，中心性（指标重要性）分析的目的就是要找出网络中能够影响整个网络的“核心”节点，从而为我们了解复杂网络的结构，实施对网络的控制提供准确的依据。中心性主要是度量网络模型中节点重要性排序的指标，可以计算出网络中的各节点对于网络的重要程度，以量化的形式加以体现。在一个复杂网络中重要的节点一般数量非常少，但是其影响却可以快速地波及网络中大部分节点。在复杂网络中对节点重要性的评价往往采取不同方式，从多维度进行计算，如果只是以节点的度值大小来定义拳击竞技能力网络的重要程度，并不能全面地反映出每个节点在不同属性下的重要程度。不同的度值可以反映节点的重要性，不同的距离可以反映节点重要性，节点的质量也可以反映其重要程度。为了更加全面，更符合实际网络的特征，须从不同的视野深入了解各节点在拳击竞技能力网络中的重要程度。本研究采取了网络科学中心性分析具有代表性的度中心性、介数中心性、接近中心性和特征向量中心性四种算法，从四个角度来分析男子拳击运动员竞技能力网络中各节点的重要程度。中心性分析的价值在于找出竞技能力网络中不同层面上的核心节点，以便在训练、比赛实践中实施对重要节点的控制，进而提高训练的效率，促进运动员竞技能力整体水平的提高。四种视野下指标重要性的排序结果如表 4-2 所示。

表 4-2　男子拳击竞技能力核心指标的对比表

	度中心性		介数中心性		接近中心性		特征向量中心性	
	排序	指标	排序	指标	排序	指标	排序	指标
前十位	1	进攻控制	1	自信心	1	自信心	1	进攻节奏
	2	进攻节奏	2	远距离	2	防守效果	2	进攻控制
	3	防守能力	3	深蹲最大	3	深蹲最大	3	防守能力
	4	自信心	4	防守效果	4	卧推最大	4	防反能力
	5	进攻时机	5	前摆次数	5	远距离	5	进攻效果
	6	进攻效果	6	前直次数	6	创造时机	6	战术执行
	7	防守效果	7	卧推最大	7	防守时机	7	进攻时机
	8	防反能力	8	反摆次数	8	反两次数	8	时机把握
	9	战术执行	9	血睾酮	9	进攻控制	9	防守效果
	10	时机把握	10	反勾次数	10	战术执行	10	进攻距离

（一）男子拳击竞技能力网络度中心性节点重要性分析

度中心性主要是刻画网络中度值较大的节点位置，认为一个节点连边的数量越多，其价值也就越大。在竞技能力网络中，某一个指标的度值越大意味着这个指标与其他指标的关联就越多，在竞技能力整体网络中的重要性就越大。男子拳击运动员竞技能力网络度中心性的计算结果见表 4-2，由于指标较多，此处只列举四种视角下排序前十和后十位的指标。

本研究建立拳击运动员竞技能力指标体系过程中结合国家队教练的访谈意见，将技术能力分成了技术和技能两部分。技术是指各种拳法或防守等技术的应用，技能就是体现运动员技术的应用能力，同样的直拳技术在什么距离出、什么时机出、用什么节奏、怎么去控制体现了运动员技术能力水平的高低，这也是高水平运动员和低水平运动员最大的差异，也是男子拳击运动员竞技能力网络中核心的节点。从表 4-2 中可以看出排序前十位的指标中技术能力类指标占 4 项，分别是进攻的控制、进攻的节奏、进攻的时机和进攻的效果。战术能力类指标占 5 项，分别是防守效果、防守能力、防守反击的能力、战术执行力和时机把握的能力。战术能力与技术能力是紧密相连的，实践中战术意图需要具体的技术来实施，因此更多地体现了拳击运动员的能力。心理能力类指标占 1 项，为自信心。排序结果可以看出在排序前十的指标中，技术和战术类指标占了 9 项，而且均为能力类指标，由此说明在度中心性视野下，技术能力和战术能力类指标是拳击运动员竞技能力系统中核心的指标。

（二）男子拳击竞技能力网络介数中心性节点重要性分析

不同于度中心性排序是按照度值的大小，介数中心性是基于节点之间路径的长度进行排序的计算方法，反映的是网络中经过一个节点的最短路径数越多，这个节点就越重要，它测量的是节点在多大程度上控制其他节点的连边情况。例如，在现实的交通网络和通信网络中也常常存在一些节点度值不是很大，但是在网络中的作用却很重要的情况，这些节点往往是连接几个网络区域的“桥节点”，它们在交通和通信传递过程中发挥重要的枢纽作用。

从表 4-2 的排序结果看，在介数中心性视野下排序在第 1 位的是自信心，而且介数数值远大于其他指标的数值。“自信心”指标是“运动员意志品质”评价中的其中一个维度指标，其内涵是运动员具备自信成功、喜欢挑战、失败不气馁、应对沉着的品质。在介数中心性视野下节点重要性排序在前 10 位的指标中，技术能力类有 6 项，身体素质类有 2 项，机能和心理类各 1 项。依据介数中心性计算的原理，这 10 项指标在男子拳击运动员竞技能力网络中按路径排序的方法属于重要的节点，具有“桥节点”的作用，是拳击训练和比赛中协调身体各能力的重要枢纽。“自信心”指标表现尤其突出。在拳击训练、比赛实践中运动员越自信，其技术水平、技术能力和战术能力发挥得就越好。比赛中就会占有较大的优势，表现得积极主动，敢于做动作、敢于进攻、敢于对抗，对抗过程中动作放松、速度快、防守反击效果好，往往能取得较好的比赛成绩。其中，身体素质类的 2 项指标“深蹲”和“卧推最大力量”分别排在第 3 和第 7 位，而且都是力量素质指标。深蹲和卧推最大力量都是拳击运动员的基础力量，深蹲力量是对运动员步法的移动、身体的支撑和出拳过程中身体重心的稳定性提供支持，运动员步法移动的快慢和身体重心的稳定都与下肢力量有着直接的关系，尤其是身体重心的稳定性是出拳力量大小的关键因素，身体重心越稳定，出拳的力量越大。卧推力量是拳击运动员出拳速度和力量的基础，拳手只有具备了上肢的基础力量才能去发展出拳的爆发力和速度耐力，这两项能力是拳击运动员重要的基础能力。在本研究对数据分析的过程中发现，卧推最大力量与 6 种拳法击打的最大力量相关性非常不显著，只有后手勾拳的击打最大力量与卧推呈现一般相关 $R>0.3$，$P<0.05$（表 4-3）。也就是说拳击运动员的卧推最大力量与拳法击打的最大力量之间不具有明显的关系，决定拳击运动员出拳力量的因素不只是上肢力量的大小，更多的是依靠身体转动和下肢的稳定性。“深蹲”“卧推最大力量”在男子拳击运动员竞技能力网络中更多的是发挥“桥节点”的作用，是运动员必不可少的基础力量，是实现出拳速度、移动速度、击打力量、身体稳定性的基础。

表 4-3　卧推与 6 种拳法击打最大力量相关性统计表

	前直最大	后直最大	前勾最大	后勾最大	前摆最大	后摆最大
P	0. 934406	0. 368278	0. 237387	0. 02252	0. 909678	0. 104048
R	0. 012337	0. 134255	0. 175733	0. 33222	0. 017	0. 240092

在介数中心性前 10 位排序中，血睾酮是唯一一个机能类指标，也体现了其在男子拳击竞技能力网络中的重要性。睾酮是机体活性较高的一种雄性激素，可以反映运动员在训练期间的机能水平，是拳击运动员训练监控过程中常用的指标之一。血睾酮基础浓度越高的运动员，肌肉素质越好，越能耐受大强度和大运动量的训练，同时血睾酮水平与肌肉的速度力量之间有正相关的关系，血睾酮水平越高，运动员的速度力量就越强，符合拳击项目以速度力量为主的对抗特点。

（三）男子拳击竞技能力网络接近中心性节点重要性分析

接近中心性也是基于路径长度对节点重要性进行排序的方法，与介数中心性不同的是接近中心性是计算节点与网络中所有其他节点距离的平均值来计算节点的重要性。接近中心性的计算可以避免网络中某些特殊值的干扰，一个节点距离其他节点的平均路径越小，该节点的接近中心性就越大。通常来说，网络中介数最大的节点，并不一定也是接近数最大的节点，因为两者计算的方法不同，观察的视野也不同。介数最高的节点对网络中信息的流动具有最大的控制力，而接近数最大的节点则对于信息的流动具有最佳的观察视野。

从表 4-2 的排序结果看，排在第一位的同样是“自信心”，是男子拳击竞技能力网络中最核心的节点。排名在前十位的指标中心理能力类指标 1 项，技术能力类指标 4 项，身体素质类指标 2 项，战术能力类指标 3 项。技术能力依然是这 10 项指标中占比最大的指标，其次是战术能力类指标，可见无论在什么视野下，技术能力都是男子拳击竞技能力中核心的能力。接近中心性是通过计算节点与其他节点的平均路径长度来进行重要性排序的方法，因此，接近数值越大，越接近网络的核心位置，这 10 项指标就可以看作男子拳击竞技能力网络中的核心位置的节点，在网络中发挥重要的作用。训练和比赛实践中可以针对网络中核心的节点能力进行强化训练，进而影响网络中其他的能力，提高网络结构的稳定性、竞技能力的整体水平和训练的效率。

（四）男子拳击竞技能力网络特征向量中心性节点重要性分析

特征向量中心性节点重要性分析的思路是：评价一个节点的重要性，不仅要看与其相连的邻节点数量，还要看邻节点的质量及在网络中的重要性，从两个维度对节点的重要性进行分析。从表 4-2 的排序结果看，排名在前十位的指标中技术能力类指标有 5 项：进攻节奏、进攻控制、进攻效果、进攻时机和进攻距离；战术能力类指标有 5 项：防守效果、防守能力、防反能力、战术执行力和时机的把握能力。由此可以看出在特征向量中心性视野下，技术能力和战术能力是男子拳击运动员竞技能力网络中核心的能力。这 10 项指标体现的都是拳击运动员的能力指标，能力的水平也能体现出运动员水平的高低。在拳击比赛实践中同样的拳法运用的时机不同、运用的节奏不同、运用的距离不同都会有不同的应用效果。因此，在具备拳击技术和身体素质的基础上，不断提高运动员的技能水平，才是提高拳击运动员对抗能力夺取比赛胜利的核心要素。

第二节　女子拳击运动员竞技能力结构特征

对女子拳击运动员竞技能力指标进行网络建模及可视化的结果如图 4-3 所示，从图中可以看出女子拳击运动员竞技能力的结构是指标之间相互关联、相互影响的系统，各指标在整体中的影响力呈现出非均衡特性的复杂结构。

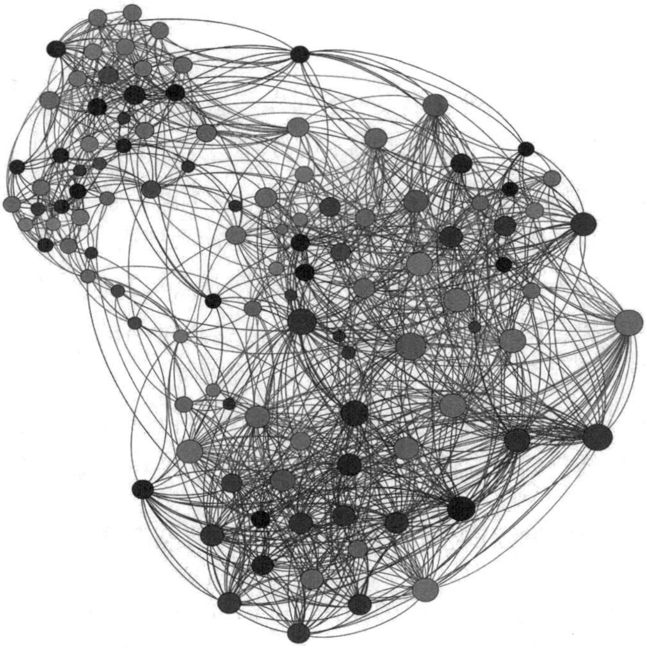

图 4-3　女子拳击运动员竞技能力网络结构模型

一、女子拳击运动员竞技能力网络模型度分布

女子拳击运动员竞技能力网络共有 110 个节点，2198 条连边。在同样的节点数量下，连边数明显大于男子网络的 2118 条。最大度值为 42，最小度值为 4，平均度值为 19.982，即女子拳击运动员竞技能力系统中平均每个指标与 19.982 个指标直接相连。女子拳击运动员竞技能力系统中度值分布如表 4-4 所示。

表 4-4　女子拳击竞技能力网络节点度值排序

排序	指标	度值	排序	指标	度值	排序	指标	度值	排序	指标	度值
1	实力拉	42	29	进攻节奏	27	57	3 回合拳	18	85	步法次数	10
2	卧推最大	41	30	象限跳	26	58	总出拳数	18	86	反击直拳	10
3	VO_2max	40	31	防守距离	26	59	平均拳数	18	87	反击摆拳	10
4	上臂围度	39	32	体脂%	25	60	前摆次数	18	88	反击三拳	9
5	创造时机	38	33	后直最大	25	61	后摆次数	18	89	皮质醇	8
6	进攻距离	37	34	果断性	25	62	腰围	17	90	体前屈	8
7	后勾最大	35	35	15s 沙总	24	63	能重比	17	91	30m 跑	8
8	平均功率	35	36	跳绳	24	64	前直次数	17	92	沙平反应	8

续表

排序	指标	度值	排序	指标	度值	排序	指标	度值	排序	指标	度值
9	最大功率	35	37	2 回合拳	24	65	后直次数	17	93	十字跑	8
10	前摆最大	34	38	反击效果	24	66	后勾次数	17	94	反击两拳	7
11	防守时机	34	39	体重	23	67	击中次数	17	95	血球压积	7
12	时机把握	34	40	任务自信	23	68	四拳次数	17	96	T-test	7
13	30 拳总功	33	41	肩宽	22	69	反击勾拳	17	97	目标清晰	6
14	心率	33	42	应对自信	22	70	前勾最大	16	98	反击单拳	6
15	进攻时机	32	43	颈围	21	71	近距离	16	99	白细胞	4
16	防守效果	32	44	4 回合拳	21	72	防守反击	16	100	尿素氮	3
17	后摆最大	31	45	前勾次数	21	73	红细胞	16	101	抱头防守	3
18	深蹲最大	31	46	肌酸激酶	21	74	顽强性	16	102	左右滑步	3
19	进攻效果	31	47	身高	20	75	拍击次数	15	103	远距离	3
20	进攻控制	30	48	转肩距	20	76	迎击次数	15	104	格挡防守	3
21	主动时机	29	49	1 回合拳	20	77	睾酮 T	15	105	反击多拳	3
22	防反时机	29	50	指间距	19	78	闪躲次数	14	106	血红蛋白	3
23	训练年限	28	51	胸围	19	79	主动进攻	14	107	承受力	2
24	防守能力	28	52	击空次数	19	80	力重比	13	108	贴靠防守	1
25	防反能力	28	53	两拳次数	19	81	自控力	13	109	坚韧性	1
26	战术执行	28	54	三拳次数	19	82	准备性	13	110	沙短反应	1
27	自信心	28	55	多拳次数	19	83	100m 跑	12			
28	前直最大	27	56	控制力	19	84	中距离	12			

每个指标节点度值的大小反映了其在网络模型中的贡献率，为进一步了解六大类指标的度值在整体竞技能力网络中总的贡献率，对网络中的 2198 条连边所对应的六大类指标进行了分类统计。结果分别为：身体形态类度值为 233（10.60%）、身体机能类度值为 238（10.83%）、身体素质类度值为 494（22.47%）、技术能力类度值为 840（38.22%）、战术能力类度值为 214（9.74%）、心理能力类度值为 179（8.14%）（图 4-4）。

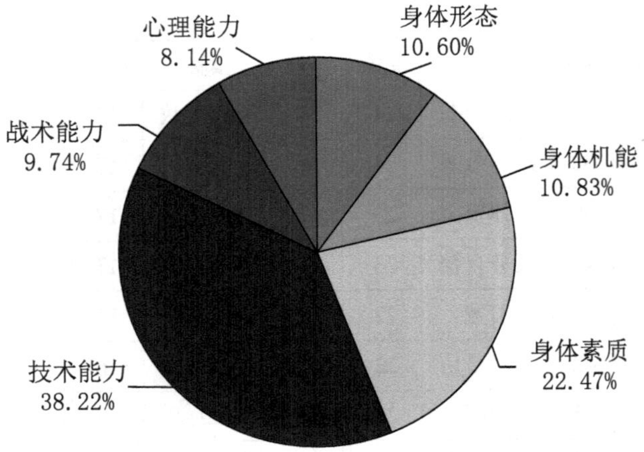

图 4-4　女子拳击竞技能力六大类指标度值分布图

结合图 4-4 可以看出技术能力和身体素质两类指标占比高达 60.69%，是女子拳击竞技能力网络中核心的能力指标，反映了这两类指标在网络中与其他类别的节点存在高度的关联。

二、女子拳击竞技能力网络模型平均最短路径

通过计算，女子拳击竞技能力网络的平均最短路径为 2.2138，低于男子的 2.4279。这一指标意味着在女子拳击运动员竞技能力网络中平均一个节点通过 2.2138 次连边就可以影响另外一个节点，路径长度稍短于男子竞技能力网络。

三、女子拳击竞技能力网络模型聚类系数

通过计算，女子拳击竞技能力网络的平均聚类系数为 0.5679，明显低于男子的 0.6219，该系数反映出女子竞技能力网络中各指标之间连接的紧密程度要低于男子，但也体现了相对较大的聚类系数。

四、女子拳击竞技能力网络模型指标重要性分析

由于数据规模庞大，此处只针对 4 种中心性视野下排序前十位的指标进行分析和说明，四种视野下指标重要性的排序结果如表 4-5 所示。

表 4-5 女子拳击竞技能力核心指标的对比分析表

	度中心性		介数中心性		接近中心性		特征向量中心性	
	排序	指标	排序	指标	排序	指标	排序	指标
前10位	1	实力拉	1	果断性	1	后摆最大	1	实力拉
	2	卧推最大	2	转肩距	2	30 拳总功	2	最大功率
	3	最大功率	3	远距离	3	实力拉	3	卧推最大
	4	上臂围度	4	15s 沙总	4	深蹲最大	4	防守反击
	5	防守能力	5	后摆最大	5	卧推最大	5	防守能力
	6	防守反击	6	果断性	6	后勾次数	6	防守距离
	7	后勾最大	7	上臂围度	7	后勾最大	7	战术执行
	8	VO_2max	8	体脂%	8	任务自信	8	上臂围度
	9	心率	9	前摆最大	9	血红蛋白	9	后勾最大
	10	前摆最大	10	后勾最大	10	后摆次数	10	平均功率

（一）女子拳击竞技能力网络度中心性节点重要性分析

通过表 4-5 的结果可以看出在度中心性视野下，女子拳击运动员竞技能力系统排名前十的指标中身体素质类有 4 项，而且均是力量素质指标。实力拉和卧推最大力量是排在前两位的核心指标，实力拉是反映躯干肌肉力量的指标，拳击运动员在对抗过程中所表现出的拳法速度、拳法力量、拳法的连贯、攻防的连贯等都需要躯干的协调配合，才能高质量地完成，也体现了实力拉指标与其他能力之间高度的关联性。因此，实力拉指标在度中心性视野下体现了核心的重要性。卧推最大力量是反映运动员手臂肌肉力量的指标，也是拳击运动员最基本的力量素质，所有身体协调配合所体现的力量和速度最终都要传导在手臂的发力上，只有手臂具有较好的基础力量才能更好地转换身体协调配合以及自身的力量综合而爆发的快速有力的出拳。同时，手臂的基础力量也与出拳速度、出拳力量、拳法组合、技术动作的规范性和稳定性存在高度的关联。从排序第二位的数据结果也证实了其在女子拳击运动员竞技能力系统中的重要性。身体机能类有 3 项，技术能力类指标有 2 项，反映的是拳击运动员防守和反击的能力，运动员在高强度的对抗下，防守反击的能力是保证不失分的前提，而且还可以更好地利用对方的破绽进行有效的进攻得分，对于拳击运动员来说是一项重要的技术能力，也体现了其在竞技能力系统中的重要性。身体形态类指标有 1 项，是反应运动员上臂肌肉收缩围度的指标，肌肉围度的大小影响着出拳的速度、力量、连续出拳的能力和技术动作的稳定性，因此，体现了其在竞技能力系统中的重要性。

（二）女子拳击竞技能力网络介数中心性节点重要性分析

依表 4-5 的计算结果，在介数中心性视野下排序前十位的指标中，心理能力类指标有两项。其中，“果断性”拥有网络中最大的介数，是介数中心性视野下最核心的节点，在女子拳击竞技能力网络中发挥重要的“桥节点”作用。“果断性”是优秀运动员意志品质量表中评价的一个维度，其内涵是在不确定信息的影响下，造成内心冲突升高，克服高度的内部困难后能够瞬时做出决策的能力。在拳击激烈的对抗中，面对对手进攻的压力时，能否果断地在技术、战术、身体素质等方面做出适当的应对体现了一个运动员综合能力的好坏。尤其是高水平对抗中，在面对对手的压力时，如果不能果断地做出处理，就会导致反应速度慢、应对不及时、处于被动等不利的局面，最终导致比赛的失利。从介数中心性视野下的排序来看，对于女子拳击运动员“果断性”的心理能力是其竞技能力系统中核心的能力指标，在系统中发挥重要作用。另一个心理能力类指标“任务自信”，是特质运动自信心量表中评价的其中一个维度，反映的是运动员在比赛中对自己能力的确信程度，属于“自信心”的范畴，其排序在第 8 位。虽同样属于心理能力类指标，但其重要程度不及“果断性”指标。身体素质类指标有 3 项，“转肩距”是评价运动员肩关节柔韧性的素质指标，肩关节的柔韧性是拳击运动员基础的柔韧素质，良好的肩关节柔韧性可以帮助运动员实现任意拳法在任意角度的击打。后摆拳最大力量和后勾拳最大力量在度中心性、接近中心性和介数中心性三种视野下均排序前十位，可见其在女子拳击运动员竞技能力系统中的重要性。技术能力类指标有 3 项，其中后勾拳和后摆拳的应用次数与后勾拳和后摆拳最大力量相对应，在技术能力的角度体现了其同等重要的程度。“远距离”是拳击运动员在比赛中用以控制距离的技术手段，通过远距离应用的作用有三个方面，第一，可以实现一定程度的防守作用，避免与对手之间激烈的直接对抗；第二，可以实现对对手的控制，达到自身随时都可以有效进攻，而破坏对方进攻的效果；第三，可以有更多的时机把握。因此，远距离指标在竞技能力网络中体现了明显“桥节点”作用。身体机能类指标有 2 项，“15 秒击打沙包的总功率”同样是反映女子拳击运动员无氧做功能力的指标，其能力的好坏决定了运动员在短时间内出拳的速度、力量和动作连贯能力。“血红蛋白”在人体中主要是运输氧气和二氧化碳的功能，并可缓冲一定的酸性物质，其水平高低直接体现出运动员的身体健康水平。血红蛋白运输氧气和二氧化碳的作用明显地体现出该指标在竞技能力系统中具有的“桥节点”功能。结合这两项指标在介数视野下的计算结果，无论从指标本身所具有的功能，还是从数据基础的量化描述结果都说明其在竞技能力网络中的核心作用。

（三）女子拳击竞技能力网络接近中心性节点重要性分析

依表 4-5 的计算结果，在接近中心性视野下排序前十的指标中有 5 项指标与度中心性视野下的排序是重叠的，分别是实力拉、卧推最大力量、上臂紧张围度、前摆最大力量和后勾最大力量，更进一步显示了这5项指标在女子拳击运动员竞技能力系统中的重要性。这10项指标中力量素质指标有7项，占据了最大的比例。除了度中心性视野下同样具有的4项外，还有后摆最大力量、30拳击打的总功率和深蹲最大力量。后手摆拳同后手勾拳一样，在应用上同样具有一定的技术难度，相对于后手勾拳要求运动员具备更规范的技术动作、更小的出拳幅度和更好的协调能力才能击打出快速、有力的出拳。因此，后手摆拳的最大击打力量是竞技能力网络中与其他指标之间拥有最短路径的核心节点。核心节点（指标）在训练实践中的意义就在于强化核心节点的能力可以影响到其他节点，从而有效提高系统结构的稳定性和整体的竞技能力水平。30拳击打力量的总功率是反映运动员各种拳法的击打力量及拳法发力稳定性的指标，力量数据的背后体现了运动员技术动作的规范、发力的技巧、力量素质的高低、身体的协调配合能力等。排序在第2位说明其同样与其他指标具有较短的平均路径，是网络中核心的指标。深蹲最大力量主要反映的是运动员腿部肌肉力量的大小，是拳击运动员基础的力量素质，对于拳击运动员来说腿部肌肉力量大小的作用体现在三个方面，一是支撑身体的重心，保障身体的稳定性；二是配合出拳时的蹬转发力；三是提供步法快速移动的动力。因此，深蹲最大力量在网络中也具有较短的平均路径长度，能够较多地影响到网络中其他的指标。另外三项指标中，身体形态类指标有两项，心理能力类指标有1项。上臂紧张围度在度中心性视野下同样排序前十，体脂百分比是评价运动员身体脂肪含量的指标，拳击是按体重分级别进行比赛的运动项目，除去最大级别，相同体重下脂肪含量越低反映运动员的肌肉含量就越高，相应的身体素质和抗击打能力也就越强。因此，体脂百分比指标同样是竞技能力网络中核心的指标之一，能够直接或间接的影响其他指标。

（四）女子拳击竞技能力网络特征向量中心性节点重要性分析

依表4-5的计算结果在特征向量中心性视野下排名前十位的指标中，排序第1位的是“实力拉”指标，在度中心性视野下该指标同样排在第1位，可见“实力拉”节点是网络中不同视野下和不同维度下的核心节点。前十位的指标中，身体素质类指标有3项，都为力量素质类指标，实力拉、卧推最大和后勾拳最大力量，这3项指标在上述3种视野下均排在前十位，可见力量素质在女子拳击运动员竞技能力系统中发挥核心的作用。实力拉反映躯干的肌肉力量，发挥力量的传导和转换的作用；卧推最大力量是反映女子拳击运动员手臂的基础力量，起到力量的传导和支撑的作用；后勾拳击打力量是运动员通过躯干转动和手臂发力协调配合的最终体现，这3项力量素质指标也体现了拳击运动员出拳速度和力量的核心环节，是女子拳击竞技能力系统中的核心能力。技术能力类指标有3项，均与防守相关。“防守反击”是反映运动员比赛中防守反击的能力；“防守能力”指标主要体现的是运动员比赛中的防守能力，拳击比赛是靠有效击打对方获胜的运动项目，只有防守而没有反击就不可能取得比赛的胜利；“防守距离”指标反映的是运动员对于防守距离的控制能力，防守只是一种形式，最终的目的是通过防守距离的控制来实现有效的击打。所以，过近或过远的防守都不能实现良好的效果，只有根据对手的技术风格、对手位置、对手的反应速度等因素合理调整防守距离，才能较好地实现有效击打的目的。同时，防守能力的发挥也能体现出拳击运动员的技术水平，良好的防守能力不仅可以有效避开对方的进攻，而且还可以利用对方进攻的破绽实施有效的反击击打，尤其是在高水平的对抗中体现得更为明显。因此，这 3 项技术能力类指标是女子拳击运动员竞技能力系统中的核心能力。机能类指标有两项，“最大功率”和“平均功率”指标都是反映运动员无氧做功能力的指标，最大无氧功率具体反映运动员爆发力的水平，平均无氧功率反映运动员无氧做功的能力。运动员的无氧做功能力和肌肉爆发力是拳击运动在机能方面的核心能力，结合特征向量中心性视野下对指标的量化描述结果更进一步证明了女子拳击运动员的无氧做功能力是其竞技能力系统中核心的能力。战术能力类指标在排名前十的指标中只占 1 项，为“战术执行力”。这个指标反映的是运动员在比赛中对于赛前或临场中对于制订战术的执行情况，体现了一名拳击运动员的战术素养。良好的战术执行力可以有效保证自身技术的完全发挥，从而提高获胜的概率。身体形态类指标也只占 1 项，为“上臂紧张围度”。该指标反映运动员上臂的肌肉含量，体现在运动员出拳的速度、力度、技术动作的稳定和连续出拳的能力，从排序结果看同样是女子拳击运动员竞技能力系统中的核心指标。

第三节　不同水平拳击运动员竞技能力结构特征

结合对男子和女子拳击运动员竞技能力网络结构特征的分析，可以看出拳击运动员竞技能力各要素之间是通过相互影响、相互协作，共同为对抗的需求涌现出的竞技状态。竞技能力的整体水平不是各要素能力水平的简单叠加，而是通过对各要素的综合运用涌现出更高水平的竞技状态。同时，拳击运动员竞技能力网络中的节点在整体网络中发挥的作用也有所不同，各要素指标的重要性存在着非均衡发展的特征。高度发展的核心节点，会直接影响网络中其他节点的能力水平，从而影响竞技能力的整体水平，其表现特征符合运动训练理论中的“非衡补偿效应”。因此，评价拳击运动员竞技能力水平的高低，不能只看单个或多个要素的水平，而应该从运动员对各要素的综合运用能力入手，以各要素的能力水平作为基础能力，这样评价更符合拳击项目的特点，也更客观。网络科学的理论和实践为我们实施拳击运动员竞技能力的综合评价提供了可操作的方法。

一、网络结构特征的对比分析

为进一步了解不同水平拳击运动员竞技能力系统的结构差异，以男子拳击运动员为例，依据运动员的等级水平，分别构建了高水平和低水平运动员的竞技能力系统网络模型。对高水平拳击运动员和低水平拳击运动员构建的网络模型及可视化后的结果如图 4-5、图 4-6 所示。从两图的对比中可以直观地看出，高水平运动员竞技能力各节点之间的连接较为紧密，而低水平运动员竞技能力网络中节点之间的连接较为分散，许多节点分散在网络的边缘，并且在网络中还存在一个孤立的节点。

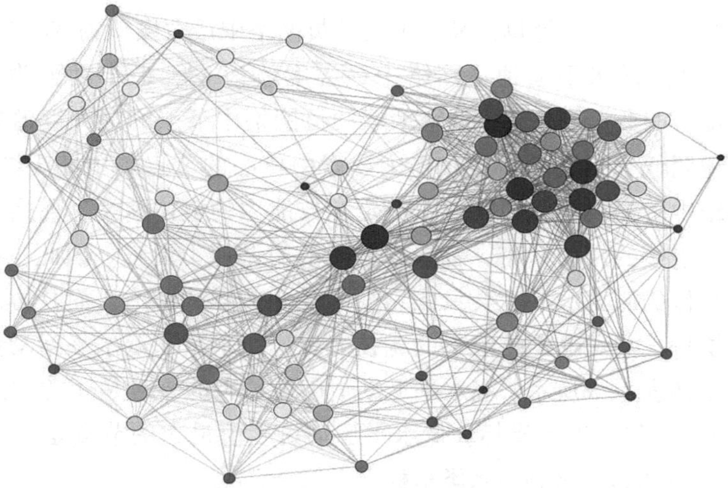

图 4-5 男子高水平拳击运动员竞技能力网络结构

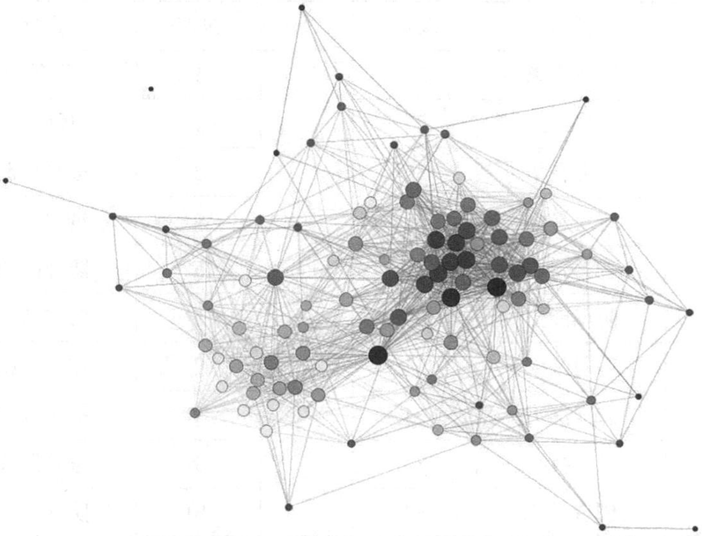

图 4-6 男子低水平拳击运动员竞技能力网络结构

二、度值对比分析

度值越大体现了与节点相关的指标就越多，一定程度上也体现了节点在整个网络中的重要性。在同样是110个指标节点的情况下，高水平拳击运动员竞技能力网络中节点之间的连边为2436条，而低水平运动员的连边为2398条，两者相差38条。说明高水平拳击运动员竞技能力各要素之间的协调运用能力更强，指标之间的连接也更为紧密；低水平运动员在相同能力指标的情况下，指标之间的整合能力要低于高水平运动员，指标之间的关联度和连接密度也更低。

由于数据规模庞大，表4-6中只列出了不同水平拳击运动员竞技能力系统网络节点度值前十位的数据，通过计算，高水平运动员网络中最大度值为37，最小度值为4，平均度值22.1415。低水平运动员网络中最大度值为43，最小度值为0，平均度值21.8。从最大度值的数据上来看，低水平运动员网络中节点的最大度值要明显高于高水平运动员，说明低水平运动员竞技能力要素中核心的节点集中在少数几个节点上，这些节点在网络中占据主动或控制权，决定竞技能力的整体水平。而高水平运动员表现出网络中节点连接的较为紧密，各要素之间的协调能力更强。因此，各节点的重要性相对均衡，整体的能力水平不会只依靠少数几个节点的能力，而是协调更多的竞技能力要素共同协作，涌现出更高水平的竞技表现。高水平和低水平运动员竞技能力网络节点度值分布如表4-6所示。高水平运动员度值最大的节点是“防守距离”和“自信心”，分属技能类和心理类指标；低水平运动员度值最大的节点是“深蹲最大”和“远距离”，分属身体素质类和技术类指标。

表4-6　不同水平拳击运动员竞技能力网络节点前十位度值分布

	排序	指标	度值		排序	指标	度值
高水平	1	防守距离	37	低水平	1	深蹲最大	43
	2	自信心	37		2	远距离	43
	3	任务自信	36		3	进攻控制	42
	4	应对自信	36		4	进攻时机	39
	5	实力拉	35		5	防守时机	39
	6	防反能力	35		6	防守效果	39
	7	后勾最大	34		7	创造时机	39
	8	防守能力	34		8	战术执行	39
	9	战术执行	34		9	进攻距离	38
	10	创造时机	33		10	防守能力	37

注：由于数据规模较大，此表只列出了排名前十位的指标。

三、平均最短路径及平均聚类系数对比

高水平拳击运动员竞技能力网络的最短路径长度2.0622，平均聚类系数为0.5491。低水平拳击运动员竞技能力网络的最短路径长度2.0878，平均聚类系数为0.5495，对比两个网络的路径长度和聚类系数可以看出，高水平运动员在平均最短路径长度方面明显低于低水平运动员的数值。说明高水平运动员竞技能力系统中的指标之间关联效率更高，整合能力更强，网络连接得更为紧密。

四、四种中心性视野下节点重要性的对比分析

不同水平运动员竞技能力网络中节点指标在不同视野下的重要性排序前十位的结果如表4-7所示。高水平运动员网络中“自信心”节点在3种中心性视野下排名在前三位，同时“自信心”还具有网络中最短的平均路径和最大的介数，“防守距离”拥有网络中最大度值。说明高水平运动员竞技能力系统中“自信心”指标是核心的竞技能力，在网络中直接或间接地发挥重要作用。

表4-7 高、低水平男子拳击运动员竞技能力网络中心性对比分析表

水平	度中心性		介数中心性		接近中心性		特征向量中心性	
	排序	指标	排序	指标	排序	指标	排序	指标
高水平	1	防守距离	1	自信心	1	自信心	1	应对自信
	2	自信心	2	实力拉	2	卧推最大	2	防反能力
	3	任务自信	3	卧推最大	3	实力位	3	战术执行
	4	应对自信	4	反两应用	4	上臂围度	4	防守距离
	5	实力拉	5	目标清晰	5	格挡应用	5	防守能力
	6	防反能力	6	上臂围度	6	反两应用	6	时机把握
	7	后勾最大	7	承受力	7	防守距离	7	任务自信
	8	防守能力	8	反击勾拳	8	战术执行	8	进攻节奏
	9	战术执行	9	颈　围	9	创造时机	9	创造时机
	10	创造时机	10	格挡应用	10	颈　围	10	进攻距离
低水平	1	深蹲最大	1	贴靠防守	1	远距离	1	战术执行
	2	远距离	2	远距离	2	深蹲最大	2	进攻控制
	3	进攻控制	3	前摆应用	3	进攻控制	3	进攻时机
	4	进攻时机	4	深蹲最大	4	贴靠防守	4	防守时机

续表

水平	度中心性		介数中心性		接近中心性		特征向量中心性	
	排序	指标	排序	指标	排序	指标	排序	指标
低水平	5	防守时机	5	后摆最大	5	身　高	5	深蹲最大
	6	防守效果	6	反击单拳	6	进攻时机	6	创造时机
	7	创造时机	7	30 拳总功	7	创造时机	7	防守效果
	8	战术执行	8	进攻控制	8	战术执行	8	进攻距离
	9	进攻距离	9	身　高	9	防守效果	9	防守能力
	10	防守能力	10	自信心	10	30 拳总功	10	时机把握

低水平运动员网络中“远距离”和“进攻控制”节点在 3 种中心性视野下均排名在前三位，“深蹲最大”拥有网络中最大的度中心性，“远距离”拥有网络中最短的平均路径，“贴靠防守”拥有网络中最大的介数。这 3 个节点分别属于身体素质和技术能力类指标，“深蹲最大”节点指标是反映运动员下肢力量的素质指标，在低水平运动员网络中度中心性排第一位，说明低水平拳击运动员竞技能力各构成要素中与其有最大的关联。在拳击运动实践中出拳发力和步法的移动都需要下肢力量的配合，出拳力量的大小除了下肢的蹬转发力外，还需要躯干的转动以提高出拳的加速度。因此，下肢力量不是决定出拳力量大小的唯一的因素。但从度中心性“深蹲最大”节点排序第一位的结果来看，低水平运动员竞技能力各要素中与下肢力量存在最大的关联，说明运动员在训练和比赛实践中更多地依靠下肢能力，而没有像高水平运动员一样能够协调更多的能力协同参与做功。

针对高水平和低水平拳击运动员竞技能力网络的对比分析，对比分析了两个网络的基本结构特征，发现高水平运动员竞技能力网络节点之间的连接更加紧密，关联度更强，是一个全联通的网络。低水平运动员竞技能力网络节点之间的连接相对稀疏，节点之间的连边明显低于高水平运动员，而且网络中存在一个孤立的节点。说明高水平运动员在拳击对抗过程中，能够协调更多的竞技能力指标协同工作，涌现出更高水平的竞技能力表现，这种效果要明显大于各指标功能的简单叠加。

实践篇

第五章

拳击运动的项目特征与制胜规律

王德新　张　震　陈　超　赵　勇　叶新春

第一节　拳击运动概述

一、拳击运动的特点

拳击是一项在特定的规则限制下利用拳头互相击打对方有效部位获胜的对抗性项目，是技能、智能和体能之间的较量。成绩的好坏取决于运动员的身体机能、技术、战术、心理等几方面的能力，以及由此表现出来的综合竞技水平。拳击不仅是中近距离的对抗能力、力量与技术的完美结合，更重要的是以智慧对抗、以力对抗、以技对抗、以巧对抗、以抗求攻、难度最大的项目。2007 年 ESPN 曾对 60 个运动项目的困难程度进行了耐力、力量、爆发力、速度、灵敏、柔韧、心理、耐久力、手眼协调和分析能力 10 个方面的评分。ESPN 调查结果显示拳击项目在 60 个运动项目中困难程度排在第一位（表 5-1）。

表 5-1　运动项目困难度排序表

SPORT	END	STR	PWR	SPD	AGI	FLX	NER	DUR	HAN	ANA	TOT	RNK
Boxing	8. 63	8. 13	8. 63	6. 38	6. 25	4. 38	8. 88	8. 50	7. 00	5. 63	72. 38	1
Ice Hockey	7. 25	7. 13	7. 88	7. 75	7. 63	4. 88	6. 00	8. 25	7. 50	7. 50	71. 75	2
Football	5. 38	8. 63	8. 13	7. 13	6. 38	4. 38	7. 25	8. 50	5. 50	7. 13	68. 38	3
Basketball	7. 38	6. 25	6. 50	7. 25	8. 13	5. 63	4. 13	7. 75	7. 50	7. 38	67. 88	4
Wrestling	6. 63	8. 38	7. 13	5. 13	6. 38	7. 50	5. 00	6. 75	4. 25	6. 38	63. 50	5
Martial Arts	5. 00	5. 88	7. 75	6. 38	6. 00	7. 00	6. 63	5. 88	6. 00	6. 88	63. 38	6
Tennis	7. 25	5. 13	7. 13	6. 75	7. 75	5. 63	3. 00	5. 00	8. 38	6. 75	62. 75	7
Gymnastics	5. 38	6. 13	6. 63	5. 00	6. 38	10. 00	7. 50	6. 88	4. 50	4. 13	62. 50	8

续表

SPORT	END	STR	PWR	SPD	AGI	FLX	NER	DUR	HAN	ANA	TOT	RNK
Baseball	4. 63	5. 75	7. 63	6. 50	6. 75	4. 75	5. 13	5. 63	9. 25	6. 25	62. 25	9
Soccer	7. 75	4. 50	5. 13	7. 25	8. 25	4. 75	3. 63	6. 25	6. 50	7. 50	61. 50	10

数据来源：http://sports. espn. go. com/espn/page2/sportSkills（选取了排名前 10 的项目）

表 5-1 数据说明了拳击项目是这些项目中要求最苛刻、技战术最复杂、对人体综合能力要求最高的一项运动，也体现了拳击运动在对抗中更注重各项能力的整体运用，而非某一项能力占主导地位。

1904 年第 3 届奥运会拳击被正式列为比赛项目以来，比赛规则发生了很多变化，但唯有“一名运动员一天只能比赛一场”的规则自始至终没有改变过，而且是采用单败淘汰制比赛方法，与同场竞技类项目如跆拳道、古典式摔跤、男女自由式摔跤等一个级别一天决出冠军的方式相比，比赛形式截然不同。拳击比赛中双方运动员的头部是主要击打目标，如果在比赛中一方运动员头部多次受到重击，不但体能会明显下降而且战斗力也会减弱，更为严重者将被台上裁判员终止比赛（RSC）或者以被击倒（KO）方式结束比赛。因此，拳击运动员的头部是主要被防守部位，同时也是主要进攻击打部位，这也是拳击运动特有的项目特征。

二、拳击运动的本质

本质是现象的本质，隐藏在现象和特征背后并表现在现象和特征之中，本质要靠思维才能把握。本质就是一事物区别于其他事物的根本属性。

拳击运动的本质是拳击内部两个矛盾着的因素的互相斗争的特殊性。用唯物辩证法的观点可以更好地理解和认识它，一切运动和生命的起源在于事物内部矛盾的对立与统一过程中。拳击运动一直被人们称作是“艺术化的搏斗”。

拳击是双方运动员在六米见方的拳击台上依据严格的、专门的规则，使用两只拳头的攻防，是以移动及转换技术为手段、以距离和时间差为突破口、以速度为灵魂、以击打力度为核心的高强度博弈；在每回合 3 分钟的 3 回合比赛中最大限度地通过有效击打对方而展示自己的优势，以赢得比赛为目的，是拳击台上双方运动员“控制与被控制”“制约与反制约”的博弈。从拳击的起源及发展进程思考，拳击的本质就是“打拳击”、对抗，任何脱离了对抗的活动都是违背了拳击的核心价值。

KO 击倒获胜（Win by KO）作为拳击最高境界的取胜方式，以其精彩、刺激的击倒瞬间给广大的拳迷留下深刻的记忆。据统计，1910—2002 年 788 场欧洲职业拳击比赛，其中 50%的取胜方式为 KO 或 TKO。但随着运动员竞技能力水平的逐渐接近和拳击安全措施的不断加强，在世界大大小小拳击比赛中已很少出现 KO 击倒获胜的场景。

1904 年和 1912 年两届奥运会拳击比赛出于关心运动员安全出发，比赛时间缩短，与当时职业拳击完全不同。有学者研究统计得出，1992—2008 年五届奥运会中，拳击比赛取胜方式大约 83%的场次是分数取胜，2008 年北京奥运会分数取胜的场次接近 93%；2017 年汉堡世界拳击锦标赛是运动员水平最高的比赛，250 场比赛中仅出现两场击倒对手情况，这也是世界业余拳击区别于职业拳击的关键所在，符合百年拳击运动发展的初衷（表 5-2）。

表 5-2　2017 年汉堡世界拳击锦标赛各级别获胜方式统计表（2017-9-2）

级别(kg)	WP(%)	RSC(%)	RSC-I(%)	KO(%)	ABD(%)	WO(%)	NC(%)	DSQ(%)	BDSQ(%)	DKO(%)	
49	22100.00										
51	2395.8					14.17					
56	2696.3	13.70									
60	2395.83					14.17					
64	23100.00										
69	25100.00										
75	2291.67	14.17				14.17					
81	2295.65					14.35					
91	1890.00	15.00				15.00					
+91	1885.71	14.76		14.76		14.76					
总计	22295.28	41.72		10.43		62.58					

注：①BDSQ-双方被取消资格　②DSQ-被取消资格
③KO-击倒　④WP-分数
⑤NC-比赛取消　⑥RSC-裁判中止比赛
⑦ABD-弃权　⑧RSCI-因受伤裁判员终止比赛
⑨DKO-双方被击倒　⑩WO-对手未出场

国际拳击联合会原主席吴经国先生任期内发现当时的拳击比赛规则已经极大地制约了拳击技战术的发展，拳击偏离了自身运转的轨道，本来以激烈、精彩、强劲对抗著称的“男子汉”项目，反而变得暗淡，失去拳迷的关注。吴经国秉持“让比赛回归拳击对抗本质”这一理念，多次在不同场合向媒体及人群传达了这一思想，先后进行了一系列的改革，例如，自 2013 年 6 月 1 日起，世界男子拳击比赛运动员摘掉头盔，并采用十分制评分系统。这些举措得到了国际奥运会、世界各国拳击界的高度认可，拳击比赛从此重回对抗本质。

第二节　拳击运动的总体特征与规律

一、拳击运动的总体特征

（一）不同风格类型的运动员都有可能获得冠军

拳击运动被称作为“艺术化的搏斗”，无论从技术层面来讲还是战术意识上来看均如此。拳击台上两名运动员在基本架势、移动、防守高度协同的情况下，运用直拳、摆拳和勾拳及三种拳法的组合，以拳头为武器在高强度对抗的情况下相互攻击对方有效部位来制约对手、控制对手，并以此来展示自己的优势。

著名拳王默罕默德·阿里的“蝴蝶步”移动技术一直是拳击运动员学习和模仿的典范，他利用轻盈、敏捷的步伐移动，始终控制着与对手的距离，时而快速紧逼，时而来回迂回，不仅给对手造成心理上的压力，而且破坏对手的进攻节奏，其比赛的精彩程度令人赞叹不已。

拳王泰森素有“轰炸机”之称，比赛中一旦找准时机进攻，前手直拳开路，接下来的一连串摆拳组合，给人以力量、快速、激情的炫耀，让人激动为之震撼，具有其他交手对抗项目在对抗强度上无法比拟的特征。关于他们的经典比赛视频早已被编入拳击教学、训练教材当中。优秀拳击运动员能在一次进攻中击打出数十拳，让人眼花缭乱，用“闪电”进攻来形容不为过。

弗洛伊德·梅威瑟是世界职业拳坛最具拳击天赋的拳手之一，也是世界的超级拳王之一，先后获得过五个级别的拳王金腰带，2015 年 5 月 2 日晚在与“亚洲驱逐舰”菲律宾拳王帕奎奥的世纪大战比赛中，梅威瑟最终凭借中远距离的防守反击打法完胜，这场比赛成为教科书上的经典案例，同时梅威瑟也将自己的战绩提升至 48 场不败，给世界亿万拳迷奉献了一场经典的高水准技战术对抗比赛。

（二）拳击技战术水平高低直接影响着比赛胜负

当今拳击运动的快速发展使运动员在比赛过程中的竞技对抗能力逐渐接近，比赛场上运动员运用针对性打法及教练员根据具体情况灌输的战术意识至关重要。1988 年，我国著名体育理论专家田麦久教授对不同项目进行了战术重要性等级划分，拳击战术重要性排名第二，仅次于球类集体项目（表 5-3）。拳击战术是个人战术行为，针对不同对手、不同打法类型的运动员都必须有不同的战术安排。拳击战术种类非常之多，可以说是千变万化，我国拳击项目在备战 2008、2012 和 2016 年 3 届奥运会拳击比赛中，科研人员有针对性地对我国运动员主要对手的技战术打法特征进行研究，在世界大赛如资格赛及奥运会比赛中，科研人员为我们的教练员、运动员提供了针对性的视频分析资料，真正做到“知己知彼、百战不殆”。在科技服务过程中依据现代拳击项目特征将拳击战术进行了梳理并将战术分为进攻战术、防守战术、反击战术和相持战术四类。分析得出影响拳击比赛战术实施成功与否的关键因素包括拳击的技术、距离、节奏、时机、时间差、方位、速度、力量和战术意识。

表 5-3　不同运动项目战术重要性的五级判别

竞赛项目	竞赛形式	战术重要性等级
集体	同场对抗	5
个人	格斗对抗（拳击） 乒乓球	4
	通道争先	3
	分组竞速	2
	依次竞赛、竞远、竞重 依次表现难度性 依次表现准确性	1

（田麦久，1988 年）

（三）拳击运动具有强劲的可持续发展力

拳击比赛是唯一在高于地面 1 米的拳台上进行的一项立体型对抗性交手竞技项目。比赛规则规定拳击台设置在体育馆的中心，使观众与比赛运动员的场面更加层次化，整个比赛过程运动员的技战术变化多端，比赛的胜负受到综合因素的影响，比赛气氛扣人心弦，观赏性魅力无穷也是拳击运动比赛场面重要特征。此外，女子拳击正式进入 2012 年伦敦奥运会，结束了奥运会唯一男女不对称的项目；2016 年里约奥运会拳击比赛 AIBA 允许职业运动员参加比赛，业余拳击向着职业拳击迈进了一大步，改革步伐逐渐提速。

2015 年 5 月 2 日晚上在拉斯维加斯进行的梅威瑟对帕奎奥拳王“世纪大战”拳王争霸比赛，是一场让全世界癫狂的比赛，是历史上最伟大拳手之间的较量。比赛时间只有 36 分钟，单纯 PPV（每收视一次付费）收入就超过 4 亿美元，创造了拳击史上的新历史纪录。同时 PPV 也创造了 440 万次的新纪录，是原纪录的近两倍。日前美国网站 ESPN 公布了年度世界体坛收入排行榜。世界拳王梅威瑟凭借卓越战绩成为世界体坛年度收入最高的体育明星，总收入为 2.5 亿美元。这一成绩比排名第四的足球明星 C 罗高出 4 倍还要多。帕奎奥以 1.5 亿美元排名第二。正是拳击的魅力吸引着亿万观众和拳迷，无疑让拳击运动真正成了世界第二大运动，为推动拳击的发展提供了巨大的外部动力。

二、拳击运动的规律

拳击运动的规律是指拳击运动发展变化过程中起主导作用的本质联系和必然趋势。拳击运动既具有同场对抗竞技性项目的快速进攻、紧密防守以及攻防转换的形式来达到击中对手有效部位战胜对手的普遍规律，同时也具有特定的规则、快速攻防转化均衡和体能合理分配的特殊规律。

拳击竞赛规则严格规定一名运动员一天只能比赛一次，这与同场交手的其他项目截然不同（表5-4），之所以会有这一独特的规定，是因为拳击运动员的头部是主要击打部位，从医学角度出发为了避免运动员连续遭到不必要的击打采用了这一措施，以“以人为本”为理念，从全面保护运动员安全的角度出发，解释了拳击运动长盛不衰的实质。历届奥运会开、闭幕式时间的同时也是拳击比赛的时间，拳击比赛是奥运会比赛时间最长的项目，特定的规则是拳击运动特殊规律的一个重要表现形式。

表5-4 同场交手对抗性项目比赛形式对比表

项　目	取胜制	轮次	比赛时间（回合）	间歇	体检、称重
拳击	单败淘汰制	一天只赛一次	3回合分钟	1分钟	每次比赛的当天早上7~9点体检、称重
跆拳道	单败淘汰制	一个级别一天决出冠亚军	3回合2分钟，三局两胜制	1分钟	当天体检、称重
击剑	循环+单败淘汰制	一个剑种一天决出冠亚军	小组循环1回合3分钟；单败淘汰赛3回合3分钟	1分钟	当天体检、称重
古典式摔跤	单败淘汰+复活赛	一个级别一天决出冠亚军	3回合2分钟，三局两胜制	30秒	比赛前一天体检、称重
自由式摔跤	单败淘汰+复活赛	一个级别一天决出冠亚军	3回合2分钟，三局两胜制	30秒	比赛前一天体检、称重

注：交手单位是从一方运动员进攻开始到双方运动员对抗结束且没有进攻或反击动作时，这个阶段我们把它称为一个交手单位。

现代奥林匹克拳击的胜负方式主要以分数取胜（WP）。打法风格不同的运动员攻防方式也不同，进攻型运动员主要依靠各种拳击技术快速进攻获得有效击打，防守反击型运动员主要依赖于严密防守对手进攻后的反击技术，全面型的运动员能在进攻和反击中获得有效拳的机会，无论是进攻技术、防守反击技术，还是能攻能防的技术，在比赛过程中相互转换，成功的进攻造成对手防守的失败，成功的防守反击同样给对手进攻一个失败的结果。拳击中的成功与失败都是运动员技术、战术、体能和心理较量过程中一个变量的结果。

虽然说进攻是最好的防守，但如果一进攻就给对手暴露出自己的漏洞，反而给对手制造反击的机会，这就要求进攻型运动员势必要掌握全面的进攻技术，不给对手以反击的机会，达到获得多的有效拳，少被对手击中的目的，从而赢得比赛的胜利；与此同时，防守反击型的运动员一直都被拳击同行公认为具有高超技战术水平的运动员，用“守株待兔”的寓言故事来形容更加确切，要想做到成功的防守到对手的快速、准确、强有力的进攻，势必要掌握全面的防守技术动作，同时必须具有把握反击时机的能力，否则就会出现只有招架之力而无反击能力的局面，最终以失败告终。在现代拳击快速发展历程中，精湛的拳击技术表现为能够运用快速、准确的进攻技术动作，随时随地发起进攻，控制对手或抑制对手；能够顶住对手强有力的进攻做好防守不被击中，窥视反击时机；具有快速进攻转换为防守、反击的能力，始终处于控制对手的优势，因此、快速攻防转化均衡是拳击运动特殊性规律的基础。

自 2009 年 1 月 1 日起，现代奥林匹克拳击竞赛规则将原来的 2 分钟 4 个回合的拳击比赛变更为了 3 分钟 4 回合的比赛。从形式来看，总的比赛时间增加了 4 分钟，每回合的时间增加了 1 分钟，但从拳击训练、比赛角度来看，规则的改变直接影响着运动员的训练计划制订、训练负荷、运动量及强度大小的实施过程，影响着运动员在比赛中的技战术水平的发挥和体能分配，对运动员的体能提出了更高的要求。

拳击运动员在高强度的对抗中必须具备较高水平的力量素质、速度素质、协调、灵敏、耐高乳酸负荷能力和有氧耐力，虽然技战术水平的高低对比赛胜负起着关键性作用，但如果没有一定的体能作为保障，运动员的技战术就不能充分发挥和运用，势必影响比赛的结果。一场对抗激烈的拳击比赛，双方运动员攻防交手次数达到上百次，高强度的交手过程可以持续数十秒，击打几十拳之多，交手和间隙时间始终是个变量。在同一时间段里非攻即守，交替转换，体能就是拳击技战术运用的载体。拳击比赛的三个回合中不管体能如何都存在着合理利用的原则，前两个回合体能耗尽，第三个回合就会出现被动挨打局面，出现先赢后输的情况，相反开始时出现保守不主动进攻，到最后比赛时间临近尾声，剩余的体能无济于事。大型国际拳击比赛一个级别需要 4~6 场才能决出冠军，所以一名优秀的拳击运动员必须具备超强的体能，具备持续作战的体能，才能坐上冠军的宝座。因此，体能合理分配的规律是拳击运动规律的关键。

拳击运动的本质、特征及规律是我们认识和发展拳击运动的核心，是建立和完善拳击运动理论体系的重要支点，是拳击训练工作的精髓。它揭示了拳击运动内在矛盾的特殊性、表现形式的多样化及其发展的必然趋势。了解并掌握拳击运动的本质、特征及规律，有助于进行科学化的运动训练，对于运动训练计划的制订，运动训练过程的控制、运动员竞技能力结构的优化、运动员竞技能力的提高、比赛优胜的获取等都起到非常重要的作用。

第三节　拳击运动的项目特征

项目特征是指在比赛规则的允许下，以取胜为目的，在运动学、生物力学、生物化学、运动生理学、运动心理学和运动智能学等方面表现出的主要特征。

从体育项目的竞技性可分为奥运项目和非奥运项目两大类，其中奥运会项目包括固定式奥运会项目和动态式奥运会项目；非奥运会项目主要是指获得国际奥委会承认的国际单项体育联合会所进行的未列入奥运会的比赛项目和地区性体育活动。从体育项目的功能性也可分为竞技体育和群众体育两大类。

拳击自 1904 年第三届奥运会开始成为奥林匹克传统项目，具有关于拳击实质内容在比赛前、比赛中和比赛后所表现出来的特点，而这些内容将会直接影响运动员比赛的成败。经访谈专家，我们一一从拳击赛事、比赛、供能、技术、战术、心理及心智特点进行归纳。

对运动项目的特征与本质进行深入研究有助于教练员和运动员在运动训练中抓住主要矛盾，协调次要矛盾，提高运动训练的针对性，增强运动训练的综合效益。

一、拳击运动赛事特征

拳击赛事基本覆盖到全年，运动员每年参加比赛次数平均在 3~6 次，优秀运动员参赛次数可达到 8~10 次，赛事持续时间一般在 5~14 天。除 WSB、APB 比赛日每位拳手一场比赛以外，其他赛事进入冠军争夺战一般有 3~6 场次的比赛，比赛间隔时间在 1~3 天（表 5-5、表 5-6）。优秀运动员全年参加比赛的场次可达到 20~30 场，甚至更多。可见，相较于以往每年只能参加 8~10 场比赛而言，在拳击职业化、竞技化发展的大趋势下，拳手的参赛机会更多，比赛密度更大、对抗强度更大。

表 5-5　2015 年中国拳击项目竞赛计划

序号	时间	比赛名称
1	1—4 月	WSB 比赛
2	2 月 2—8 日	匈牙利国际拳击邀请赛
3	2 月 23 日—3 月 2 日	保加利亚国际拳击邀请赛
4	4 月	全国女子拳击锦标赛
5	5 月 20—28 日	亚洲女子拳击锦标赛
6	5 月 24—29 日	全国男子拳击锦标赛

续表

序号	时间	比赛名称
7	6月	古巴国际拳击邀请赛及训练营
8	7月2—12日	亚洲男子拳击锦标赛暨男子世锦赛选拔赛
9	7—12月	中国拳王争霸赛
10	8月	中国贵阳拳击公开赛
11	8月8—13日	全国女子拳击锦标赛
12	11月27日—11月22日	全国男子拳击冠军赛
13	10月1—12日	俄罗斯国际女子拳击邀请赛
14	10月5—19日	世界男子拳击锦标赛暨里约奥运会资格赛
15	11月6—10日	全国女子拳击冠军赛

表5-6　2016年里约奥运会拳击赛程（以男子56kg、女子75kg为例）

性别	级别（kg）	比赛日期				
		预赛	1/8决赛	1/4决赛	半决赛	决赛
男子	56	8月10日 8月11日 8月12日	8月14日 8月15日	8月16日 8月17日	8月19日	8月21日
女子	75	8月14日	8月15日	8月18日	8月20日	8月22日

二、拳击运动比赛特征

由于赛事性质不同，各种比赛的回合数不尽相同。以APB、WSB赛事为例，APB常规赛每场比赛6个回合，冠军争夺战10个回合，拳王争夺战12个回合；WSB每场比赛5个回合。奥运会、世锦赛、洲际锦标赛、国际邀请赛等赛事，成年男子每场比赛是3个回合赛制，比赛每回合3分钟，回合间歇1分钟；2017年女子拳击比赛改制，从原来的4个回合赛制，每回合2分钟，回合间歇1分钟，改为3个回合赛制，每回合3分钟。改后的赛制同男子拳击一样，这对女子拳击运动员的体能水平提出更高的要求。

如表5-7所示，可以发现与伦敦奥运会相比，多哈世锦赛：①比赛总中断时间、频率，裁判中断时间、频率以及缠抱时间、频率均明显下降，说明比赛的有效进攻时间更多，持续交手时间更长；②垂直挺髋次数明显增加并在三个回合的比赛中保持稳定高次数，表明重心转换、蹬转发力、下潜防守等关键性技术动作运用更多；③运动时间明显增加，间断时间明显减少，每回合运动率明显提高，表明双方对抗强度更大。

综上所述，拳击运动是间歇性、高强度对抗运动项目，对抗和间歇交替进行，短时间间歇休息不足以完全恢复，且在新评分规则下拳击运动员交手密度增大，对抗强度提高，拳手在比赛中表现出更高的积极性、主动性。

表 5-7　拳击比赛特征（$\overline{X}$±S）

	第一回合		第二回合		第三回合	
	2012 年奥运会	2015 年世锦赛	2012 年奥运会	2015 年世锦赛	2012 年奥运会	2015 年世锦赛
回合总时间（秒）	189.0± 8.3		195.1± 12.9*		201.5± 18.4 *†	
总中断时间（秒）	21.5± 15.0	17.2±14.2	32.3± 18.0*	29.8±17.8*	50.2± 25.0*	31.0±15.7*
总中断频率（次）	4.2± 2.6	3.7±2.9	6.2± 2.9*	5.5±2.7*	7.9± 3.3*†	5.6±2.6*
裁判中断时间（秒）	9.0± 8.3	7.9±8.3	15.1± 12.9*	13.4±10.9*	12.5± 18.4*†	13.8±11.0*
裁判中断频率（次）	1.7± 1.4	1.7±1.6	3.0± 2.2*	2.6±1.9*	3.1± 2.3*	2.6±1.9*
第一次中断前的时间（秒）	62.3± 50.3	73.7±56.0	40.8± 40.0*	47.8±39.6*	31.0± 29.5*†	44.4±33.3*
总缠抱时间（秒）	12.6± 11.0	9.2±9.4	17.2± 12.1	16.4±13.3*	28.7± 17.7*†	17.1±10.5*
缠抱频率（次）	2.5± 2.0	2.0±2.0	3.2± 2.1	2.9±2.1*	4.8± 2.6*†	2.6±1.9*
垂直挺髋动作（次）	131.0± 30.0	167±29	142.9± 34.3*	166±28	144.5± 28.4*	167±29
运动:间断时间比（x:1）	31.2± 54.0	37±57	16.2± 35.0*	13±18*	6.6± 10.6*†	8±6*
运动率（次/秒）	1.18± 0.26	1.47±0.26	1.34± 0.26*	1.59±0.27*	1.41± 0.30*	1.60±0.29*

注：2012 年奥运会数据引自 Davis P，Connorton A，Driver S，et al（2017 年）；2015 年多哈世锦赛数据引自 Davis P，Benson P R，Pitty J D，et al（2015 年）。* 表示和第一回合相比（$P<0.05$）；† 表示和第二回合相比（$P<0.05$）。

三、拳击运动能量供应特征

准确把握拳击项目能量供应特征是运动训练合理安排、科学实施的重要依据。随着人们对拳击运动研究的不断深入，对能量供应特点的认识也在发生着变化。

另外，有的研究中并未指明拳击运动的主要供能特点，但说明了不同能量供应系统在拳击运动中的作用。拳击运动员对抗中的身体能源供应取决于有氧能力和无氧能力的生产和交互影响。拳法是在相当短暂的时间内表现出极为动态的、短暂的动作，主要由高能磷酸原系统来供能。拳手在具备良好有氧耐力的基础上，既要保证以高效磷酸原代谢供能系统为主的力量与速度来出拳击打对手有效部位，又要有超强的糖酵解代谢供能系统为主的复杂技术动作来完成连续进攻与防守。

结合拳击项目比赛特征及相关研究（表5-8、表5-9），我们认为拳击运动的能量供应特点主要为拳击运动是以无氧供能为主导的运动项目，其中短时高强度、高密度、高频度对抗主要依靠ATP-CP供能。具体表现为力度、速度相结合的有效拳，快速、爆发式的灵敏移动，力量、反应相结合的稳固防守等关键、核心技战术依赖ATP-CP供能；回合中多次的、连续的、高输出的间歇对抗主要依靠乳酸供能；多回合内间断的、调整的、低输出的持续对抗主要依靠有氧供能。综合目前的研究成果，拳击项目的主要供能特点从以无氧为主逐渐过渡到以有氧为主，这既和人们在不同阶段下对拳击运动供能特点的认识有关，也和在新规则下拳击运动对抗更为直接、激烈的特点有关。

表5-8　拳击运动无氧供能为主的研究

年份	作者	供能特点
1985	R·伯杰	业余拳击运动比赛，无氧供能比例占总能量供应的60%
1997	高维纬	拳击运动专项耐力素质的特点是无氧代谢供能
2007	巴义名，臧广悦，张传良	拳击比赛后血乳酸平均浓度在10 mmol/L以上，拳击是以无氧代谢为主的运动
2011	郭子渊、冯连世	拳击运动能量供应以无氧供能为主，有氧与无氧混合供能为辅

表5-9　拳击运动有氧供能为主的研究

年份	作者	供能特点
2011	Arseneau E，Mekary S，Léger L A	强调拳手有氧能力的作用，是拳手身体素质的核心
2013	de Lira C A B，Peixinho-Pena L F，Vancini R L，et al	业余拳击比赛主要是有氧运动，但进攻得分或KO等决定性的动作本质上是无氧新陈代谢完成的
2014	Davis P，Leithäuser R M，Beneke R	有氧能力和整体代谢具有85%的显著相关性，是拳手竞技能力的决定性因素之一
2014	黎涌明，毛承	据有氧供能百分比与高强度运动时间之间的关系公式推导，拳击运动的有氧供能比例大于60%，是以有氧供能为主的运动项目

四、拳击运动技术特征

拳击运动被誉为“高雅的自我防守艺术”，技术对抗是拳击运动的本质属性。胡亦海指出：技战术能力可谓是拳击运动员的核心竞技能力，是提高项目水平的关键。由于竞赛规则改变，拳击比赛表现出更高密度的技战术行为，双方在更为快速的运动模式下表现出更高的对抗强度。根据文献整理，现把拳击运动技术特点归纳为以下四点。

（一）技术全面、特长突出

不同风格的运动员都有可能获得冠军，不同对手的针对性技战术实施不同，赛场形势千变万化，拳手必须第一时间选择、运用合理技术，这就要求拳手必须具备全面的技术，又要特点突出，只有攻守技术均衡，才能掌握比赛主动，战胜对手赢取比赛。拳法即拳手的武器，直、摆、勾每一种拳法都具有不同的使用前提和方法，拳手如果要在比赛中灵活运用、收放自如、克敌制胜，就要不断丰富、充实自己的“武器库”。

在崇尚进攻、高强度对抗的新规则下，技术对抗上升到更高层次，比赛双方短兵相接、针锋相对的交手增多，无论是哪种打法的拳手都必须具备中近距离范围内的攻防技术，如果没有中近距离就没法震慑、遏制对手的进攻，就无法在短兵相接的过程中占据优势。十分制规则后，拳手的技战术水平显著提高，技战术风格表现出远、中、近三种距离的全面性。

（二）组合拳进攻效果凸显，运用次数、频率明显增加

有力、快速、高频的出拳是压制对手、制约对手的有效方式。在十分制规则出台后，组合拳的优势越发凸显，运用次数、频率明显增加。由表 5-10 可知，2012 年伦敦奥运会和 2016 年里约奥运会，拳手单拳进攻使用率从 62.7%下降到 41.6%，而多拳进攻使用率从 37.3%提高到 58.4%，多拳进攻使用率提高的原因在于：第一，连续拳、组合拳进攻效果远大于单拳，高压紧逼对手可以造成更为有效的杀伤力；第二，裁判倾向于进攻更为积极的、连续进攻能力更强的拳手获得更多的比赛优势。

表 5-10　十分制评分规则前后多拳进攻使用率对比

比赛名称	单拳进攻使用率（%）	多拳进攻使用率（%）
2012 年伦敦奥运会	62.7	37.3
2016 年里约奥运会	41.6	58.4

（三）突出直拳的简洁实效，重视每次的击打效果

在强对抗中，简洁直接的直拳往往更容易表现出良好的击打效果，全方位的进攻

方式逐渐转向为内线直线进攻。从表 5-11 可以看出，多哈世锦赛比赛中直拳在每回合的使用率超过了击中拳的 50%，前后手直拳在直拳中的使用率超过了 60%，直拳是拳击比赛中使用率最高的拳法。相较于 2013 年以前更强调短距离的勾拳技术，现在的比赛更加强调长距离的直拳技术，以此增加防御距离和环形移动能力。

表 5-11　2015 年多哈世锦赛直拳使用情况（$\bar{X}\pm S$）　　单位：次

击打次数	第一回合	第二回合	第三回合
击中拳	62.3± 21.0	62.9± 21.2	62.9± 21.7
后手直拳	38.7± 16.7	36.5± 16.7	35.7± 14.6
前手直拳	24.6± 13.0	22.6± 12.3	21.7± 10.4

注：引自 Philip Davis et al.（2015 年）。

从表 5-12 可以看出，和 2012 年奥运会相比，2016 年奥运会场均、回合、每分钟出拳数并没有显著性差异，但是击中拳数量明显增加，空拳数量明显减少，可见，拳手更加注重击打的准确性以及击打效果。

表 5-12　十分制规则前后 2012 年奥运会和 2016 年奥运会出拳情况对比　　单位：次

击打次数	2012 年奥运会	2016 年奥运会
场均出拳数	174.17	182.41
每回合出拳数	58.06	60.8
每分钟出拳数	19.35	20.27
击中拳	104.63	132.24*
未击中拳	70.03	50.17*

注：2012 数据引自 Martsiv V P（2014 年），* 表示显著性差异（$P<0.05$）。

（四）攻防技术转换节奏更为明快，对时机距离的要求更为精确

比赛有效交手时间延长，交手持续时间延长，说明拳击比赛的交手密度、对抗强度已经升级。从表 5-13 可以看出，新规则后运动员除了出拳动作次数没有显著性变化以外，动作频率、每分钟防守次数、垂直挺髋次数均明显增加，这些变化都直接表明比赛攻防节奏在加快。

表 5-13　十分制规则前后 2012 年奥运会和 2015 年世锦赛动作情况对比

	2012 年奥运会	2015 年世锦赛
动作频率（次/秒）	1.4	1.55

续表

	2012 年奥运会	2015 年世锦赛
出拳动作（次/分）	20	21
防守动作（次/分）	2.5	3.6
垂直挺髋（次）	47	56

注：2012 数据引自 Martsiv V P（2014 年）；2015 年数据引自 Philip Davis et al.（2015 年）。

因此，拳手为适应快速度、高频率的比赛节奏，要对场上时机的把握更为准确、双方距离的控制更为精确。

新规则下中近距离、连续拳、快节奏、高强度成为比赛的主旋律和制胜的法宝。技术特点表现为技术全面，特长突出；组合拳进攻效果凸显，运用频率明显增加；出直拳的简洁实效，重视每次的击打效果；攻防技术转换节奏更为明快，对时机距离的要求更为精确。

五、拳击运动战术特征

“不谋全局者，不足以谋一隅；不谋大势者，不足以谋一时”，战术谋划重在全局，全面、精确分析对手，以己之长，克敌之短，轻重还击，牢牢把握发展趋势，坚决执行赛前、赛中制定的策略。奥运拳击比赛三个回合，每个回合都是关键回合，决定比赛的胜负。新评分规则下技战术风格发生了一定改变，教练员要加强运动员抢开局意识的培养，在优势领先的情况下，主动控制，加强防守，突出防中有攻；反之，如果不能占据主动，暂时处于下风，切忌盲目进攻，加强进攻的多次反复，多以前手拳开路，择机运用后手拳击打，提高击打准确性和有效性，减少失误，做到攻中有防。

大多数比赛的负荷逐渐累积，疲劳逐步积累的趋势，第一回合一旦输掉，第二回合就是生死回合，如果不能拿下第二回合，基本输掉了整场比赛，如果前两局战平，那么第三回合将决定比赛胜负。换言之，在每场三个回合比赛中，至少要保持两个回合的优势，同时另一回合不能表现出较大差距。但赛场形势瞬息万变，既定战术随时都可能调整、变动，根据当前的比赛形势，这就要求教练员和拳手具备极高的战术素养，时刻保持清醒的头脑，在极短时间内快速反应，作出应对战术策略。

在战术实际应用方面，进攻主动性更强、进攻效果更为显著的迎击战术、后仰、躲闪后的反击技术应用比例明显增加，这是强对抗比赛环境下双方拳手战术设计、应用的必然结果。战术谋划重在全局，抢在开局，攻守兼备，每回合全力以赴，及时根据场上形势变化做出合理调整，突出进攻主动性更强、进攻效果更为显著的战术应用。

六、拳击运动的体能特征

拳击运动越来越凸显身体对抗，优秀拳手在比赛中为了占据比赛优势，多采用压迫式打法，积极主动、全力以赴，合理分配体能，最大限度地展示自己强劲的对抗优势。因此，强大的体能是拳手完成技术动作、实现技战术发挥的基础。

（一）力量素质

力量素质是拳击运动员体能的核心，力量素质在拳手攻防两端都发挥着举足轻重的作用。击打力量是拳手力量素质在进攻端上综合的表现形式，是力量素质在进攻拳法上最终的输出结果，是拳击运动员竞技表现的主要指标。不同水平的运动员在击打力量上表现出差异，高水平拳击运动员最大击打力量明显要高于中级和初级水平的运动员。有效拳的击打力量和击打效果是成正比的，而力量素质是击打力量的基础，良好的击打效果依靠强大的击打力量。新评分规则下，台下评判员更青睐强劲有力的击打，重拳的优势在于它可以破坏防守、压制对手、控制距离，并增强拳手取胜的自信心。同时力量能力有助于稳固的抱架、有力的格挡及缓冲对手的进攻击打，防守的力量是守住门户、防守反击、近战对抗所不可或缺的。攻得进，守得住，才能在攻防两端表现出统治力，无论是进攻、还是防守，力量素质都是拳手所必需的能力支撑。

爆发力是拳击比赛的关键组成部分，为了有效提高爆发力，需要高水平的速度和力量。拳手技战术都是在重心转移、蹬转发力、身体移动、身体对抗、发力击打的过程中完成的，既需要最大力量的支持和爆发力的输出，又需要力量耐力的保障及核心力量的辅助，其中爆发力是拳击运动员力量素质的核心，绝大多数有效拳是爆发力作用的结果。因此，运动员技战术的发挥有赖于强大的力量素质的支撑和辅助，并以爆发力作为力量训练的核心和重点。

（二）速度素质

拳击运动员在拳台上通过步法向多角度、多方向移动，可以完成快速贴近、撤步、两侧移动，以实现主动进攻、快速后撤、寻找战机等战术意图，这就需要极快的移动速度；拳手在交手过程中根据场上形势变化，随时应变做出行动，比赛中双方动作虚假结合、轻重结合、上下结合，欺骗性技术连续不断，但拳手要在第一时间做出合理、有效的反应，这就需要极高的反应速度；拳手在对抗过程中需要快速完成技术动作，以获取时间优势，利用时间差抢占先机，这就需要极快的动作速度。三种速度能力是相互交叉、互相影响的，拳击运动员对速度的要求是全方位的，要注重综合、协同地发展三种不同的速度素质。

（三）耐力素质

新规则下男子、女子拳击运动都是3个回合赛制，每回合3分钟，在比赛回合数减少，每回合比赛时间、总比赛时间增加的情况下，对抗更为激烈，这对运动员耐力素质提出了更高的要求。研究表明：拳手的氧脉搏可达到最大摄氧量的85%~100%。有氧能力影响运动耐力，即拳手在比赛中抵抗疲劳以及保持高强度比赛的能力。在若干场次的拳击比赛中，几乎每一天或者间隔一天就有一场比赛，保持良好的竞技状态，具备连续作战能力是拳手们能否走到决赛、获取冠军的保证；在三回合比赛中，持续的移动、对抗是常态化的，把比赛前半段优势保持下去，或者在比赛后半段逆转颓势。高无氧阈是拳手获得比赛胜利的关键，高无氧阈有助于提高拳手的乳酸浓度，以确保他们在每个回合间恢复速度更快。有氧工作能力越强，无氧阈水平越高，拳击运动员无氧阈越接近最大极限，维持高强度对抗和抗疲劳的能力就越强。因此，有氧工作能力让拳手在比赛中保持重复的高强度动作，加速机体的恢复过程，并在接近回合或者比赛结束时保持体能水平。

强势的反复交手、多次的组合进攻是占优、获势的利器，连续交手、持续对抗能力是拳手必不可少的能力。无氧功率和拳手的竞技表现直接关联。比赛期间血乳酸浓度可达到14.5 mmol/L。如果在后面回合的乳酸浓度高，对抗强度减小，打击精度下降。从表5-14可以看到，在高水平、高强度对抗的天津全运会中，运动员赛后3分钟的血乳酸值普遍超过了15mmol/L，平均值为18.75mmol/L，已经达到了最大耐乳酸的水平。因此，最大耐乳酸能力是拳手无氧耐力提升的关键所在。

表5-14　2017年全运会比赛不同级别运动员赛后3分钟的血乳酸值（$n=20$）

级别	血乳酸值（$x±s$）
小级别（49~56kg级）	18.70±0.94
中级别（60~75kg级）	20.99±1.87
大级别（81~+91kg级）	16.61±1.97

（四）柔韧素质

拳击技术结构的复杂性决定了拳手柔韧的全面性，在不同比赛条件、不同身体姿态下，运动员要完成大幅度、大范围、大角度的技术动作，就要力求全面的身体柔韧性，例如大幅度的摆拳、大范围的转移、大角度的转体等技术动作的完成需要良好的身体柔韧性以辅助完成，反之则会限制动作的完成效果。

通过柔韧性训练，身体的灵活性、协同配合能力得以提高，由此才能提高拳手对技术动作的支配能力，以及准确、协调、顺畅完成技术动作的能力。

（五）灵敏协调素质

拳手在6.1平方米的拳台上闪转腾挪，身体姿态变化无常，为了更好地发挥技术动作、控制身体姿势、获得战术目的，身体始终处于瞬时加速、减速、变向的动态变化之中。拳手要击中对方并不被对方击中，需有快速判断能力，抓住时机快速反击，准确、协调地处理好自己与对手在时间、发力、节奏、空间上的变化关系。无论是在何种距离下，拳手在攻防之间要始终保持敏捷的、迅速的、灵巧的身体运动，躲闪、假动作、步法移动等技术动作都展现出高度的灵敏性。

拳击运动员的动作是复合的、多变的，没有固定的套路和模式，随时随地根据比赛形势作出判断、采取行动，故随机应变的能力至关重要，任何动作都有可能使用，而且每次的动作结构都不一样，全身高度协调配合才能做出合理的、正确的动作，击打对手的力量也并非完全依靠力量素质本身，而是在于集中全身之力发挥在拳头上，这和运动灵敏协调有着密切的关联。

（六）平衡稳定素质

拳击运动员的技术动作几乎是在不稳定、不平衡状态下完成的，拳手在场上持续地移动、连续地躲闪、不断地出拳，身体姿态不停地发生改变，身体重心处于动态的转换之中，为让拳手保持稳定的动作姿势、合理的动作结构，从而提高拳手技术动作的稳定性，平衡稳定能力是不可或缺的。

体能要求拳手多种运动素质全面、综合地发展，并相互影响和支撑，其中爆发力、最大有氧能力和最大耐乳酸能力是体能素质的重中之重。

七、拳击运动的心理特征

新规则下竞技对抗不断升级，无论技术、战术、体能、智能多么强大，拳手首先要有强大的心理作为支撑，否则再强的能力也难以发挥出来。新规则最显著的特点是不到比赛最后一刻，不知谁胜谁负，悬念丛生，即使前期被对手压制、控制，但是最后时刻还有可能逆转。不管遇到的对手有多强，必须具备敢打敢拼、不怕死的斗志、不到最后决不放弃的钢铁意志，在场上表现出超强的自信心，强烈的求胜欲，舍我其谁的霸气，可以说输什么都不能输心理，一旦心理防线松动、崩溃，比赛胜负的天平就已经向对手倾斜了。在以优势判定胜负的新评分规则下，实力相当的双方谁在场上更有坚强的意志、誓死拿下比赛的气势就更容易得到裁判的认可，因信念坚定，则主动性更强，行动更为坚决。

拳击运动员运动路线遍布拳台，身体姿势处于不同方向、不同角度的动态变化中，拳手要时刻保持精确的运动空间感知觉，清晰把握所处位置、空间，明确下一步所要采取的行动；同时，拳手要对全场、回合及每次动作时间有高度的判断，据此合理布置技战术，分配体能，利用时间属性和对手对抗，抓住稍纵即逝的机会击打；在瞬息万变的战局下，拳手要富有想象力，敢于假想比赛的进程，未雨绸缪，提前做好下一步动作的准备，同时，要迅速、灵活地判断即时的比赛状态，第一时间做出准确应变。

拳击运动的心理特点表现为超强的自信心，强烈的求胜欲，舍我其谁的霸气，具有超强的空间感知觉、判断力和想象力。

八、拳击运动的智能特征

拳击运动是一项高智商的运动，其智能特点可概括为以下五个方面：第一，拳手掌握专项训练的理论和方法，并对项目特点和规律有一定的认知和把握；第二，面对瞬息万变的赛场形势，拳手要在短时间内准确综合分析、冷静预判、果断决策，一环套一环，做到思路清晰，思虑周密；第三，学习、运用新技术能力快，技术衔接紧密，覆盖原有技术，形成新的全面技术能力强；第四，拳手要把握既定战术的实质和精髓，又要善于根据形势变化适时调整战术；第五，比赛是双方互相设套、互相制衡的过程，以己之长，克敌之短，既要看穿、破解对手的战术意图，又要引诱、迫使对手进入自己的陷阱，对比赛有缜密、严谨的思考、筹谋。

拳击运动的智能特点表现为认知项目规律能力、分析比赛能力、学习技术能力、把控战术能力及筹谋比赛能力。

第四节　现代拳击项目的制胜因素

现代拳击运动发展至今日，制胜特征呈现出一定的规律，过去那种以击倒对手获胜的主要取胜方式逐渐减少，如今的制胜方式具体表现为：凭借更多有效拳取胜的场次日渐突出；不对抗受到严格限制；击打力、速度、准确和运用技战术的控制能力是取胜的关键。

一、拳击胜负评价系统的演变

拳击是人类与大自然斗争的产物，在《英国大不列颠百科全书》就有“公元前 40 世纪，幼发拉底和底格里斯两河流域发现拳击的遗迹”的记载，距今约有六千多年的历史。现代拳击运动始于近代的英国，1864 年“昆士伯利拳击规则”以前，拳击比赛判定胜负没有成文的规则，只在口头协议或签好生死状，并在不戴拳套情况下进行比赛，直至一方丧失继续比赛的能力为止。后来的比赛明确规定：参加拳击比赛的人必须戴拳击手套，比赛每回合 3 分钟，回合之间休息 1 分钟；比赛中禁止发生搂抱和摔跤现象，否则被判为犯规；一方被打倒后开始数秒，如果在 10 秒钟之内被打倒的人不能站起来，就判定对方胜利等内容。英国昆士伯利规则形成之后，大约经过 20 年的反复实践和运用，才逐渐被人们肯定。这个规则基本形成了后来拳击比赛的竞赛框架，为促进拳击的发展指明了方向。

拳击比赛胜负评价体系的发展直接影响着拳击项目的发展趋势及命运。1989 年莫斯科世界拳击比赛以前，奥林匹克拳击评价系统采用的是职业拳击比赛手记分系统，每回合给优势一方 5、10 或 20 分，输者一方给出相对少的分数，比赛结果看累加后的总分数判定最终胜负结果。由于 1988 年汉城奥运会出现多场次的判罚与现场比赛情况不符的情况，后来对 71kg 级决赛韩国（Park Si Hun）与美国（Roy Jones）的比赛录像进行了分析，Roy Jones 三个回合打出 86 次有效拳，但只被 5 名评判员中的 3 名认定为 32 次，3-2 的评判结果导致韩国运动员取胜。汉城奥运会拳击比赛使得国际拳击联合会相当为难，为了缓解媒体和拳击爱好者的质疑。1989 年世界拳击锦标赛上首次使用了电子计分评价系统，评分方式发生了改变，评判员的主观性判断增加。例如，一次数 8 秒得点拳记为 1 点，一次前手得点拳同样记为 1 点，大屏幕上显示 1:1 的比分，但从比分上看，双方运动员水平接近，而实际情况却不然。当年的电子计分系统使技术层面上更加不合理，以至于拳击项目一度面临被驱逐出奥林匹克大家庭的尴尬局面。

据统计，2004 年雅典奥运会拳击比赛分数取胜中，每场比赛平均点数约为 35 次，而四年后的北京奥运会每场比赛裁判员打出的点数约 13 次，从统计学上完全没有办法解释。我国拳击竞赛发展过程中也曾经出现过前后两年大赛点数忽多忽少的判罚结果。不客观、不公平的评价体系势必会阻碍项目的发展甚至会毁掉一个项目。

从 2011 年阿塞拜疆世界拳击锦标赛到 2012 年伦敦奥运会拳击比赛的成功举行源于电子计分系统部分细节的改革，新的评分规则在每个回合后显示出每一个裁判员的打分情况，而不是以往 3 名裁判在 1 秒内同时打点的分数，改革后 5 名裁判打分，取 3 名打分接近的裁判的分数平均值，这在很大程度上增加了人为操纵比赛的难度。每一回合后公布比分，透明清晰地展示了每一名裁判的打分情况，因此比赛会更加公平公正。更值得肯定的是，新的记分规则促成了拳手技战术的调整和改变，要想赢得比赛需要更多的出拳，打法必须更加积极，比赛因此更加精彩。另外，观众的注意力也会更集中在拳台比赛上，尽情欣赏精彩的比赛。

尽管如此，电子计分系统的实质没有发生变化，没有从根本上解决拳击不公平、不公正的问题。2013 年 6 月 1 日，拳击比赛评分规则的改变，增加了比赛的精彩程度，拳迷们会再次回到体育馆，或观看电视转播，最终带来主流媒体的回归，使已经势弱的业余拳击逐渐走强。如果目前使用的拳击评分规则不借鉴击剑、跆拳道电子自动评价体系的话，十分制评分系统将会在相当长的一段时间里伴随拳击运动的发展历程。

二、新评分规则下的拳击制胜因素

“因素”的基本含义为：①构成事物本质的成分；②决定事物成败的原因或条件。“制胜因素”是指在比赛中，竞争双方取胜对手的要素。

随着拳击竞赛规则的不断演变，其制胜因素也随即发生相应的变化，探讨新评分规则下拳击运动制胜因素，是提高训练效益、实施个性化训练和针对性预案设计的前提和保证。

（一）对我国拳击项目制胜因素的理解

拳击运动制胜因素随规则演变而变化，挖掘新规则下拳击运动制胜因素是提高训练效率、把握训练方向的前提和保证。

备战2008年北京奥运会期间，我国拳击界在认真钻研当时评分规则的基础上，总结出符合我国拳击运动发展的拳击制胜因素“快、全、连、变、准、控”，为我国两届奥运会取得历史最好成绩奠定了理论指导的基础。众所周知，如今点数取胜改变为综合优势评判，影响运动员取胜的关键因素相应发生一系列根本性的变化，在研究十分制评分系统本质的基础上，结合当今世界比赛胜负趋势，通过德尔菲法对拳击运动专家进行两轮次意见征询。第一次轮次专家意见度高于8.0，变异系数小于0.2，“快、全、控、准、重、变”全部保留；“敢、巧、稳”专家意见度低于7.0，变异系数小于0.2，全部删除。第二轮次专家意见度和变异系数相同，最终确立了我国拳击项目的制胜因素为“快、全、控、准、重、变”（表5-15）。

表5-15　拳击运动制胜因素专家意见咨询结果

制胜因素	含义	专家意见集中度（M_j）	专家意见离散度	变异系数（V_j，100%）
快	反应快、启动快、移动快、动作快、攻防转换快	8.80	0.60	6.82%
全	技术全、战术全、能力全、思路全和准备全	8.60	0.80	9.30%
控	控制时间、控制距离、控制节奏、控制心理和控制对手	8.40	0.92	10.91%
准	技术应用准、战术选择准、时机把握准击打落点准、对手研究准	8.20	0.98	11.95%
重	击打力量重	8.00	1.00	12.50%
变	技术变、战术变、节奏变	8.00	1.00	12.50%
敢	敢攻、敢打、敢拼	6.20	0.98	15.80%

续表

制胜因素	含义	专家意见集中度（M_j）	专家意见离散度	变异系数（V_j，100%）
巧	技术巧、移动巧	5.80	0.98	16.89%
稳	重心稳、心态稳、技术稳	5.40	0.80	14.81%

新规则下拳击运动制胜因素“快、全、控、准、重、变”的内涵可解释为：“快”即反应快、启动快、移动快、动作快、攻防转换快。唯快不破，快始终是拳击运动员追求的终极目标和最高要义，拳手以快制约、压制对手，就要具备快速的反应速度、启动速度、移动速度、动作速度以及攻防转换速度。“全”即技术全、战术全、能力全、思路全和准备全。在新规则下，拳击运动本质要求拳手在高强度、高对抗、高密度的情况下进行高智商的无缝隙对抗，全面、均衡的对抗能力是拳击运动员展现优势和特点的基础，拳手的技术、战术、能力、智能以及心理都不有存在明显的漏洞和短板。同时，全面的、科学的训练思路，严谨、周密的备战是成功参赛的前提。“控”即控制时间、控制距离、控制节奏、控制心理和控制对手。时间、距离、节奏是拳击运动的生命线，心理是稳定发挥的内在因素，拳手通过合理、有效地控制时间、距离、节奏以及保持稳定的心理状态来实现控制对手、比赛局势的目的。“准”即技术应用准、战术选择准、时机把握准、击打落点准、对手研究准。无论在进攻、防守、反击和相持过程中，拳手要应用准确的技术动作、选择合理的战略战术、把握即时的场上战机，给予对手准确的击打。同时，“知己知彼，百战百胜”，准确了解、掌握对手的特点和风格是战胜对手的必要条件。“重”即击打力量重。新规则下，击打力量是衡量有效拳的重要指标，击打力度、透度、硬度是判定拳手击打效果的重要标准，强而有力的拳是压制对手、占据主动的有效武器。“变”即技术变、战术变、节奏变。拳手要根据场上形势，匹配组合不同拳法以迷惑、袭扰和牵制对手；抓住对手弱势和特点适时采取灵活的战略战术；合理分配体能，引导比赛进程，控制比赛节奏。

与旧规则相比，拳击运动制胜因素发生了巨大变化。综合优势评定代替了以往单一的得点拳判定胜负，新规则要求拳手具备全面的技术、灵活的战术、强大的体能、高超的智能以及坚韧的心理，无论是进攻、相持还是防守，自始至终都要表现出高水平的比赛状态，以求最大程度控制比赛局势，占据场上优势。拳击制胜因素之间的主次关系发生变动，是综合优势取代点数判定胜负所引起的连锁效应，是拳击运动制胜规律的本质体现。击打力量重的“重”取代了连续出拳、进攻的“连”，在鼓励进攻、对抗的精神下，进攻积极主动、凶狠有杀伤力的拳手更容易占据比赛优势。判定比赛胜负的主要依据是有效拳，而相较于准确、清晰而言，击打力度是有效拳的首要条件，力度越大的拳越有击打效果。而准确度再高，出拳没有力度也很难得到裁判员认同，一记集力度、透度、硬度于一体的重拳相较于柔、绵、软的轻拳对场上优势、比赛取胜的影响更为显著。国际拳联裁判员培训细则指出：有效拳根据击打效果可以分为重要击打、次要击打以及一般击打，一记有力、准确、清晰的重要击打等同于三次次要击打和五次一般击打，而重要击打效果大都是重拳造成的，在有效拳相当的条件下，重要击打次数是影响比赛结果的重要因素。综合以上，制胜因素“重”是新规则下拳击运动衍生出来的新制胜因素。

拳击运动规律是项目制胜因素的集成，也是获取比赛优胜的关键。拳击各制胜因素之间存在因果关系和内在关联性，不同制胜因素之间相互影响、相互作用，形成复杂的网状结构。拳手在“控制与被控制”“制约与反制约”的博弈中，任一制胜要素都有可能成为比赛胜负的决定要素，在具备尽可能多制胜要素的基础上，突出发展某一个或某几个制胜要素，是拳手不断提高竞技能力的集中表现形式。

（二）新旧计分系统对比分析

1. 旧计分系统（电子计分系统）

1989 年莫斯科世界拳击锦标赛上首次使用了电子计分系统，通常称作打点计分系统，以下简称打点系统。点就是我们所说的得点拳，其定义为：用握紧拳套手的拳封部位，在对手没有防守的情况下，清晰、有效地击打在有效部位的击打，被记为一点，获得点数多的一方获胜。

（1）打点系统的优势

① 界定了拳击技术和非拳击技术，规范了技术动作；

②评判裁判员入门简单，只要身体检查正常，不需要拳击知识背景。

（2）打点系统的劣势

①无法统一得点拳的标准。没有一个可以准确量化的得点拳标准，导致打点系统的得点拳次数多少与实践比赛情况不符。例如，一次数 8 秒的击中被记为一个得点拳，等同于一次前手直拳的得点拳，这时的 $1=1$ 合理吗？只有现场的当事人明白这里的$1\neq1$；

②掌拳上点。打点系统规则规定，1 秒内必须有 3 名及以上评判员同时打点才算（这里的上是评判员认可后按下计分器的按键，显示器上同时显示 1 点的意思）1 点，由于 1 秒钟的时间过短自然会给评判员的判罚带来压力，误判、漏判等情况频频出现，大到奥运会比赛、小到对抗赛。例如，开掌拳（非拳击技术）上点的情况时有发生，如果有 3 名裁判员同时误将开掌拳判为得点拳给运动员上 1 点，那么这 1 点直接带入运动员的总点数里，甚至影响比赛的胜负，没有人可以将非法获得的点取消掉，即使裁判员后来发现为错判，但只能将错就错到底。而这 1 点对于整场比赛来说至关重要，甚至影响比赛的胜负；

③为消极比赛留下伏笔。为点数领先的运动员提供消极拖延比赛时间的机会，导致比赛不精彩等。

2. 新计分系统（十分制计分系统）

2013 年 6 月 1 日，AIBA 系统里的拳击比赛采用十分制计分系统，终结了使用二十多年的打点计分系统，胜负由原来的单一点数判定回归到每回合整体优势判定上，它最大的优势就是还原了拳击的本质，使得比赛结果更加客观和公平。

（1）评价依据

①有效拳击打的次数；

②运用技战术控制比赛的能力；

③比赛中的竞争性。

（2）有效拳

①拳峰部位的击打；

②击打在有效部位的击打；

③源于蹬转或肩部发力的击打；

④未犯规前提下的击打；

⑤动作连贯的击打；

⑥清晰的击打。

（3）评价等级

①10-9/9　　10=优势非常接近的比赛（Close round）；

②10-8/8　　10=胜负明显的回合（Clear winner with dominance）；

③10-7/7　　10=完全被优势方控制的比赛（Total dominance）。

通过对新评分规则的解读以及对比赛胜负判定趋势的分析，可以发现，比赛胜负由依据单一点数，发展为运动员比赛过程中的整体优势大小综合评定来判定，评价方式的改变直接影响着技战术的发展趋势，这就要求拳手具备全面的技术、灵活的战术、强大的体能、高超的智能以及坚韧的心理，无论是进攻、相持还是防守，自始至终都要表现出高水平的比赛状态，以求最大限度控制比赛节奏，占据场上优势。因此，十分制评分规则对拳击项目的制胜产生了质的影响。

在新评分规则鼓励主动进攻、对抗的精神指导下，制胜手段由注重打好开局、快进快出、得点不失点、领先后采用利用规则来保点，变为积极主动、进得去站得住、增加有效拳击打效果、每回合全力以赴、控制比赛，显然，拳手对抗全方位提高，制胜手段全方面升级。拳击运动的规律是拳击运动发展变化过程中起主导作用的本质联系和必然趋势。拳击制胜因素之间存在因果关系和内在关联性，不同制胜因素之间相互影响、相互作用，形成复杂的网状结构。拳手在“控制与被控制”“制约与反制约”的博弈中，任何制胜要素都有可能成为比赛胜负的决定要素，在具备尽可能多制胜要素的基础上，突出发展某一个或某几个制胜要素，是运动员不断提高竞技能力的集中表现形式。拳击运动既有同场交手对抗竞技性项目的快速进攻、即时防守和攻防转换的形式，同时也具有特定的规则、快速攻防转化均衡和体能合理分配的特殊规律。

三、优势判定胜负的核心

拳击比赛中运动员的胜负是由一名台上裁判员和五名台下评判员共同协作来判定的，各裁判员分工明确。台上裁判员的主要职责是在保护好运动员安全的情况下，按照拳击规则规定，依据运动员场上的表现，行使台上裁判员的职责，给出相对应的判罚，可以取消严重犯规运动员的比赛资格、可以直接警告、可以告诫、可以在不间断比赛的情况下采用手势或口令的方式给予运动员提示，维持好双方运动员的比赛秩序。规则看似简单，但其实对台上裁判员要求很高，要做一名称职的台上裁判，首先，要精通拳击规则要领，具备热爱拳击运动项目的心；其次，要灵活运用台上裁判员的判罚原则，方能做到“潇洒、从容、准确、艺术”地能将一场竞争激烈、高强度对抗的比赛顺利完成。

（一）台上裁判员的判罚原则

①公平合理：一视同仁、给出同等效果的判罚；
②井然有序：严格按规则规定的判罚程序进行；
③眼见为实：没有看清楚的犯规，需咨询台下评判员；
④有利无利：分清犯规的目的和意图，准确判罚；
⑤先后顺序：抓住犯规的先后顺序；
⑥后果大小：判罚程度源于犯规的程度大小。

（二）台上判罚对比赛胜负的影响

台上裁判员的判罚一般情况下不会直接影响到运动员的比赛胜负，但有的判罚不仅会影响运动员、教练员及观众的心情，而且直接决定着一场比赛的胜负。

1. 影响胜负的判罚

（1）过多中止比赛

可以采用手势或口令提示的判罚，如果采用 stop 的方式中止比赛进行告诫，不仅打乱了一方运动员的攻防节奏，导致运动员的技战术发挥受到影响，而且破坏了比赛整体节奏，浪费了宝贵的时间。

（2）过早数 8 秒

当一方运动员受到击打后而未达到重击情况下，进行数 8 秒，属于过早给运动员数 8 秒，不仅影响运动员比赛心情，而且也会干扰台下评判员判罚的主观性。

（3）过迟数 8 秒

当一方运动员受到重击后，未能及时给运动员数 8 秒保护运动员的安全。如果该运动员再次遭到重击，很可能被 KO 结束比赛。

（4）放松对严重犯规动作的判罚

针对搂抱、轮打、头前冲较为严重犯规动作未能及时作出判罚，纵容了犯规运动员却影响了另外一方运动员的技战术发挥。

2. 决定胜负的判罚

（1）头部受伤的判罚办法

一方运动员因头部伤口终止比赛，台上裁判员向临场技术代表汇报。如果被终止比赛的受伤运动员是被另外一方运动员击打造成的，应向比赛技术代表汇报为被有效拳击打所造成，比赛结果为 RSC-I；如果台上裁判员认定为双方运动员无意相撞所造成，这时的胜负判定要采用分数取胜方式，取胜方式为 WP。

（2）警告的使用

对故意犯规未能直接取消运动员比赛资格，会直接影响比赛结果；对多次严重犯规运动员未能警告，偏袒了犯规运动员，而影响了另外一方运动员的技战术发挥，也会直接影响比赛结果。

（3）过多中止比赛

一方运动员精心准备的进攻，被台上裁判员因告诫另一方运动员而中断，这时的中断很可能影响了一方运动员的进攻意图和节奏，中断次数少则影响一回合，多次中断比赛甚至可能颠覆比赛胜负结果。

（三）台下评判员的职责

据统计，现代拳击比赛的胜负 90% 以上为分数取胜，台下评判员给出的分数直接决定比赛的胜负。一场比赛中执法的五名评判员将根据运动员在比赛过程中的表现给出独立的分数，一回合一结算，总比分可能出现以下几种结果：5-0 或 0-5、4-1 或 1-4、3-2 或 2-3、4-0 或 0-4、3-1 或 1-3、3-0 或 0-3，宣告为一致性判定胜负，其他为分歧性判定胜负。由于比赛的日趋激烈、运动员的竞技能力水平高度接近、裁判员对有效拳的理解、角度存在差异等因素，出现分歧性判罚结果的情况一直存在，对此 AIBA 于 2017 年对分歧性判定做了相应的调整，旧规则的分数判定结果是由随机从 5 名台下评判员中抽出来的 3 名评判员的分数来完成的，现已改为采用 5 名台下评判员的分数为最终结果，提升了胜负判定的准确概率。因此，台下评判员的判罚准确与否是拳击比赛胜负的关键。台下评判员判罚要做到以下六点。

①公平合理：守住裁判员的基本底线；

②独立判分：不与其他人沟通交流；

③有效击打：牢记有效拳的概念及属性；

④统一尺度：眼里只有红角和蓝角运动员；

⑤眼见为实：只记录亲眼看到的有效拳；

⑥果断自信：充分相信自己的业务水平。

（四）台下评判员判分流程

通过对 2017 年 8 月 25 日至 9 月 2 日举行的第 19 届世锦赛拳击比赛裁判员的判罚结果及趋势分析，发现在世界拳击大赛中，台下评判员都把获胜一方判给了有效拳次数多、控制比赛能力强、积极主动、技战术使用合理和犯规次数少的一方。获胜的运动员在比赛过程均表现出高强度的对抗；后手拳的使用率提高；胜负悬念增加、比赛更加具有竞争性；对抗能力要求高的趋势。以下五个评分过程，充分说明了一名台下评判员是如何从单一评定到综合评价的全部过程。

第一，比赛一旦开始，台下评判员要认真观察记录双方运动员的有效拳次数。有效拳可以理解为有质量的击打拳，建立运动员每次击打获得的效果是不一样的概念，这样才能真正地理解了有效拳的内涵。台下评判员从专业裁判技能出发，就会瞬间归类和区分有效拳的效果大小或好坏，不能简单地从数学概念上理解 1 就等于 1，要细化每一个有效拳的质量。例如，一次数 8 秒的有效拳绝对不等同于运用前手直拳获得的一次有效拳，只有从击打效果上来评价有效拳的质量高低，才能给运动员一个公平、公正的评价平台。

第二，为了确保评判员能够在对抗激烈、双方运动员实力接近及综合压力大的比赛中，快速、准确地评价运动员的微弱优势，给出胜负方的判罚分数，笔者依据多年来从事国内外拳击比赛的判罚经验和作为国际裁判员讲师的授课感悟，提出有效拳的击打效果分为重要击打、次要击打和一般击打的概念，实践也充分验证了它的实用性和准确性。在此基础上就不难理解拳击最大的魅力就在 KO 对手取胜，展示最快、最准、最强的杀伤力，给人们留下深刻的印象。

第三，既然击打效果分为重要击打、次要击打和一般击打三个层面，那么科学合理地处理好三个层面上的关系至关重要。具体来说，一次重要击打能代替几次次要击打或一般击打，一定要从击打效果上去判断，只有这样才能公平地累加运动员在比赛中的总体优势大小，为最终的整体优势判定建立一个简单的数据库。从专业角度出发，观察双方运动员的击打力度、准确性、拳法、时机等关键点，即刻对双方运动员的击打效果做出预评估，随后将双方的击打进行归类处理，这为整体优势大小的评定奠定了基础。

第四，具体判定优势大小时，应遵循复杂事情简单化的工作思路，可以简化判定细节从而做到更加精准。目前国际上一些优秀裁判员通常使用减法的方式来整体评价，并且这种方式也经过了成千上万场比赛的充分验证。减法可以将同等效果的有效拳对等抵消，减轻记忆的负担，更加集中精力。同等效果的有效拳次数可以瞬间抵消，如何将击打效果不对等的有效拳进行换算是准确评价胜负的关键。为此，我们在积极借鉴职业拳击评判规则的基础上，从有效拳概念的本质出发，结合击打冲量原理，将 1 次重要的击打等同于 3 次次要击打，1 次次要击打等同于 3 次一般击打，以此类推，如何处理好 1 和 3 的关系，核心在于选取有效拳的定位和对比能力大小，世上没有绝对的事情，相信对于一名优秀的裁判员来讲都会有一个相对合理、较为统一的评判标准。

第五，随着拳击运动的发展，运动员的竞技能力水平趋于接近。国内外大型比赛中经常碰到双方运动员获得的有效拳次数非常接近的场次，这时的胜负判定不能只单一从有效拳上来判定，必须回到整体优势上来综合评价：①首先从运动员运用技战术控制比赛能力大小来分析，若双方运动员在整体控制上又出现非常接近的情况；②其次从分析运动员积极主动性大小上评价以此类推；③最后从双方运动员在比赛中利用规则的程度大小来分析。全面地综合双方运动员在每回合的整体优势大小，胜负的判定结果会得到教练员、运动员的认可。

（五）优势评价指标分类

拳击运动是一项运动难度最为复杂的对抗性项目，运动员不仅要在 3 回合，每回合 3 分钟的比赛里最大限度地将速度、力量、协调、灵活、手脚配合度及瞬间判断等能力发挥与拳击技术运用高度协调，而且瞬间要做出针对对手在不同距离、节奏等情况下攻防的应对措施，力争快速、准确、有力地击打到对手有效部位上，达到控制或制约、战胜对手的目的是件非常不容易的事情。同样，台下评判员要在每回合结束后 15 秒内给出最客观、最准确的判定结果不仅需要精通拳击规则、对拳击技战术有深刻的认识和理解，而且要具备深层次理解与运用评价指标的能力，方能做到在双方运动员实力接近比赛时的判定。

十分制评价体系的本质是全面、客观地累加运动员的表现，然后把累加起来的总和进行对比分析，得出胜负结果的方式。此处的表现涵盖了运动员在比赛过程中使用了何种技术、技术的复杂程度大小、动用了哪些能量及获得有价值击打的时机的整体。

运动员在比赛过程中一次击打在对手身上的拳要么是有效拳要么是无效拳。构成有效拳概念的击打必须具备以下几个条件：第一，使用拳峰部位击打在对手有效部位的拳；第二，使用拳击技术击打的拳；第三，通过腿部的蹬转发力或肩部发力击打的拳。

衡量或评估一次有效拳的效果或质量大小是判定胜负的核心因素。首先，要明确使用什么拳法进行击打，是组合拳还是单拳？是直拳还是勾拳等；在什么条件下击打，是反击还是强攻？是远距离还是中距离等；击打的效果怎么样，是重击还是一般击打？击打在有效部位与否？是清晰还是模糊等；其次，运动员在比赛过程中表现出来的拳击文化有多少，有的运动员场上表现出大将的风度，尊重运动员、裁判员和观众，不仅传递了拳击的正能量，而且也为自己争取了一份优势资本。

拳击技术从技术结构上可以分为复杂技术和简单技术，复杂技术一般指为了完成一次或几次动作动用了较多的肌肉和关节参与的技术，不包括单拳技术，一般指两拳组合和防守反击技术。简单技术就是我们常说的单拳技术，包括直拳、摆拳和勾拳三种拳法技术。同等条件下，从单拳技术的复杂程度和使用效果上看，我们把勾拳技术排在第一位上，其次是直拳技术，第三是摆拳，我们过去经常拿摆拳技术来举例，因为摆拳技术源于人的本能抡摆，在教学过程中也是先传授直拳技术后，才是摆拳学习的阶段。

为了帮助大家更加深入理解优势指标的真正含义，在原有优势指标的基础上进一步细化为：优势技术指标、优势能力指标、优势专项指标和潜优势指标四个部分，如果真正理解这四个优势指标的含义将有助于更好解读拳击比赛，成为名副其实的拳击专业人士。图 5-1 为拳击优势指标体系。

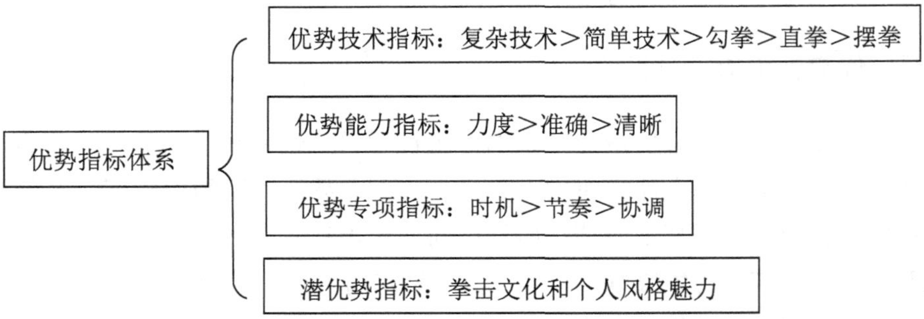

图 5-1　拳击优势指标体系

（六）技战术水平高低评价依据

一旦评分过程中出现有效拳的次数接近的情况，必须从优势判定胜负的第二依据（运用技战术控制比赛的能力）进行评价。因此，技战术水平高低判定是第二依据的核心，从拳击技战术理论和实践总结出以下五点技战术要素，有助于我们充分理解和判定运动员技战术水平高低，更好地为最后评价提供准确信息。

①拳法运用的多样性（直、摆、勾、二次进攻及反击单拳、组合拳等）；

②击打部位的广泛性（击头、击腹部、击体侧及肋部等）；

③击打发力的合理性（源于下肢的蹬转或肩部发力的动力链）；

④战术合理的实用性（针对不同打法类型运动员的战术运用）。

⑤节奏距离时机展示（比赛中充分展示节奏的变化、距离的控制和时机的把握）。

拳击规则的多变性主要源于拳击运动的本质，拳击是双方运动员运用两只拳头的对抗，是体能、技能和心理全面较量的过程。进攻是拳击的核心本质，换句话说，拳击是“打拳击”，而不是“防守拳击”，更不是“跑拳击”和“消极拳击”。要想赢得比赛，要想拳击有市场，最简单的道理就是在拳击台上多出拳攻击对手，占据场上的主动，使得那些能够利用拳台空间，积极主动进攻的拳手赢得更多比赛的机会，重新回到拳击运动的本质上来。激烈、凶悍、对抗，这才是拳击运动发展必然趋势。

第六章

拳击运动员的体能训练

陈　超　吴正平　阿不都西库尔·米吉提

体能是一个动态的、开放的、综合的概念。体能是运动员的基本运动能力，是竞技能力的重要构件。体能的发展水平由身体形态、身体机能及运动素质三方面综合决定。身体形态是指人体的外部姿态和特征；身体机能是指机体各器官系统所表现出来的整体功能；运动素质是指机体在活动时所表现出来的各种基本运动能力，通常包括力量、速度、耐力、柔韧、协调和灵敏等运动能力。拳击体能是拳击运动员在训练、比赛时所表现出来的综合运动能力。拳击体能训练必须和专项技术动作、能量代谢、运动损伤以及竞技比赛特点紧密结合，真正做到专项化、有效化和科学化。

第一节　拳击运动员体能概述

一、力量素质的概念和分类

力量素质是指人的机体或机体的某一部分肌肉工作（收缩和舒张）时克服内外阻力的能力。根据不同的分类标准，力量可以分为不同的训练内容。根据拳击运动员的竞技需要，力量可以分为最大力量、速度力量和力量耐力。

（一）最大力量

最大力量是指人体或某一部分肌肉工作时，克服最大内外阻力的能力。亦是指参与工作的肌群或一块肌肉在克服最大内外阻力时，所能动员的全部肌纤维发挥的最大能力。

（二）速度力量

速度力量也叫快速力量，是指人体在运动时以最短的时间发挥出肌肉力量的能力。也可指运动员在特定的负荷条件下所表现出来的最大动作速度。

速度力量是力量和速度的结合体，其水平高低取决于人体肌肉的收缩速度和最大力量水平。速度力量是拳击运动员力量训练的核心内容，是影响竞技表现和运动水平的关键因素，但对于不同级别、不同打法类型的运动员而言，对速度力量的需求并不是一成不变的，而是动态的、是变化的，无论是侧重于速度还是侧重于力量，都要适应于运动员当前的技战术打法和风格。

速度力量包括起动力、爆发力、制动力。起动力是指在最短时间内最快发挥出的肌肉力量的能力。爆发力是指在最短时间内以最大的加速度克服一定阻力的能力。制动力是指以较高的加速度朝相反的方向运动的能力。

（三）力量耐力

力量耐力是指人在克服一定外部阻力时，能坚持尽可能长的时间或重复尽可能多的次数的能力。也就是无论运动员在静力或动力性工作中，能长时间保持肌肉紧张用力而不降低工作效果的能力。

二、速度素质的概念和分类

速度素质是指运动员对来自对手的刺激能迅速做出反应，且在最短时间内完成各种动作的能力。拳击的速度素质根据其在训练及比赛中的表现，可分为三种类型：反应速度、动作速度、移动速度。

反应速度是指运动员对来自对手的各种刺激发生反应的快慢，是选择性的反应过程。由于运动员对不同类型信号的反应时是不同的，训练中往往根据不同项目的特点测定运动员对特定信号的反应时。拳击运动员的反应速度在于根据对手的动作做出快速的、及时的反应。依据拳击运动员技战术特点，反应速度可以分为进攻反应速度、防守反应速度和防守反击反应速度。

动作速度是指完成单个进攻或防守动作的时间长短。拳击运动员动作速度又分为进攻速度、防守速度和防守反击速度。动作速度是拳击专项技术动作不可缺少的要素，表现为击打速度、蹬伸速度、躲闪速度等，此外还包含在单位时间里连续完成若干个技术动作的次数，例如多次连续格挡、躲闪或组合拳等。

移动速度是指运动员步法快速变化能力或单位时间内运动员步法移动距离及变化的次数。以单位时间内机体移动的距离为评定指标。移动速度是拳击运动员有效控制比赛节奏、双方距离、躲避进攻以及寻觅战机的武器之一，当然不是在任何时候都只强调移动速度，关键在于移动的合理性、有效性，两者结合起来才是真正的利器。

三、耐力素质的概念和分类

耐力素质是指有机体坚持长时间运动的能力。依据人体的生理系统，耐力素质可分为肌肉耐力和心血管耐力两个类型。

肌肉耐力也称为力量耐力。肌肉耐力是指运动员肌肉系统在一定的内部与外部负荷的情况下，能坚持较长时间或重复较多次数的能力。肌肉耐力和最大力量水平有直接关联，最大力量水平越高，力量耐力水平也越高。根据不同身体发力区域，可以分为下肢耐力、核心区耐力、上肢耐力及全身耐力，具体可表现为下肢连续移动、蹬转的耐力，核心区持续保持稳定、旋转发力的耐力，上肢持续抱架、出拳的耐力以及全身协调配合、保持高效运动的耐力。

心血管耐力又分为有氧耐力和无氧耐力。有氧耐力是指机体在氧气供应比较充足的情况下，能坚持长时间工作的能力。有氧耐力训练的目的在于提高运动员机体吸收、输送和利用氧气的能力，促进有机体的新陈代谢。无氧耐力是指机体以无氧代谢为主要供能形式，坚持较长时间工作的能力。无氧耐力又分为磷酸原供能无氧耐力和糖酵解供能无氧耐力。在无氧代谢供能的肌肉活动中，CP 分解供能，不产生乳酸，叫磷酸原代谢供能，机体处在这种状态下，坚持较长时间工作的能力，称为磷酸原代谢供能的无氧耐力。在无氧代谢的肌肉活动中，糖酵解供能，产生乳酸。机体处在这种状态下，坚持长时间工作的能力，称为糖酵解代谢供能的无氧耐力。有氧耐力是无氧耐力的基础，有氧耐力基础越好，水平越高，无氧耐力可发展的空间才会更大。

四、柔韧素质的概念和分类

柔韧素质是指人体关节在不同方向上的运动能力以及肌肉、韧带等软组织的伸展能力。

柔韧性依据不同的分类标准，可以分为若干种类别。从外部运动状态的表现来看，柔韧素质可分为动力性柔韧性和静力性柔韧性。动力性柔韧性是指肌肉、肌腱、韧带根据动力性技术动作需要，拉伸到解剖学允许的最大限度能力，随即利用强有力的弹性回缩力来完成所要完成的动作。所有爆发力前的拉伸均属于动力性柔韧性。静力性柔韧性是指肌肉、肌腱、韧带根据静力性技术动作的需要，拉伸到动作所需要的位置角度，控制其停留一定时间所表现出现的能力。

从完成柔韧性练习的表现上看，柔韧素质又分为主动柔韧性和被动柔韧性。主动柔韧性是人主动运动中表现出来的柔韧素质水平。被动柔韧性则是在一定外力协助下完成或在外力作用下（如教练员协助运动员做压腿练习）表现出来的柔韧水平。主动柔韧性不仅反映对抗肌的可伸展程度，而且也可反映主动肌的收缩力量。一般说主动柔韧性比被动柔韧性要差，这种差距越小，说明柔韧素质的发展水平越均衡。

五、灵敏素质的概念和分类

灵敏素质是指在各种突然变换的条件下，运动员能够迅速、准确、协调地改变身体运动的空间位置和运动方向，以适应变化着的外部环境的能力。

灵敏素质可分为程序性灵敏和随机性灵敏两种。程序性灵敏是指运动员已经练习过某技巧，或在已知压力的情况下，并且是在已经了解将要做的练习的基本模式与练习的基本顺序、结构下表现出来的灵敏素质。随机性灵敏是运动员完成练习之前不知道练习模式、不了解运动需要的情况下表现出来的灵敏素质。

六、协调素质的概念和分类

协调素质是指运动员机体不同系统、不同部位、不同器官协同配合完成技术动作的能力，协调能力是形成运动技术的重要基础。运动协调能力是综合的神经机能能力，其表现形式即是运动协调。人体运动协调能力由反应能力、空间定向能力、本体感知能力、节奏能力、平衡能力、与动作认知有关的认知能力等多种要素所构成。

在神经综合控制下，运动协调可以分为肌肉协调与动作协调。肌肉协调通过肌肉的配合来表现。一个动作，不论简单还是复杂，都存在着主动肌、辅助肌、拮抗肌的相互配合协作以及不同动作部位各肌肉间的配合协作。而动作协调则是指动作的不同阶段、不同环节相互配合和相互连结的状态。

依运动员协调能力与其运动专项关系的密切程度，可将其分为一般协调能力和专项协调能力。一般协调能力指运动员完成各种运动活动时所需要的普适性的协调能力，专项协调能力则指运动员完成专项运动时所需要的专门性的协调能力。

第二节 拳击运动员体能训练的意义

新规则引导着拳击运动重新回到激烈、凶悍、对抗的本质，拳击运动越来越突显身体对抗，强大的体能是赢得对手尊重、占据比赛优势、获得比赛胜利的先决条件，拳手必须多出拳、积极主动进攻，每回合全力以赴，最大限度地展示出自己强劲的对抗优势，同时保证在最后一刻体能充沛。敢打敢拼、勇往直前的前提是具备强对抗的能力，没有强大的体能支撑就无法和强手叫板。

系统的、周期的体能训练作为能力训练的重要组成部分，始终贯穿于全年训练之中，体能训练的基础性作用表现得尤为明显，体能素质训练是拳击运动员保持、提高竞技水平的根基，没有强大的体能作为支撑，技战术、心理的作用都无从谈起，体能训练已被公认为是竞技能力训练的重点内容。

一、体能训练是提高技战术能力和运动成绩的基础

根据技战术训练的实际需求，体能训练可以弥补、充实技战术的欠缺，发挥、改

善、提升技战术的作用。体能训练是为技战术训练服务的，也是提高竞技能力的重要手段。高水平的体能为技战术的提升奠定了基础，预留了发展高水平技战术的空间，先进的、复杂的技战术依赖于体能的辅助与支持，对拳击运动员而言，激烈的、凶悍的对抗对体能的要求是极高的，拳击运动员的体能水平是持续高强度对抗的基础，体能好的运动员击打力量更大、移动速度更快、持久对抗更强，只有在保持体能优势的前提下，才可能将高超的技战术水平发挥出来。

二、体能训练是承受大负荷训练与高强度比赛的基础

体能训练可以对运动员机体施加运动负荷，激活机体各器官系统，改善运动能力，提高运动水平。适宜的负荷刺激，能够促进体能水平提高，不适的负荷刺激，则会导致体能水平下降。当机体产生运动适应后，进一步增加负荷量度，打破运动能力的瓶颈，从而达到更高竞技能力平台。竞技能力的螺旋式上升有赖于体能训练的支持。拳击比赛对抗激烈，双方处于高强度、高密度的对抗状态，攻防转换速度快、身体对抗频繁，拳手要占据比赛优势、获取比赛胜利必然要付出极大的体能。比赛越到后期，机体越易疲劳，被对手占优或逆转的可能性就越大，拳击比赛不到最后一刻，始终存在着变数，而要想在比赛后期保持优势或者翻盘，没有强大的体能是危险的。拳手承受大负荷训练、高强度比赛必然要求运动员具备强大的体能水平。只有打下良好的体能基础，才能从容应对残酷的比赛。

三、体能训练是保持良好心理状态与稳定发挥的基础

拳击比赛的对抗越来越激烈，双方比拼的不仅是技战术、体能等能力，对拳手的心理也提出了很高的要求。首先，同场格斗、直接对抗就要求拳手具备强大的心理素质，应对比赛本身带来的巨大心理压力。其次，面对重要大赛，尤其随着比赛的深入，拳手的心理压力也将成倍增加。面对残酷的竞争，拳手的心理素质要过硬，体能训练是艰苦的，没有良好的意志品质，没有挑战自我的决心毅力，就无法适应长期的、反复的、高强的负荷刺激，挑战机体极限的训练对克服心理障碍，锻造顽强、不屈、自信的意志品质有着不可低估的重要作用，体能水平越高的运动员，对技战术的发挥越有自信，拳台上比赛双方对峙，首先比拼的是心理，哪怕心理上有一点弱势，在比赛中就会被无限放大。

有体能则游刃有余，无体能则畏手畏脚，技战术再好没有发挥的时间、空间，无形中限制了自身的技战术风格和特点，在心理上已然形成了落差，体能一旦下降，心理防线首先瓦解，技术动作变形、战术执行无效，比赛优势自然倾向对手一方，最终导致比赛失利。

四、体能训练有利于预防伤病，延长运动寿命

体能水平越高的运动员，形态、机能、素质保持的越好，衰退的速度越慢，相应的竞技状态保持时间也会越长，运动寿命才会长久。长期的、系统的专项化训练对运动员的机体造成不同程度的消耗，而且容易伴有运动损伤的产生。随着年龄的增长，技战术的发挥越发稳定且成熟，但对体能的要求却更高。反之，运动员体能水平维持的越好，运动水平衰退的速度越慢，相应的运动损伤风险也会降低，从而保证了训练的连续性、系统性，这对于运动员保持竞技状态、延长运动生涯具有重要的意义。

第三节　拳击运动员体能训练的理论与原则

一、训练适应理论与原则

所谓“训练适应”是指运动员机体在长期训练负荷和外界环境（自然环境和比赛训练环境）刺激的作用下人体各器官和系统所产生的机能改善。这种机能改善能满足激烈比赛所需要的体能能力，并按照刺激—反应—适应—再刺激—再反应—达到新的适应的规律变化。

训练适应的形成主要经历以下五个阶段。

第一阶段：对运动员机体施加刺激阶段。这种刺激包括训练、比赛和生活（饮食、作息制度、时差、气候等）中所受到的各种刺激。

第二阶段：对刺激产生直接的应答性反应阶段。该阶段是不适应所引起的暂时性反应阶段。

第三阶段：对刺激产生局部或整体的适应阶段（短期适应）。此阶段为开始形成适应阶段。

第四阶段：器官和系统在结构与机能上改造完成阶段。即长期适应形成阶段。

第五阶段：训练适应的消退阶段。训练安排不合理，或长期使用相同的训练负荷，则产生适应的某些机能会出现消退和下降。

二、训练量与训练强度统一的理论与原则

训练量和训练强度是训练负荷的两个基本因素，“量”和“强度”是对立统一的，相对而言，增加训练强度时，降低训练量；增大训练量时，降低训练强度。强度是训练、比赛负荷的核心。训练实践表明，运动员在不同训练阶段，根据训练目标和训练

周期安排，既要承受大运动负荷量的刺激，也要承受大强度的负荷强度刺激，二者共同影响运动员竞技的表现和能力，缺一不可。

运动训练中既不能片面强调延长训练时间来追求大负荷量，也不能一味重视上强度追求负荷刺激，两者是辩证存在的，要从实战出发，一切以项目特点和规律为核心，负荷量和强度的搭配组合是动态的，及时修正、调整训练负荷以满足运动员负荷要求才是正确的训练路径。

三、以速度训练为核心的理论与原则

拳击的体能是综合的、复杂的，但始终不能脱离以速度为核心的训练理论与原则，速度是拳击的灵魂，是制胜的前提和基础。“快”始终是拳击运动员追求的目标，反应快、启动快、移动快、动作快、攻防转换快。唯快不破，拳手以快制约、压制对手，就要具备快速的反应速度、启动速度、移动速度、动作速度以及攻防转换速度。第一时间判断对手的下一步的动作意图，并做出自己合理的应对策略；短时间内迅速启动、移动或做出动作，将神经肌肉控制能力调配到最佳；根据场上对抗形势，在进攻、防守之间迅速切换，无论是主动进攻、被动防守还是防守反击，打时间差是拳手必须掌握的要义。显然，拳击运动员的速度是多种速度能力融为一体的，综合表现为速度能力。速度训练作为拳手体能训练的核心，需要通过多种的、交叉的运动素质综合影响，以提高速度水平。

四、力量训练是基础和保证的理论与原则

力量是体能的基础，是人体完成动作的动力。力量是拳手对抗的基石，运动员技战术、速度、耐力的提高都需要力量的支持，比赛中击打、移动、躲闪、搂抱等技术动作的完成都离不开力量的参与。新规则下拳击运动员的击打力量是衡量拳击有效拳的重要指标，击打力度、透度、硬度是判定拳手击打效果的重要标准，强而有力的出拳是压制对手、占据主动的有效进攻方式。在鼓励进攻、对抗的精神下，进攻积极主动、凶狠有杀伤力的拳手更容易占据比赛优势。判定比赛胜负的主要依据是有效拳，而相较于准确、清晰而言，击打力度是有效拳的首要条件，越有力度的拳越有击打效果。而准确度再高，出拳没有力度也很难得到裁判员的认同，一记集力度、透度、硬度于一体的重拳相较于柔、绵、软的轻拳对场上优势、比赛胜负的影响更为显著。力量水平已经成为现代拳击运动员竞技能力的重要衡量因素，专项力量训练应当予以重视，以适应当代拳击运动体能训练的发展方向。

五、与技战术训练相结合的理论与原则

体能训练最终是为技战术提升和发挥服务的。体能训练需要与拳击项目特点相结合，以专项技术、战术提高为目标。拳击技术动作结构相对稳定，但是不同比赛环境、不同对手特点、不同拳法组合等都对拳手的技术产生影响，可以说只有相对的技术要求，没有绝对的技术标准，体能训练要和技战术训练相结合，就要综合考虑拳击运动员的技术动作，从发力顺序、发力方向、发力模式上予以结合，做到体能训练全面化的同时，又要重点考虑专项化。当然，不同拳手有不同的技战术风格，体能训练要做到个性化、差异化。

对于运动新手和青少年运动员而言，技战术是训练的主要内容，体能作为辅助手段，循序渐进，稳步提升。对于高水平运动员来说，体能训练比重增大，训练重点放在提高技战术水平上。体能训练与技战术训练相结合是专项化训练的必然要求，在训练实践中要始终从实战出发，抓住项目本质，真正做好专项化。

第四节　拳击运动员体能训练方法和手段

一、力量训练方法和手段

最大力量训练常用的训练方法有最大强度训练法、次最大强度法和变换训练法。最大强度训练法对神经肌肉的刺激最深，对最大力量的提高最为明显；次最大强度法负荷强度一般在最大强度的70%~90%，这种练习方法对增加参与运动的肌纤维数量有很大作用，并且可以刺激中枢神经系统的参与；变换训练法的负荷强度、练习重点、次数与组数以及组间的间歇时间等因素都有变化。变换训练法可有效地减小心理负荷，使单调、乏味的力量训练变得不是很沉闷。

速度力量重量不能过大，间歇时间应该以保证运动员工作能力完全恢复为原则，且不宜过长，否则会使中枢神经的兴奋性明显下降，不利于训练和速度力量的提高。一般的速度力量训练的手段有：拉弹力带出拳、掷实心球出拳、负重滑步、哑铃空击、蹲跳出拳、抛杠铃片等。

力量耐力的特征是一种持续较长时间的力量能力和一种始终保持良好状态的对抗能力，主要发展拳击运动员的力量耐力素质，一般采用25%~40%的强度，多次数重复，甚至达到极限。结合专项技术练习法，如：哑铃空击、蹲跳出拳、拉橡皮带出拳、重击打沙包等。可以采取多人多项循环交替练习并结合比赛时间2分钟的练习方法。目的是发展运动员技术运用的动作耐力和持续出拳的能力。

拳击运动员力量素质训练的常用方法手段如表 6–1 所示。

表 6–1 拳击运动员力量素质训练常用方法和手段

力量素质类别	手段	负荷
最大力量	大强度法 极限次数法 金字塔训练法	>85%×1–3 >100%×1 80%×6+90%×3+100%×1
速度力量	杠铃高翻 实心球抛接 重复训练法	30%~80%×不等次数
力量耐力	循环训练法 模拟比赛训练法	3 分钟×3 组（回合）

二、速度训练方法和手段

（一）反应速度训练

反应过程是“视觉—中枢—动作”，是一种有机的整体。反应速度的练习目的是缩短该反应过程，应和拳击运动的特点相结合，练习的方法应接近实战。为了运动员能更好地提高反应速度，必须练习如何对对手暴露的目标做出快速的击打反应；如何对对手的攻击动作做出快速的防守反应；如何对在进攻中的对手所暴露的目标做出快速的击打反应。

1. 防守反应速度训练

拳击运动员的防守是建立在对方的动作迅速做出反应的基础上，防守是否成功在于拳击运动员的判断能力，判断对手准备进攻的性质，判断对手进攻的方向和将要击打的部位。训练运动员快速防守能力的最好方法是与对手的条件实战练习，这种练习分为单方条件实战练习和双方条件实战练习。单方条件实战练习是指参加练习的一方使用教练员指定的动作进行攻击，而另一方使用相应的防守动作进行攻防练习。双方条件实战练习是指参加练习的双方按教练员指定的多种进攻与防守的动作进行无次序攻守练习，在练习的开始，进攻练习的一方，要以比较慢的速度击打，以使防守的一方逐渐熟练动作，随着动作的熟练，进攻一方的动作也应逐渐加快。为了培养拳击运动员的综合防守反应能力，在训练中培养拳击运动员判断对方击打动作的性质、方位，同时培养利用相适应的组合防守动作。

2. 进攻反应速度训练

培养拳击运动员对暴露目标作出快速反应的最好方法是轻接触实战练习。在实战练习中可以使用多种变化的击打和防守，锻炼运动员在对方体位未来得及变化的情况下确定进攻的方法，予以快速而准确的击打。手靶练习也是比较理想的练习方法。通过手靶练习可以达到培养运动员快速反应的目的。对给出的手靶不做任何提示来引导运动员正确的击打反应，以提高运动员的攻击能力与反应能力。

3. 防守反击的反应速度训练

拳击运动员在防守的同时，必须及时地发现对方攻击时所暴露的空隙，及时产生相应的反击反应。条件实战及其他实战练习是培养运动员反击反应能力最为直接的方法，运动员必须将防守动作和反击动作的基础结合起来。迎击需要具备快速、准确的反应，但是，必须与防守动作在同一时间内完成。提高拳击运动员反击反应速度的辅助训练，可以采用手靶练习。教练员利用一只手靶进攻运动员，而另一只手靶用于反击的位置上。这样能提高拳击运动员发展综合防守和反击反应能力。

（二）动作速度的训练方法

拳击动作速度寓于具体的动作之中，每个动作速度包括起动、工作过程、复原三个部分。它构成了每个动作技术的具体要素，因此它和动作技术的完善程度紧密联系在一起。另外，动作速度还直接受到力量、灵敏等其他身体素质的发展水平的制约。所以，动作速度的练习与其他素质的发展也密切相关。拳击运动员提高动作速度的练习方法如下：

1. 完善技术动作

动作速度的提高很大程度上取决于拳击的基本技术动作，因为拳击每个动作的起动速度、工作距离及复原等都和运动速度的快慢有着很大关系。加强基本技术训练，应着重训练动作的用力方法，动作的基本姿势，合理动作的线路，培养动作的反弹复原习惯等。此外，在技术练习中，协调性也会得到相应的提高。使协同肌协同发力，对抗肌的阻力减少，从而有利于动作速度的提高。

2. 加强力量练习

力量是速度的基础，拳击运动的力量要求是爆发力，所以用于发展爆发力的力量练习均可被采用。常用的练习方法有：负重阻抗练习，如杠铃、壶铃、哑铃等器械练习；对抗性练习，如双人对顶、推，橡皮带等练习；克服自身体重的练习，如引体向上、倒立推起、俯卧撑、仰卧起坐等；电刺激，用电刺激发展力量素质，将电极置于肌肉的起止端，电流的强度以人体能不感到痛苦为宜。经过电刺激后，肌肉的体积没有明显增大，而力量提高脂肪减少，这种练习方法正被用于高水平拳击运动员的训练。

3. 利用后效作用

利用负重变化而获得的后效作用来提高动作速度。如利用加重的手套或手持小哑铃练习后，再进行徒手出拳，可获得减轻重量后效作用。这是由于在负重后神经中枢剩余的兴奋在随后的动作过程中仍然保持着运动指令，从而可以提高动作的发力，提高动作起动时的起动力量，达到提高动作速度的目的。

4. 大强度的连续动作练习

如用规定次数连续左右直拳的连击练习，或连续的勾拳练习等。

（三）移动速度的训练方法

移动是拳击运动的基础，在整场比赛中我们可以看到最多的动作是身体的移动而不是出拳。不论是在进攻还是防守过程中，移动的快慢是进攻或防守成功的先决条件。移动的快就能得到制胜的先机，因此，发展拳击运动员的移动速度至关重要。

拳击的移动速度是属于非周期性移动速度，表现为多向性的特点，要求运动员具有向左、右、前、后、侧多方向进行快速移动和急停的能力，经常采用的练习方法有以下两种。

1. 力量练习

拳击步伐移动过程中的启动和急停，要求运动员具有良好的腿部力量及踝关节的力量。常用的练习方法有负重半蹲、各种单双足跳、负重提踵、30～60 米加速跑等形式。在进行腿部力量练习时不要使用深蹲性的力量练习，因为在拳击的移动过程中大小腿的角度极少低于 150°的情况。

2. 高频率的移动练习

高频率的移动练习的方法有：规定次数的计时练习，规定距离的划步练习，十字移动跑，教练员引导下的移动练习等。

拳击运动员速度素质训练的常用手段如表 6–2 所示。

表 6–2 拳击运动员速度素质训练常用手段

速度素质类别	手段
反应速度	移动打靶、随机打靶、防守反击练习
动作速度	哑铃空击、米字跳、快速击打沙包

续表

速度素质类别	手段
位移速度	多方向快速移动、10~30m加速跑、折返跑

三、耐力训练方法和手段

根据拳击比赛的时间特点及项目技术特点的要求，拳击运动员要以有氧耐力练习为基础，更要重视无氧耐力的发展（表6-3）。

在练习强度、持续时间、间歇时间与方式、重复次数等因素的组合与变化上，常用的耐力练习方法主要有以下几种：持续练习法、重复练习法、间歇练习法、变换练习法、比赛游戏练习法、循环练习法、高原训练法等。

表6-3 拳击运动员耐力素质训练常用训练手段

速度素质类别	手段
有氧耐力	3000m跑、5000m跑、越野跑、12分钟跑、长距离游泳、自行车等
无氧耐力	100m跑、200m跑、400m跑、800m跑、短距离游泳、自行车等

四、柔韧训练方法和手段

拳击运动的步法千变万化，主要是由踝关节柔韧性决定。柔韧性训练是拳击运动员身体素质训练所必需的，但也容易被忽略，在训练中应根据拳击专项特点进行正确的训练，才能达到预期的目的。柔韧性训练应贯穿青少年儿童时期训练的全过程，并坚持不间断练习，穿插在训练课的准备部分和整理部分。

但拳击运动员不需要柔韧性的过分发展，可利用相应的力量训练来使其得到平稳发展。注意在柔韧性练习中应以主动练习为主。

柔韧性练习的主要手段有各个关节静力性和动力性牵拉练习，如各种摆动练习、弹性练习、振臂练习和屈体练习等。如果采用各种负重练习，如通过哑铃、实心球、杠铃等，可以加大动作幅度，利用惯性来提高练习的效果。

五、灵敏训练方法和手段

拳击进攻、躲闪等动作对上肢和腰部的灵活性要求较高，通常采用手靶练习进行训练；而拳击移动的基本步伐对腿部的灵活性有较高的要求，可通过跳绳提高腿部灵活性。

由于灵敏素质是人体综合能力的表现，发展灵敏素质必须从全面发展身体素质的综合能力入手，重点培养掌握动作的能力、反应能力、平衡能力等。

（一）一般性灵敏素质主要练习方法和手段

①固定转换体位的练习。如各种穿梭跑、8 字跑和折返跑等，这些练习主要发展人体的基本灵敏能力。

②在跑、跳中做迅速改变方向的各种跑、躲闪、突然起动以及各种快速急停和迅速转身等练习。

③突然发出各种指令信号，练习者接收信号后，迅速做出应急反应，这种方法主要是提高人体应用灵敏的能力。

④器械、体操、武术中的一些复杂动作练习，以及速度、动作、力量、高度、方位等经常变化的不对称练习和各种拳击活动。

⑤做复杂多变的综合练习。如用“之字跑”“躲闪跑”“穿梭跑”和“立卧撑”四项组成的综合性练习。

⑥专门练习。如立卧撑跳转 180°连续进行、上步纵跳、左右弧线助跑、单腿起跳、旋转 360°连续进行等。

⑦变速和变向练习。在跑、跳过程中快速、协调、准确地完成各种动作，如变向、变速、急停、急起、转体等。

⑧其他方式的练习。按各种信号做出应答反应的游戏和各种变向的追逐游戏，专门设计的各种复杂多变的练习，如“躲闪跑”“穿梭跑”等。

（二）专项性灵敏素质主要训练方法

①1 分钟连续躲闪防守；

②1 分钟换腿跳出拳；

③1 分钟三步滑步触杆；

④米字跳；

⑤3 分钟移动跳绳；

⑥3 分钟自由手靶随机性步法训练；

⑦绳梯专项步法模拟训练。

六、协调训练方法和手段

拳击运动员素质协调训练常用的训练方法和手段：

①不习惯动作之各种身体练习；

②反向完成动作；

③改变已习惯动作速度与节奏；
④以游戏方式完成复杂动作；
⑤要求创造性改变完成动作方式；
⑥采用不习惯组合动作，使已掌握动作更加复杂化练习；
⑦改变动作空间范围；
⑧利用各器械或自然环境做各种较复杂练习；
⑨适时用信号或有条件刺激以使运动员做改变动作之各种练习。

第七章

拳击项目技术体系

王德新　邓爱民　杨晓强

第一节　拳击技术的概念及意义

拳击技术是指极其多样化的基本功、进攻、防守和反击动作的综合技术，借助身体及潜在的能力，完成攻、防及攻防转换动作的合理方法。

拳击技术由一系列技术动作组成。首先，动作技术的构成必须遵循人体运动规律、符合人体生物力学的原理与方法，不同的技术动作，其动作结构、轨迹、完成方法不同；其次，动作技术的完成必须以取胜为目的，也就是我们经常讲的要准确有力击打到对手而不被对手击打到的最高境界。

技术的合理、有效是相对的，随着教学和训练手段的不断创新、竞赛规则的变化及运动员身体能力的提高，不同风格的运动员会有新技术的创新，部分旧技术被淘汰。拳击技术最终是要在比赛实战中来实施的，在其实施过程中，它的思维、方法、要领及运动员对技术动作实施的能力，能够全面反映运动员对拳击运动技术的认知程度和理解深度。拳击技术是拳击运动的核心，是制胜的关键。

第二节　拳击技术体系

拳击技术是运动员竞技能力水平的重要决定因素，是由相互联系、相互制约的各个有机组成部分构成的完整系统。各个基本技术体系有机地相互紧密联系与作用构成了一个完整的拳击运动技术体系，各个基本技术之间相互组合又将形成新的拳击技术动作。拳击技术就其本质来讲，其目的和作用就是为了攻击对手而不被对方攻击，或是为了化解对方的进攻并对其进行反击。运动员为了取得比赛的胜利，围绕这一目的对技术进行选择、运用，选手根据自身条件的不同选择不同的技术，并对技术进行各自不同的变形，由此产生了不同的技术风格。因此，根据现代拳击运动的特点、发展规律及相互之间的关系，结合构成理论，就其功能来说，可归纳分类如图 7-1 所示。

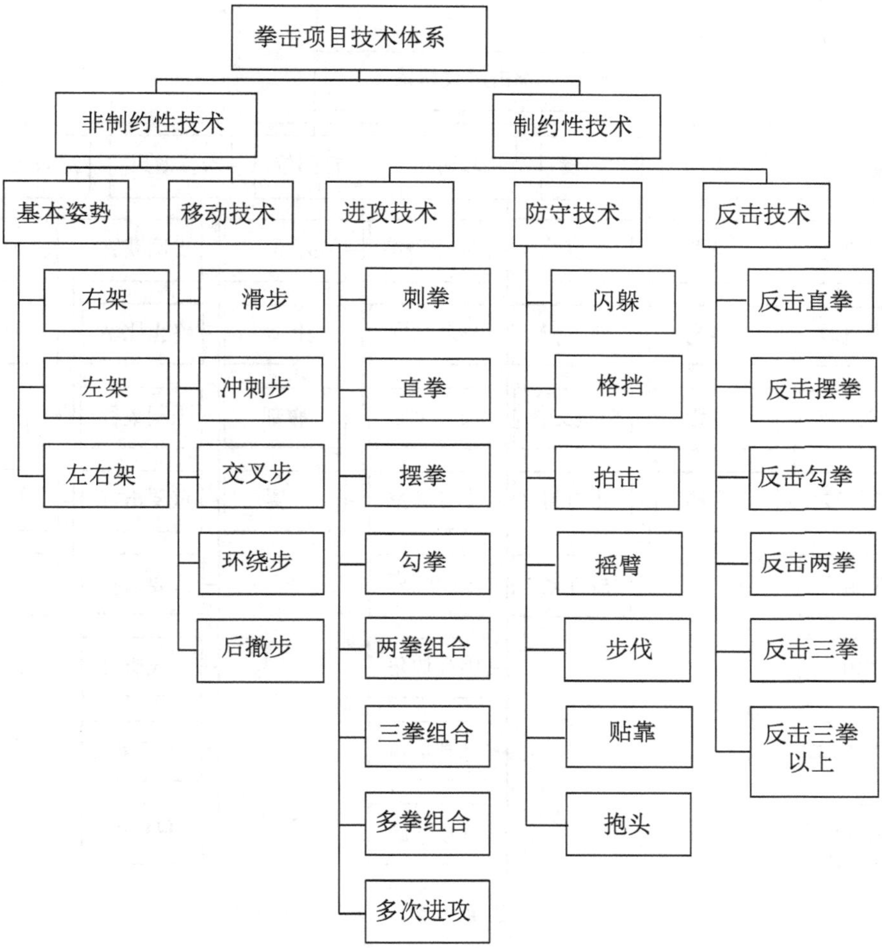

图 7-1　拳击技术体系

拳击技术动作是拳击技术的载体。拳击技术从广义上可以分为制约性技术和非制约性技术两大类。制约性技术包括进攻技术、防守技术和反击技术；非制约性技术主要是指运动员的基本姿势和基本移动技术两部分。非制约性技术是制约性技术运用成功的保障基础，清晰有力地击中对手获得多于对手的有效拳，赢得比赛的胜利是制约性技术和非制约性技术共同合作的结果。

一、拳击进攻体系

拳击进攻体系主要包括进攻技术、进攻距离、进攻节奏、进攻时机、进攻击打部位、击打效果和进攻时在拳击台上所处的位置 7 个方面。要想比赛中战胜对手取得最终的胜利，进攻技术的运用与发挥是取胜的基础，在什么距离发起进攻、以什么样的进攻节奏与对手抗衡及周旋、最佳进攻时机的把握等都是进攻取胜的关键因素。图7-2是现代拳击进攻体系框架图。

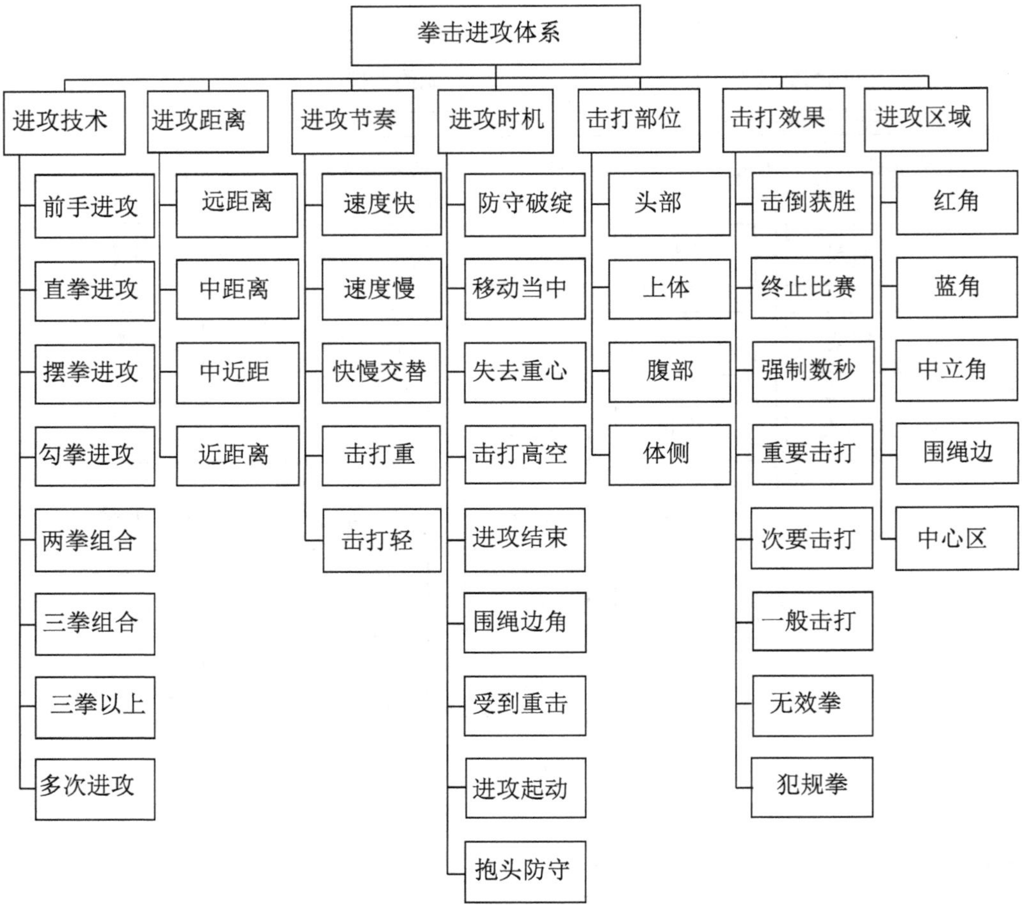

图 7-2　拳击进攻体系

二、拳击防守体系

拳击比赛的目的就是要设法出拳击中对手，并避开对手的进攻与击打，是控制与反控制的过程，优秀的拳击运动员不仅具有较强的进攻能力，而且还必须具备严谨的防守能力。防守体系主要包括：防守技术、防守距离、防守节奏、防守时机、防守部位、防守效果和防守区域 7 个方面，图 7-3 是现代拳击防守体系框架图。

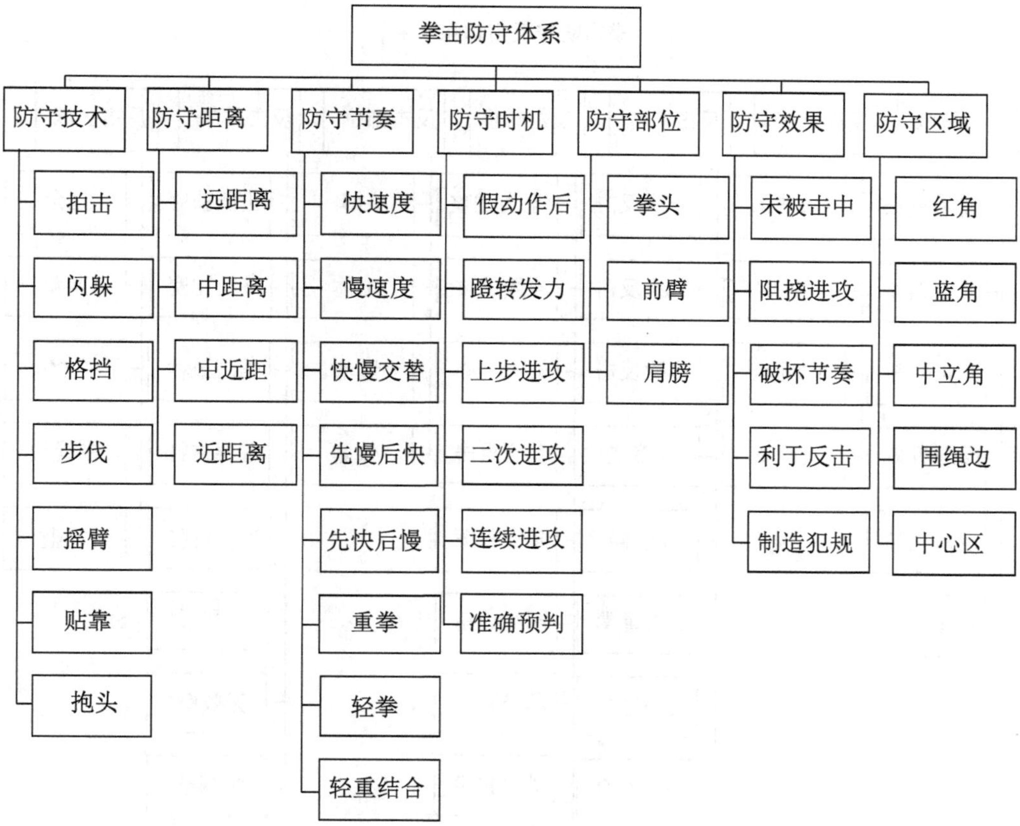

图 7-3　拳击防守体系框架

三、拳击反击体系

反击的成功与否，不仅是运动员能否准确、合理地运用反击技术的结果，而是在比赛中运动员反击的时机、反击距离、反击节奏以及反击后所达到的效果等诸多因素相互作用下实现的统一，这些诸多因素就构成了如图 7-4 所示的拳击防守反击体系框架图。

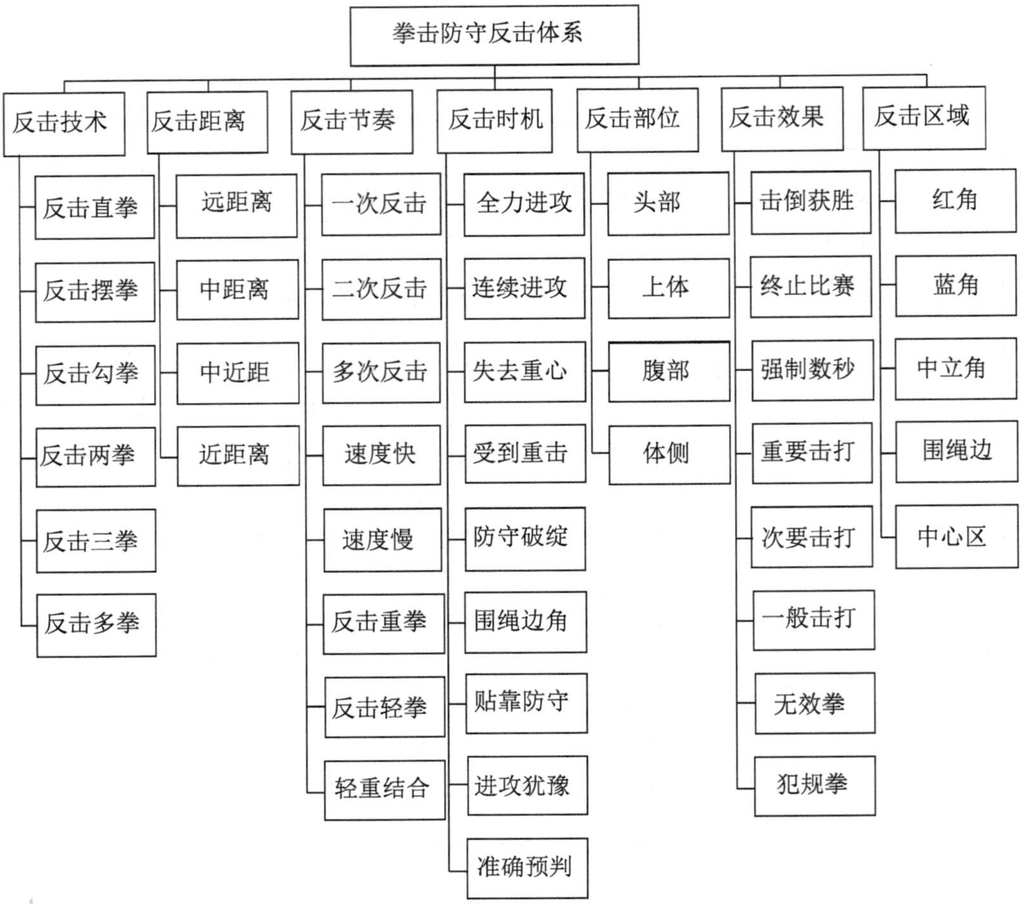

图 7-4　拳击防守反击体系框架

四、拳击技术要素及特征

拳击运动是被体坛公认的难度最大的竞技项目，拳击技术的运用效果受到耐力、力量、爆发力、速度、灵活性、柔韧性、忍耐力、意志品德、手眼配合能力和准确评估能力十种素质指标的制约，同时诸要素及其之间的相互配合，方能最大限度地挖掘潜力，达到事半功倍的效果。拳击的视觉、拳距、拳路、拳速、力度、轻拳、重拳、重心、节奏、准确性和时机共同构成了拳击技术要素，要素的各个组成部分又是现代拳击技术的实质内容。这些要素有的表现出运动学特征，有的表现出动力学特征，而有的则表现出综合特征。

（一）视觉

拳击的视觉一般来讲是指拳击运动员观察对手的感觉，同时也包含运动员的视野范围大小，从生理角度讲物体越小，距离越远，视角越小，预判后的反应时远远低于瞬时的反应时间。

良好的拳击视觉能保障优秀拳击运动员的技战术水平的发挥，主要特征表现为4个方面：①在交手回合中能迅速察觉到对手动作技术的合理与否，主要得点技术与破绽，做到心中有数，为以下回合的技战术安排与实施做好充分的准备；②通过良好的视觉可以判断及预测对手的战术意图，迅速做出相应的反应而后实施行动；③通过视觉的观察可以清晰击中对手，又能帮助自己巧妙闪躲对手的进攻；④通过视觉的观察可以判断出对手体能释放情况，进而做出积极而强有力的进攻击垮对手。

（二）拳距

拳击的拳距是指一方运动员发起进攻到拳峰部位击打到对手的距离。分为远距离、中距离、中近距离和近距离四种。拳距是由双方运动员的攻防距离决定的，如何能够在快速移动对抗中把握距离，就是我们在拳击运动中经常谈到的距离感。

笔者针对拳击的拳距相关问题专门访谈了具有“距离天赋”的原国家队教练魏飚，他认为现代拳击的拳距特征主要表现为：距离感的好坏往往是导致比赛胜负的关键因素，距离是防守反击战术运用成功的保证。在一场比赛中，如果双方距离过近，运用防守反击技术不及时，往往会被对方的进攻所压制；如果距离过远，运用防守反击技术，达不到反击效果，还会给对手留下充足的防守反击机会。运用控制距离产生的时机来破坏对手的进攻，抑制对手的紧逼，转被动为主动，是控制距离的真正目的。

（三）拳路

拳击的拳路是指击打过程中拳头运行的轨迹，不同的拳法有着各自的运行轨迹。

笔者针对拳击运动员的击打路线的相关问题专门咨询了国家拳击教练组，他们认为拳路的主要特征表现为：拳法包括直拳、摆拳和勾拳。直拳是直线性进攻拳法，其中前手直拳是其他拳法的技术基础，后手直拳是击打力量最大、最主要的有效拳法，具有击打速度快、隐蔽性强、行程短和最直接的特征。摆拳是呈现由外向里击打的曲线攻拳法，具有侧面进攻击打和避让对手直线进攻后的反击特征，摆拳和直拳、勾拳有机结合形成多拳组合技术后，攻击能力会显著增加。勾拳是由下向上击打的另外一种曲线形拳法，具有动作幅度小、速度快、内线进攻隐蔽性强的特征。

（四）拳速

拳击的拳速是指拳的运行速度，拳速的快慢直接影响着运动员比赛的胜负，是拳击项目制胜的关键因素。拳速快的运动员能够在同等情况下赢得先机，大大提高了比赛的胜算概率。

专家认为，现代拳击拳速的特征归纳为：①单拳进攻速度快，爆发性强；②组合拳更连贯；③持续快速进攻能力强。

（五）重心

拳击的重心是指拳击运动员身体重量的焦点部位。在拳击运动过程中身体重心在任何情况都先要保持在两脚的支撑点内，并随着步子移动而保持平衡。良好的拳击重心是运动员快速移动、闪躲、连续进攻技术运用的前提保障，在高强度的对抗过程中一旦重心失去就容易被对手击中甚至击倒，从而失去比赛的机会。

（六）轻拳

轻拳是指击打力度较小的拳，分为单击轻拳和连续轻拳两种。轻拳多指前手刺拳，主要目的一是试探对手在此基础上寻找战机，二是为了后手拳和组合拳的进攻做好铺垫。著名拳王默罕默德·阿里的前手刺拳的进攻最具有代表性，其像雨点般的前手刺拳不仅干扰了对手的进攻意识，而且为他强有力的后手直拳进攻开辟了道路。

（七）重拳

重拳与轻拳的概念正好相反，是指拳击运动员打出的具有威力的拳，在比赛中多指具有击倒对手或足以给对手数“8”秒的拳等程度的拳。

专家认为，现代重拳的主要表现为：①给对手心理上造成巨大的障碍，不敢靠近对手或不敢轻易进攻，失去反击和防守能力，从而失去比赛的主动权；②在极短的时间内依靠重拳击倒对手或多次数秒终止比赛赢得胜利。

（八）时机

拳击的时机是指拳击运动员进攻、防守和反击时的最佳机会。在瞬息万变的比赛中，双方运动员都会有不同程度的漏洞相互暴露，就看谁能在高对抗中把握住时机，达到事倍功半的效果，从而赢得比赛。

笔者就拳击运动员的时机相关问题在备战2008年奥运会期间专门访谈了张小平的教练朝鲁，张小平作为我国拳击项目的一匹黑马在北京奥运会81kg级比赛中脱颖而出，与对手斗智斗勇最终获得冠军，这与他对进攻和反击时机的准确把握是分不开的。朝鲁认为时机的把握能力直接反映出拳击运动员竞技能力水平的高低，对进攻或反击时机的把控有十种条件：①对方防守上有破绽时；②对方情绪松懈时；③对方身体失去平衡时；④对方身体正在移动时；⑤对方出拳击空时；⑥对方出拳收回时；⑦对方移动到边绳或台角时；⑧对方一阵猛攻刚结束时；⑨对方受到重击时；⑩交手前后停滞时。

（九）力度

拳击的力度是直接击打到对手有效部位的能量释放程度。专家认为：击打力量的大小是运动员专项素质能力的重要表现形式之一，与速度同等重要，是拳击制胜的重要因素。拳击的力度特征表现为爆发式、具有很强的穿透力和杀伤力，只有具有一定力量的击打，才符合有效拳的标准。

（十）节奏

拳击的节奏是指拳击比赛攻防过程中的强弱、快慢、轻重缓急、有规律性和无规律性的综合表现。比赛节奏控制的成功与否是直接影响比赛胜负的关键因素。专家认为，拳击节奏的特征主要表现为：把握自己攻防节奏，有效控制对手，常常表现出慢可快打、轻可重打、短可远打的特征。

（十一）准确性

拳击的准确性包括击打目标的准确，把握时机的准确，真假动作的预判和比赛时间判断的准确等情况。拳击的准确性具有快而准、准而重的特点，充分显示了拳击不仅是体能、技能的较量，而且是综合能力水平的对抗过程，准确性是拳击的核心制胜因素。

第八章

拳击项目战术体系

王德新　哈达巴特尔　苏宴峰

第一节　拳击战术的概念及意义

战术是运动员（队）在比赛中为表现高超的竞技水平或战胜对手而采取的计谋或行动。拳击战术是拳击运动员在比赛过程中以取胜为目的，赛前或赛中针对对手打法特征而制订的克敌利己的参赛计谋和合理及时地运用各种技术的原则和方法，是运动员竞技能力整体水平的重要构成部分。拳击比赛的获胜者能够依据战术指导思想，在战术意识和战术行动的支配下，以拳击技术为基础和比赛手段，在比赛过程中保障了技能、体能、智能和心理素质得到充分有策略的发挥与提高来战胜对手。

拳击运动是以准确击打到对手有效部位获得点数或击倒对手为目的，绝大多数是按得点多少来判定胜负的竞技对抗性项目。从运动训练学的角度而言，拳击运动属技能类同场个人对抗性项目，运动员的比赛成绩与运动素质不如体能类项目关系密切，其主要原因是这类项目的技战术复杂多变以及在比赛中的灵活应用，人们很难根据运动素质对运动员的比赛成绩进行预测，而拳击运动员比赛的胜负结果取决于双方的技术、战术、心理、身体素质等因素，这四者是紧密联系相互渗透的，现代拳击比赛日益紧张激烈，双方在技术、身体素质和心理素质相当，在势均力敌的情况下，能否正确运用战术消耗对手实力，提高技术击打有效性往往是决定比赛胜负的关键，同时战术运用水平的高低是拳击运动员综合能力的表现，反过来又会促进运动员的心理素质、技术和战术水平的进一步提高。从项群理论的角度而言，拳击运动的项群属性决定了拳击战术在竞赛中的重要地位。

现代拳击运动竞争越来越激烈，对手之间的实力差距逐渐缩小，导致战术的形式和运用不断创新，体现出简单化、技艺化、实用化和智谋化趋势。

全面的拳击技术是现代拳击运动战术实施的基础与保障，而技术的提高则依赖于战术的合理和巧妙。拳击战术是推动拳击运动发展的动力之一，研究现代拳击运动战术特征，树立现代拳击战术观，把握住现代拳击运动的特征及制胜规律，对拳击训练比赛的战略指导思想起着至关重要的作用。

第二节　拳击战术设计原则

随着拳击运动的快速发展，比赛中拳击运动员的技术水平和专项能力日趋接近，比赛场上竞争激烈，胜负差距微乎其微，单凭运动员的技术能力战胜对手获胜的比赛逐渐减少，反而在比赛中谁能合理运用有效的战术，更好地把技术水平充分发挥出来，谁获胜的概率就更大，说明战术对取得比赛的胜利起着至关重要的作用。

一、灵活多变原则

两强相遇智者胜。拳击比赛是运动员的技能、体能、心理和智慧综合的较量过程，它既需要灵活的头脑，又要有精湛的拳法；既要考虑到比赛胜负趋势，又要考虑到不同目的、形势和打法风格的运动员的技战术变化。一旦固定的战术或习惯动作被对手抓到规律，就会使自己陷入被动挨打的局面。拳击比赛场上战局变化之快，要求赛前战术内容设计上必须丰富，保障临场比赛运动员随时根据实时变化选择一套最具有针对性的战术方案，最大限度地体现出战术形式之间的衔接关系和赛前设计战术计划的多样性、合理性和灵活性的原则。

二、战术创新原则

魔高一尺，道高一丈。现代拳击运动发展到今天已有百年历史，技术发展的同时伴随着战术理论与实践的进步，技术是战术的实施基础，战术是靠技术的发挥来完成的。历届奥运会拳击比赛的关键场次的胜负结果和平局时的打破，无不与出乎意料的战术实施直接相关，令对手一时束手无策，等其反应过来时比赛已结束。充分体现了赛前战术设计的周密性和大胆创新意识，层出不穷的战术设计是拳击运动技术发展的动力，完全符合当今拳击技战术发展的需要。

三、战术熟练原则

熟能生巧，得心应手等成语都是我国古代人民从生活实践中总结出的关于量变与质变辩证关系的经典。借鉴到拳击战术设计和比赛运用上，可以引申这样的一个道理：关键时刻必须使用拿手的技术也就是我们平常所说的撒手锏。不难想象如果一场比赛到了最关键的时刻，运动员瞬间的战术指导思想或反应一定是使用自己最熟练、最顺手、能得点且胜算概率高的战术，因为只有自己熟练掌握的、具有战术训练基础的和适合自己特点的战术，才能达到有效的使用目的。拳击比赛中技术水平与战术水平是密切相关的，战术水平取决于技术水平，因此，在设计比赛战术时一定要把熟练的技术组合在一起，形成一定优势组合，才能更好地发挥出自己最好的技战术水平。

四、“知己知彼”原则

《孙子·谋攻》：“知己知彼，百战不殆”是军事家制订作战计划的先决条件，要想战胜敌人，就必须彻底认识自己军队的实力，详细掌握敌人的现实情况，才能做到百战百胜。

遵循“知己知彼”的原则是拳击战术设计的基本原则。主要是分析自身队员的情况和研究对手详细信息及相关的问题。第一，在充分了解自身的优、劣势所在的基础上，才能量体裁衣为自己打造针对对手打法特征的战术计划，达到“制人而不制于人”之目的；第二，认真、全面研究分析通过各种渠道获得对手最广泛的信息，剖析对手的长处和短处，制订的战术才会具有针对性和实用性。一旦各个方面力量得到运筹帷幄，对比分析、论证后，战术设计的框架就完成了，就能在比赛中达到克敌制胜的目的。

第三节　拳击战术的内容

现代拳击战术是根据不同的对手和不同的比赛阶段适时制订的，是把赢得比赛的整场、每回合、回合间休息等情况下所应达到的方案和要求综合起来，再以具体的程序实施战术方案的过程。现代拳击战术由战术指导思想、战术意识、战术观念、战术知识、战术行动和战术形式六个要素构成。

一、战术指导思想

拳击战术指导思想是指在综合评价自我与对手打法特征及比赛环境等主客观因素后提出的战术运用的准则。简单地说是头脑中占有压倒优势的想法，并指导运动员按照此想法进行比赛。拳击指导思想是拳击战术活动的核心内容。拳击指导思想的合理与否，直接影响运动员在比赛中技战术水平的发挥，合理的战术指导思想能帮助运动员获得清晰的比赛思路，实施有效的技战术行动，为赢得比赛提供战略战术的指导。

针对每次比赛中遇到的各种不同打法类型运动员要及时总结经验教训，把现象上升到理论高度加以认识，从而更好地指导比赛，弥补自己的不足之处，对拳击战略战术的发展有着极为重要的意义。

二、战术意识

拳击战术意识是运动员在拳击比赛中对战术运用规律性的认识，是达到战术目的而决定战术行为的思维活动过程，是运动员技术和战术水平的综合体现。拳击战术意识是比赛的灵魂。拳击战术意识在实践中包含两层含义：一是在拳击比赛中运动员正确运用战术方法的意识，意识支配行动，行动反映意识，意识具有定向、抉择、反馈、支配等作用；二是在拳击训练中有意带着战术意识进行模拟针对性训练，可以培养提高运动员的战术思维能力和增加战术运用经验的积累。因此，拳击战术意识是在平时训练和比赛中逐渐积累与丰富起来的，不仅支配技术和战术的正确运用，而且也直接影响战术行动的效果。所以说具有良好拳击战术意识的运动员不仅能在比赛中自觉地、能动地指导自己根据双方运动员的具体情况和按战术意图进行对抗，而且能在复杂的竞赛环境中，及时、准确地观察与判断对手的表现，随机应变，化弊为利，捕捉战机。战术意识越强，实现战术目的的可能性就越大。

三、战术观念

拳击战术观念是指拳击教练员和运动员对战术的概念、战术的运用效果、战术的内容、战术意识的奥妙及战术实施过程中的保障条件等进行认知和思考后产生的理解。拳击战术观念的形成直接与教练员、运动员及科研人员对拳击项目特征及制胜规律的认知程度、参赛经验、战术知识、思维方式及对拳击酷爱程度等有密切关联。优秀的拳击教练员、运动员的战术观念对其客观、准确分析对手技战术特征，合理制订与实施战术计划和战术内容等一切战术活动有着重要的导向意义。拳击战术观念是战术活动的主观因素，观念的先进与落后直接影响着一切战术活动的成功与否。

四、战术知识

从广义上讲，拳击战术知识是指在拳击训练、比赛中，教练员和运动员可获得经验积累的总和。从狭义上讲，是关于拳击战术概念、组成部分、分类、实施效果、运用原则、竞赛规则以及影响战术的因素等相关的理论知识和在比赛中战术运用知识的总和，有实践性知识和理论性知识两种。

拳击战术知识是掌握和运用具体战术的基础。教练员、运动员制订的战术方案是否合理，运用得是否灵活、机智和有效，往往取决于他们掌握战术知识的广度和深度。

五、战术行动

拳击战术行动是指在竞赛规则允许情况下，为达到预定战术目的而采用的进攻技术、防守技术和反击技术的组合，是实现拳击战术的外显方式。

六、战术形式

拳击战术形式是指在拳击比赛中为了完成战术意图而由具有相对稳定的形态和结构的各种动作组成的具体方法。围绕拳击比赛可以制订很多的战术形式，如拳击战术中的紧逼战术、佯攻战术、抢点战术等。

第四节　现代拳击战术体系

根据拳击竞赛的特征，比赛当中运动员的战术运用水平和方法与不同的对手和比赛的不同阶段格局密切相关。应对同一对手不同时间段的比赛战术所涉及领域及形式也不尽相同，呈现出多种表现形式。但基本的战术形式，也有其稳定性和固定的内容。拳击战术依据攻防性质可分为进攻战术、防守战术、反击战术和相持战术（图 8-1）。

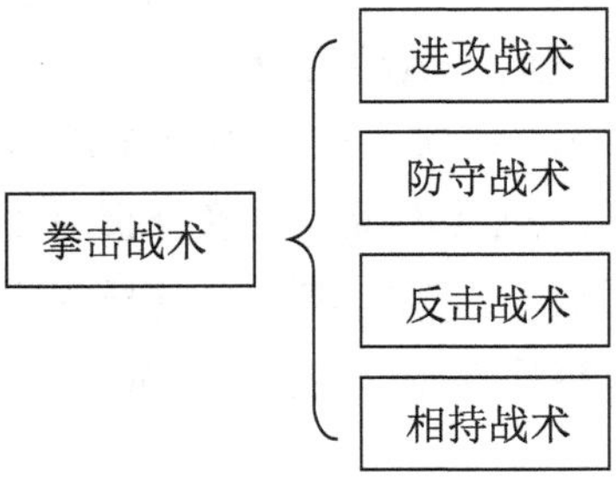

图 8-1　拳击战术体系

一、现代拳击进攻战术组成及运用特征

拳击进攻战术是拳击战术体系之一。进攻战术建立在进攻技术的基础之上，其目的是在拳击比赛过程中千方百计利用自己进攻技术的特长突破对手的防守，击打到对手，斗智斗勇，以便在攻防对抗中占据主动地位，获得更多的有效拳赢得比赛的胜利，而组织进攻的意图和策略自然就构成了进攻战术的主题。它由假动作战术、紧逼战术、强攻战术、边角战术、直攻战术、打吊结合战术和先防后攻战术等组成（图 8-2）。

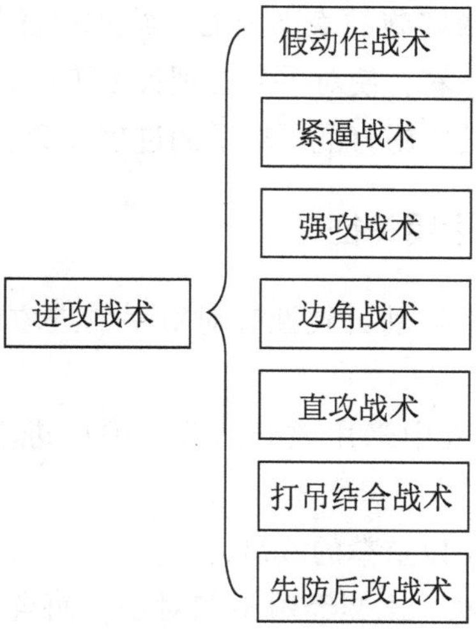

图 8-2　拳击进攻战术体系

（一）假动作战术概念及运用特征

拳击假动作战术是指运动员在比赛过程中，借用各种动作假象，来掩盖自己真实动作的意图，迷惑对手，造成对手视觉和思维上的判断错误，以便获得更多的时间、空间位置的优势，从而达到以假乱真的目的。假动作作为战术内容几乎贯穿在所有进攻、防守和反击技术当中，是拳击进攻战术中一个重要的组成部分。其主要特征有以下三个方面。

①拳击比赛中假动作战术运用频率之高是其他相关战术不能比拟的，因为，假动作战术参与了几乎所有的拳击技术动作及战术配合；

②拳击比赛中假动作战术的运用针对性强，因人而异，因场上变化而变化；

③拳击比赛中真假难辨，动作假中有真，真中有假，一切假象的最终目的起到了遮掩真实动作实施的意图。

（二）紧逼战术概念及运用特征

拳击紧逼战术是指运动员在比赛过程中，充分利用步子移动、身体闪躲技术或连续的组合拳进攻，来最大限度地发挥自己进攻速度快、击打力量大和动作连贯的优势，迫使对手处于被动防守状态之中，对其造成心理上的压力，从而实现更剧烈的进攻，最终达到摧垮对手的目的。紧逼战术包括运用进攻拳法的紧逼和步子移动形式上的紧逼两种情况。其主要特征有以下三点。

①拳击比赛中紧逼战术的运用效果突出表现为强劲的攻击性。在步子移动、身体各种姿势闪躲逼近对手的情况下，运用快速、连贯、猛烈的进攻拳法攻击对手，往往使对手只有防守而失去了反击的能力，达到控制对手占据主动的目的；

②从拳击比赛中紧逼战术实施的表面上看，给对手的进攻和防守制造了巨大的压力，从紧逼战术实施的内部来看，使对手的心理失去了信心，具有很强的压迫性；

③拳击比赛中紧逼战术的实施打乱了对手的进攻节奏、意图，具有很强的破坏性。

（三）强攻战术概念及运用特征

强攻战术是指拳击比赛中运动员硬性针对对手的进攻或防守发起的进攻战术。其主要特征有以下四点。

①拳击强攻战术运用过程中采用放弃防守、硬性进攻的原则，有放长线钓大鱼之意；

②进攻强劲有力，给对手以重拳的威慑力；

③以我长克敌短，在技术、比赛经验不如对手，而自己的力量、速度素质优于对手时采用强攻战术行之有效；

④过硬的心理素质是强攻战术实施的基础。

（四）边角战术概念及运用特征

拳击边角战术是指比赛过程中利用灵活的移动技术首先把对手围攻到拳台围绳边或拳击台四个角落的位置，然后再实施有针对性的进攻战术。其主要特征有以下两点。

①进攻区域明确，以拳台围绳边、四个角落作为进攻对手的最佳位置；

②在拳台围绳边、四个角落时进攻节奏加快、进攻次数明显增多。

（五）直攻战术概念及运用特征

拳击直攻战术是指运动员在未使用假动作技术的情况下，直接采用的进攻战术。其主要特征有以下两点。

①确定自己的技术和专项素质远远优越于对手时，毫无顾忌地直接进攻对手；

②在抓住对手防守动作的破绽时，大胆地直接进攻。

（六）打吊结合战术概念及运用特征

拳击打吊结合战术是近几年我国拳击竞技运动发展过程中的产物，是指当运动员在准确把握进攻机会时发起进攻，在对手准备反击前迅速摆脱，打法积极主动，是智慧型战术。其主要特征有以下两点。

①快进快退，不给对手相持进攻的机会；

②主动灵活，能够很好地把握进攻时机，较好地控制对手的进攻节奏和距离。

（七）先攻后防战术概念及运用特征

先攻后防战术也称打攻防战术。在比赛中针对保守型打法的运动员采用先入为主的打法，待对手欲反击或欲夺取战果时，则转而进入全面防守，拖延时间、保留已得优势。其主要特征有以下两点。

①果断进攻以先得点为目的，先下手为强，一旦点数领先快速转入扼制对方强攻的状态，把优势维持到比赛结束；

②以比赛取胜为目的，不追求比赛技战术发挥的完美性。

二、现代拳击防守战术组成及运用特征

防守战术是指在拳击比赛中为了更有效地阻挠、防御和防守对手进攻而组织实施的战术。拳击进攻战术和防守战术是一对既对立又统一的矛盾，一种新的进攻战术的出现，必然引起大家的高度重视，在研究其本质的同时，相应的技术和防守战术也迎刃而解，道高一尺，魔高一丈，矛盾的激化程度与平缓直接导致了防守战术的发展与创新，拳击防守战术是拳击战术体系的重要组成部分，常用的战术有抱头防守战术、贴靠防守战术、距离防守战术、消极防守战术和先防后攻战术等（图 8-3）。

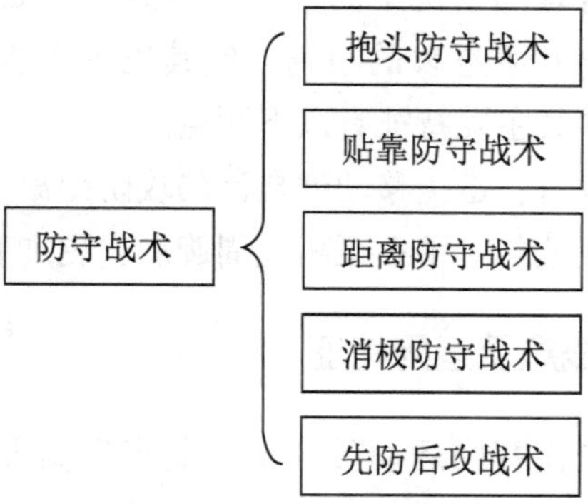

图 8-3 拳击防守战术体系

（一）抱头防守战术概念及运用特征

抱头防守技术是拳击运动员两臂高抬至头的前上方，利用臂型和略微收缩的躯干形成的框架，起到拳击防守的技术。顾名思义，拳击抱头防守战术就是指运动员在比赛中利用抱头防守技术达到不被进攻击中的目的，是新兴的防守战术体系中的成员之一。其主要特征包括有以下两点。

①防守意识强，头部深深埋在两手臂之间，不给对手暴露空当；

②守株待兔、以逸待劳。利用闪躲、手臂的格挡进行防守对手的进攻，择时打出反击拳，以防守为主，该类运动员的比赛场景很沉闷。

（二）贴靠防守战术概念及运用特征

贴靠防守战术是指拳击比赛中运动员利用身体主动贴靠对手，达到破坏对手进攻距离、节奏、妨碍技术动作的使用和拖延比赛时间目的的防守战术。贴靠战术是智慧型运动员比赛中拖延时间，在于阻碍对手正常技战术发挥，多为进攻打法型运动员使用，进攻后马上贴靠，不给对手反击机会，是很好利用规则的一种战术，其主要特征有以下两点。

①进攻后主动用上体贴靠对手，手臂在不接触的情况下环抱住对手手臂，不给反击距离，动作幅度不太大，介于犯规与不犯规动作之间，充分利用规则；

②在被动防守时主动贴靠对手，从中获得调整和破坏对手进攻节奏的目的。

（三）距离防守战术概念及运用特征

距离防守战术是指拳击运动员利用步子的移动始终保持与对手一定的距离，用来防守对手突然起动进攻的战术，该类战术往往被步子移动灵活、距离感好的远距离打法型运动员采用，在战术合理的情况下防守效果明显，一是起到防守功效的同时，扼制了对手的进攻；二是不给对手进攻的距离，使其失去进攻取胜的信心的战术，是防守体系中重要的战术之一。其主要特征有以下两点。

①你进我退。对手进攻时，迅速移动到自己的攻防距离，避免与对手交手；

②能退能进。通过反复地与对手在距离上周旋后，更加利于反击机会的把握。

（四）消极防守战术概念及运用特征

消极防守战术是指拳击比赛中运动员为了摆脱突发情况、拖延比赛时间或失去比赛取胜信心后，故意表现出来的不进攻、不抵抗的情况，来达到让裁判员告诫或警告目的的战术，该战术的运用局限性很大，但灵活运用时同样会有很好的战术效果。其主要特征有以下三点。

①醉翁之意不在酒。针对不利自己的情况发生，及时利用规则来保护自己，反应意识强，头脑灵活；

②好汉不吃眼前亏。一旦出现实力悬殊或受伤情况，为避免不必要的打击，这是在特定情况下的选择；

③择机使用，发生频率低。

（五）先防后攻战术概念及运用特征

先防后攻战术也称打防攻，是典型的欲擒故纵的战术打法，在比赛中避开对手强劲的进攻，先诱敌深入，待对手体力、技术、步法等都相应进入消退期时，突然发起反击的战术。其主要特征有以下两点。

①形式上表现出积极应战的态势，实质上是以防守为目的，敌退我追，不给对手喘息机会；

②借用步子移动、身体的各种闪躲以及轻拳的不断佯攻，待对手体能消耗过多时迅速发起反击，是以智慧取胜的典型战术安排。

三、现代拳击反击战术组成及运用特征

拳击反击战术是指在拳击比赛中凭借反击速度快、准、意识强的特点来反击对手的进攻，打乱其进攻节奏而组织实施的战术。这是后发制人的一种战术形式，在对手先行动后，避其锋芒，再恰如其分地予以反击，以不变应万变为基础，起到事半功倍的效果。反击战术实施过程中以主动进攻为主，给对手以假象，来掩盖反击的战术意图。常用拳击反击战术有反击单拳击头战术、反击单拳击腹战术、反击组合拳击头战术、反击组合拳击腹战术、反击组合拳击头击腹战术和直接反击战术等形式（图 8-4）。

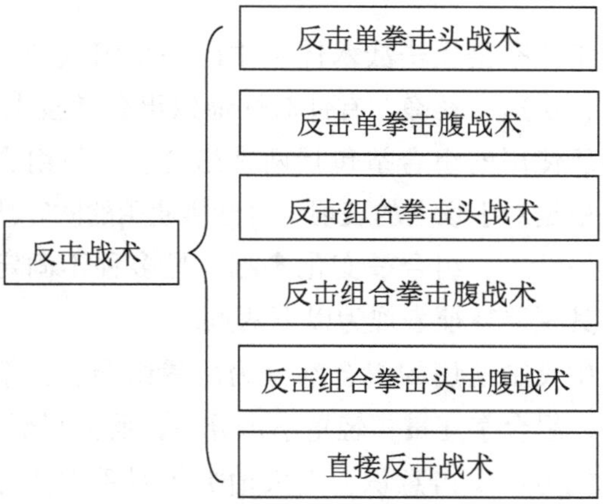

图 8-4　拳击反击战术体系

（一）反击单拳击头战术概念及运用特征

反击单拳击头战术是拳击反击战术体系中的一个组成部分，是指在比赛中运动员首先防守好对手的进攻，然后在此基础上快速、准确、有针对性地以单拳技术反击对手头部的战术。反击拳法是根据对手进攻情况和自己使用的防守技术有针对性地选择任意单拳，如反击前手直拳、反击后手摆拳等，在运用该战术打法时，头部是反击目标。其主要特征表现为以下两点。

①以直拳、摆拳和勾拳为主要反击单拳，反击速度快、力量大，反击目标明确；

②具有较强的预判能力，防守技术与反击拳法高度协调，动作连贯，成功率高。

（二）反击单拳击腹战术概念及运用特征

反击单拳击腹战术是拳击反击战术体系中的一个组成部分，是指在比赛中运动员首先在做好防守的基础上，快速、准确、有针对性地以单拳技术反击对手腹部的战术。反击拳法是根据对手进攻情况和自己使用的防守技术有针对性地选择任意单拳，如反击前手直拳、反击后手摆拳等，在运用该战术打法时，腹部是反击目标。其主要特征表现为以下两点。

①反击单拳击腹战术运用过程中根据对手进攻情况而随时选择反击拳（直拳、摆拳和勾拳），腹部是反击击打目标，包括反击直拳击腹战术、反击摆拳击腹战术和反击勾拳击腹战术等形式；

②具有较强的预判能力，防守技术与反击拳法高度协调，动作连贯，反击速度快，力量大，击打准确。

（三）反击组合拳击头战术概念及运用特征

反击组合拳击头战术是拳击反击战术体系中的一个组成部分，是指在比赛中运动员在做好防守的基础上，快速、准确、有针对性地以组合拳技术反击对手头部的战术。反击组合拳击头战术中所使用的组合拳包括两拳组合、三拳组合及三拳以上组合拳技术，反击拳法的选择是根据对手场上的表现和自己所使用的防守技术有关。如反击1-2-3H、2-3-1H（Head：头）等，组合拳变化多端，是多种不固定的单拳组合形式，头部是固定的反击目标。其主要特征表现为以下两点。

①在战术运用过程中反击运用的组合拳分为两拳组合、三拳组合和三拳以上多拳组合形式。反击速度快、组合拳连贯、轻重拳击分明，反击腹部准确；

②具有较强的预判能力和反击意识，大大增加了对手的防守难度，提升了自己的反击成功率。

（四）反击组合拳击腹战术概念及运用特征

反击组合拳击腹战术是拳击反击战术体系中的一个组成部分，是指在比赛中运动员首先在做好防守的基础上，快速、准确、有针对性地以组合拳技术反击对手腹部的战术。反击组合拳击腹战术中所使用的组合拳包括两拳组合、三拳组合及三拳以上组合拳技术，反击拳法的选择是根据对手场上的表现和自己所使用的防守技术有关。如反击2-3B、2-3-1B（Belly：腹部）等，组合拳变化多端，是根据运动员的技术特征组合起来的，分为两拳组合、三拳组合和三拳以上多拳组合形式，腹部是组合拳反击的目标。其主要特征表现为以下两点。

①在战术运用过程中反击速度快、组合拳连贯、轻重拳击分明，反击腹部准确；

②具有较强的预判能力和反击意识，大大增加了对手的防守难度，达到了提高反

击成功率的目的。

（五）反击组合拳击头、击腹战术概念及运用特征

反击组合拳击头、击腹战术是反击组合拳击头战术和反击组合拳击腹战术的综合运用，虽然增加了反击拳的难度，但是上下结合，更能达到有效反击的目的，分为先反击头部再反击腹部和先反击腹部再反击头部两种战术形式。其主要特征表现为以下两点。

①在战术运用过程中反击速度快、组合拳连贯，反击时身体起伏增大，在先反击击头时，击腹拳为主要有效拳，以重拳为主；同样情况，若先以组合拳反击击腹，那么反击击头为主要有效拳，击腹拳一般为轻拳；

②反击目的明确，有轻有重，节奏明快，反击得点成功率大。

（六）直接反击战术概念及运用特征

直接反击战术又称为迎击战术，是指运动员比赛中针对对手进攻的同时发起反击，得到阻止和破坏对手进攻节奏的战术打法。该类战术运用的运动员首先具备了过硬的意志品德，敢于使用技术，对自己的实力充满自信心，其次是具有超强的判断力和快速反应能力，在整个比赛过程中时刻把握战机，来达到控制对手，按自己的意识行事的目的。其主要特征表现为以下两点。

①能够果断、准确识破对手进攻意图，为直接反击提供了最佳时机；

②发觉对手进攻意图的瞬间做出直接反击的口令，以快速、准确地反击代替了防守。

四、现代拳击相持战术组成及运用特征

拳击相持战术是拳击战术体系中一个重要组成部分，是指为了在双方运动员对攻过程中阻止对手强大的进攻或故意牵制对手达到拖延时间的意图而运用的战术。包括进攻中的对攻相持战术和防守中的僵持战术两种。两强相遇勇者胜，在对攻相持阶段，最大限度地反映出运动员技能和心理意志品德对抗的能力；在防守僵持阶段，积极利用拳法、步子移动和佯攻战术，来达到拖延时间或寻找进攻时机的目的，是斗智斗勇的过程，是智者的较量（图 8-5）。

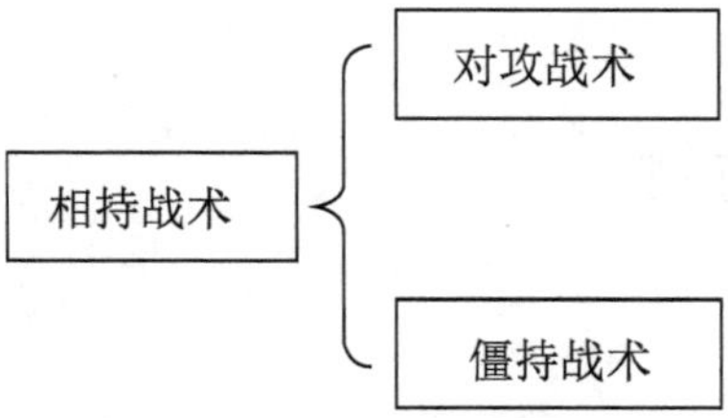

图 8-5　拳击相持战术体系

（一）对攻战术概念及运用特征

对攻战术是拳击相持战术中的一个重要战术之一。是指拳击比赛中，为了阻止对手进攻的延续，积极应战，针锋相对，达到从心理上战胜对手而采用的战术。对攻阶段的运动员以组合拳进攻为主，身体闪躲防守为辅的方式进行对抗，是运动员技术、体能、心理和智慧的较量施展过程。其运用特征主要表现为以下三点。

①对攻中表现出进攻凶猛、速度快、力量大、节奏快等技能特点；

②对攻中表现出顽强的斗志，气势压倒对手，具有良好的抗击打能力和体能；

③采用该战术运动员的技术一般、比赛经验相对较少，是典型的取长补短打法。

（二）僵持战术概念及运用特征

僵持战术是拳击相持战术中的一个重要战术之一。主要包括两个方面的内容：一是采用移动和身体晃动有目的不与对手交手，稳定自己的同时激怒对手，迫使其在冲动情况下盲目进攻，露出破绽；二是为了保存实力或战果，不主动与对手交手用来拖延比赛时间而采用的不对抗不进攻战术。从表面上来看双方运动员实力相当，都无法进攻对手，其实不然。其运用特征主要表现为以下两点。

①通过移动始终与对手保持非击打距离，虽然从表面形式上表现出很强的进攻欲望，移动积极、各种试探性的佯攻不断出现，其实不然，待对手发起进攻时，以退为防；

②以移动防守为主，偶尔的反击也是出于防守的需要，采用该战术的运动员技术全面，根据场上变化而变化，不给对手留下想象的空间。

第五节　拳击战术训练

拳击战术是拳击运动员在比赛过程中以取胜为目的，在赛前或赛中针对对手打法特征而制订的克敌利己的参赛计谋和合理地及时运用各种技术的原则和方法，是运动员竞技能力整体水平的重要组成部分。

战术的形成是科学训练的结果，是在拳击运动员身体、技术、心理等条件的基础上，通过实战形成的。

一、战术训练的方法

（一）虚拟现实训练法

利用电脑、摄像机等设备在比赛前将主要对手的比赛情况进行录像，然后进行技战术及有效拳的分析，模拟未来可能的比赛场景，提高运动员的预见能力和灵活应变能力。

（二）战术实例分析训练法

选择具有代表性、典型性的反映战术特点、应用战术的片段，组织运动员观看，分析、讲解各种战术应用情况，总结、归纳战术经验。结合整场比赛，从局部到全面进行实例分析，防止孤立、静止看问题。

（三）程序训练法

按照由易到难、由简到繁、从固定到变异的原则进行战术训练。训练程序：消极防守技术对练→积极防守技术对练→模拟比赛训练→实战训练。

（四）模拟训练法

根据不同对手情况模拟一种针对性的专门训练，用以提高运动员战术适应、运用能力。

（五）实战训练法

通过接近比赛要求的实战训练培养运动员战术能力。此法可让运动员对战术的理解更为直接、深刻。根据不同级别、类型的对手，教练员要从严、从难、从实战出发，安排有特定条件的比赛。

二、常用战术列举

（一）假动作

利用假动作声东击西是一名优秀拳手所必备的技术。假动作要求利用眼、手、身体和腿部的统一活动来误导对手，骗其做出反应，被迫暴露空当。逼真的假动作能让拳手判断出对手的意图。

假动作引出的空当是暂时性的。因此拳手要具备快速观察能力，或在假动作之前就有所预判。要做到这一点，必须在练习时观察不同对手对于假动作的反应。

拳击运动中要创造出对手空当。在假动作之前，拳手就能预判出对手暴露的空当，一旦对手暴露空当就立刻出拳，但一定要注意防范对手的反击。

当对阵双方实力相当时，能熟练运用假动作的一方往往会取得比赛的胜利。

假动作的构成要素有：速度、诱骗、精确性、上下结合和连续的变化组合拳。太过频繁地使用假动作也会被对手抓住其意图进而反击，最终达不到假动作的目的。

拳手要经常练习假动作，练习时要利用镜子检查动作是否有效。

1. 膝盖假动作

在缓慢前进的过程中，左腿快速屈膝。该动作会造成双臂、双手都在移动的假象。实际上双手放松，准备出拳。

2. 躯干假动作

身体快速前倾，幅度不要过大，同时前手向前移动，佯装出拳。

3. 手臂假动作

指上打下，快速做出击打下颌的前手直拳假动作，然后前手击打对方躯干部位。后手亦如此。

左右虚晃。后手做出击打动作，迫使对手往自己前手方向躲闪。此时前手摆拳迎击。

（二）诱敌

诱敌和假动作的目的类似，假动作使对手暴露空当，诱敌是指拳手主动暴露自己的空当引诱对方进攻，抓对方空当进行反击的过程。对于不主动出拳的对手可以采用诱敌战术，可以选择在进攻后留下空当，等待对手出拳的同时进行反击。

故意暴露目标的方法如下。

①为了诱使对方使用前手直拳击打下颚，可以降低我方后手位置，暴露下颚。反击时上步或撤步，双手都能反击。

②为了诱使对方使用前手直拳击腹，可以抬高我方后手位置。此时必须准备打出后手直拳或者左侧移动，避开对方来拳之后，再后手直拳反击。

③为了诱使对方使用后手直拳击腹，可以抬高我方前手位置。此时必须准备拍击和防守，后手立刻直拳击打下颚。

④为了诱使对方使用后手直拳击打下颚，可以降低我方前手位置。此时必须做好两侧移动的准备，之后双手都能反击。

（三）近战

近战，即近身肉搏战。靠近对方并与其保持一定的距离，该战术需要很好的技巧才能完成。

在靠近对方之前，必须使用躲闪、下蹲、起立、引诱等动作或假动作，如对手处于围绳边角时，正是近身的好机会。

1. 近战注意事宜

一旦贴近对方，即可由击打对手腹部，变换为击打对手下颚。

①引诱对方的前手直拳之后，双手高架防守并移至近身点；

②前额不得接触或倚靠对方身体；

③右脚滑行移动，使身体正对对方；

④快速而有爆发力地出拳击打对方躯干部位或变换为击打对手下颌；

⑤视线经过眉毛观察对手，若对手距离太近不便如此观察，可观察对手双脚位置，有经验的拳手能预判出对方近距离的反击。

2. 近战的对抗方法

双方近战时，要有充分的对抗准备。当对手前手击腹时，后手勾拳击打对方躯干部位，击打路线处于对方出拳路线内侧，对手降低手臂位置之前一直保持击腹。对方降低手的位置后立刻击打下颌。

3. 近战的防守方法

教练员在一开始就必须告诉运动员搂抱是一种犯规动作。虽然，在职业比赛中搂抱不算犯规，但在 AIBA 规则里搂抱是犯规的。

对于取得近身机会并且占据优势位置的对手，可以向右侧移动，并立刻予以长距离反击。

如果运动员被困于拳台的角落并且很难离开，那么应该寻找和对方相持近战的机会，通常短距离勾拳能破坏对手进攻。

4. 近战训练时的安全措施

需要陪练来进行近战。带上头盔以避免头部碰撞，同时教练员要严密监督训练。错误的近战动作会导致伤害的发生，这些错误动作包括倚靠、推搡、运用犯规动作等，注意不能养成错误的动作习惯。

第九章

拳击对抗能力体系

王德新　阿不都西库尔·米吉提

第一节　拳击对抗能力的提出

十分制评分规则出台之后，我国拳击运动员比赛成绩滑落是对新规则不适应的直接反映。以往我国拳手快速单拳得点、步法移动灵活、击打距离控制、打吊结合的特点被压制，原有的优势难以有效发挥，尤其在中近距离内，缺乏身体对抗、连续进攻、瞬间二次进攻的能力，仅依靠偷袭“抢点”的方式难以同一流拳手抗衡。2017 年 AIBA 又将女子拳击比赛回合时间延长到 3 分钟，比赛时间的延长意味着拳手要在更长的比赛时间中，保持更为持久的竞技状态，保持更为激烈的身体对抗，这就对拳手的对抗能力提出了更高要求。显然，在新评分规则条件下，进攻主动、凶狠、节奏快、拳杀伤力大的拳手在比赛中更“占便宜”。

对抗能力是拳击运动员高超竞技能力水平的集中体现。拳击竞赛规则不断演变的最终目的就是为了让能够充分利用拳台空间，积极主动发动进攻、力争占据比赛优势的拳手获得更多取胜比赛的机会。运动员要想表现出优势，必须在比赛中用拳头说话，多出拳、多出有效拳、最大限度地展示强劲的对抗优势，归根结底，对抗能力的强弱直接决定比赛的胜负。

教练员、运动员应紧紧把握当今拳击项目的制胜特点，与时俱进、不断修正训练思路、因人而异，制订更为周密的、实效、针对性强的训练计划，为我国拳击项目尽快适应新的评级体系，缩小与世界拳击发达国家的差距，全面提高拳手的对抗能力贡献力量。

第二节　拳击对抗能力体系的内容

依据现代拳击新评分规则变化对拳击项目制胜的影响，结合理论论证、比赛实践总结，本研究构建的拳击运动员对抗能力体系，其内容包括体力对抗、技能对抗、心理对抗、身体对抗、抗击打能力对抗和战术对抗六个主要部分。

一、体力对抗

拳击运动员的体力对抗可以分为基础体力和体力运用两个方面的对抗形式，其中基础体力是体力对抗的先决条件，体力运用是体力对抗的表现形式。基础体力对抗又包括供能能力和肌肉做功两种形式；体力释放包括主动释放和被动释放两种情况（图 9-1）。

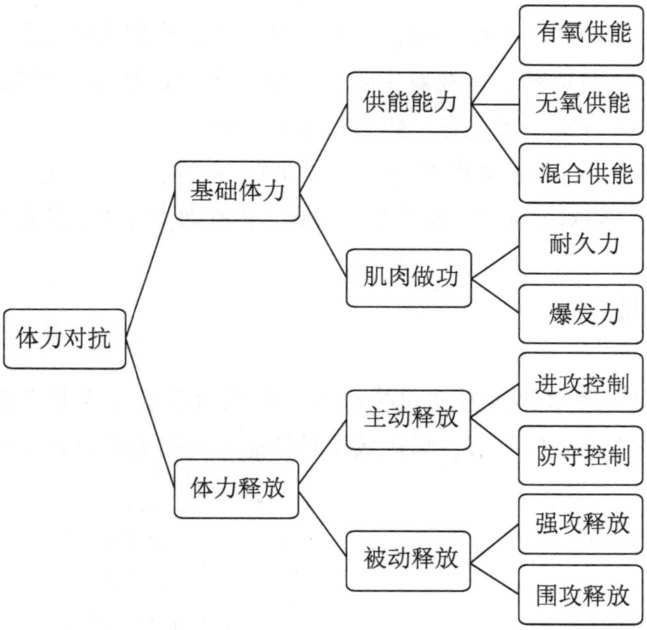

图 9-1　拳击体力对抗形式

拳击比赛中裁判暂停比赛、双方交叉搂抱、距离防守、低强度、频率较低的对抗及回合间歇等情况下，拳手的能量供应以有氧供能为主；在短时间内，高速的移动、有力的出拳、全力的防守以及激烈的对抗过程中，运动员供能形式主要以无氧供能为主；在持续的、连续的高强性对抗过程中，运动员肌肉持续工作，双方处于持续交手状态，有氧、无氧供能混合供能。从有氧、无氧糖酵解及磷酸原三种能量代谢系统单位时间输出功率上看，磷酸原系统在运动开始即刻就能给予肌肉最直接和高效的能量供给，其次是糖酵解系统，运动初期动员速度最慢、输出功率最小的是有氧系统。从能量输出功率的总量和供能持续时间上看，有氧系统的代谢产物存储量巨大，且不会产生有碍持续供能的代谢产物，因此，其供能持续时间最长。无氧糖酵解系统供能的同时会产生乳酸，在高强度运动下乳酸得不到及时清除，堆积造成机体酸性环境加剧（pH 值下降），从而影响糖酵解供能的总量和持续时间。高能磷酸化合物在机体内存储量较少，ATP 及 PCr 在高强度运动中仅能够维持 6~8 秒，供能时间最短。肌肉做功根据不同的做功效率可分为耐久力和爆发力做功两种形式，耐久力是肌肉持续工作能力，是拳手在交手单位时间内、回合内以及比赛中的肌肉持续工作能力，如拳手的连续出拳能力、持续移动能力或者连续躲闪能力；爆发力是拳手在单位时间内的力量释放能力以及可持续再生爆发力的能力，例如，拳手单拳、多拳的有力击打、二次及多次的反复能力、回合内多组的组合拳击打以及爆发式的快速起动、移动和各种防守。

体力的合理、有效运用是良好体力得以发挥的前提条件，在不同时间节点内，拳手要做到分配攻防体力，掌控体力消耗量度，以及在比赛主动、被动情况下灵活、适宜收放体力。体力释放是根据场上对抗态势分为主动释放和被动释放两种形式，其中主动释放是拳手在攻防两端积极主动，占据比赛优势，控制比赛节奏，掌控比赛走势，体力消耗是主动的；被动释放是被对手强力进攻、围攻所压制、控制比赛节奏，抢占比赛主导权，被迫防守或消极比赛，体力消耗是被动的。

在规则允许条件下，拳手要根据自身身体结构、条件，同对手正面对抗、搂抱夹臂，旋转对抗，运用身体给对方施压、扰乱对手节奏、消耗对方体力，从而占据有利态势。

二、技能对抗

技能对抗简称为技术和能力之和的对抗，表现为拳击技术和运用效果两个方面。其中技术对抗是技能对抗的核心，运用效果是技能对抗的表现形式（图 9–2）。

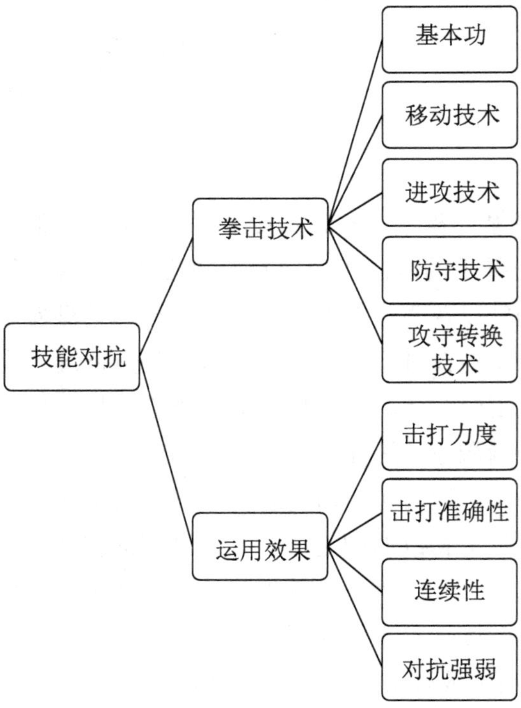

图 9–2　拳击技能对抗

拳击技术可分为基本功、移动技术、进攻技术、防守技术和攻守转换技术五种。基本功是拳击技术的基础，扎实的基本功是拳手不断改进、提高技术的保障，贯穿于拳击训练始终。移动技术是拳手控制距离、寻觅战机、攻防转换的有力保障，表现为和技术动作结合的起动、制动、变向等移动能力。

拳手的移动技能并不仅是移动距离长、移动速度快，更为关键的是移动的经济性、有效性，能为技术动作创造更好的时空条件。

进攻是运动员充分发挥拳击进攻技术，通过快速、有力对对手头部、躯干及躯干两侧有效部位的击打，迫使对手防守失败的技术。要想在比赛中战胜对手赢得最终的胜利，进攻技术的运用与发挥是取胜的基础，在什么距离发起进攻、以什么样的进攻节奏与对手抗衡及周旋、最佳进攻时机的把握等都是进攻取胜的关键因素。

防守指当对手进攻时，运动员以求抑制对方进攻或最大限度地防止被对手击打到所使用的技术。在拳击比赛中不能简单地把防守看成仅仅为了阻挡对方的攻击，防守的最终目的是更好地进攻，拳击的进攻和防守是密切配合进行的，二者的重要性是完全对等的，每一次进攻，都会有一个正确的防守动作来抵御这次攻击。正确地掌握和利用拳击的防守技术是十分重要和必要的。

攻防转换是拳手在瞬息万变的比赛环境下攻击、防守之间的快速衔接、转换能力，没有纯粹的进攻、防守，两者是紧密结合的，攻防转换的作用表现为进攻后快速回防对手反击，防守中伺机发现对手漏洞及时反击。攻防转换能力就是在攻击、防守之间达到尽可能的均衡，攻中带守、守中带防、攻守一体，没有攻防转化意识就陷入了攻防混乱的“泥潭”。

运用效果表现为击打力度、击打准确、连续性和对攻强弱四个方面。拳击的力度是直接击打到对手有效部位的能量释放程度。现代拳击竞赛规则明确规定了击打力度是有效拳中最重要的评价指标之一，突出强调了力量在拳击运动中的“力”度。击打力量的大小是运动员专项素质能力的重要表现形式之一，与速度同等重要，是拳击制胜的重要因素。拳击的力量特征表现为爆发式、具有很强的穿透力和杀伤力，没有力度的击打不会得到评判员的认可，同样也不会给对手进攻的威胁，只有具有一定力量的击打，才能算有效拳，符合优势判定胜负的标准。

准确性是指击打目标的准确，它是各种打法运用不同战术的前提，是成功率的最终体现，没有这一点作为保证，任何技战术都毫无价值可言，即任何技术、战术离开了准确，都毫无价值，拳击比赛中更加突出“准”这一因素。拳击比赛中，所有技战术使用的最终目的就是准确击打到对手，只有准确击打了对手才算成功运用了技战术，取得了制胜的先机。

连续的出拳能力可以更好地展现进攻的积极性、主动性，高密度、高频度的持续击打是抑制对手、占据优势的有效手段。

对攻是拳手间最为激烈的对抗形式，双方在最危险的距离内，无间歇、无缝隙的短时间、高强度直接对抗。高超的技战术和意志品质是决定对攻强弱的重要因素，没有技术支持就没有有效的攻击，难以击打到对手，反而容易被对手抓住机会反击、迎击，从而会出现优势向劣势转化的可能。

三、心理对抗

心理对抗可以分为顺境对抗和逆境对抗两种形式（图 9–3）。

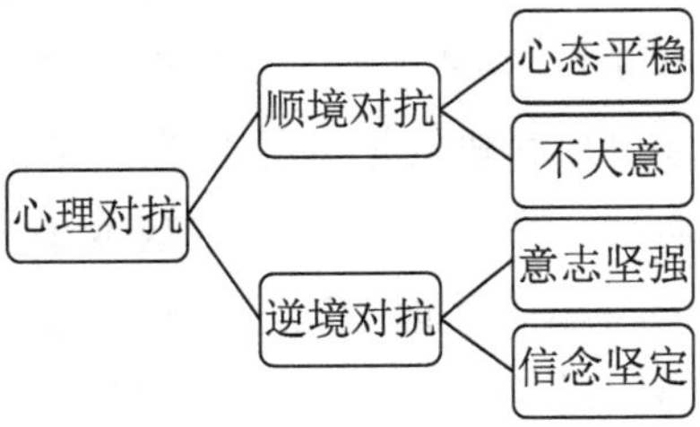

图 9–3　拳击心理对抗形式

当拳手占据优势控制比赛，处于顺境之时，仍然要保持心态平衡，切记不要大意，只要比赛还没有结束，任何情况都有可能发生，拳台上容不得掉以轻心，一拳就有可能改变比赛走势，甚至决定比赛胜负，顺境时戒骄戒躁、稳扎稳打是作为优秀拳手的基本能力；逆境时拳手在场面上被对手压制，局面被动，心理上的压力是巨大的，面对逆境，拳手必须保持不畏强手、敢打敢拼、坚韧不拔的意志，敢于和对手硬碰硬、勇于和对手叫板，用坚定的信念、不屈的精神、顽强地回击扳回劣势。优秀拳击运动员必然有一颗强大的内心，无论是顺境还是逆境，始终保持着一颗勇敢者的心，正所谓胜不骄、败不馁，表现出永不言败的强大气场。

四、身体对抗

身体对抗可分为正面对抗、搂抱夹臂和旋转对抗三种形式（图 9–4）。

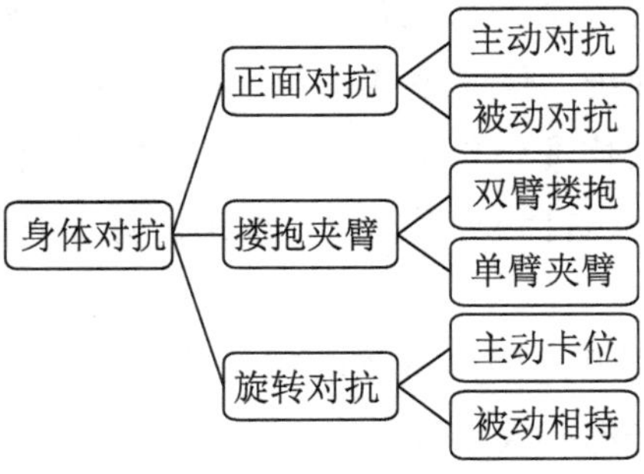

图 9–4　拳击身体对抗形式

身体正面对抗是拳手之间由于交叉进攻或身体错位产生的身体正面接触后的对抗，在台上裁判员未做出制止前，双方始终处于身体较劲的状态，积极主动一方采用上体挤压对手的情况被描述为主动对抗，被挤压或推压一方出现身体上的被动情况描述为被动对抗。主动身体对抗不仅可以破坏对手的身体重心后移，而且会造成对手大量体力的消耗，控制比赛局面的动机更明显、战胜对手赢得比赛的欲望更强；被动身体对抗表现为被动情况下为了保持身体的平衡而采用的对抗，处于劣势，局面被对手所控制。

搂抱夹臂是比赛双方在距离身体对抗时常采用的对抗形式，通过双臂搂抱、单臂夹臂达到打乱对手进攻节奏、消耗对手体能或制造进攻机会等战术目的。

旋转对抗是拳手通过步法移动伺机寻找进攻机会、调整比赛节奏的有效方法，对抗表现为主动卡位和被动相持两种形式，主动卡位是拳手试图通过积极、有效的身体转体移动，把对手控制在自己有利的攻击位置上，卡住对手的移动线路；被动相持是拳手间接对抗处于劣势时的一种表现，即被对手控制了移动线路，破坏了进攻距离，被迫跟着对手节奏、意图移动，攻防两端均处于被动局面。

五、抗击打能力对抗

拳击是防守的艺术，但百密一疏，无论防守技术有多好，被对手击中是难免的，抗击打能力是拳手对抗的原始资本，可以分为本能抗击打能力和防守抗击抗击打能力（图 9–5）。

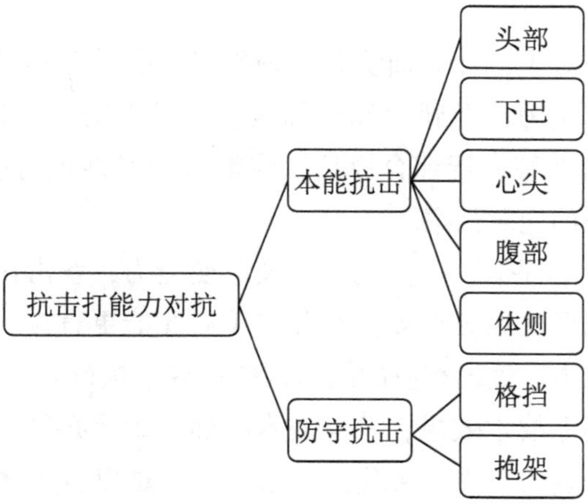

图 9–5　拳击抗击打力对抗形式

本能抗击打能力是身体在未防守的情况下直接承受对手击打的能力，因此，头部、下巴、心尖、腹部和体侧是承受击打的有效击打部位。虽然不同的运动员抗击打力存在一定的差异，但优秀的拳手都具备较强的抗击打能力，是最终获胜的保障。

防守抗击打力是在防守情况下承受对手击打的能力，一是借助格挡或基本抱架作为第一道防线将对手的击打进行化解，减少击打效果，二是当对手的击打具有很强的穿透力时，也会给防守运动员造成很大的冲量，达到隔山打虎的效果。一旦运动员在格挡或抱架防守的情况下，同样承受不了对手的有力击打，出现被击倒或数 8 秒，比赛的胜负优势就会显而易见，相反，通过防守、格挡对手的有效进攻进而打出有效的反击拳来，优势大小自然就会向防守反击一方运动员翻转。

六、战术对抗

战术对抗表现为综合性对抗，是建立在技术、身体、心理上的高级对抗，从比赛时间节点可分为赛前战术和赛中战术对抗两个层次（图 9-6）。

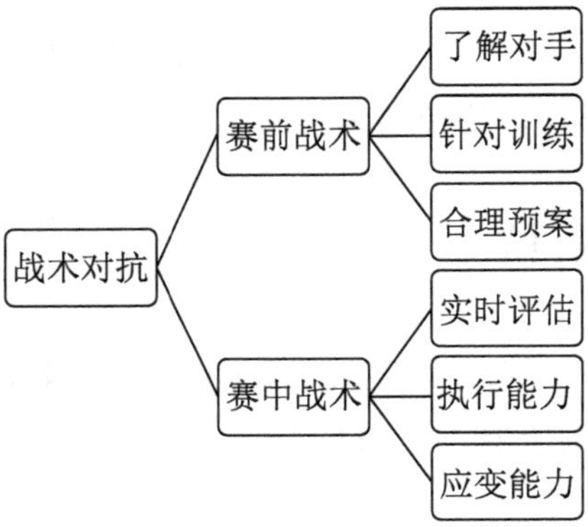

图 9-6　拳击战术对抗形式

赛前战术包括了解对手、针对训练和合理预案。拳手在赛前通过搜集对手比赛信息，综合了解对手整体实力，做到“知己知彼、百战不殆”，然后根据对手技战术特点、身体能力、心理状态等进行综合评估，注重有针对性进行模拟对手的实战对抗，最后设计合理的、正确的应对预案。

赛中战术可分为事实评估、执行能力以及应变能力，拳击比赛的复杂性在赛场上体现得尤为明显，赛场形式风云莫测，实际交手后才能更直接、更客观地评估对手即时的竞技状态、比赛能力，做出相应的战术调整；战术执行力是战术实施效果的保障，拳手没有执行力就谈不上战术效果，一旦战术明确，拳手必须对既定战术有高度的执行力，才能在比赛中表现的坚决、果敢，否则战术将难以贯彻执行；应变能力是赛中战术的高级形式，准确评估比赛形势，及时调整比赛战术是一门艺术，教练员、运动员必须具有高度默契、信任，只有双方协同配合的前提下，才能应变复杂多变的比赛局面。

第三节　拳击运动员对抗能力评价体系

在拳击运动实践过程中，为了让教练员、运动员适时了解、掌握运动员对抗能力的发展情况，及时反馈训练积累效应，从实践出发，建立拳击运动员对抗能力相应的评价体系，以达到科学监控训练过程的目的。

一、体力对抗能力评价

拳击比赛过程中，针对不同的对手、不同回合、同一回合的不同时间段里攻防次数都会有一定程度的差异。攻防次数与体力释放成正比，所表现出来的体力对抗显著。通过大量比赛录像分析发现，比赛中 91.5%的攻防转换的交手单位为 3 秒钟左右的时间段，3 秒攻防次数统计反映的是短时间内运动员的高强度体力变化状况；以此类推，我们选择 1 分钟、1~10 秒、1~15 秒、1~20 秒的攻防转换次数及趋势为评价单位。不同时间段的攻防次数及趋势统计反映了运动员体力的变化情况，回合与回合间的攻防次数统计反映的是长时间内运动员体力的变化趋势。每回合进攻控制时间、每回合防守控制时间是运动员从攻防两个方面反映主动控制比赛的能力，控制时间越长，体力消耗越大（图 9-7）。

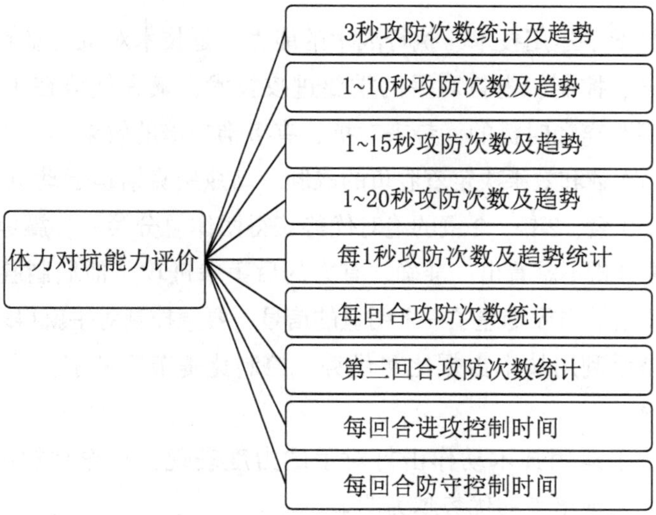

图 9-7　体力对抗能力评价

二、技能对抗能力评价

技能对抗能力大小可以从技战术水平、前手拳运用效果、后手拳运用效果、有效拳进攻次数、回合控制时间、击打力度、进攻连续性、防守严密性及攻防转换效果九个方面进行评价（图 9–8）。

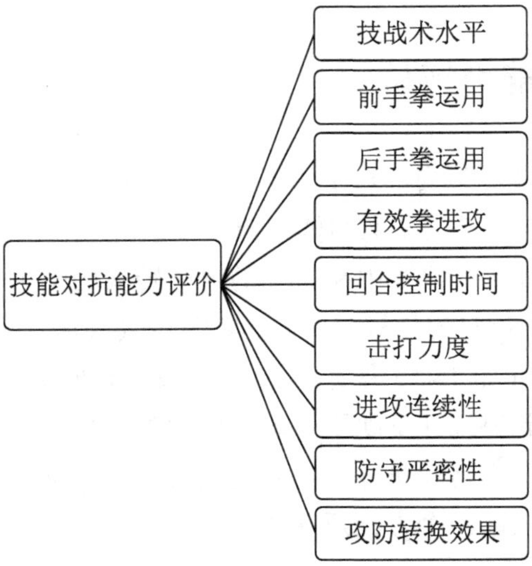

图 9–8　技能对抗能力评价

技战术水平是拳手运用技术、执行战术的能力，是技术对抗的基础。

前手拳是引导、控制、击打对手的重要进攻技术，最大优势在于经济实用，优秀选手可以充分利用距离和时机的优势来对抗，有事半功倍的效果。

后手拳的使用次数和效果决定着胜负的取胜。乌兹别克斯坦运动员在 2016 年里约奥运会拳击比赛中以 3 金、2 银、2 铜的绝对优势获得团体总分第一，震惊了世界拳坛。通过比赛现场及录像分析不难看出，准确、有力的后手拳进攻是他们制胜的法宝，其使用率达到 70%，无疑给拳击界传递了一个明显的信号，要想控制对手就得多动用后手拳。

控制时间是拳手利用技术占据比赛优势、控制比赛节奏的能力表现，控制时间越长，优势越为明显。

击打力度是拳手运用技术动作击打对手的力度表现，动作越规范，发力越顺畅，击打就越有力度，表现出来的优势越为明显。

进攻连续性是拳手连续进攻能力，连续拳、组合拳越多，说明拳手的进攻连续性越强，优势也越为明显。

防守严密性是拳手防守技术的集中体现，防守越为严密，防守效果越好。

攻防转换是拳手攻守转换能力的具体表现，拳手要在转瞬之间完成攻防切换，攻防转换速度越快、攻防技术衔接越流畅，拳手在场上的攻防转换能力就越强。

三、心理对抗能力评价

心理对抗能力评价可以分为顺境对抗和逆境对抗，评价拳手顺境对抗的指标有重视对手、积极主动、不掉以轻心，比赛只要还没有结束，拳手就始终保持对比赛的高度关注，即使在顺境时也不能轻视对手，放松对对手的警惕，仍然要表现出积极主动的对抗精神。评价拳手逆境对抗的指标有心态、信念坚定、敢拼敢打，拳手在逆境时要抱有不服输、不放弃的心态，保持不惧对手、赢下比赛的坚定信念，持有敢打、敢拼、敢干的精神，逆境往往最能表现出拳手的心理素质，越挫越勇，越勇越干。拳手的能力需要强大的心理素质作为支撑才能发挥出来（图 9–9）。

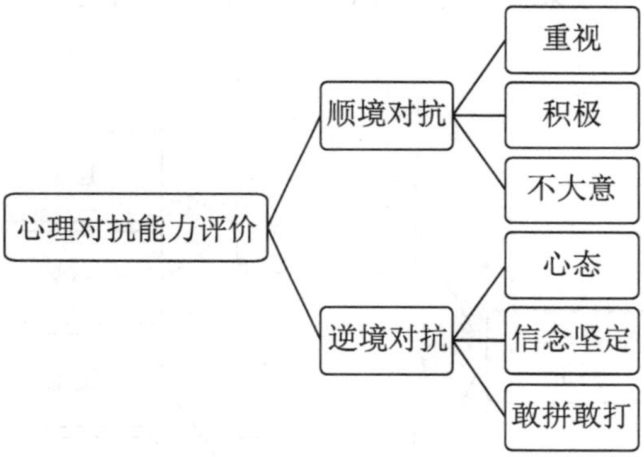

图 9–9　心理对抗能力评价

四、身体对抗能力评价

身体对抗能力可以从僵持时间、重心稳定、近战进攻、卡位移动以及主动摆脱五个方面进行评价（图 9–10）。

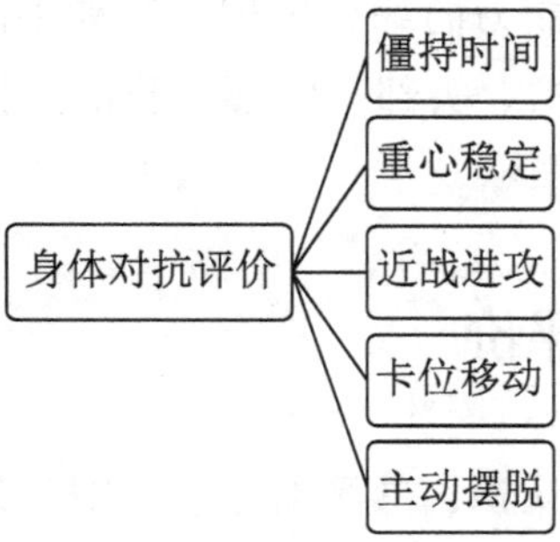

图 9–10　身体对抗评价

僵持时间是拳手相互间近距离搂抱、贴靠、推搡的时间，主动或被动的身体对抗消耗自身能量；重心稳定是拳手髋关节处于屈曲状态下，身体始终处于低重心状态，对拳手的下肢肌肉耐力有较高的要求；近战对攻是拳手在近距离条件下对攻的能力，近距离对抗是最为直接、最为激烈的身体对抗，对拳手的身体对抗能力提出极高的要求；卡位转动是拳手积极主动移动，占据有利态势、破坏对手距离、伺机发动进攻的能力，对运动员快速移动能力、灵敏变向能力提出了高要求；主动摆脱是拳手通过主动移动、推搡等技术动作，摆脱双方交手状态，进而调整身体状态或者组织再次进攻的能力，对拳手力量、速度提出了较高的要求。

五、抗击打能力评价

抗击打能力根据击打效果可以分为 KO、8 秒两种形式，根据身体部位可以分为头部、腹部、肋部（图 9–11）。

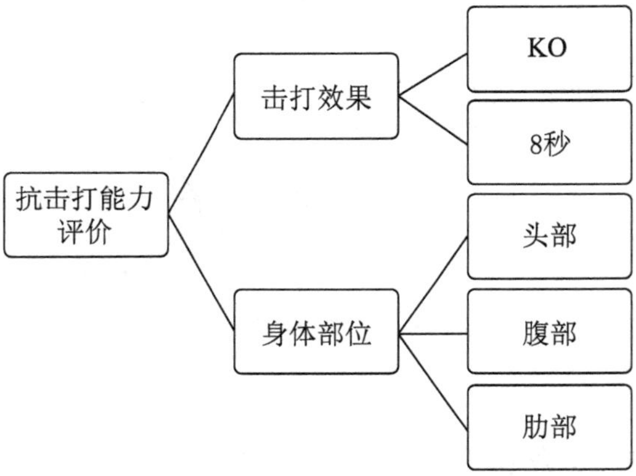

图 9–11　抗击打能力评价

KO 是拳击比赛获胜的终极方式，是拳击运动员的最高境界；数秒即 8 秒是保护运动员的一种方式，击打效果仅次于 KO，对运动员的抗击打能力要求同样颇高，KO 和 8 秒的抗击打能力是拳手抗击打能力的综合体现，对拳手的防守能力、身体抗击打能力及心理抗压能力都有较高的要求。头部、腹部、肋部是抗击打能力的重点部位，是考量拳手抗击打能力的重要参考指标。

六、战术对抗能力评价

战术对抗能力可以从项目认识、熟悉对手、针对训练、熟悉预案、准确评估以及头脑清晰六个方面进行评价（图 9–12）。

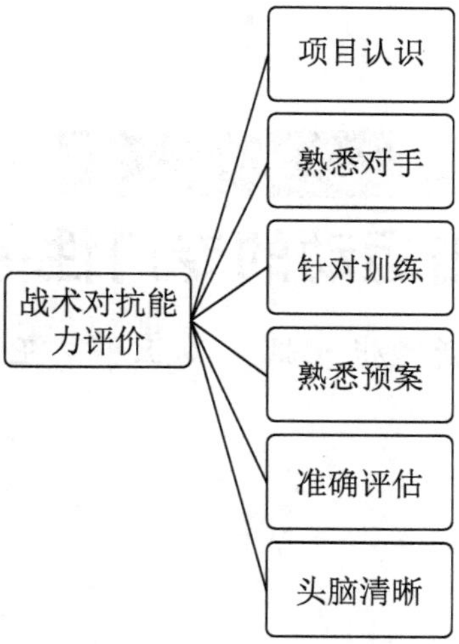

图 9-12 战术对抗能力评价

项目认识是战术对抗的基础，只有厘清项目本质特征、掌握项目制胜规律，才能制订准确、合理的战术；熟悉对手是制定战术的前提条件，了解对手技术特点、身体能力条件、心理变化特征，才能有的放矢地安排战术训练；根据对手特点进行有针对性训练，才能最大化提高战术对抗效益；在制订合理的预案之后，要熟悉预案，透彻理解战术目的和意图，明确战术执行的可行性和可操纵性；临场要准确评估既定方案的可实施性，及时对战术方案作出调整和修正，正确应对场上的突发状况；“水无常形，兵无常势”，赛场形势变化莫测，拳手要始终保持清醒的头脑，准确判断赛场形势变化，自我调整竞技状态，保障战术能力的实施。

第十章

拳击运动的专门性练习

王德新　张　辉　吴正平　王　猛

第一节　专项性练习的目的

一、有效提高专项能力

拳击专项能力是运动员的基础能力，也是技术和战术应用的基础。运动员专项能力的好坏，直接影响其训练和比赛的结果。在训练中可以对运动员进行 10 秒、20 秒、30 秒快速俯卧撑、快速蹲起、快速仰卧起坐、快速击打手靶和快速沙包练习能力的训练，这样可以提高运动员短时间的专项能力，从而提高比赛中短时间的进攻能力。根据 20 秒、30 秒、2 分钟、3 分钟最大强度击打沙包的次数与心率变化情况，在基础体能训练的基础上，进行有目的、有计划的专项能力训练。这些训练，一定要考虑一般力量与专项力量、能量转化和两者之间的相关性；一般耐力和专项耐力训练结构的相关性，技术与战术相互之间的协调性、合理性等。实践证明，在各种方式的练习后，再进行 20 秒若干组最大强度击打沙包练习的方法，是提高运动员专项速度耐力和专项力量等素质能力的一种有效方法。

二、迅速提高运动员技战术水平

在拳击运动中，既要有基础技术和专项的素质，也要有较好的技术、战术水平，只有技战术正确，才能最大限度地发挥个人的潜力，进而取得比赛胜利。否则就不能很好地把平时经过艰苦训练得来的真正水平反映到实际的比赛中，也就谈不上战胜对手取得胜利了。因此，技战术训练至关重要。

首先，一场比赛的胜负主要是由有效拳的多少来判定的，而有效拳的多少又是裁判员依据双方运动员各自击中对方有效部位的次数来决定的，也就是要看彼此的命中率高低，实践表明，命中率是运用技术、战术的关键环节和具体表现。在进攻中，命中率越高，说明技战术及训练水平越高；防守时，被击中越少，表明技战术方法运用得比较恰当。因此，为了提高命中率，就要采取合理有效的进攻和防守反击的技战术。

拳击比赛是通过抽签来确定顺序及对手的，所以比赛前必须了解对手的技术特点、身体素质、意志品质，并在与之比赛的过程中进行一番试探和观察，细心注意对方的特长和弱点，当了解对手的弱点后，迅速利用假动作诱使其暴露弱点，运用自己得力的拳法进攻，并抓住机会结合连击拳快速进攻。比赛场上的情况千变万化，有时会遇到比自己技战术强的对手，而有时也许会遇到比自己弱的对手，在许多比赛中有的选手实力很强，但却意外地输给了比自己实力差的选手，这就说明运动员没有很好地分析场上的具体情况，没有运用合理的技战术方法。因此，拳击运动员应该学会采取真真假假、虚虚实实的动作和方法，抓住时机，用最有效的技战术，使对手处于被动的地位。当然，这种能力需要在平时的训练中逐步培养。

三、提高步法的灵活性

拳击比赛是在四周有围绳的拳台上进行的，活动范围有限。因此，运动员要充分利用灵活的脚步移动，使自己在拳台所处的位置始终有利于自己技术和战术水平的发挥，如果运动员的步法灵活，即使所处的位置位于绳角不利的地方，也能灵活快速地移动开，避开对方的进攻。所以拳击运动员必须提高步法的灵活性，争取占据场上的主动。

四、提高勾拳技术的进攻能力

勾拳是中近距离也就是说最危险距离下重要的拳法，是运动员争取主动、控制对手、取得比赛胜利的重要手段。实践证明，在高强度对抗中，在一个回合中一方打出勾拳，顿时给人眼前一亮，同等条件下效果凸显。由于勾拳技术是三种拳法难度最大的一种，长期以来教练员、运动员回避较多，国内比赛已很少使用，但目前根据优势判定胜负规则的使用，又让大家重新认识勾拳技术，并且更好地研究与使用勾拳，在同等时间条件下最大限度地展示自己有效拳的优势完全符合十分制评分规则的条件。

第二节 专项性练习的主要内容

一、空击（Shadow Boxing）练习法

空击是在拳击训练中最常用的一种专项训练方法。它是运动员在不配戴任何护具，

独自或两人一组进行徒手练习拳击技术的一种练习方法，不论是拳击新手还是高水平的拳击运动员，空击练习都是一种必不可少的训练手段。在训练中运动员假想自己对面站着一个对手，并通过对其进行进攻和防守反击的训练，来提高出拳的速度、组合拳的应用能力以及出拳和步法的协调配合能力。空击出拳的动作规律和动作路线是不固定的，没有一套完整的规定动作，练习时根据自己的意念和想法自由发挥，假想在同对手进行一场比赛。空击练习法是有效提高运动员技术水平和身体协调性的手段，既可作为大运动量的训练项目，也可作为调节体力的训练项目。

（一）空击练习的方法

在掌握了拳击的基本拳法和步法后，就要提高运动员的组合拳能力，以及出拳与步法的协调配合能力，而空击练习法正是发展拳击运动员这些能力的最好方法。在空击时对着镜子练习，不仅可以看出自己拳法是否正确，而且还可以纠正各种拳法的动作路线，协调身体动作和发力。在熟练基本拳法后，就可以提高运动员连击拳的能力以及结合进攻、防守来提高二次进攻和防守反击的能力。

对着镜子练习空击，对初学拳击的运动员来说，是最好的模拟练习手段。在拳击训练中镜子是最重要的训练工具之一，它主要是用来学习和改进基本技术，熟练各种进攻与防守技巧。运动员对着镜子练习可以观察自己的一举一动，及时纠正错误动作，就像有教练员在自己身边一样。另外，镜子还可以让拳击运动员变得细心和机警。空击练习的时间要结合正式比赛每回合的时间，如 3 分钟一个回合，回合之间休息 1 分钟。

（二）空击练习的优势

空击练习除了改进拳法以外，还可以提高运动员的战术意识。这就要求运动员在空击练习时要带着战术思想进行训练，运用战术进攻与防守，把虚实、真假结合起来，把声东击西、防守反击、迎击等结合起来，有战术目的地结合攻防进行训练。这种练习动作要逼真，以促使运动员的思维活动，加强其战术意识。

这种练习方法是运动员在假想对手的情况下进行的，对运动员不会造成心理压力从而影响技术的发挥。运动员在空击时可以不用担心有对手的反击，这样就可以完全发挥出自己的技战术水平，熟练技术动作，提高战术意识。

（三）空击练习的要点

拳击运动员在进行空击训练时容易出现毫无目的、无战术、出拳无速度，随意松懈地进行练习，这样既达不到提高体能和耐力、技术和战术的要求，同时也达不到增强思维活动和战术意识的要求。因此，拳击运动员在进行空击练习时，要有目的地结合战术意识的要求进行训练。拳击空击练习的要点如下。

①在空击时要注意技术动作的规范以及出拳的速度。特别是要重视空击中的连击拳，往往有些拳击运动员在练习连击拳时，第二拳或第三拳出拳不到位，步法跟不上，或打出第二拳时容易失去重心，控制不住身体平衡。因此，在进行空击训练时要把重点放在连击拳上，第二拳要及时跟着第一拳打出去，动作到位。同时还要保持身体重心的平衡，使身体重心始终在两腿之间，只有重心不失去平衡，第二拳、第三拳才能迅速、有力。

②出拳有力，动作到位。空击训练是运动员徒手进行的运动，所以训练时运动员容易出现出拳太过放松以及动作不到位，在手臂还没有完全伸直以前就收回的问题。因此，在进行空击练习时不论打出何种拳法，要求运动员思想上要像实战一样，出拳有爆发力，动作到位。

③空击练习要结合步法。拳击运动是双方运动员在移动中相互进攻的，如果出拳不结合步法的移动就很难击中对方。所以，在空击练习时一定要结合步法的移动，做到有进有退，根据自己的意图不断出拳和移动。同时，步法的移动要有目的地进行，随着拳法的进攻和防守而移动，步法移动轻巧，拳法和步法要协调一致。

④在空击练习中培养时间感。现在拳击比赛每个回合 3 分钟，优秀的拳击运动员在 3 分钟激烈的比赛中，能清楚地知道这个回合中时间的消逝以及剩余时间。通过这方面可以掌握时间的主动权，控制体力的分配，在回合的最后阶段发起猛攻，进而夺取比赛的胜利。

⑤在空击练习中提高身体的协调能力。拳击出拳的发力需要身体的协调配合，这样才能发挥出自身的最大力量，只依靠手臂力量出拳不能打出自己的最大力量。所以，在空击练习时，要使自己全身有关肌肉群交替地出现紧张与松弛状态，协调配合步法、拳法以及身体的转动，发挥各自的作用。如果拳击运动员在比赛中全身肌肉群始终处于紧张状态，就无法坚持全程的比赛，容易导致机体过早疲劳。只有在适当时使全身肌肉有张有弛，才能在整场比赛中保持充沛的体力。

二、跳绳（Jump Rope）练习法

跳绳训练同样是拳击训练中最常用的一种专项训练方法，是拳击运动员必须具备的能力。跳绳可以应用在准备活动和专项训练中，它是一种很好的体育锻炼项目，可以提高全身的协调性、灵活性和步法移动的能力。它可以发展拳击运动员的下肢力量、身体协调能力、步法移动能力等，因此，跳绳练习法是拳击运动员训练的重要内容。

（一）跳绳练习种类

1. 并足跳

并足跳是拳击运动员在跳绳练习初期采用的一种方法，跳绳时两脚并拢，上身含

胸收腹，收下颌，目视前方。两手握住绳端置于身体两侧，用手腕摇动绳子，每摇一次，两脚同时跳起，离地不要太高，约5厘米即可。两足落地时用前脚掌着地，足跟平浮在地面上。

2. 高抬腿跳

高抬腿跳与原地做高抬腿动作相似。跳绳时，低头收下颌，目视前方，一腿支撑，一腿抬起，身体重心落在支撑腿上。当绳越过抬起腿的时候，就用前脚掌踏地，另一支撑腿迅速抬起。每摇一次绳，一腿抬起，另一腿支撑，两脚交替进行。跳绳时掌握好抬腿的节奏和时机，让绳顺利地通过两脚。

3. 滑步跳

滑步跳绳是以拳击基本姿势站立跳绳的一种方式，跳绳时似拳击前滑步、后滑步、左滑步和右滑步移动，不同的是移动时两脚同时跳起，同时落地。跳绳时要保持身体重心始终在两腿之间，以免造成重心不稳。同时，移动时的要求同滑步的要求，用脚的前脚掌蹬地推动身体向前后左右移动。

4. 双足跳

双足跳和并足跳绳的要求类似，只是双足跳跳起的高度要比并足跳的高，跳起时绳子在足下过两次。两脚落地时，前脚掌先着地，同时两膝微屈以缓冲身体的重力。这种跳法对增强运动员的身体素质有良好的效果。

5. 放松跳

放松跳是两脚交替慢速跳，这种跳法不要求速度，以放松为主。主要运用在加速跳的中途休息和训练结束后的放松中。

6. 两脚轮换跳

两脚轮换跳是在跳绳时，一只脚支撑，另一只脚微抬起。每只支撑脚跳两次，两脚交替进行，这种方式可以在一只脚跳的同时，另一只脚得到休息，从而提高拳击运动员的腿部力量和耐力。

（二）跳绳练习要点

跳绳练习无论采取哪种方式，都不能全脚掌着地，必须用两脚的前脚掌着地，以缓冲身体落地时的重力和提高弹性。全脚掌着地不但动作不灵活，还会因震动使头发胀，影响训练。拳击跳绳练习的时间最好与拳击比赛回合的时间相同，即3分钟一个回合，中间休息1分钟。3分钟的跳绳练习要时快时慢或以最快速度跳，这样才能接近一回合比赛的强度，跳绳作为耐力训练时，要放在一堂训练课的最后进行。

三、沙袋（Punch Bag）练习法

沙袋（沙包）是一种非常简单实用的搏击项目训练器材，通过沙袋练习可以提高拳击运动员的体力、耐力、出拳的速度、节奏感、协调性以及出拳力量，是拳击运动员最忠实、最理想的训练伙伴，伴随着无数优秀专业运动员的成长过程，功不可没（图 10-1、图 10-2）。

沙袋是外用皮革或帆布，内装有沙子或碎布片等填充物制作而成的训练器材。专业训练使用的沙包重量在 20~45kg 之间，提高运动员的击打力量和提高技术练习的有效手段之一，击打沙袋不仅是提高专项能力的需要，而且也是评估运动员击打力量和击打耐久力的最实用的方法之一。

作为一种最为简单的训练器材，无论在全身能力的练习上，还是在自我防守技术提高等方面都起到了事半功倍的效果，即使在再简单的训练场馆也会有它的存在。如何最大程度地发挥沙袋的使用价值是我们教练员和运动员共同思考的问题。

图 10-1　沙包

图 10-2　不同形状沙包

（一）沙袋分类

依据重量大小可将沙袋分为轻型沙袋、中型沙袋和重型沙袋三大类。依据沙袋不同填充材料可分为硬性沙袋、软性沙袋和水沙袋三大类。沙袋内部填充的硬性材料主要是橡胶，填充软性材料的主要是橡胶、泡沫和水。

显然，不同重量和材质的沙袋其性能各有不同。硬性沙袋主要表现出击打时抗阻力和硬度大的特征；软性沙袋具备较好的缓冲力，有利于手腕受伤的练习者使用；水沙袋可以用来发展肌肉耐力，同样也利于手臂有伤的练习者使用。

选择使用什么类型的沙袋取决练习者的体重大小和练习目标，在有条件的情况下，

大小级别练习者可根据自身体重选择沙袋。依据重量分为轻型、中型和重型沙袋三种。合理地选择使用沙袋不仅有助于训练目标的实现，而且防止伤害的发生。

1. 轻型沙袋

轻型沙袋一般 20kg 左右，体积大小与其他类型的没有多大区别。这种规格的沙袋不会提高很高的击打阻力，可以检测击打者快速击打能力。如果已经适应了 20kg 级的沙袋，则可升级使用较重的。

2. 中型沙袋

中型沙袋一般指 30~40kg 级的沙袋，适合体重在 60~80kg 级的练习者。这种规格的沙袋主要用于测试练习者的击打能力、发展击打爆发力和增加击打耐力。击打沙袋时需使用全身的蹬转发力进行击打。才能更好地发挥练习者的腿、髋关节、核心肌肉、上体和手臂共同产生的击打力。

3. 重型沙袋

重型沙袋是指 40kg 以上重量的沙袋，适合轻重量级（75kg）和重量级（+91kg）运动员练习重拳时使用。

（二）沙袋练习的优势

1. 改善有氧能力

合适强度下，沙袋练习将会增加心肺功能的负担，围绕沙袋周围的移动、改变身体姿势的各种试探性动作，低强度下的 3 分钟 3 回合的击打沙袋属于有氧运动范畴。高强度下专业运动员的沙袋练习一般要持续 3~5 分钟，每回合后至少休息 30~60 秒，从功能系统原理来说，也属于有氧训练。除非单纯的 5 至 10 秒的爆发力训练，时间及练习间隙的改变会影响功能系统做功。

一般 10 秒以上的沙袋练习都属于有氧训练，随着回合时间的增加，有氧训练效果会逐渐增加。

2. 发展爆发力

沙袋练习可以最大限度发展运动员的爆发力，这已得到广泛的认可。因为击打沙袋时我们可以毫无顾忌沙袋的反击，可以完全放开地使用百分之百的力量来完成击打，而且这时的击打技术可以产生最大的效果，动用了最多的肌肉参加工作。按照击打发力动力链的顺序依次是：腿部、髋关节、腰部、胸部、肩部、手臂和手腕的肌肉。例如，快速击打后手直拳动作有助于提高肩部和胸部肌肉的爆发力；上勾拳的击打动作对背部和手臂肌肉的爆发力提高很有帮助。

3. 提高协调性和核心稳定性

围绕沙袋进行的脚步移动，在控制距离的情况下，时而单拳击打、时而组合拳击打、两腿之间重心的频繁转换及各种攻防技术的使用，对发展核心稳定性和全身的协调性效果非常明显。良好的协调性不仅有助于上下动作的协调配合，而且可以提高击打动作的速度和准确性。击打沙袋时运动员所表现出来的高速旋转、前后闪躲、轻重还击、杂乱无章的击打声、优雅的姿势和动作都会给旁观者以美和力的观赏性。

4. 改善技术动作

运动员通过击打沙袋练习不仅可以改进拳击技术动作合理性，而且能够有意识地体会动作的协调性、发力顺序的流畅性，进一步提高击打的准确性和有效性。

肘关节下沉，手臂保持基本姿势状态，移动代替站立是击打沙袋的基本要求。合理的距离、身体放松的条件下会大幅度提高击打的爆发力，从而实现了击打效果的最大化，一举两得。

5. 发展反击技能

虽然沙袋没有主动攻击力，但我们可以把它作为假想敌，采用左右移动、闪躲等技术来制造进攻的机会，总而言之，你面对是一个活生生的对手而不是沙袋，视摆动的沙袋为移动目标，在控制距离的前提下，能准确有力地击打到移动的沙袋上，可以提升进攻的欲望和自信，通过反复练习形成自动化，从而达到提高反击能力的目的。

6. 塑造形体

沙袋练习不同于一般的健身活动，由于击打沙袋练习过程中动用了全身的肌肉，既有有氧供能系统的参与，也需要无氧能力做功，有统计显示，体重 70kg 级和 84kg 级的沙袋练习者 10 分钟分别消耗 69 千卡和 83 千卡的热量。因此，从健身角度出发，沙袋练习也越来越多地被健身人群采用。随着练习者练习密度和运动量的增加，去脂增肌的效果会越来越显著，从而达到增强体质的目的。进行长期系统训练的运动员，尤其是职业运动员，通过沙袋练习锤炼出了发达的肌肉令人羡慕不已。

7. 减轻压力

通过沙袋练习来缓解人们的生活精神压力的方式早已被人们接受。大量的研究证明各种体育活动都有特殊的效果，但击打沙袋练习需要大量的体力消耗，你可以在一个没有感觉的沙袋上用最大的力量毫无戒心地击打、全身心地发泄，沙袋练习是其他活动无法比拟的一项活动，独一无二。沙袋练习最为突出的特点是它给了人们一个积极释放精神压力的渠道，有利于身心健康。

8. 成本低场地小

与其他体育项目练习需求对比来讲，沙袋练习场地简单、占地面积小，因此，成本花费低，适合广大的健身和拳击爱好者练习。一般沙袋练习者，只需有一个沙袋、一些护手绷带、一副拳击沙袋手套和拳击鞋以外无须其他装备，利于开展和推广。

（三）沙袋练习要点

1. 保护好手的安全

击打沙袋练习的一个重要规则：避免手受伤。一些非常具有拳击天赋的运动员由于手部受伤而离开拳击，保护好手不受伤是当务之急的大事。泰拳运动员需要坚硬的下肢，自由搏击和其他对抗性的运动员需要有更加硬的拳头。由于拳击项目的特殊性，每次的训练或比赛都要击打出很多次的重拳，因此，保护好自己的手不受伤并不容易。

2. 避免沙袋过度摆动

有一定训练经验的运动员都能正确理解沙袋合理摆动的重要性，但对于刚入门拳击的新手来讲理解其重要性非常有必要，不是沙袋摆动幅度越大就表明击打力度越好，相反，有经验的运动员可以运用击打节奏和力度来控制沙袋摆动的合理范围。

3. 击打时机和目测距离

当沙袋摆动时，运动员要通过观察与沙袋保持一定的距离。例如，运用脚步的前后移动保持一个较远的距离。这时你需要用远距离拳击打（前手拳到后手直拳）。在没有比赛的情况下，这是一种很好运用距离控制沙袋的练习。

用沙袋来发展运动员出拳的时机时，保持放松、观察沙袋的摆动，当沙袋向你移动时，这时用轻拳击打来控制或侧身直摆拳迎击。当沙袋远离你时，迅速上步击打，这时很难用重拳击打，但必须把远去的沙袋作为攻击目标，步子移动成了追击目标的关键。

优秀的拳击运动员在距离上的把控要精确到毫米。推沙袋是一种不良习惯，如果你养成了不间断性地推动沙袋的习惯，这种习惯将会带到比赛当中推人，而推人是一种犯规动作。推沙袋或人时防守的姿势改变，容易正面暴露给对手的左手摆拳或后手直拳。

4. 避免靠在沙袋上

无论如何不要通过靠在沙袋上来维持自己身体的平衡。一旦沙袋移开，你将会因此失去重心而倒地。依靠与近战时运用身体的贴靠和手臂的阻拦动作保持身体与对手的对抗。

5. 重复性练习

例如，直摆组合练习 20 次，休息 30 秒。这时候技术训练需要低强度的训练安排，当然强度大小要因人而异。如果在条件非常合适全力以赴完成训练安排的情况下，那么枯燥的技术训练也将会达到极限，但绝不能以牺牲技术为代价。

6. 合理分配练习强度

沙袋练习有助于提高拳击运动员的一般身体能力和专项能力。如环绕沙袋移动，择机击打，间隔性地靠近沙袋，而不是单纯地在外围移动。关键是保持持续的高强度练习，而不是提前出现力竭。训练有素的运动员可以随时随地提高训练的强度。

7. 循环练习

这是具备一定有氧基础的人都适合的一种练习方法，分两部分内容，一部分是沙袋技术练习，另一部分为相关的负重练习。每部分或第二部分练习时间和具体内容分别由自己教练安排，想象力非常重要，组合几乎是无限的。例如，从 1 分钟左右直拳组合击打沙袋后，直接前举哑铃 30 秒，这里的关键是要使哑铃的重量足够轻，然后重复练习。

8. 保质保量完成练习

保质保量完成每个回合每堂课的练习内容并有一定的收获是我们训练过程中必须坚持的最基本的原则之一，也是技术训练和专项技能训练都要遵循的原则。合理分配好每回合的体力，全力投入身体和意识品质的锻炼上，才能达到练习的目的。

在沙袋练习过程中严格遵循以上基本要求，你会有很大的训练收获。沙袋是一个简单而非常实用的训练器材，以时间的方式伴随着拳击这项最复杂的体育项目，越努力就越会有收获。

（四）沙袋练习程序

1. 准备工作

在沙袋练习前，必须处理好所有安全方面的问题，以防受伤，确保练习的效果。

（1）护手绷带

为了确保长期沙袋练习，练习前的准备工作相当重要，运动员要使用专门的护手绷带保护掌指关节和手腕部位。护手绷带具有缓解冲击力的作用，可以降低手部关节炎的发生概率。如果在长期练习中没有使用绷带，可能导致手部关节损伤。

（2）沙袋手套

打好护手绷带以后，带上适合自己的沙袋手套，初学者一般采用 10 盎司。训练有素且专项能力强的运动员可在赛前使用较重的手套（重的拳套有利于发展速度）。

（3）空击热身活动

充分的热身活动是保障沙袋训练效果的前提，按常规进行拉伸活动以后，根据热身情况进行空击练习和关节活动练习。

2. 主体练习

（1）放慢速度

沙袋练习的第一回合往往采用 2~3 分钟的热身击打，环绕沙袋移动、放松、上体晃动、前手拳、简单组合拳的击打。这样有助于形成合理的节奏进入最佳练习状态，为后面的主要训练内容作好铺垫。不合理节奏的沙袋练习，容易导致受伤和错误动作的发生。

（2）始终强调使用正确的技术动作

绝不要以破坏击打技术为代价用力击打沙袋，当你试图用沙袋练习提高能力时，必须始终牢记这一准则。不考虑技术而进行沙袋练习，不仅会增加受伤的可能性，而且会影响训练计划的进展。值得牢记的是，力量和速度是由正确的技术产生的，而不是相反的。

（3）每一拳的击打必须从基本姿势开始

想使用连续的轻拳击打（发电报式击打）试图获得更大的击打效果是非常不理智的想法。这样会给你的对手一个明显预判的机会而抢先进攻。因为连续轻拳进攻破坏了击打发力的基本次序，它是使用手臂发力的方式，不利于增加击打效果，反而手臂下放给对手以破绽。无论是训练还是健身都不允许以牺牲基本技术放松防守而提高击打能力，最终导致错误动作的形成。

（4）击打沙袋要保持身体伸展

距离是影响最大击打力量的一个重要因素。如果离沙袋太近站立会导致一个推动动作，几乎没有什么效果；相反，站得太远，没有接触的机会更谈不上击打效果。只有在合适的距离条件下才能完成一次上下肢协调配合、动作舒展的击打动作，瞬间得到一个清楚、清脆的击打效果，时时刻刻把沙袋当成你的对手。

（5）正确的呼吸

当你击打沙袋的时候，很容易让你屏住呼吸，因为每次击打都需要用力。击打瞬间，呼气将有助于确保身体持续的氧气供应，以供给工作的肌肉。憋气还存在降低胸压的可能性，从而造成严重的伤害。当胸部的神经和肌肉，在第一根肋骨和颈骨之间被压缩时，胸压就会产生，在某些情况下，会导致眼出血、高血压和严重的头痛。为了进一步强调正确呼吸对于拳击的重要性，每一拳的呼气也会增加动力输出。

（6）确保营养和睡眠充足

沙袋练习是一项全身运动，牵动着上肢、躯干和下肢所有肌肉参与工作，因此确保营养和睡眠的充足是训练后勤保障的一项重要工作，直接影响着训练质量和节奏。从营养学角度出发，训练前后半小时内补充适量的蛋白粉和碳水化合物是非常重要的。这有助于运动后疲劳的恢复，并确保训练质量最大化。优秀运动员睡眠时间保持在7~9小时更有益于恢复和训练。

四、梨球（Speed Bag）训练法

因练习器械形状似“梨”形，故称“梨球”（Speed Bag）。由于梨球练习时速度快，因此也被称为“速度球”。通过世界职业拳王赛前新闻发布会训练视频可以看到，梨球练习是一项不可缺少的运动展示，其速度、节奏、花样让人目不暇接，给人以美的享受。图10-3为拳王阿里梨球练习的图片。关心喜爱拳击运动的人都知道，梨球一直是职业拳击训练场上的一大亮点，同时也是非常重要的专项辅助性练习手段，目前，已在业余拳击训练中得到普及和发展。2014年我国拳击项目首次利用全国拳击锦标赛的机会，组织全国一线教练员参与梨球交流与比赛活动，借此向全国拳击界推广，从此梨球练习出现在国家拳击队及我国各省市拳击队的训练中，丰富了我国的拳击训练体系。正确的梨球练习可以提高运动员的击打速度、协调能力、肌肉耐久力、准确性、目测能力和手眼配合协调能力。

图10-3　拳王阿里梨球练习

（一）梨球练习优势

1. 有助于专项能力的提高

虽然运动员的大部分训练计划是围绕着技战术及专项辅助性练习进行的，但一般能力和专项能力的提高同样是需要时间积累的。能力不仅是技战术运用的基础，而且可以保证在大强度的训练中，力量、速度和肌肉耐力的持续工作，是训练质量的保障。随着世界拳击训练水平的逐渐提高，梨球练习以其独特的优势逐渐被我国拳击界接受，尤其是训练前后的梨球练习安排已成为常态化，逐步成为发展专项能力的一项不可或缺的练习手段。

2. 有助于防守技术的提高

当运动员拍击或阻扰防守对方的击打时，动作幅度要小，而且回位要迅速才能做到防守有效且不给对手留下破绽。

梨球练习是巩固和提高防守技术的最佳手段。因击打梨球时双手要始终保持在与梨球水平相应的高度，才能更好地进行练习，长期进行梨球练习自然就养成了良好的手臂防守习惯。击打梨球动作与拍击、格挡有惊人的类似之处，进行梨球练习不仅有助于提高防守习惯，而且提高了特殊防守模式的耐久力。随着练习水平的逐渐提升，击打梨球时两手紧靠脸颊，这样将会进一步提高防守的警惕性，同时可以通过加大手的动作、增加与球的距离来提升练习的难度。

3. 有助于击打速度的提高

追求最快的速度是竞技体育项目的终极目标，速度是拳击的灵魂，提高速度是拳击训练中的重中之重，梨球练习是发展拳击击打速度的最佳选择。练习者和教练员都清楚，绝大多数的比赛依赖分数取胜，靠一拳击倒对手定胜负的机会越来越少，因此，提高出拳次数，加大出拳频率才是制胜的先决条件。进行梨球练习时，球的大小与速度快慢有着直接的关系，采用小的梨球更加有利于发展速度。

4. 有利于手、眼、脚协调配合能力的发展

当优秀运动员进行梨球练习时，你会发现击打梨球手的同侧脚会上一小步的动作，这是一个微小的细节，却是一个至关重要的细节。无论你是前手还是后手击打，你的脚都需要通过“主动”移动来保持平衡，并适当地将重心在两腿之间自如转移，这需要较好的协调能力（手、眼和脚的协调配合）。长期进行梨球练习，对手、眼、脚协调配合能力的发展有着重要的作用。

5. 有助于进攻节奏的改变

优秀运动员都会掌握从试探性进攻到强劲进攻的节奏，梨球练习同样也是从启动到快速击打的节奏模式，尤其是击打组合节奏起伏变化大的特点与拳击比赛的节奏高度吻合，因此，梨球练习利于进攻节奏上的改变。例如，使用前手背击打后，接后手直拳再回到后手背击打的节奏上，重拳的力度分散到球上，根据组合技术练习要求可以添加摆拳、刺拳和勾拳，轻重拳可以用来调整和恢复节奏，两手的轮换交替击打，轻重拳的使用与现实的比赛节奏吻合。

（二）梨球练习方法

梨球属于球类范畴，球有它自身的球性，要想把手中的球控制好，理应熟悉球的球性，进而获得最大的收获。其练习中须注意以下十一点。

①正常情况下，梨球的中心位置与鼻子的高度持平。除非特殊练习可以改变高度以外，梨球不宜太高或太低，否则练习的效果就会大打折扣。

②调整好身体和身体与球的距离：两脚分开与肩同宽，面部、脚尖以及整个身体都要正面对球，同时身体与球的距离根据你熟练程度可以自由调整，保持在反弹过来击打不到头为准，身体自然、放松，大胆地发挥自己的才能，敢想，敢做。

③击打过程中手的位置：练习过程中手的位置很重要，大部分初学者的右手击球时左手就掉到了下面，以至于接不上下一拳的击打。所以击球时无论一拳连续击打还是两拳交换击打，甚至更多变化的击打，都要严格规范自己的动作，这也是对三角肌最直接有效的刺激。

④击打过程中双拳与肘的位置：举起双拳至眼睛下部以不遮住为准，双拳拳峰相对，拳眼对准自己，同时两肘抬起与地面平行，前臂与上臂角度大约90°。

⑤击打拳的部位以及击打球的位置："击打拳"的部位是两拳拳峰相对靠近小拇指的"掌腹"部位击打梨球的中心部位。击打拳的方向，像摇"风筝线"由前上方至前下方，再由后下方至后上方形成一个连贯循环的椭圆形。初学者击打拳的路线要固定，否则球会乱弹，不好连接下一拳的击打。

⑥击打球的顺序：掌握击打技术之后，可以一拳连续击打，也可以两拳交换连续击打。以一拳连续击打为例，一拳击打，另一拳要保持原来的姿势，手臂不可以掉下来。打完拳的手要还原起始姿态，等球反弹到下巴位置再进行击打，形成一个连续循环的"纵向圆"弧线（两拳交换的幅度不宜过大，否则节奏跟不上）。

⑦控制好力度和速度：刚开始击球力度最好是柔和一点，控制好速度非常重要，这样容易体会到节奏（如果击打过快可以通过声音来找节奏），经长时间练习后，你的感官会指导你的运动神经进行击打，这是你的眼睛做不到的。

⑧节奏的控制：练习之初，击打力度不容易控制、球速也很快不好掌握，这个时

候就要利用耳朵去听节奏。击打球之后，球弹向上面的木板，反弹回来再弹木板，再弹回去，以此类推。单拳节奏可以控制在反弹 5 次。初学者击打 1—2—3 节奏有些困难，一般的初学者都会选择 1—2—3—4—5 的节奏，击打节奏也因人而异，根据自己击出拳的力度来把握。熟练之后的节奏可以控制为 1—2—3，1—2—3，1—2—3，这个节奏。最后还可以双拳连续单节奏击打，这要求拳手有扎实的基本功、协调力度控制，准确的节奏把握。

⑨连续击打：掌握节奏之后，可以连续击打。首先，采用单拳的连续击打，一旦可以很好控制球的摆动，进一步转为两手各一次的交换连续击打，每只手击打两拳或者更多拳再交换，根据节奏自己控制。

⑩击打部位的延伸：掌握简单击打和节奏之后，我们可以采取更多的击打部位如拳背、拳峰、拳眼、肘关节，手肘结合三拳连续击打等，所谓“熟能生巧”关键在于平时要下功夫，要有刻苦的钻研和创新精神。

⑪击打时加上脚步的移动：可以结合跳绳步、拳击前后左右移动步伐，上下协调配合来完成梨球训练。这样的训练需要很高的协调性，必须要多练习。

五、手靶（Mitt/Pad）练习法

手靶练习是拳击运动训练中不可缺少的专门性练习手段之一，深受广大拳击教练员、运动员和拳击爱好者的喜爱，也是最接近条件实战和实战训练的重要练习手段。练习用具如图 10-4 所示。

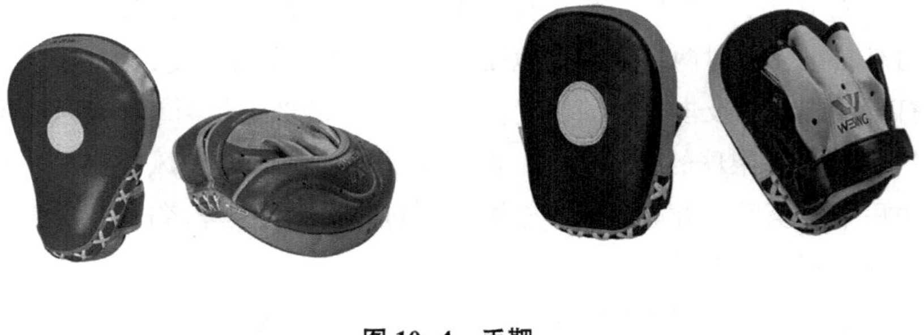

图 10-4　手靶

（一）手靶练习种类

手靶练习已经贯穿到拳击训练的整个训练体系中，通过观看优秀运动员的手靶练习视频，发现运动员和手靶教练的默契配合让人难以想象。手靶教练时而给出大强度、高难度的组合拳靶位，时而用各种击打或拍击动作给予运动员防守练习，进攻、防守、反击、移动、闪躲、紧逼、摆脱等各种情景技术牢牢地把握在手靶教练的手心里。根

据手靶练习形式可以分为以下七种。

①强度手靶：强度手靶练习是以最快速度、爆发式和最快节奏进行的手靶练习。手靶教练的执靶强度大小直接影响着运动员的训练强度，优秀的手靶教练可以提供极限强度练习的机会，使运动员打出精彩、激烈的场面，让人振奋。

②攻防转换手靶：攻防转换手靶练习是指进攻击打后，后退、摆脱、闪躲或移动防守再进攻，进攻和防守同步的往返重复的手靶练习。进攻后的移动必须是有目的性或预先设计好的练习。

③节奏手靶：节奏手靶是根据练习目标而实施的有节奏变化的练习。节奏手靶练习最为典型的是梅威瑟的手靶展示，给人眼前一亮，其击打手靶时展现出的高度协调、高速连续攻防转换的节奏、与手靶教练的完美配合，令人羡慕不已，这种打法风格也是梅威瑟家族的杰作。他击打的每一拳都是在极其放松的状态下完成的，其时机的把握、击打的准确性，多次反复能力都是世界大师级水准。

④防守手靶：防守手靶是帮助练习者改善和提高自身防守技术而进行的手靶练习。良好的防守技术是取得胜利的坚实保障。赛前或赛后单纯的防守手靶练习不仅有助于热身，还可以提高防守技术水平。单纯的防守手靶练习相对来说比较容易，但技术要求没有降低。

⑤准确性手靶：准确性手靶练习顾名思义是指提高练习者击打准确性的练习。练习过程中可以先从固定靶开始，逐渐过渡到手靶教练随机执靶，让练习者快速、准确击打手靶靶心。

⑥情景手靶：情景手靶练习是指手靶教练在执靶过程中不停地变换打法风格，模拟对手的练习。可以模拟左撇子或其他风格的运动员，也许是进攻打法型的、也可能是反击打法型的。通过加大进攻力度、变换距离、节奏、单拳、组合拳的使用提高练习的难度，是一种模拟式训练方法。但需要指出的是，无论情景设计多么精准也代替不了真正的实战。

⑦技术手靶：技术手靶主要是指巩固和纠正拳击技术的练习方法。技术训练是拳击训练的核心内容，借助手靶练习能更有效地巩固和提高技术，无论是拳击入门者还是世界优秀运动员都是不可缺少的练习方式。

（二）手靶练习的优势

①提升击打技能：包括提升力度、提高速度、增强耐久力、掌握节奏、提高击打准确、把握有利时机。

②提高进攻技术：可以灵活调整进攻角度和组合拳、增加二次及多次进攻机会，做到眼手脚协调配合，从而改进进攻技术。

③改进防守技术：准确判断、提高格挡、阻扰、闪躲防守意识和技术，时刻保持反击状态，反复训练后防守技术得到全面的改进和提高。

④提高人与靶的配合能力：人与靶的配合是一个双边的活动。执靶者以形成练习者快速的反应意识、准确的击打距离及攻防转换的节奏为主导，以形成练习者完善的进攻、防守及反击为目的进行练习。同时利用执靶过程模拟优秀运动员及对手技战术打法，建立有针对性的技战术风格。

⑤丰富练习手段：手靶练习可以作为赛前热身的主要手段，也是个人磨炼技术的不可或缺的方法。

⑥培养练习兴趣：手靶技术种类丰富，有速度靶、强度靶、反应靶、实战靶、近距离靶、反击靶和模拟靶等多种形式，趣味性强，且具有一定的观赏性，易吸引练习者。

⑦提高实践能力：可以模拟不同实战风格打法、针对对手的打法进行练习。

⑧实时反馈信息：实时提示技术要领、激励与要求。

⑨本能反应练习：运动员应在练习中不断提炼自身特点的组合打法，不断优化自身的技术特点和提高技术水平，最大限度地提高条件反应能力，最终使技术自动化、形成本能反应。

（三）手靶练习要点

①明确练习目标，积极配合手靶教练。

②自然放松，松紧有序，规范技术动作。

③把握节奏、控制距离、抓住时机、提高击打准确性。

④控制力度、确保肩关节、肘关节、手腕关节的动力链顺畅，不是使用最大力量击打，而是发挥出最大击打力度。

（四）手靶教练

手靶教练是练习的执行者和引导者，练习的效果取决于教练的自身能力高低。国家拳击队自备战北京奥运会起，国家拳击队专门为重点运动员配备了手靶教练一职，当年手靶教练江利为邹市明训练水平的提高做出巨大贡献。因此，手靶教练工作责任重大，相应地对教练员提出了更高的要求。

①专业素养：手靶教练对拳击项目必须有较深的认识和实践经验。了解现代拳击技战术发展趋势及手靶练习教学训练原则，善于思考、学习先进的训练理论与实践，立足于实践创新和发展。

②自然放松：手靶教练在执靶过程中，站立、移动、执靶、呼吸要保持自然、协调、放松状态。一个轻松且严谨的练习环境对手靶练习者至关重要，一举一动直接决定着练习效果。

③节奏变化：不同的练习目标，决定着执靶节奏的实施。如果以发展稳定节奏为目的，那么从进攻到防守、从一组组合拳到另一组组合拳、从击打前后到移动都需要

一个稳定的练习节奏，执靶者节奏要自然且平稳。如果执强度靶，则需要使用连续、快节奏的组合拳练习来完成。

④接靶主动：不要把手靶举得过高，避免手臂僵硬，接靶时瞬间吐气、转动身体，用手靶迎击（动作幅度不宜过大），能较好地缓解击打冲量的传递，能保持较好的节奏，看上去像是同时击打一样，不同级别、层次的练习者击打力度不同，保持一定的主动性非常有必要。

⑤创新模式：手靶教练根据练习者掌握的情况，避免枯燥、难度降低等情况，举一反三、不断打破固定套路，创新组合拳、新的模式及变异性技术，不仅避免机械击打模式，带来很多练习上的乐趣，而且提高了技术练习上的难度，具有挑战性。

⑥反馈信息：虽然不主张手靶教练在执靶过程中做过多的语言提示，但当练习者出现一些技术上的问题时，教练对练习者及时的语言指导或用靶击打提示，并给予一定的理论指导，有利于后期的改进和提高，让经过指导的练习者受益匪浅。

⑦放慢速度：如果发现练习者的技术和移动方面出现了瓶颈，这时要放慢练习节奏，找出问题所在。不要让练习者在不加思考的情况下练习，慢下来就是给一定时间多看、多思考，理解动作的过程，使反馈给他的指导建议得到验证。

⑧身体能力：随着拳击训练水平和难度的不断提升，对手靶教练自身身体素质能力要求也提高，优秀的手靶教练在执强度手靶时脉搏甚至要超过练习者，没有强大的身体能力就无法保障练习者的训练强度和运动量。国家拳击队备战奥运会期间，手靶教练们长期自觉利用业余时间进行自律的身体训练，这对提升运动员竞技能力方面做出了重大贡献。

⑨因材施教：从练习者技术和能力水平来实施训练安排。如有的练习者可以用“前手—前手—后手拳—闪躲—滑步”而不能使用“前手—前手—后手拳—闪躲—滑步”的节奏。如果练习者体能不具备承受较快节奏练习的能力，这时的练习重点应放在单拳击打或重拳技术上，针对时机把握练习超过了节奏上的变化要求。

六、墙靶（Wall Punch Bag）训练法

如图 10-5 所示，墙靶训练是把类似于手靶的器材固定在墙上或者支架上进行击打，通过墙靶训练不仅可以纠正拳击运动员的技术动作、体会动作的发力、增加出拳的力量，还可以锻炼运动员的身体协调性。墙靶练习的显著特点是可以培养运动员正确的技术定型，使他们可以像击打沙袋那样练习原地击打墙靶和移动击打墙靶。墙靶不同于沙袋，墙靶是固定在墙上的，不会像沙袋一样活动，所以在训练时，运动员能更好地专注于击打的距离以及体会动作的发力。运动员以单手击打也可以连击拳击打，体会各种拳法的动作要领。在训练中，为尽快提高运动员技战术水平，可以借助于墙靶反复练习进攻技术的动作距离、节奏等。练习时要特别注意出拳结合步法的移动和

左右手的配合进行击打。

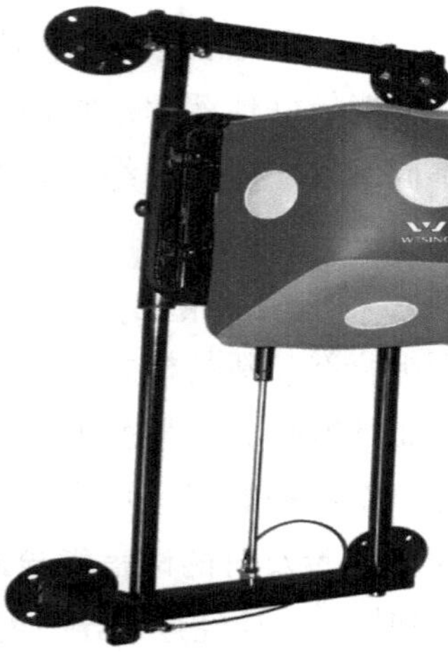

图 10-5　墙靶

七、泡沫棒（Poor Noodle）训练法

纵览搏击界的训练，除个别专项技术要求不同以外，其他训练手段方法有着很多相似之处，相互之间可以借鉴和创新出更适合项目的练习方法。例如，自由搏击中常使用的泡沫棒练习也逐渐被拳击专门性练习采纳，并且具有独特的训练效果。

泡沫棒练习与手靶练习从形式上来看都是由教练员和运动员配合的练习，不同的是手靶变换为泡沫棒，练习者和教练员的距离发生了变化，距离的增加相应减轻了教练员练习过程中的难度。对练习者的全面技术和击打准确性提高都有很大的促进作用，而且有利于提高练习者的距离控制能力，教练员和练习者会在更加放松和协调的情景中高效完成练习。

持泡沫棒和执手靶练习最大的不同在于持棒者采用敲击的动作方式完成正面的练习，前臂和手腕发力，侧面动作采用左右挥臂方式；执靶者采用迎击的方式借助下肢的蹬转发力。两种练习方法对教练员在动作幅度上和能力消耗上发生了变化，因此，泡沫棒练习减轻了执棒者的工作强度而提高了练习节奏，从而为经验丰富的教练提供了实际操作的机会。

泡沫棒由单一的塑料泡沫成分构成。长 60~100cm、直径 5~10cm、中间有 2~3cm 中空，具有良好弹性的棒形，非常简单，有专门的商品，也可以自制泡沫棒（图 10-6）。

图 10-6　泡沫棒

（一）泡沫棒练习的优势

1. 利于距离感提升

使用泡沫棒练习可以适当调整练习者与持棒教练的距离，两者之间的最佳距离就是练习时的距离，因此，通过泡沫棒练习有助于真实距离感的提升。

2. 利于准确性练习

与手靶相比，泡沫棒的接触面积相对较小，因此，练习时要求运动员提高自己的击打准确性以便完成击打。

3. 利于连续技术发挥

持棒者采用敲击的方式与执靶者蹬转发力相比动作幅度小且更加省力，操作起来更加容易，给出目标的节奏明显加快，更有利于练习者节奏上和连续技术的训练。

4. 降低受伤风险

由于手靶练习者击打准确性和力度的关系，我们经常碰到教练员的手指或掌跟出现不同程度受伤的情况。采用泡沫棒练习避免了受伤的发生，而且可以让练习者使用最大力量、最快速度进行练习，为练习者提供了一个宽松的平台，提高了练习效果。

5. 提供轻松的练习环境

由于增加了练习者与教练员的距离，减轻了彼此之间的压力感，更利于身心放松，此种练习方法更有助于运动员技术发挥和反应能力的提升。

（二）泡沫棒练习要点

1. 持棒位置

根据泡沫棒的长度，一般手握在距离下端10cm处为宜，手腕与泡沫棒成120°；两脚自然站立，两肘关节下沉，姿势与执手靶动作要领一样。

2. 发力方式

由于泡沫棒长度的特点，采用前臂带动手腕发力的方式“敲击”，瞬间的抖动手腕有助于泡沫棒力点的控制。

3. 动作要求

正面前臂“敲击”抖动手腕依次发力，送臂动作幅度小，而且要突然制动，主动迎接直拳或勾拳击打，身体保持小幅度自然转动；采用前臂由外向里“挥臂”抖动手腕依次发力，主动迎接摆拳击打，同样要控制“挥棒”幅度和制动时机。其余动作与手靶技术要领一样。

（1）动作自然、放松

开始练习时，保持良好的基本姿势，进攻、防守及反击技术协调，在动作自然的情况下，提高击打速度、准确性，跟随教练员的攻防意识进行练习。

（2）准确判断、准确击打

随着练习时间或熟练程度的增长，准确预判教练员给出的击打机会，提高攻防动作的反应能力；由于泡沫棒的击打面窄的限制，使每一次的击打难度提高，通过反复有目的地练习，对击打准确能力提高有很大的帮助。

4. 攻防节奏

由于泡沫棒使用轻便的特点，更加利于练习者全面技术和能力上的提高。持棒教练员时刻注意练习者的击打和击打后的防守动作，给予纠正和反击，培养练习者攻中有防、防中有攻的意识。

由于泡沫棒的灵活和节奏变化上的优势，自然对练习者的攻防节奏提出了更高的要求，应时刻牢记，拳击作为高强度对抗性项目，节奏的变化直接影响着比赛的胜负。

总之，凭借泡沫棒练习手段的独特性和优越性，将会在未来的拳击训练体系中有一席之地，合理的方法将直接影响着训练效果的提高。最近几年，我国拳击训练中个别教练员已经借鉴和使用了泡沫棒练习方式，在改进技术和提高运动员击打准确性等方面上有所收益，但对它的认识只限于模仿别人和视觉上的感受，因此，开展对泡沫棒练习在拳击专门性训练中的研究，对我国拳击训练整体水平提高将会有一定的帮助。

八、双端球（Double End Bag）训练法

如图 10-7 所示，双端球在拳击界十分常见，很多训练场馆及俱乐部有它的架设，但还没有发现有几个能吸引你停下来认真观看的练习者，说明人们对它的认识还只停留在表面上，没有真正意识到它的存在价值。

双端球由于球体被上下橡皮筋固定在中间而得名。上端固定在天花板，下端固定在地板上，安装非常简单。球的规格大小没有统一要求，一般球体的直径在 18~25cm，直径大的适合初学者练习使用；橡皮筋的弹性也是根据练习者的水平来选用，初学者采用一次击打后球体摆动幅度控制在 60~120cm 之内的橡皮筋为宜。球体的高度与练习者肩部持平，练习者可以使用沙袋手套或 12~14 盎司的练习手套。

拳击专门性练习中可击打的球的种类有沙袋、梨球和双端球三种。沙袋练习作为最常用的练习方法，由于沙袋摆动自身重量和摆动幅度大的特点，练习者需要动用全身的力量来完成击打，因此这一练习方法，具有发展击打力量和针对训练的作用。对于初学者来说，沙袋练习技术比较容易接受和掌握。梨球练习作为一种具有独特功效的练习方法一度在我国拳击训练体系中被忽略。它在发展节奏、时机、击打速度、肌肉耐力、击打准确性和眼手脚的配合具有其他练习方式无法代替的作用，是拳击项目发展历史长河里的文化积淀。

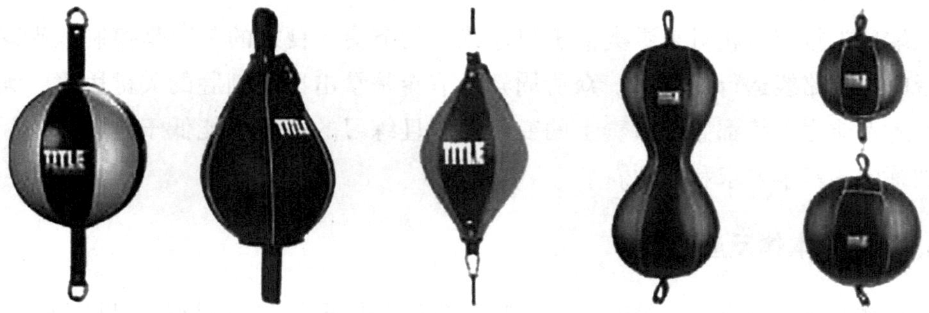

图 10-7　双端球

双端球和沙袋练习都是使用同样的技术，并且可以根据球的运动轨迹向前、后和环绕移动；由于双端球摆动幅度大，击打过程中同样需要类似击打梨球时的节奏和精准性来控制球，要想较好地借助双端球和梨球练习方式来帮助提高拳击专项能力，必须循序渐进，每天都要安排一定的时间来练习才能真正掌握核心技术。因此，双端球除具备沙袋和梨球练习的功能以外，还有其独特的效果。

（一）双端球练习的优势

双端球练习是提高拳击技术和发展专项能力的一种高级的练习方式。双端球练习

是职业运动员惯用的一种专门性练习，从职业运动员双端球练习视频我们可以看出拳击训练的文化底蕴，高速摆动的双端球被运动员牢牢控制在拳头上，时而快速摆动、时而急停，进攻后的闪躲自然流畅，给人以美的享受。在专门性练习的三种球当中，双端球练习是要求技术最高也是难度最大的一种，因此，双端球练习有着自己独特的训练优势。

1. 有利于时机的把握

双端球像梨球和沙袋一样是一个不稳定的、前后左右摆动的器材。由于双端球两端是有橡皮筋控制的，击打的力量越大，摆动的速度越快，幅度越大，对练习者来说击打难度也越大。击打前后的时机把握是完成双端球练习的基本能力，因此，通过双端球练习可以促进击打技术发展和时机把握能力的提高。

2. 有利于精准性的提高

由于双端球的球体较小，作为击打目标来讲，增加了准确击打的难度，因此，准确性是击打双端球的首要因素。在整个练习过程中不同拳法的使用，无一不改变着双端球的运行轨迹，只有在高速运转中人和球体保持高度的统一，方能有效完成攻防技术的运用，达到提高击打准确性的目的。

3. 有利于节奏的发展

双端球击打节奏相对来讲类似于梨球练习的节奏。良好的节奏是控制双端球按照练习者的击打路线运行的保障。众所周知，节奏是拳击比赛制胜的关键因素，无论技术练习还是能力训练都需要节奏上的变化，而且练习的节奏不能低于比赛节奏，这是拳击训练中的基本要求和原则。

4. 有助于本体反应的培养

双端球的最大特点之一是击打力度与反弹速度成正比，击打越重，反击速度越快，练习时始终要求练习者精力高度集中，针对快速反击的球做好相应反应（闪躲、移动或格挡等防守技术），表现形式上与优秀的技术型运动员的攻防往返节奏极其相似，双端球练习可以根据自己技战术水平和能力水平配备训练要求，最大限度地提高反应、反复能力。

5. 有助于手臂击打速度的提高

双端球与沙袋练习最大不同之处是双端球更有助于击打速度和反应速度的提高。在没有对手的情况下，身处放松的环境中，更有利于速度的发挥和提高。

6. 有利于肌肉耐力的发展

因作用力与反作用力的关系，击打沙袋的手臂会借助沙袋的反作用力快打快收。击打双端球情况恰恰相反，击打后的手臂必须动用较多的肌肉才能快速回位，大家很清楚，双端球练习中一直存在着击打落空的情况，做到快打快收及时回位，需要更多的肌肉参与工作。因此，双端球练习的特殊性决定了练习者在同等强度、同等练习量的情况下，动用肌肉做功最多。

7. 有利于爆发力的提高

拳击击打技术与击打爆发力是相辅相成的，良好的拳击击打技术可以保障练习者打出最有力的拳，最终要通过合理规范的技术动作将其最大力量击打到对手身上。克服自身体重和小负荷的最大速度练习可以起到发展爆发力的作用，双端球练习不仅可以提高全面的拳击技术，而且更有助于爆发力的发展。因此，双端球练习一直深受职业运动员的喜爱，虽然职业比赛给人以野蛮暴力的场面，但其实优秀的职业运动员在比赛中依靠的是拳击技术而不是蛮力。

（二）影响双端球练习效果的因素

①球的大小：球越小越难击打，目标越小速度越快。

②球的形状：球的形状也是影响击打准确性的一个重要因素，不同形状的双端球练习具有各自的练习效果。梨形球一般适合直拳和摆拳击打，圆形球更加适合勾拳击打。双端球练习侧重于发展时机、准确性、速度、反应能力等方面，技术不是主要的关注点。

③球的数量：两个球组合而成的双端球专门为上下击打而设计的，上球为头部位置，下球为腹部位置，解决了以击打橡皮筋来代替躯干的问题。

④橡皮筋的弹性：橡皮筋的弹性大小直接影响着击打和防守的节奏。因此，橡皮筋弹性大小的选择非常讲究，根据练习者的水平高低因人而定。一般来讲，弹性大的双端球摆动幅度大且快，强迫练习者使用快速、轻拳、快节奏的击打；弹性小的双端球摆动方向相对不稳定，增加了击打准确性难度，但摆动速度较慢，利于提前把握击打时机。因此，根据训练条件，安置不同弹性效果的双端球更有利于训练实施。

（三）双端球训练的要点

1. 保持拳击基本架势练习

拳击基本架势不变，自然、放松，侧身面对双端球，确保球的位置与肩同样高度，其他要点与击打沙袋练习姿势一样。

2. 从最基本组合开始练习

万事开头难，对于初学者来说选择何种拳法击打非常重要。从实践角度和双端球球性特征出发，前手直拳—前手直拳—后手直拳（1—1—2）或（2-2-1）三拳组合是最佳的选择。其实，我们也发现很多初学者开始练习时用力过猛，球的摆动幅度过大，无法控制节奏，有时还会被反弹球击到。起初坚持使用简单的组合拳，速度轻快、恒力击打，控制球摆动幅度在6~15cm的范围内，暂时避免使用重拳和单拳击打。

3. 保持1—1—2或2—2—1的击打节奏练习

实践已充分验证了1—1—2或2—2—1组合拳是初学者击打双端球最佳的技术选择，同时也是击打的最佳节奏选择。因为它可以让练习者在没有改变节奏的同时体验“轻—轻—重”的感觉，前两拳在控制对手距离的情况下，打出后手直拳，通过依次重复练习来体会双端球击打节奏。如果开始就使用1—2或2—1组合进行了练习，初学者很容易进入实战模式，加大出拳速度和力度，失去节奏的控制，反而进入一个慢节奏的过程。以前手—前手—后手拳组合练习模式：

1—1—2

1—3—2

3—1—2

5—1—2

5—3—2

5—1—6

……

以后手—后手—前手组合练习模式：

6—2—1

6—2—3

2—6—3

2—2—3

……

4. 保持不间断性击打的练习

练习者在每一次击打结束后不应间断，而是应该继续按组合拳技术套路击打。初学者很容易出现停顿（可能因为第一次击打过分发力），从而错过连续击打双端球的机会，再想击打时节奏又不能抓住，导致双端球练习时的击打时机、节奏和准确性不复存在。因此，练习者不要等双端球减速后甚至停下来再进行下一组击打。

5. 组合拳变换的练习

打一组“左左右”后接“右右左”组合拳，然后“左左右”，或者再来一组“左左右”组合拳，或者打一组“左左左左左右”组合拳接“右右左”，再来“右右左”接“右右右右右左”组合拳，依据练习套路安排练习。先用基本节奏，然后混合组合拳击打。练习者一旦掌握了击打这个“变换”的节奏，就可以打破常规的“左左右”或者“右右左”节奏，打出经典的组合拳。

6. 组合拳击与移动的练习

每当一组组合拳击打完，教练马上就会喊出“移动”，这是教练员重点强调的内容之一。每当击打完一组组合拳后立刻移动，这种移动可以是随意性的，也可以根据球的摆动方向来卡位、闪躲，移动距离可大可小，主要为形成惯性的击打和移动的节奏和习惯。众所周知，拳击进攻后的防守和移动在对抗中非常重要。通过双端球的练习能够有条件地训练运动员频繁地移动脚步，而觉察不到击打时脚的移动。例如，左手拳击打时同时移动脚步，随后击打后手直拳，重心自动转移，始终保持重心的稳定。

7. 两人交替的练习

两个人交替进行双端球练习是一种相互鼓励、相互监督的最佳训练模式。首先，击打的时间、练习的内容都要安排合理；其次，一人击打结束后，另外一人迅速接上，不要让双端球有停滞的情况发生。因此，两人轮换击打双端球不仅可以提高配合练习的意识，而且可以提高双方的击打速度、准确性和反应能力。

从技术角度来看，空击重拳对运动员来讲都不是很难的事，但使用重拳击中移动中的双端球并非是件容易的事。我们发现经过一段时间的双端球练习，运动员的拳击技术感觉变得更加细腻，在进攻距离、时机和进攻后的防守、移动及反应上都有明显提高，效果之显著让人深思。因此，双端球练习是其他练习方式替代不了的一种有效手段，无论如何，有效的、对拳击训练有帮助的练习方法，我们都要认真研究并落实到训练过程中。

九、室外活动（Outdoor Activity）

路训可以用来调节因长期室内训练的环境，提高运动员的训练兴趣。路训最好的方式是在野外的大自然环境中进行，要使运动员感到新鲜和兴奋，从而提高训练的积极性。路训的练习内容包括长跑、跳步、柔韧性关节操、空击、徒手力量练习等。各种练习可以交替进行，每组 3 分钟，中间休息 1 分钟，每组练习动作有快有慢交替进行。每次路训时间为 120 分钟左右，在非比赛期，可以每隔两周训练一次。

第十一章

拳击专项训练的生理生化监控

张　漓

第一节　拳击专项训练生理生化训练监控概述

一、训练监控与运动能力

训练监控就是将运动医学、运动生物力学、运动心理学和运动生理学、运动生物化学等学科的理论和方法应用于训练过程中，并应用综合方法和手段研究训练过程和训练效果的应用性研究工作。其目的是为了帮助教练员不断调整训练计划，从而最大限度地提高训练效果和运动能力，使运动员达到体能、心理和技术等最佳状态。

运动能力在运动员身上表现为竞技能力，运动能力的最终关键是能量产生和运动员要达到最佳状态，因为能量是运动训练中所有活动的基础。一般来说，在某种程度上控制最佳运动能力的障碍有三种基本类型，即生理学障碍、心理学障碍和生物力学障碍。生理学障碍限制了能量的产生，心理学障碍限制了对能量的控制，而生物力学障碍则限制了最有效地使用能量。这三种障碍是相互关联的。例如，心理学障碍可通过干扰生理学过程而影响最佳的能量产生，也可以破坏最佳的生物力学的能量利用；生理学状态不佳可以使心理控制能力下降，或者出现偏差，也可以使生物力学功效下降等。因此，在运动训练中研究限制运动能力三大障碍的医务监督、生理生化监测与评定、心理测试与评定、生物力学的技术分析与诊断等，构成了训练监控的主要组成部分（图 11-1）。

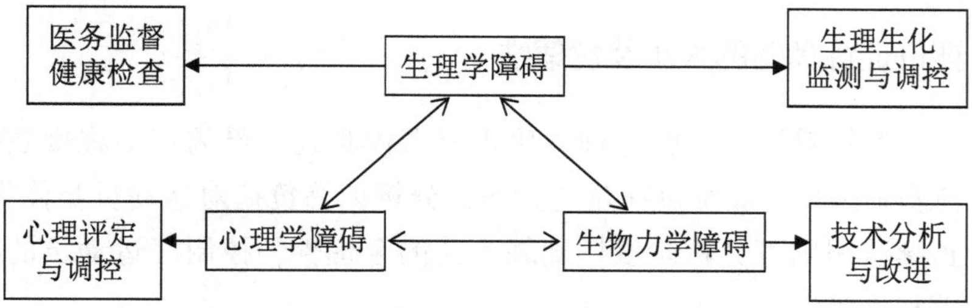

图 11-1 运动能力的主要限制因素与不同学科训练监控的关系

（改自《运动训练的生理生化监控》，冯连世等主编，2006）

二、生理生化训练监控的作用

本章主要讨论的是运动训练的生理生化监控，主要解决如何通过科学监控，有效地提高专项体能。生理生化监控主要利用生理生化的测试技术和方法，测定比赛和运动训练过程中运动员的一些生理生化指标，以评价运动员比赛和训练时的负荷强度和量的特征，分析训练计划、训练方法的合理性，以及机体对运动训练的适应程度、恢复效果等，从而帮助教练员了解训练效果，正确评价训练方法，进而调整训练方案，实现训练的高效化、个性化。生理生化监控涵盖了拳击训练过程前、中、后，以及动、静态的全方位的监控，包含的研究目标（图 11-2）。

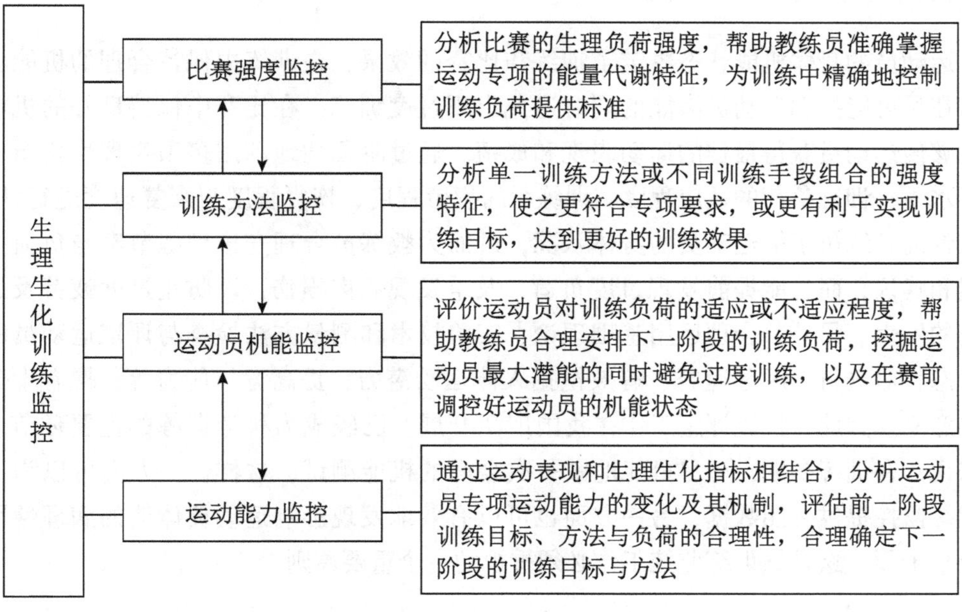

图 11-2 生理生化训练监控的基本研究目标

具体来说，运动训练的生理生化监控的研究内容及作用，主要涵盖以下四方面。

（一）评价训练负荷的大小及合理性

通过使用一些针对性很强的生理生化指标来检测运动员的疲劳程度及疲劳机制，从而反映训练负荷强度、训练负荷量的大小，分析训练负荷对运动员身体带来的生理刺激。长期连续监测则可分析阶段性训练负荷的合理性，控制好运动员的机能状态，保证后续训练和比赛。

（二）评价训练方法和手段的合理性与有效性

拳击项目的训练方法种类繁多，目的不同，其中专项体能类的训练方法以提高专项能量代谢系统功能为目标，生理生化监控可以通过监测训练负荷强度指标，来分析这类训练方法的合理性与有效性，评价该专项训练方法是否符合项目能量供应特征，是否能够达到提高专项能力的目的，并根据训练目的提出强度标准，或根据指标测试结果提出训练方法改进建议等。以往仅依靠运动表现指标，只能分析运动成绩变化，如果借助生理生化监控，则可分析出成绩变化背后的生理机制，不仅能够评价已有的专项训练方法的效果，还能够为训练方法的创新和改进提供评价手段。同时，利用训练负荷强度指标、身体机能指标等，还可以对准备活动（热身）方法、恢复性训练方法、放松方法、减体重训练或增体重训练等间接提高专项能力为目的的辅助性训练方法和手段的合理性进行评估。

（三）评定身体机能状态

运动员的身体机能状态决定了训练和比赛的效果，在训练中保持合理的机能状态能够在尽可能挖掘运动员潜能的同时避免出现过度训练，在比赛中保持良好的机能状态能够使运动员获得最佳的运动表现和成绩。通过阶段性地利用多项生理生化指标对健康水平、训练负荷的适应程度、训练后的疲劳程度、恢复程度与恢复速度进行评价，可以帮助教练员了解运动员的身体状况，进而为教练员合理安排训练节奏与负荷提供依据和建议，而且能提前发现过度负荷，及早发现肌肉损伤，以防止过度疲劳及运动损伤的发生。另外，合理运用基础理论、实验技术和测量方法检查与评定运动员的机能状态，对选材、医务监督、有效挖掘人体运动潜力、提高竞技能力等，均有十分重要的意义。因此，机能评定工作在我国广泛开展，已经成为科学训练的重要环节。一般来说，在训练初期，应尽可能地做一次全面的机能测试，这样，一方面可以为以后的训练监控提供参照数据，另一方面也可以有效地发现影响运动员体能的病理性因素并及早干预。这是做训练监控工作必须重视的一个重要原则。

（四）评价运动员专项运动能力

通过运动表现（训练学指标）和生理生化指标相结合，分析运动员专项运动能力的变化情况及其机制，推理前一阶段的训练目的、方法与负荷的合理性，发现并确定下一阶段训练的目标与方法。例如，在进行了一段时间的耐乳酸训练后，发现运动员完成同样负荷的训练后乳酸水平下降，表明前一阶段训练方法有效，运动员耐乳酸能力已经提高，后续需要强化刺激，提高训练负荷，才能进一步挖掘运动员的潜力，进一步提高糖酵解供能能力和耐乳酸能力。

三、生理生化监控的理论基础

人体在开始进行运动之后会发生一系列的生理生化变化，尽管人与人之间的个体差异很大，但人体的这些生理生化变化都遵循着一些共同的规律，这些共同的规律就是我们用以实施训练监控工作所依据的基本原理和理论。

运动对人体来说是一种应激活动，人体需要调动神经、内分泌、循环、能量代谢等系统和运动器官来完成这种应激活动，其中能量代谢系统是各种调节机制作用的主要靶点，其变化直接影响运动能力，因此，能量代谢系统的应激调节和变化规律被人们研究的最多，也是我们进行生理生化监控的主要理论依据。所以，了解运动时人体能量代谢的基本生理生化变化规律，才能更好地理解如何根据生理生化指标的变化来分析运动员的身体机能、体能状况和竞技能力等。

（一）运动时人体的能量供应

运动训练生理生化监控的主要任务之一在于以运动时人体物质和能量代谢的规律为理论基础来分析项目特点与专项体能要求，并通过对训练过程及运动员身体机能的监控，帮助教练员合理选择训练手段，合理安排运动负荷，使训练能够达到专项要求，同时符合运动员身体机能特点，最终真正实现科学化训练。因此，了解训练过程中不同训练负荷时运动人体的物质与能量代谢特征，以及对应发展的身体（运动）素质是十分重要的。

运动人体能量产生的过程包括无氧代谢与有氧代谢两种模式以及磷酸原供能系统、糖酵解供能系统和有氧氧化供能系统三种供能系统。实际上在任何运动中这三种供能系统均同时在工作，只不过依据运动强度和运动持续时间的不同，三种供能系统供能比重有所不同，有主次之分而无绝对界限。无氧代谢供能的特点是功率输出较高，但供能时间较短；有氧代谢供能的特点是功率输出较低，但供能时间较长。因此，在需要大功率能量输出的快速运动和力量运动中，无氧代谢是主要的供能系统；而在输出功率不大但持续时间很长的耐力运动中，有氧代谢则是主要的供能系统。

人体运动时，不同训练负荷（不同功率输出要求）下供能系统供能的主次及对应发展的身体运动素质，可以用图 11-3 进行简单描述。但应当注意的是图中各系统供能的主与次、多或少指的是各供能系统参与供能的相对比重，而不是绝对值。例如，在长时间耐力运动中糖酵解系统供能的绝对量肯定大于短时间最高强度运动中糖酵解系统供能的绝对值，只是在耐力运动中该绝对值所占比例极小。

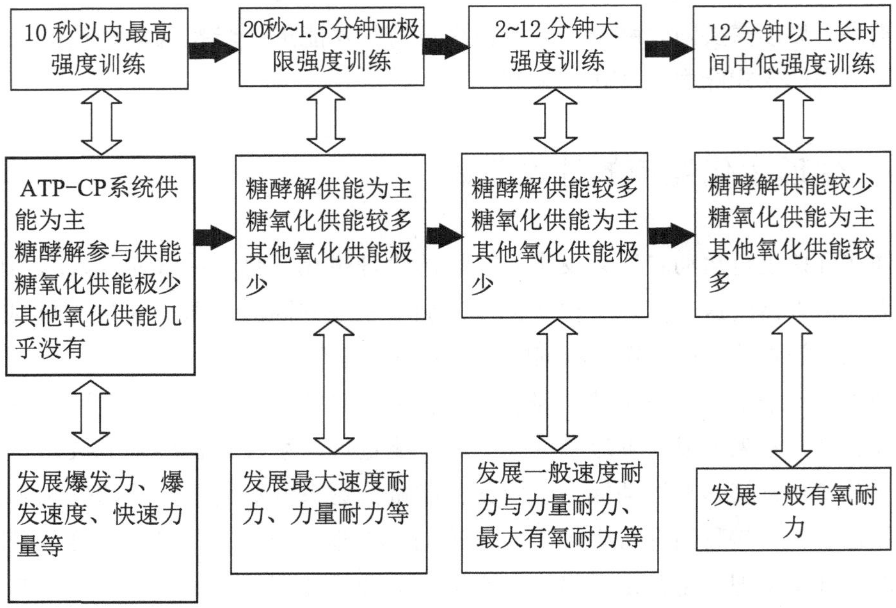

图 11-3　不同训练强度人体供能系统供能主次及对应发展的运动素质

注：其他氧化供能包括脂肪氧化供能和蛋白质分解供能。

在以训练时间和强度进行归类时，如果各供能系统以最大输出功率供能，则它们维持运动的强度和时间分别为：

①磷酸原系统可供极限强度运动 6~8 秒，最多不超过 10 秒；

②糖酵解系统可供亚极限强度运动 30~90 秒；

③糖有氧氧化可供无氧阈强度运动约 90 分钟；

④脂肪酸氧化供能的供能时间不受限制，适宜低于无氧阈强度的运动；

⑤蛋白质和氨基酸供能时间可从运动开始后 30~60 分钟起，直到运动结束。

从现代竞技体育运动的发展趋势来看，竞技能力越强的运动员，其无氧代谢（尤其是糖酵解）供能能力就越强，无氧代谢参与比赛供能的比例越高。对每个运动员来说，无氧代谢供能能力都是关键时刻顽强拼搏战胜对手的物质基础，而有氧代谢供能能力则是保障无氧能力充分发展和提高恢复能力的物质基础。

在训练实践中，三大供能系统参与供能是根据不同运动强度和不同运动时间等来进行区分的。如跑步训练大致可以分为短、中、长三种距离，短距离（30~100 米）项目以磷酸原供能系统为主，糖酵解系统供能为辅，有氧代谢系统供能比例很少或较少；中距离（200~800 米）项目以糖酵解系统供能为主，有氧代谢系统供能为辅；长距离（2000~10000 米）项目主要以有氧代谢系统供能为主，糖酵解系统供能为辅。运动时物质能量代谢过程及主要适用运动项目分类总结如图 11-4 所示。

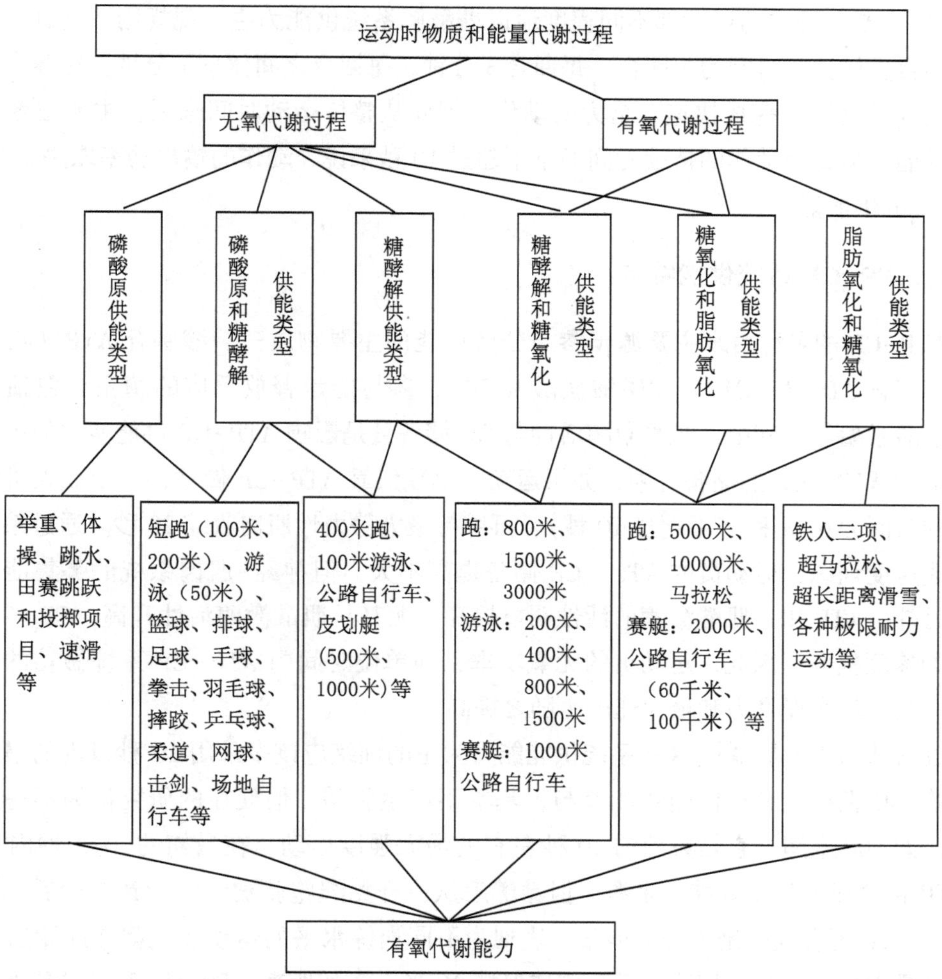

图 11-4　运动时主要能量供应系统在各运动项目的分布

（引自《优秀运动员身体机能评定方法》，冯连世等主编，2003）

图 12-4 表明所有的运动项目都需要以有氧代谢能力作为基础，在此基础上根据各自项目的特点，重点发展适合本项目比赛要求的能量代谢系统能力。拳击项目主要应突出的专项代谢能力是糖酵解系统供能能力，以及磷酸原系统供能能力，对应的运动表现能力则为力量耐力、速度耐力和爆发力。

（二）拳击无氧运动的供能特点

无氧运动中主要参与供能的是无氧代谢供能系统，它由两部分组成，即 ATP-CP（磷酸原）分解供能和糖酵解供能。ATP-CP 是最大无氧功率的物质基础，冲刺、短跑、跳跃、快速击打、快速变向、快速移动等短时间（6~8 秒内）最大功率运动的运动能力均取决于 ATP-CP 系统的供能能力。糖酵解系统供能是亚极限强度持续运动能力的供能基础，30~90 秒内的最大速度耐力取决于糖酵解供能能力，甚至有文献提出在 30 秒~15 分钟内的运动都不同程度地以糖酵解系统供能为主。现规则下（2017 年）拳击项目整体比赛时间为 3 回合，每回合 3 分钟，每回合之间休息 1 分钟，比赛中运动员反复（短间歇）完成快速、全力的动作，因此从整体运动时间来说，主要由糖酵解系统供能，从每个动作的持续时间通常不超过 10 秒来说，动作的输出功率取决于ATP-CP 系统的供能能力。

1. ATP-CP 系统供能特点

ATP-CP 的名称由来主要源于参与分解供能的主要物质三磷酸腺苷 ATP（也包括其中间产物 ADP 和 AMP）和磷酸肌酸（CP），参与能量释放反应的酶主要包括 ATP 酶、肌酸激酶等，其中，肌酸激酶活性与 CP 储备量是影响 ATP-CP 供能能力的关键因素。由于 ATP、CP 的储备有限，如果运动中单独依靠 ATP-CP 做功，一个成人可维持运动的时间为 6~8 秒（不超过 10 秒），可维持最大静力性肌肉收缩 20 秒。通过系统的力量或速度训练，运动员的 ATP、CP 储备提高不大，但神经-肌肉系统的募集能力提高。另外，ATP 酶、肌酸激酶的活性明显提高，尤其是肌酸激酶活性升高，CP 转化为 ATP 的速度提高。因此，运动员的无氧功率，即单位时间内 ATP-CP 系统做功的能力随之提高，最大爆发力和最大速度也随之提高。

过去认为以发展 ATP-CP 系统供能能力为主的训练应该多采用 10 秒以内的最大强度训练，该训练没有糖代谢供能参与，基本不产生乳酸。但现在的研究认为不一定如此。比如 100 米跑，它是典型的 10 秒左右的最大强度运动，在最初的 2~3 秒内，CP 是 ATP 再合成的最主要能量来源，但糖酵解从一开始起跑就被激活，到 5 秒后几乎提供了使 ATP 再合成的绝大部分能量，表现为不同训练水平的运动员大都在起跑后 5~6 秒达到最大速度，且仅把这一最高跑速保持 20 米左右的距离，随后则不可避免地明显减速。究其原因，主要是运动 3~5 秒内肌乳酸迅速堆积，三磷酸腺苷（ATP）再合成速率不能恢复到最高水平，致使肌肉活动能力下降。所以，为了发展三磷酸腺苷（ATP）快速分解和磷酸肌酸（CP）无氧再合成的能力，只有进行肌肉最高强度工作，持续运动时间不超过 6~8 秒，最适宜距离为 30~60 米，最长不超过 80 米，间歇 30~40 秒，或者快速击打沙袋 5~6 秒，间歇 20 秒，训练效果比较好。

由于无氧与有氧能力不可兼得，那么无氧项目运动员是否只需要发展无氧能力就可以了呢？汤普琳（Tomlin）等认为，短距离运动员也应该有一定比例的耐力训练，因为 CP 再合成的速度以及乳酸的消除速度都与代表耐力水平的 VO_2max 有很高的相关性，尤其是有大肌群参与运动的项目。例如，举重运动主要以磷酸原系统供能为主，是典型的无氧项目，它的特点是要求运动员在较短的时间内，肌肉的最大紧张和用最快的收缩速度来完成最大的功。一般情况下，不管是抓举还是挺举，完成一次动作的时间都不会超过 10 秒，因此从时间上分析举重运动是以 ATP-CP 供能的为主，是典型的高能磷酸化系统供能的运动项目。要达到举重的极限强度，机体需要一个渐进的、有机的调动过程，因此，运动员在训练中，需要安排多组递增负荷练习或准备活动，在此过程中，单纯依靠 ATP-CP 系统的供能不能完全满足运动员的大强度负荷训练（参加比赛）的需要，还要求他们同时具备较强的其他供能能力——良好的糖酵解系统供能能力和有氧代谢系统供能能力。在拳击比赛和训练当中，因为糖酵解供能会产生大量的乳酸，所以需要有良好的有氧代谢能力帮助快速消除乳酸，以推迟疲劳出现，因此提高高强度持续比赛能力，必须以有氧能力训练作为基础。

2. 糖酵解系统供能特点

参与糖酵解供能的物质主要包括糖原和葡萄糖，参与反应的酶很多，其中限制反应速度的是磷酸果糖激酶（PFK）、己糖激酶（HK）和丙酮酸激酶（PK），也就是说，这 3 种酶的活性高低决定了糖酵解速度，进而决定了运动员的速度耐力和力量耐力。以最大速率糖酵解供能的持续运动时间只能在 30~90 秒之间，糖酵解最后的产物是乳酸，乳酸解离产生的氢离子占全部酸性物质解离产生氢离子的 85%以上，是降低细胞内 pH 值的主要因素。由于 pH 值降低后，PFK、HK、PK 等酶的活性会显著下降，使糖酵解速率不能够继续维持下去，因此乳酸的生成是限制速度与力量耐力持续时间的主要原因。拳击、摔跤、柔道、田径 200~800 米、游泳 100~400 米的运动员耐受乳酸能力越强，运动成绩就越好。

科学而系统的耐乳酸训练，不仅能够提高肌肉缓冲 H^+能力，而且能够提高这些酶在高乳酸环境下做功的能力，即糖酵解生成能量的能力。同时，系统训练与科学补糖能够提高肌肉糖原的储备，从而提高速度耐力。研究证实，剧烈运动 35 秒时，肌乳酸产生速度达到最高值，而要发展速度耐力，必须使磷酸肌酸（CP）耗竭和乳酸堆积到较高程度，所以 35 秒左右是最基本的持续运动时间，如持续运动时间太短，磷酸肌酸（CP）还未消耗到一定程度，不能造成乳酸明显堆积，不利于提高肌肉对乳酸的耐受力。但要注意：运动持续时间也不宜太长，时间太长说明运动强度不够，不能使乳酸水平达到最高，训练效果达不到最佳。一般来讲，发展速度与力量耐力训练的运动持续时间因个体差异不同和训练水平不同而异，在实际训练中，一般不应少于 30 秒，训练水平高的运动员可以达到 1 分钟左右。例如，高水平拳击运动员应该不同程度地采用 400 米跑训练，或持续 30 秒~1 分钟的快速技术与力量训练，以使乳酸充分堆积，这有利于发展糖酵解酶在高乳酸环境下工作的能力，从而提高持续专项动作的能力。

除了乳酸以外，在无氧运动中可能产生明显变化的是血氨水平。在耐乳酸强度以上至爆发力强度运动中，随着运动时间的延长，蛋白质供能比例也越来越大。一方面是由于高强度运动中肌肉蛋白分解增加，游离氨基酸增加使其被能量代谢系统利用来供能也增加，另一方面主要是由于在短时间的激烈运动中，能量物质 ATP 迅速被消耗，AMP 也迅速堆积，当肌乳酸和 AMP 堆积到一定程度时，将激活腺苷酸脱氨酶，后者将

AMP 脱氨生成次黄嘌呤核苷酸（IMP）和氨，通过这种途径产生的氨是无氧运动中氨的主要来源。最大速度持续的时间越长，氨的生成也越多。

无氧运动中，参与运动做功的能量主要来自肌肉自身储备的快速能量库，有氧代谢供能参与很少，因此与有氧代谢能力密切相关的心肺功能对无氧运动影响有限。虽然无氧运动中只有很少的氧参与代谢，本来不需要充分动员心肺功能，但由于神经系统在短时间、高强度的运动中的高度兴奋，肾上腺激素大量分泌，交感神经高度紧张，心肺功能往往自动调节到最大，所以在无氧运动后即刻心率基本上均为最大心率，使用心率很难区分出最大摄氧量至最大无氧之间的强度，有条件的运动队最好用乳酸含量来进行强度区分，才能明确某一种高强度训练方法的强度特征。

综上所述，无氧运动中产生的主要代谢产物是乳酸和氨，我们一般以血乳酸浓度评定糖酵解供能能力和功率，以血氨的浓度评定 ATP-CP 系统供能能力和功率。对这两种物质的监测是监控无氧训练强度的主要生化手段。另外，心率反映运动强度虽然不如前两者客观和准确，但由于其测定简便，易实施，因此也是常用的判定无氧训练强度的辅助性生理指标。

（三）拳击有氧运动的供能特点

1. 有氧能力与运动耐力的关系

有氧代谢供能能力与运动耐力有很强的正相关关系。Edward F. Coyle 等人建立了一个耐力运动能力影响因素模型，该模型将各种遗传因素对耐力运动能力的影响系数进行了分析，结果表明：在长距离运动中，氧的利用是否经济和有效最主要取决于肌肉纤维的类型，Ⅰ型肌纤维利用氧的效率就远大于Ⅱ型肌纤维，因此骨骼肌中Ⅰ型肌纤维比例高的人耐力运动能力较好。由于肌肉类型主要是由遗传决定的，由此可见，耐力素质与遗传的相关性很高，这与许多学者的研究结果是一致的。

2. 拳击有氧代谢的物质基础

有氧训练中参与供能的主要是有氧代谢供能系统，最重要的能源物质是糖。在长距离及超长距离运动中，随着运动时间的延长，脂肪及蛋白质有氧氧化供能比例越来越大。在氧充足的情况下，糖、蛋白质和脂肪能够彻底氧化分解为二氧化碳和水，同时释放大量的能量。虽然人体内脂肪储备的能量远大于糖储备的能量，但由于糖氧化供能在利用氧的效率上明显大于脂肪酸和蛋白质氧化供能，在利用同样数量氧的情况下，糖氧化供能约比脂肪氧化供能多 10%，因此，在长距离及超长距离项目中，目前趋向于利用运动中补糖来提高糖氧化供能的比例，以提高同样摄氧量条件下运动员的速度。例如，竞走项目是典型的以有氧供能为主的运动项目，在长时间竞走运动中，提供能量的主要物质是糖和脂肪，糖原储备低下是引起运动性疲劳和速度下降的重要因素。糖供能主要体现在运动前期及运动后期的加速超越和冲刺阶段。运动中后期，脂肪供能的比例明显增加，成为整个运动阶段中重要的供能物质。在竞走比赛开始 3 小时后，平均能量消耗从 55.4 kJ/min 下降到 46.2 kJ/min，呼吸商从 0.92 下降到 0.66。说明在运动后期，糖作为供能物质所占比例逐渐减小，脂肪供能比例逐渐增大。高水平竞走运动员与低水平运动员相比，在完成相同输出功率或者摄氧量强度运动时，更多利用脂肪供能而节省糖的使用。另外，高水平运动员往往具有更高的糖原储备，在训练或比赛中及时补糖，能够帮助运动员节省糖的储备和增加糖的利用，从而提高训练或比赛的成绩。

但是，由于人体糖储量非常有限，运动中补糖能被消化、吸收和利用的量也是有限的，因此在马拉松和铁人三项以及超长距离竞赛项目中，还是有相当大的一部分能量靠脂肪氧化供给。目前普遍认为，在运动时间为 90～120 分钟的传统长距离项目，运动训练中着重培养糖有氧代谢能力很重要，而在长距离（如 100 千米）的自行车赛和一些新兴的超长耐力项目如超马拉松跑、90 千米滑雪、横渡海峡游泳或帆船等 6 小时以上运动和挑战人体耐力极限的各种体力活动中，应该注重培养脂肪有氧代谢能力，在训练强度安排上应该注重如何最大限度地提高脂肪代谢能力，在膳食安排上应该保证适量高脂膳食。经过系统耐力训练后，可以增加肌肉利用脂肪供能的能力。另外，肝脏在运动中能够把脂肪酸分解为酮体，肌肉、大脑都可以利用酮体直接氧化供能。因此，肝脏产生酮体其意义就在于充分利用代谢器官帮助运动器官提供易利用的能源，这在长时间运动中是很有意义的，注意保护好肝脏的功能对耐力项目运动员也是非常重要的。

了解脂肪有氧代谢的规律对拳击项目来说，有助于提高日常控制体重、优化体成分的效率。控体重的运动员利用有氧运动帮助消耗体内脂肪时必须注意避免三个误区：一是运动强度过大，强度过大时人体消耗最快的是糖而不是脂肪。二是运动时间不足，有研究表明，一般人在以 70%～75%最大摄氧量强度运动 30 分钟后，脂肪消耗的速度即可达到最高，因此在控体重时，如单纯采用有氧运动的方式，须持续运动 1 小时以上；如果有氧运动是安排在专项训练之后，则 30 分钟左右的有氧运动就能有效帮助减脂，优化体成分。三是过分限制主食，这也是不正确的，因为脂肪氧化供能需要糖的参与，所以当体内糖储备很少时，脂肪也很难被氧化，所以必须吃一些主食，然后利用低强度的有氧运动来消耗掉脂肪。糖是拳击日常训练中重要的能量来源，日常训练中必须通过大量摄入糖来维持训练质量，为更好优化体成分，主要应该采用限制脂肪摄入的方式，结合有氧运动来减脂。

蛋白质是人体细胞结构（尤其是骨骼肌）的重要组成部分和功能单位，人体内的蛋白质本不应该用来参与能量供应，但在长时间力竭性的运动中，当肌糖原的浓度降低到一定水平以下时，蛋白质就会在有氧代谢过程中分解成氨基酸供能。长期耐力训练可以通过提高某些氨基酸代谢酶的活性使氨基酸代谢发生适应性变化，使氨基酸氧化供能速度加快。氨基酸分解以后主要的代谢产物是氨基，氨基对人体有较大的毒性，因此需要通过一些代谢转化过程来缓解其有害作用。一部分氨会与糖代谢产生丙酮酸反应生成丙氨酸进入丙氨酸—葡萄糖循环，以避免血氨过高；另一部分氨则在肝脏经过鸟氨酸循环被转变为尿素，经过肾脏随尿液排泄出体外。

综上所述，在有氧训练中，根据参与供能的物质来源不同，可以检测到的代谢产物也不同。

在低强度（30% ~50% VO_2max）运动时，人体主要依靠脂肪氧化供能，且能充分氧化成 H_2O 和 CO_2，人体内检测不到代谢底物，但脂肪氧化速度也不高。达到一定强度（>60%VO_2max）的运动训练开始后，脂肪动员速度明显增加。运动时间超过 30 分钟，脂肪动员逐渐接近最高水平，此时血液中的酮体会开始升高。酮体是由于脂肪氧化不及时而产生的一种副产物，当脂肪动员速度超过脂肪氧化供能速度时就会开始堆积。酮体是酸性物质，积累过多会使机体发生酸中毒，是运动疲劳产生的因素之一。训练达到一定的强度后，训练时间越长，血酮体堆积也会越多，因此可以测定尿中酮体浓度用来监控训练量的大小。

中等强度（65%~85%VO_2max）、30~60 分钟的运动中，代谢底物主要是糖，糖通过完全氧化供能，最后产物为 CO_2 和 H_2O，因此可以说在血液中没有可检测的糖代谢产物。通过肺功能仪可以检测呼出与吸入气体的成分，并计算呼出 CO_2 与吸入 O_2 的量，通过两者的比值（呼吸商）来分析糖与脂肪氧化供能的比例。当人体主要动员脂肪供能时，呼吸商为 0.7 左右，随着运动负荷强度不断加大，脂肪供能已经不能满足运动需要，因此糖参与供能的量越来越大，呼吸商也越来越高。当呼吸商接近 1 时，表明人体最大限度地利用糖与 O_2 氧化供能并生成 CO_2，此时有氧代谢效率较高，人体乳酸堆积较少，此时的负荷称作“无氧阈”（Anaerobic threshold，AT），在“无氧阈”强度下血液的乳酸水平被称为“乳酸阈”（Lactic threshold，LT）。如果运动强度超过此阈值，人体内血乳酸就开始加速积累，如果用曲线描绘乳酸变化情况的话，则存在两个非线性的偏离点，第一个偏离点在 2 mmol/L 左右，第二个偏离点在 4 mmol/L 左右。目前，国内外广泛应用血乳酸 4 mmol/L 时对应的摄氧量、功率或运动速度作为运动训练和实验室检测时的乳酸阈，但是实际上不同个体有不同的乳酸阈，有氧代谢能力越强的运动员，乳酸阈时的运动强度（乳酸阈强度）越高。作为优秀运动员，其科学化训练的水平主要体现在训练中的“个体化”，因此在训练开始时最好测试该运动员的“个体乳酸阈”，在训练中根据个体乳酸阈来安排训练负荷强度，这样才能真正最大限度地提高有氧训练的效率。青少年拳击运动员应大量采用乳酸阈强度的训练，可以有效提高有氧代谢酶的数量与活性，为将来拥有良好的有氧能力打下基础。

当运动强度继续增加，达到 80%~100%最大摄氧量（VO_2max）强度时，肌糖原参与氧化供能比例明显增加，时间超过 30~60 分钟且肌糖原消耗到一定程度时，肌肉就会开始分解蛋白质来供能。氨基酸供能的第一步就是先脱氨，由于氨对人体来说具有相当大的毒性，是人体外周疲劳和中枢疲劳的重要原因之一。在正常人体，肝脏会迅速将氨转化为无毒性的尿素，因此检测血液中尿素的水平能够反映训练量。

根据上述研究成果，为便于在训练实践中应用，我们把有氧运动中能量动员的过程总结为 3 个转折区，作为用生理生化手段进行训练监控的理论依据。

第一转折区是糖阈（Carbohydrate threshold，CT）：当运动时能量需求大于游离脂肪酸氧化输出最大功率（30%～50% VO_2max）时，机体逐渐开始依赖糖氧化来供能，这一转折点叫糖阈。当运动强度接近糖阈之下，部分脂肪和糖都氧化供能（如竞走、慢跑、超长距离跑或长时间极限运动等），此时能量物质消耗情况依赖于负荷强度和肝、肌糖原水平，以及血液中游离脂肪酸浓度。

第二转折区是无氧阈或乳酸阈：当运动负荷强度达 55%～75% VO_2max 时，机体开始利用少量糖酵解代谢提供能量，同时开始产生乳酸，因此把这个转折点称为无氧阈或乳酸阈，中长跑和中长距离游泳运动员大都采用这一强度运动，因为这一强度是运动员可以维持较长时间运动的最大强度。无氧阈强度的运动中，一方面肌肉糖原消耗增加，贮量减少；另一方面肌肉乳酸浓度升高，从而影响肌肉本身收缩过程，使能力下降。科学系统的运动训练可以提高肌肉缓冲 H^+ 的能力，增加肌肉糖原贮量，以及提高糖酵解供能的速度。

第三转折区是磷酸肌酸阈（Phosphcreatine threshold，PT）：当运动强度达到 80%至 95%VO_2max，乳酸生成速度大于其清除速度，H^+ 持续增加，使肌肉中 CP 分解供应能量以维持肌肉收缩，同时 H^+ 升高抑制磷酸果糖激酶（PKF）活性，使糖酵解减弱，因此达到这种高强度运动的可持续时间有限。多回合拳击（6～12 回合）、中跑和中距离游泳的专项强度都属于这种情况。

第二节　拳击训练监控的生理生化指标与方法

一、拳击运动训练的常用生理生化监控指标

机体通过不同的代谢途径会在体液（主要是血液和尿液）中产生相应的代谢产物，而测定训练前、中、后的某些生理指标和血液、尿液等体液的某些生化指标，可以间接地揭示运动对机体的生理刺激强度和物质、能量代谢的特点，反映机体对训练的适应状况，为实现科学的训练监控提供参考。

表 11-1 汇总了目前拳击常用训练监控的生理生化指标及简要评价方法。

表 11-1　拳击常用训练监控生理生化指标及简要评价方法

指标	监控目的	评价方法	来源
心率（HR）	一次/组动作的运动强度	动作结束后即刻心率越高，表明运动强度越大。可作为最大摄氧量强度以下强度训练的强度定量指标，但对最大摄氧量强度以上的训练只能定性分析，达到最大心率时表明运动强度达到了最大摄氧量强度以上	由心脏窦房结发出冲动，受交感神经、迷走神经调控，受呼吸等因素影响
	阶段性训练效果评估	长期耐力训练后，晨起安静心率下降，或同样负荷强度的运动后即刻心率下降及心率下降速度提高，是有氧能力提高的表现	
	阶段性机能状况评估	短期内晨起心率突然明显加快，提示运动员不能适应近期训练负荷，机能状态下降；如心率突然显著减慢，提示可能有疾病或过度训练的存在，都首先需要考虑减少训练负荷	
血红蛋白（Hb）	短期训练负荷评估	连续测定恢复期值可以监测短期训练负荷的变化。短期训练后如果下降明显，说明运动员有一定疲劳积累，不能适应训练负荷。持续 4 周以上连续下降，下降幅度超过 20%为过度训练的表现之一	在骨髓、脾脏等造血器官生成，主要受铁营养及 EPO 激素等影响，其次受蛋白营养影响
	血液携氧能力评估	男运动员 Hb 低于 120 g/L、女运动员低于 110 g/L 时，可诊断为贫血。男运动员 Hb 达到 145~165 g/L、女运动员达到 140 ~160g/L 时，最适宜发挥人体最大有氧能力	
血清睾酮（T）	短/长期训练负荷评估	反映一个短/长训练周期训练负荷大小。如一个短周期的训练后明显下降，且第二周不能恢复，则表明训练负荷过大，可能有长期疲劳积累，运动员不能适应；如不下降或下降幅度不大，第二周能恢复，则表明训练负荷合理，运动员能够适应	由性腺和肾上腺分泌，由下丘脑-垂体-性腺轴调控
	运动员恢复能力评估	横向对比时，运动员恢复期血清睾酮水平更高者，恢复能力较强。纵向对比时，运动后恢复期血清睾酮在个人较高水平，或连续上升，表明机能状态好，恢复能力强；血清睾酮在个人较低水平，或连续下降，表明机能状态差或恢复能力差	
血清皮质醇（C）	短/长期训练负荷评估	一个周期训练后，运动员恢复期血清皮质醇浓度持续下降，是不适应运动量的表现，表明训练负荷偏大；如持续上升，表明训练负荷强度持续增加，可能会影响恢复，需注意监控	由肾上腺皮质分泌，由下丘脑-垂体-肾上腺轴调控
	运动员状态评估	运动后恢复期，血清皮质醇持续偏高，表明放松不足，恢复效果不佳；如明显下降，表明机能状态差或对负荷不适应，运动员难以兴奋	

续表

指标	监控目的	评价方法	来源
血清肌酸激酶（CK）	一个训练日的训练负荷强度评估	训练课后测定反映训练负荷强度，肌酸激酶升高表明运动强度增大或肌肉不适应；测定次日晨起恢复值可评定肌肉疲劳的消除情况；连续测定恢复期值可以监测一个大周期训练负荷强度的变化	大强度运动或运动损伤造成骨骼肌细胞或心肌细胞受损、凋亡，CK 由肌细胞渗透到血液
	肌肉的损伤及恢复情况评估	大幅度异常升高（通常超过 3000U/L）时表明有肌肉损伤，连续监测可反映肌肉损伤的早期恢复情况	
血乳酸（BL）	一项训练的运动强度评估	进行一项训练后，测定最高血乳酸水平可精确定量分析运动强度	糖酵解代谢中间产物，最终要靠有氧代谢或乳酸缓冲系统消除
	长周期训练效果评估	训练一个长周期前、后，进行同样负荷的运动，如运动表现不变或提高，同时血乳酸水平升高，说明糖酵解供能能力提高或耐乳酸能力提高；如乳酸下降，或者清除速率提高，说明有氧能力提高	
尿素氮（BU）	一个训练日的训练负荷量评估	训练课后测定反映训练负荷量，值越高说明训练负荷量越大；次日测定晨起恢复值可评定机体的恢复情况，尿素氮恢复正常水平表明训练负荷量合理，疲劳基本消除，尿素氮超过 7mmol/L 表示疲劳未完全消除，提示训练负荷过大；连续测定恢复期值可以监测一个大周期训练负荷量的变化	蛋白质和氨基酸分解最终代谢产物，由肝脏合成，由汗液、尿液排出
尿蛋白	一个训练日的训练负荷评估	训练课后测定，值越高说明训练负荷越大；测定次日晨起恢复值可评定机体的恢复情况，如转为阴性表明训练负荷合理，疲劳基本消除，如仍为阳性，或者值继续升高，表明训练负荷过大，疲劳尚未消除；连续测定恢复期值可以监测一个小周期训练负荷的变化。须结合训练目的、方法，并结合训练成绩来评价，且属于辅助指标，需与其他量化指标共同使用	大强度运动使肾小球滤过率升高、肾小管回吸收率下降及分泌增加，造成血液中蛋白进入尿液
尿酮体	一个训练日的训练负荷量评估	训练课后测定，反映训练负荷量，值越高说明高强度有氧训练的负荷量越大，属于辅助性指标，需与其他量化指标共同使用	脂肪酸分解代谢中间产物，部分进入尿液
尿潜血、尿胆红素、尿胆原	一个训练日的训练负荷量评估	训练课后测定，反映耐力训练负荷量，值越高说明高强度有氧训练的负荷量越大，属于辅助性指标，需与其他量化指标共同使用	大强度运动使红细胞及红细胞破坏，血红蛋白代谢产物增加，部分进入尿液
无氧功率	中长期无氧训练效果	评价一个长周期无氧训练方法和负荷安排的合理性、有效性，如最大无氧功率升高，表明糖酵解供能和/或 ATP-CP 系统供能能力提高；如无氧功率耐力提高，表明乳酸缓冲和/或耐乳酸能力提高	由 ATP-CP 及糖酵解系统供能能力决定

续表

指标	监控目的	评价方法	来源
最大摄氧量	中长期有氧训练效果评估	评价一个长周期有氧训练方法和负荷安排的合理性、有效性，如升高，表明最大有氧训练方法有效，可能是心、肺、血液携氧能力提高，或肌肉摄氧、有氧代谢能力提高	由心、肺、血液氧转运，以及肌肉有氧代谢能力等决定
无氧阈	中长期有氧训练效果评估	评价一个长周期有氧训练方法与负荷安排是否合理和有效，如训练成绩升高，同时无氧阈升高，表明肌肉有氧代谢能力提高，或乳酸清除能力提高	由肌肉有氧代谢能力决定

注：表中短周期约为1~2周；长周期约为3 ~8周。

总之，拳击训练的生理生化监控，主要包括对训练负荷、训练方法以及机体对训练负荷和方法的适应程度（身体机能状态）的监控。在运动训练实践中，教练员或运动员不仅要掌握好负荷强度和负荷量，还要了解运动训练后身体机能的变化情况。由于影响训练负荷的因素是多方面的，单一生化指标评定训练负荷往往有一定的局限性，从而会存在某些限制或误差。例如，采用血乳酸能评定训练强度，但无法了解训练量，而采用尿素氮评定训练量，却无法了解训练强度。再如，训练量过大时，尿蛋白排出量增加，但当训练强度过大时，其排出量更多，因此单独用尿蛋白作为评定指标，两者均很难确定。而综合运用生化指标，如同时采用血乳酸、尿蛋白和尿素氮 3 项指标进行综合评定，则既可全面评定训练负荷强度与量的大小，又可客观地了解运动员对负荷的反应。因此，在实施训练监控时，应根据训练的目的、运动员的机能情况、测试条件等选择多个指标，进行综合检测与评定。

二、拳击训练负荷的监控指标与方法

训练负荷的监控分为对负荷强度的监控和对负荷量的监控。训练负荷强度和训练负荷量对有机体刺激所引起的反应是不同的：一般来说，人体对训练负荷强度刺激反应比较强烈，能够较快地提高机体各器官系统的机能水平，所产生的适应性影响比较深刻，但相对来说这种适应不大稳定，容易消退；而人体对训练量刺激的反应比较和缓，但相对来说产生的适应比较稳定，消退也较慢。训练负荷强度和训练负荷量是运动训练中相互关联、密不可分的两个方面，有一定量的练习就有一定的强度，反之有一定强度的练习就有一定的量，人体能够承载的总负荷是有限的，因此人在运动中只能够承受较小强度的较大的量的运动，或较大强度的较小的量的运动。经过系统训练后，承受训练量的能力提高能为强度的提高打好基础，承受训练强度的能力提高又可为量的增加创造有利条件，因此，量和强度这两个因素是互相制约、互相影响，但又相辅相成、相互促进的关系。正因为此，所有在训练监控中使用的生理生化指标都难免受到训练负荷量和训练负荷强度同时的影响，难以把这两者的影响完全割裂开来分别分析。我们之所以能够把这些指标分为反映训练负荷强度和反映训练负荷量的指标，是科研人员经过多年的理论研究和实践应用，根据两者对人体产生的刺激不同而引起人体的反应不同，将能够最大限度地体现这种不同反应的指标筛选出来，尽量独立地量化训练负荷量与训练负荷强度对人体的刺激程度，例如，心率、血乳酸、血氨、肌酸激酶、尿素氮等。而有些指标，如血红蛋白、尿蛋白、尿潜血、血清睾酮等受到训练负荷强度和量两个因素的影响都较大，因此，在训练监控实践中必须结合训练实际完成情况来区分究竟哪个因素影响更为主要一些。在实际应用中，后者不单独作为评价训练负荷强度和训练负荷量的指标，而是要综合运用多项指标进行测试与分析。

（一）训练负荷强度的监控指标与方法

训练负荷强度指单位时间内单个或单组动作中运动员身体承受的外部刺激源所引起的内部应答反应的程度。20 世纪 50—60 年代比较流行提高训练量来提高运动成绩，而现代训练中大训练强度才是提高运动成绩的主要手段。对重点训练课负荷强度进行监控，其目的是了解机体所受训练刺激的程度，明确机体的生理负荷反应和恢复情况，从而评价训练安排的合理性和运动员机体的适应程度，有效地提高训练的科学性与训练的效果，而且能够监控运动损伤和防止过度疲劳的发生。

用于评价训练负荷强度的指标大多是人体在大强度运动中变化显著的指标，主要包括心率、血乳酸、血清肌酸激酶、血红蛋白、尿蛋白等（表 11-2）。

表 11-2　监控训练负荷强度的常用指标

监控目的	常用指标
评价一组训练的负荷强度	心率、血乳酸
评价一堂课或一个训练日的训练负荷强度	血清肌酸激酶、血红蛋白、尿蛋白、尿潜血

不同的监控指标有不同的评价标准，确定监控标准时首先要明确训练的目的，以及明确是针对哪个能量代谢系统的训练，然后选择相应的监控指标及评价标准。

1. 比赛负荷强度的监控

训练必须“从实战出发”是科学训练的一个基本要求，为了使训练强度达到比赛强度的要求，首先应对比赛负荷进行监测，并用于指导训练。因此比赛负荷监控实际上就是确定“专项负荷标准”，体现项目能量代谢特征，即专项强度特征。常用指标有心率、血乳酸。

图 11-5 为 2013 年国际拳联修改拳击比赛规则后，拳击运动员按照十分制规则进行 3 回合比赛后血乳酸监测结果。该次比赛为全国锦标赛，重要程度较高。共计测试了 28 名运动员比赛后 3 分钟的血乳酸，其中，4 人血乳酸在 12～15 mmol/L 之间（占

14%），13 人血乳酸在 15~20 mmol/L 之间（占 46%），11 人血乳酸在 20~24 mmol/L 之间（占 40%）。数据表明，拳击比赛过程中，运动员血乳酸明显积累，尤其是在对抗激烈程度越高的比赛中，运动员血乳酸也越高，反映了比赛过程中机体糖无氧酵解和有氧氧化的负平衡。可见，拳击是以无氧代谢为主要供能途径的运动项目，糖酵解代谢几乎达到了最高水平，因此拳击运动员的专项体能要求为“最大乳酸”下的比赛能力，这是拳击项目的能量代谢特征，为专项训练提供了参考。

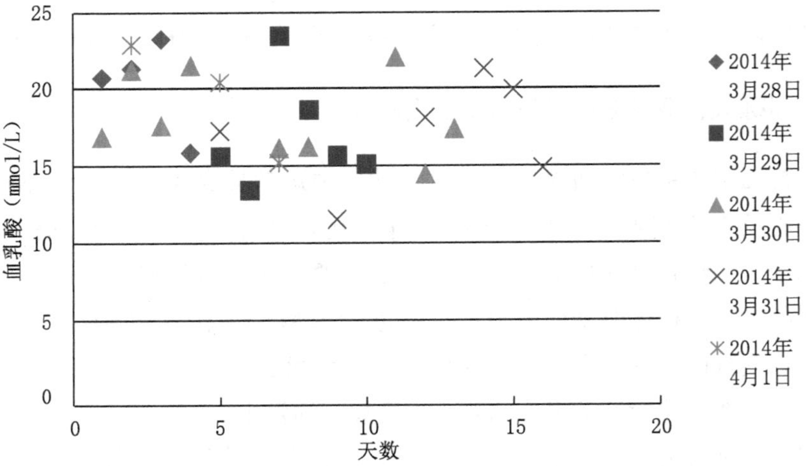

图 11-5　2014 年全国男子拳击锦标赛（3 回合）赛后 3 分钟血乳酸

图 11-6 为 2014 年 5 月底德国邀请赛赛后我国运动员的血乳酸水平，该比赛为水平较高的国际 A 级赛事。测试结果发现，8 名参赛运动员中，5 人赛后 3 分钟血乳酸达到 15mmol/L 以上，3 人在 12~14mmol/L 之间，进一步证明最大乳酸强度是 3 回合比赛规则下的能量代谢特征。

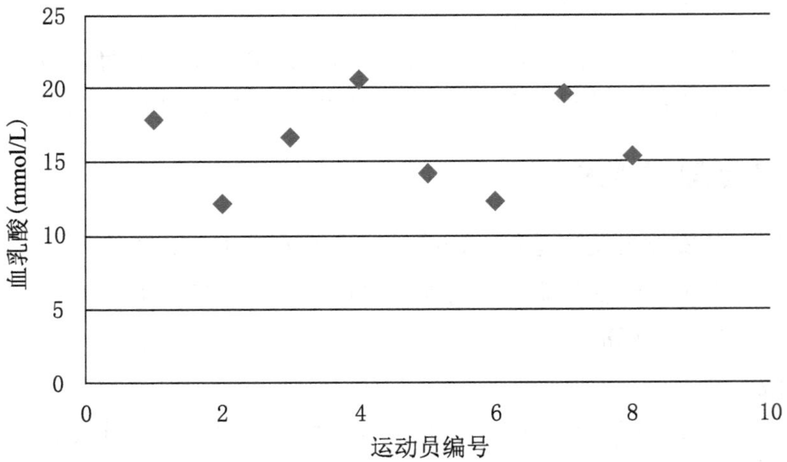

图 11-6　2014 年德国邀请赛赛后我国运动员血乳酸水平

2016 年中国拳王赛为在职业拳击规则下进行的 6 回合比赛，奖金丰厚，运动员重视程度很高，且参赛运动员均为我国最高水平运动员，因此比赛强度具有良好的代表性。表 11-3 为赛后血乳酸，由于职业比赛结束后媒体采访时间较长，获胜运动员基本只能采集到赛后 5~8 分钟的血乳酸，部分失利运动员能够采集到赛后 3 分钟左右的血乳酸。从结果来看，随着采血时间的延长，血乳酸平均值逐渐下降，因此采集赛后 3 分钟左右的血乳酸反映比赛强度较为合理。从乳酸值来看，多数运动员的血乳酸在 12~16mmol/L 之间，占 47%，其次是在 9~12mmol/L 之间，占 29%，仅 2 人低于 9mmol/L，2 人高于 16mmol/L，总体来看乳酸水平低于 3 回合比赛后乳酸水平，处于最大有氧强度至耐乳酸强度之间。因此，3 回合的业余拳击规则比赛强度高于 6 回合以上的职业拳击规则比赛强度，在训练中，备战 3 回合比赛应以最大乳酸强度为专项强度的训练目标，备战 6 回合以上比赛应以耐乳酸强度为专项强度训练目标。

表 11-3　2016 年中国拳王争霸赛（6 回合）赛后血乳酸值

姓名	测试时间（赛后）	血乳酸（mmol/L）	血乳酸平均值（mmol/L）
ZM	3 min	14.3	14.88
C	3 min	19.5	
WL	3 min 20s	15.6	
G	3 min 20s	9.3	
LW	3 min 30s	15.7	
HQ	5 min	15	13.2
SG	6 min	9.6	
WY	6 min	15.5	
SJ	6 min 30s	16.4	
ZJ	6 min 30s	12.4	
HR	6 min 30s	10.3	
WG	7 min 30s	8.9	11.35
LB	8 min	19	
M	8 min	5.3	
Y	8 min	10.2	
HJ	8 min	15.1	
HJB	8 min	9.6	

训练中的教学比赛也体现出回合数越多，血乳酸越低的特点，如表 11-4 为两次教学比赛后 3 分钟血乳酸对比，3 回合教学比赛后运动员平均血乳酸值为 14.0 mmol/L，其中 3 人血乳酸达到 15mmol/L 以上，接近最大乳酸水平；4 回合教学比赛后运动员平

均血乳酸值为 11. 8mmol/L，5 名运动员血乳酸均在 15mmol/L 以下，为耐乳酸强度水平，且 HJ、LW、W 三名运动员 3 回合比赛后血乳酸均明显高于 4 回合比赛后的血乳酸；L 与 ZJ 两名运动员进行了 9 回合比赛后，血乳酸均值为 8. 5mmol/L，均在最大有氧强度水平。所有运动员比赛后的心率都接近或达到最大心率（200 次/分钟），以上数据也表明拳击比赛的强度随回合数增加出现强度递减趋势，强度范围从最大有氧强度到最大乳酸强度之间。

表 11-4　3 回合、4 回合与 9 回合教学比赛后 3 分钟血乳酸对比

姓　名	2015 年 8 月 8 日实战对练后心率及血乳酸			2016 年 1 月 12 日实战对练后血乳酸	
	即刻心率（10s）	赛后 3 min 血乳酸（mmol/L）	备注	赛后 3min 血乳酸（mmol/L）	备注
LB	33	9. 3	9 回合		
ZJ	33	7. 7	9 回合		
乳酸均值		8. 5			
WL	33	12. 2	3 回合		
HJ	32	11. 4	3 回合	10. 8	4 回合
S	33	14. 8	3 回合		
H	31	16. 8	3 回合		
LW	33	16. 7	3 回合	8. 5	4 回合
ZO	34	8. 5	3 回合		
Y	33	8. 7	3 回合		
WZ	34	22. 6	3 回合	14. 5	4 回合
J				14. 0	4 回合
LM				11. 3	4 回合
乳酸均值		14. 0		11. 8	

2. 专项体能训练阶段训练负荷强度的监控

在 2015—2017 年的系统备战中，国家拳击队科研组总结出适合拳击项目的训练方法的能量代谢系统强度分级及监控标准，如表 11-5 所示。

表 11-5 共将主要的训练方法分成 6 个强度级别，依强度从最高到最低依次为磷酸原系统训练、最大乳酸训练、耐乳酸训练、最大有氧训练、乳酸阈训练、乳酸消除训练。心率可以为耐乳酸训练以下强度的训练进行强度分级，血乳酸则可以为所有训练强度进行分级。本表中的监控标准适合多数高水平运动员，但具体应用中仍需注意不

同运动员之间个体差异，需注意系统测试、积累数据，纵向对比。

表 11-5　拳击训练能量代谢系统强度分级及监控标准

训练方法	发展目的	心率（b/min）	血乳酸（mmol/L）
ATP-CP 系统训练	最大速度、力量	>180	<3~4
最大乳酸训练	发展糖酵解系统最大供能能力；提高最大速度耐力，或最大力量耐力	>180，或最大心率	≥16 合格；≥18 良好；≥20 优秀
耐乳酸训练	发展肌肉等耐受乳酸能力和乳酸缓冲能力；提高亚最大速度、力量耐力	>180	12~15
最大有氧训练	发展最大有氧能力	160~175	8~11
乳酸阈训练	提高线粒体有氧酶数量及活性	140~155	个体乳酸阈或 4 左右
乳酸消除训练	迅速消除乳酸，放松交感神经		<4，下降越快越好

最大有氧跑是拳击运动员主要的有氧训练方法之一，备战里约奥运会资格赛前，国家拳击队主要采用 3000m 跑来提高最大有氧能力，表 11-6 为用 3000m 跑训练一个月后的成绩变化。

表 11-6　国家拳击队备战里约奥运会资格赛期间 3000m 跑成绩变化

姓名	第一次测试成绩	第二次测试	平均即刻心率（b/min）	成绩提高幅度（%）
	12 月 22 日	1 月 25 日		
HJ	11 min 23s	10 min 37s	180	6.73
SJ	12 min 35s	10 min 14s	186	18.68
LW	12 min 43s	10 min 17s	200	19.13
SG	13 min 28s	12 min 13s	186	9.28
WZ	12 min 56s	11 min 52s	192	8.25
MH	15 min 09s	14 min 18s	192	5.61
平均值			189	11.28

从心率水平来看，这种训练方法强度为最大摄氧量水平，经过 1 个月训练后，跑动成绩提高 5.6%~19.1%，平均提升 11.28%，达到了良好的训练效果。为了进一步提高最大有氧能力，国家拳击队在奥运资格赛后采用了个体化的 80%最大有氧强度进行了训练，通过测试和计算，多数运动员个性化靶心率均在 160~170b/min 之间，经过 2

周训练，跑动成绩又在之前训练的基础上提升了平均 10.3%，如表 11-7 所示，证明个性化训练效果更好。

表 11-7　国家拳击队采用 80%最大有氧强度 12 分钟跑跑动成绩变化

姓名	靶心率	第 1 次（m）	第 2 次（m）	第 3 次（m）	第 4 次（m）	第 5 次（m）	第 6 次（m）	提高幅度（%）
LB	163	2800	2900	2900	2950	3000	3000	7.1
HJ	160	2700	2780	2800	2800	2800	2820	4.4
LW	171	2700	2700	2700	2800	3000	3050	13.0
YF	170	2600	2700	2800	2800	2900	3000	15.4
YJ	170	2380	2400	2400	2550	2550	2600	9.2
LQ	163	2400	2400	2500	2550	2600	2700	12.5
平均值								10.3

根据比赛中的测试，拳击比赛强度大多数在耐乳酸至最大乳酸强度之间，则在专项体能和实战技术训练中应尽量多地使强度达到这一标准。例如，表 11-8 为国家青年队采用循环力量和功率车 2 种方法进行的专项体能训练。

表 11-8　国家青年队循环力量和功率车专项体能训练后血乳酸

姓名	循环力量训练	功率车训练
	3 min 血乳酸（mmol/L）	3 min 血乳酸（mmol/L）
GT	14.2	21.4
PZ	12.2	16
LC	15	23.2
LQ	17.8	17.7
WX	16.1	16.1
YB	12.8	13.1
HR	10.7	23.8
ME	13.1	10.5
HZ	13.9	21.4
平均值	14.0	17.7

循环力量采用的是 9 项手段：①杠铃炮单推；②杠铃左右移动；③ 弹力带后高拉；④杠铃平推；⑤连续跳栏；⑥击掌俯卧撑；⑦甩绳；⑧壶铃弓步转体跳；⑨哑铃直拳。每个动作 20 秒，动作间无间歇，组间间歇 45 秒，共完成 5 组。原则：低负荷，快速，

动作标准，动作幅度尽可能大。测定3组动作完成后3分钟血乳酸。

功率车专项体能训练方法为：（10秒快速骑+10秒慢速骑）×2 +（20秒快速骑+20秒慢速骑）×2 +（30秒快速骑+30秒慢速骑）×2 +（40秒快速骑+40秒慢速骑）×2 +（50秒快速骑+50秒慢速骑）×2 +（60秒快速骑+60秒慢速骑）×2 +（50秒快速骑+50秒慢速骑）×2 +（40秒快速骑+40秒慢速骑）×2 +（30秒快速骑+30秒慢速骑）×2 +（20秒快速骑+20秒慢速骑）×2 +（10秒快速骑+10秒慢速骑）×2。原则：低负荷，快骑时全力快速，慢骑时放松。第2个60秒慢骑期间测定血乳酸。

从表11-8数据可以看到，采用循环力量训练后，少数队员（2人）血乳酸水平达到了最大乳酸水平，多数队员则为耐乳酸水平；而功率车训练后，多数队员（7人）血乳酸水平达到了最大乳酸水平，从能量代谢系统训练的角度来看，各自起到了不同的训练效果。循环力量训练能够依据拳击技术需求提高各主要肌群的肌肉耐力，而功率车训练主要提升的是下肢肌肉耐力，因此在训练实践中，前者运用较多，而后者运用较少。

另外，从以上例子可以很清楚地看到，由于个性化差异，以及运动员状态的波动，必须综合运用多个训练方法和手段去实现既定的训练目标，并用训练监控指标去监控，才能够有效地、全方位地提升运动员的竞技水平。

3. 一堂训练课或一个训练日整体负荷强度的监控

训练过程中，评价一堂训练课或一个训练日整体负荷强度的单一指标都具有一定的局限性，因此，在进行对训练课负荷应激和恢复情况的监控时，尽可能根据实际条件采用多个指标做较为全面的测试。表11-9是归纳对一堂训练课或一个训练日整体负荷强度的监控指标及简要评价方法。

表11-9　对一堂训练课或一个训练日整体训练负荷强度的监控指标及评价

指标名称（单位）	训练后30 min内		训练次日晨	
	指标表现	评价意见	指标表现	评价意见
尿蛋白	阳性	强度大	阳性	未恢复，负荷过大
	阴性	强度小	阴性	已恢复，负荷小或适当
尿潜血	阳性	强度大	阳性	未恢复，负荷过大
	阴性	强度小	阴性	已恢复，负荷小或适当
血清肌酸激酶（U/L）	300以上	强度大	300以上	未恢复，运动员有肌肉酸痛感
	300以下	强度小	200以下	已恢复，负荷小或适当

（改自《运动训练的生理生化监控方法》，冯连世等，2006）

（二）训练负荷量的监控指标与方法

训练负荷量是指在持续、连贯的身体活动时，运动员机体承受的外部刺激的总和，训练量的增加往往体现为训练时间的增加。在一堂训练课或一个训练日中，随着训练时间的延长，非糖物质参与氧化供能的比例也越来越多，其代谢产物（主要是氨基酸和蛋白质的分解代谢产物尿素氮、脂肪酸分解代谢中间产物酮体等）也越来越多，而血红蛋白、尿蛋白、血皮质醇等反映机体疲劳的指标也会有相应的变化。而在一个长周期的训练之后，训练量对机体的刺激也会通过血睾酮的变化表现出来。这些指标及评价方法归纳如表 11-10 所示。

表 11-10　监控训练量的生理生化指标及其评定方法

指　标	训练量评定	用恢复状况评定训练量
尿素氮	在训练课结束后 30 min 内采血测定，比运动前增加值超过 3 mmol/L 时说明运动量过大；增加值为 2 mmol/L 左右说明运动量适中；增加值只有 1 mmol/L 左右说明运动量很小	次日晨取血测定，一般降到基础值表明恢复良好，训练量适宜。没有明显下降或仍高于 8.0 mmol/L 表明训练量过大
血红蛋白	在训练课次日晨采血测定，较训练前水平下降越多，表明训练量越大	如 3 天后能够基本恢复训练前水平表明恢复良好，训练量适宜；如果继续下降，则表示有疲劳积累
尿酮体	在训练课结束后 30 min 内取中段尿测定，浓度越高说明训练量越大	通常次日晨都会转为阴性，故恢复情况对评价训练量没有有效的指导意义
尿蛋白	在训练课后 30 min 内取中段尿测定，阳性值越高说明训练量越大	次日晨恢复阴性，说明恢复良好，训练量适中。次日晨仍为阳性，说明未恢复，训练量偏大
血清睾酮	用于评定 3 周以上运动训练的总负荷量，如发现较上一次测试值下降超过 25% 说明训练量过大，应注意连续监测	1 周后复查，如果血清睾酮没有回升或继续下降，说明疲劳持续积累，必须减少训练量或被动调整；如果回升到训练前水平说明运动量合理

图 11-7 是某运动员备战里约奥运会前系统监控尿素氮、血红蛋白和血睾酮变化图。从尿素氮变化可见，其尿素氮一直呈下降趋势，表明训练量从赛前准备期到赛前逐渐下降，符合赛前训练的要求。7 月 18 日尿素氮明显升高，但实际训练量并未增加，尿素氮升高是由于控体重引起的，此外，睡眠不好、肉类食物摄入过多等均可引起尿素氮一过性升高。因此尿素氮用于监控训练量时，需要结合实际训练负荷、控体重、饮食、睡眠等多种因素进行综合分析。

从其同期血红蛋白变化来看，赛前准备期初期，训练量大，有短期疲劳积累，但下降幅度不大（<10%），表明能够适应训练负荷。到了备战后期，随着训练量的减少，

血红蛋白逐渐回升，表明机能状态提升。

从其同期血睾酮变化来看，基本处于逐渐升高趋势，波动幅度很小，表明训练量控制得很好，没有产生长期疲劳积累，运动员能够适应训练负荷，机能状态不断提升。

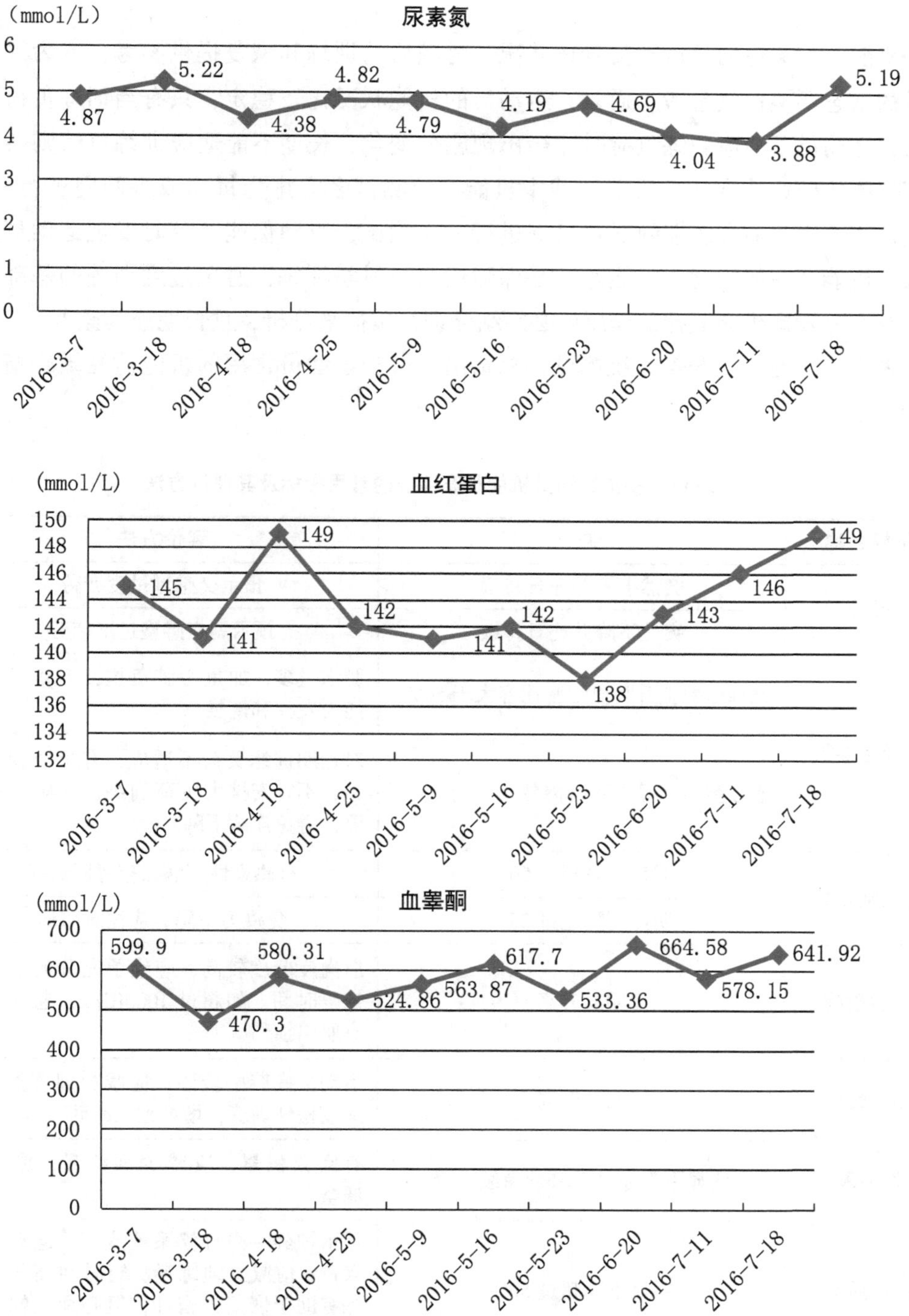

图 11-7　某拳击运动员备战里约奥运会期间血尿素、血红蛋白、血睾酮变化图

三、运动员身体机能状态的监控指标与方法

（一）机能监控指标与评价

机能监控关注的是运动员身体状况，为随后的训练和恢复提供参考，或为赛前运动员的状态调整提供参考。通常，运动员的机能状况比较稳定，只有当训练负荷连续过大，运动员不适应训练负荷时才会出现剧烈变化，长期不能适应训练负荷则会产生危害健康的破坏性变化。目前实践中机能监控测试多安排为每周或每两周进行一次，尤其是连续大负荷训练期间尽量每周进行一次测试，以确保能够及时发现运动员身体健康与机能存在的问题。机能监控是保障运动员科学训练，避免过度训练的基础性工作，要充分发挥机能监控的作用就必须结合训练负荷来分析，且长期连续监测。

表 11-11 是经过长期系统测试，总结出的拳击运动员常用的机能监控敏感指标及评价方法。

表 11-11　拳击运动员机能状态监控的常用指标及其评价方法

指标名称	变化	评价方法
晨脉	突然上升并连日持续	预示交感型过度疲劳
	突然下降并连日持续	预示副交感型过度疲劳
红细胞参数	红细胞数上升且血细胞比容大于 50%	脱水过多，加重心脏负担，不利于运动能力发挥和恢复
	血红蛋白明显下降（降幅>10%）	对近期训练负荷不适应，有短期疲劳积累，不宜安排大负荷训练，并应注意监测，避免连续下降
白细胞参数	明显升高超过 50%	有感染性疾病，应寻医治疗
	明显下降超过 25%	免疫力下降，应注意防病
肌酸激酶	明显升高	肌肉疲劳度较高，应给予充分的适应和恢复时间。如超过 1000IU/L，通常表明有肌肉损伤
尿素氮	明显升高	运动员疲劳感较强，应减少训练量，增加放松性训练，增加睡眠时间
血睾酮	明显下降超过 20%或持续下降	有疲劳积累，应减少训练量，或主动调整
血皮质醇	明显下降超过 50%	预示神经—内分泌系统疲劳，运动员难兴奋，应减少训练量。短时间高强度训练有助于恢复兴奋性，但必须大幅度减少训练量

续表

指标名称	变化	评价方法
血清铁蛋白	显著下降，伴有血红蛋白下降，或红细胞分布宽度增大	提示铁储备降低，可能造成贫血

图 11-8 为某位女子拳击运动员的血红蛋白、红细胞分布宽度和血清铁蛋白监测图。

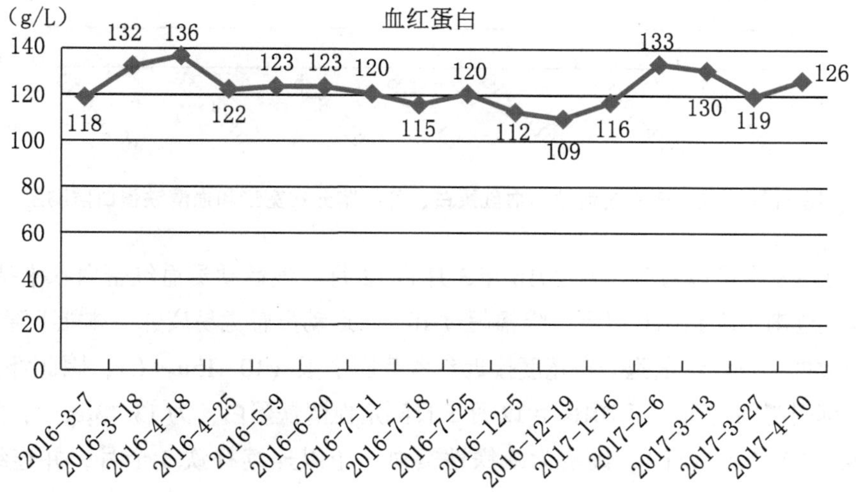

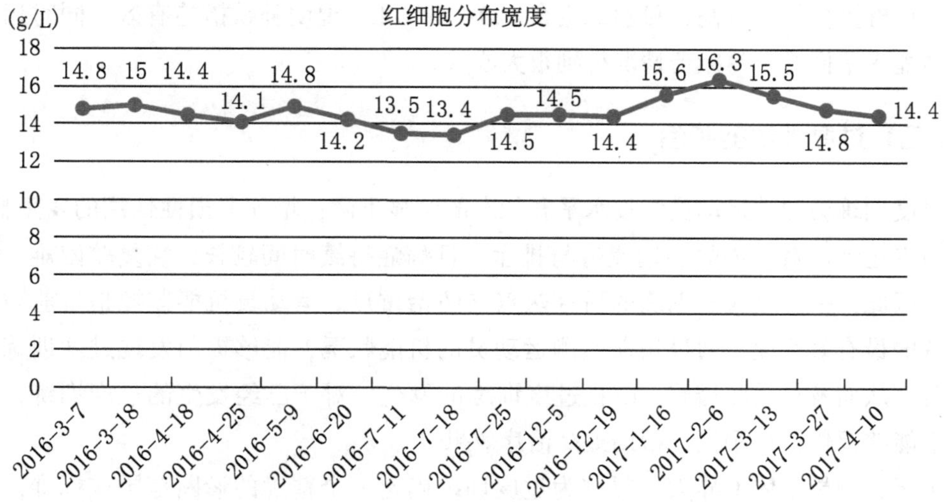

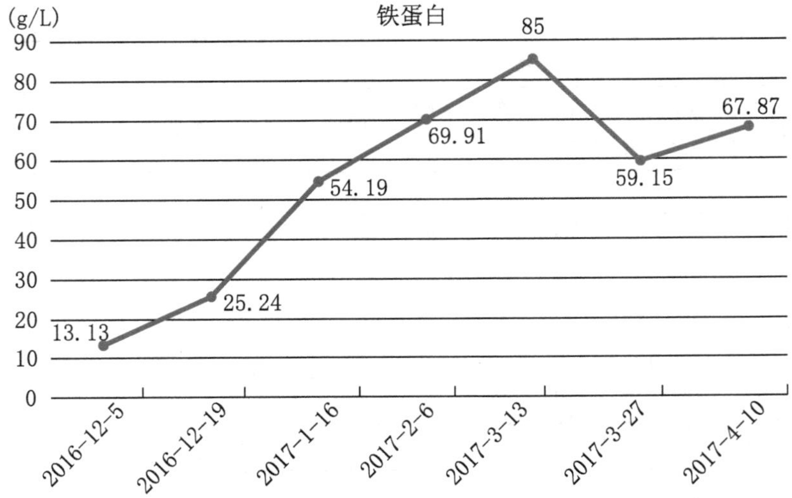

图 11-8　某女子拳击运动员血红蛋白、红细胞分布宽度和血清铁蛋白监测图

从图 11-8 中可以看到，从 2016 年 3 月到 12 月，该运动员血红蛋白水平持续下降，从 130 以上逐渐下降到 120 以下，降幅超过 10%，运动员感觉易疲劳，体能下降。仔细分析其机能数据，发现红细胞分布宽度接近参考范围上限（10~15μg/L），因此怀疑为缺铁和运动训练引起的贫血，于 2016 年 12 月 5 日测定血清铁蛋白，为 13.13μg/L，接近参考范围下限（10~100μg/L），确定为缺铁性贫血，予以连续补铁 3 个月，并连续监测铁蛋白和红细胞指标。开始补铁后，血清铁蛋白持续升高，红细胞分布宽度先升高，后下降，血红蛋白持续升高，目前稳定在 120~136g/L，说明补铁措施有效，同时运动员感觉体能水平回升，易疲劳情况得到很大改善。

（二）过度训练的防治

过度训练会导致运动员竞技水平和状态的明显下降，增加劳损性伤病的发生概率，甚至引发运动员对训练的心理疲劳与排斥，且病症持续时间较长，恢复较困难，危害较大，因此，一直是科学训练的研究热点与防治重点。运动员机能监控是目前防治过度训练的最有效手段，通过长期监测运动员的机能状况，能够提前发现过度训练的早期异常，从而及早采取措施，防止过度训练的发生。对于已经发生的过度训练，机能监控也能够提供评估手段，帮助提高治疗效果。

由于运动员个体差异大，很难为过度训练确定一个精确的诊断范围或标准，应综合多个因素来进行评定，主要方法为：当运动员出现连续 3 周以上（含 3 周）血清睾酮和血红蛋白持续下降、晨脉和尿素氮持续升高，且变化幅度达到甚至超过以往大负荷训练时这几项指标的水平，同时伴有运动能力明显下降、食欲和体重下降、训练欲望降低、情绪低落、失眠、易患感冒、易受伤等症状时，则可以确定运动员已经出现过度训练。如能早期发现，经过 1~2 周的调整通常可以恢复；如果不能及时发现，则可能进一步形成长期过度训练，加大恢复难度。

图 11-9 为某男子拳击运动员备战里约奥运会前机能指标变化。

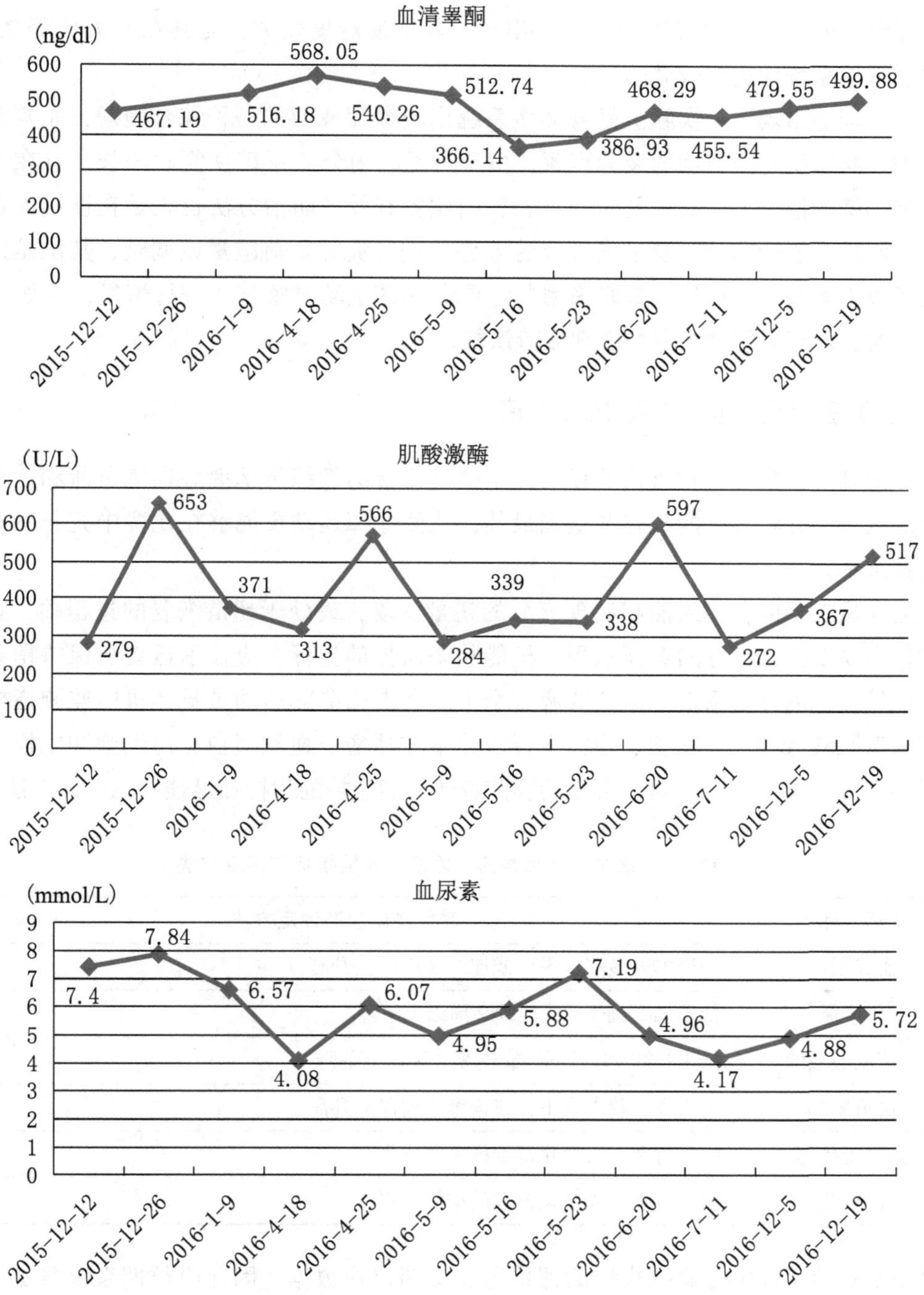

图 11-9　某男子拳击运动员备战里约奥运会期间机能指标变化

从图 11-9 可见，该运动员从 2016 年 4 月 18 日血清睾酮达到峰值后，开始持续下降超过 4 周，运动员感觉非常疲劳，出现厌练情绪，训练质量变差。机能测试发现问题后，建议教练员大幅度减少训练负荷。从肌酸激酶和尿素氮水平来看，4 月 25 日—5 月 23 日期间，训练强度和量均降到了较低水平，持续一个多月后，运动员血清睾酮才得以逐渐回升。这说明过度训练一旦出现，其恢复难度较大，尤其在重大比赛之前，会对训练的系统性造成较大的影响。

过度训练出现时，实际上是身体多系统出现深度疲劳的一种综合表现，尤其是神经、内分泌系统有中长期的疲劳积累，由于神经、内分泌系统恢复时间长，且在不中止专项训练的情况下，其恢复时间更长，因此较有效的防治方法首先是在连续大负荷训练期间加强机能监控，及早发现疲劳趋势并进行训练负荷减量或调整，其次是连续出现睾酮下降超过 3 周后，最好采用非专项训练的主动调整方式进行恢复，例如 3～5 天的旅游，可以在短期内尽快实现疲劳恢复。

（三）赛前运动员身体机能的监控

赛前训练中生理生化监控的目的，主要是为帮助教练员掌握好训练负荷和运动员的机能状态，并将其机能状态调整到最佳，从而保障运动员能够在比赛中充分发挥最佳竞技水平。

运动员在赛前，如果能够实现充分的超量恢复，或处于超量恢复的过程中，则比赛时较容易发挥出良好的竞技水平。机能状态监控的指标，应显示运动员保持稍有疲劳，但神经、内分泌系统应达到低疲劳水平。拳击比赛前运动员身体机能监测指标主要有血清肌酸激酶、尿素氮、血清睾酮、血清皮质醇、血红蛋白、白细胞和中枢神经疲劳参数等。表 11-12 是目前常用的赛前身体机能监控的指标和最佳状态评定方法。

表 11-12　拳击运动员赛前身体机能监控指标与评定方法

指　标	最佳身体状态评定方法
血红蛋白	处于本人最高水平，或连续 2 周以上升高
尿素氮	低于 7mmol/L，或连续 2 周以上下降
血清肌酸激酶	低于 300U/L 以下，或连续 2 周以上下降
血清睾酮	处于本人较高水平，或连续 2 周以上升高
血清皮质醇	应保持在个人变化范围的中等水平
白细胞	应保持在个人变化范围的中等水平

由于赛前生理生化监控指标的评价需要参照以往数据，因此应长期系统测试，尤其高水平的优秀运动员，应该建立个人机能档案，进行个体分析。例如图 11-10 为某运动员备战第 13 届全运会前机能监控数据。

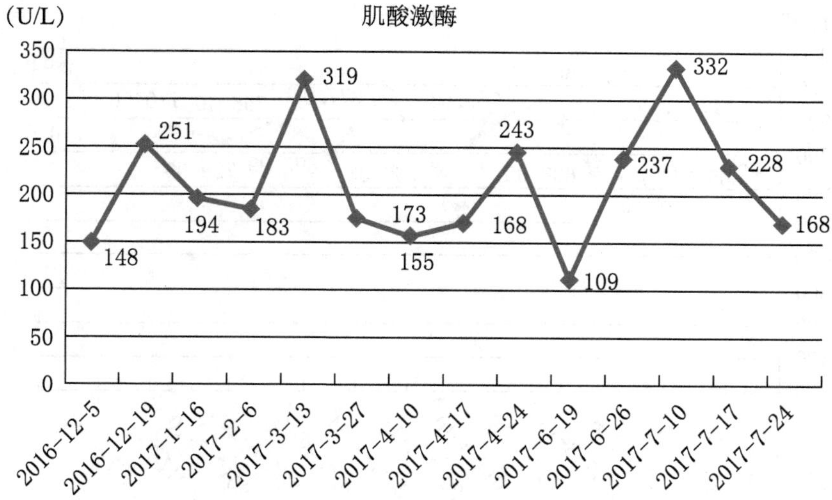
(U/L)
肌酸激酶
350
300
250
200
150
100
50
0
148
251
194
183
319
173
155
168
243
109
237
332
228
168
2016-12-5
2016-12-19
2017-1-16
2017-2-6
2017-3-13
2017-3-27
2017-4-10
2017-4-17
2017-4-24
2017-6-19
2017-6-26
2017-7-10
2017-7-17
2017-7-24

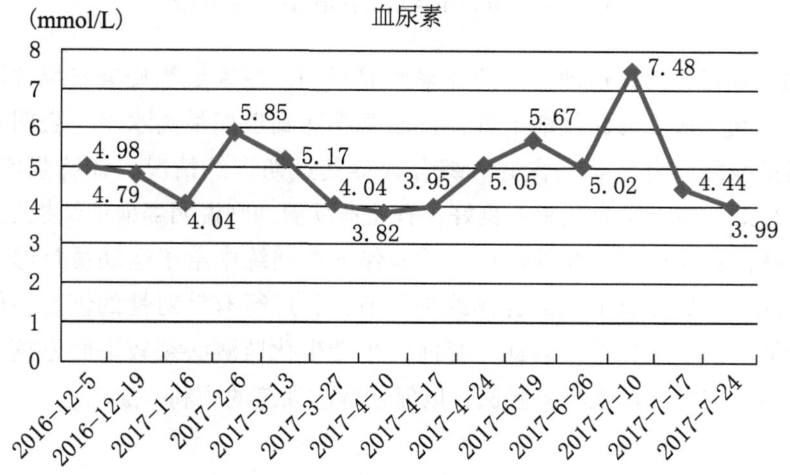
(mmol/L)
血尿素
8
7
6
5
4
3
2
1
0
4.98
4.79
4.04
5.85
5.17
4.04
3.82
3.95
5.05
5.67
5.02
7.48
4.44
3.99
2016-12-5
2016-12-19
2017-1-16
2017-2-6
2017-3-13
2017-3-27
2017-4-10
2017-4-17
2017-4-24
2017-6-19
2017-6-26
2017-7-10
2017-7-17
2017-7-24

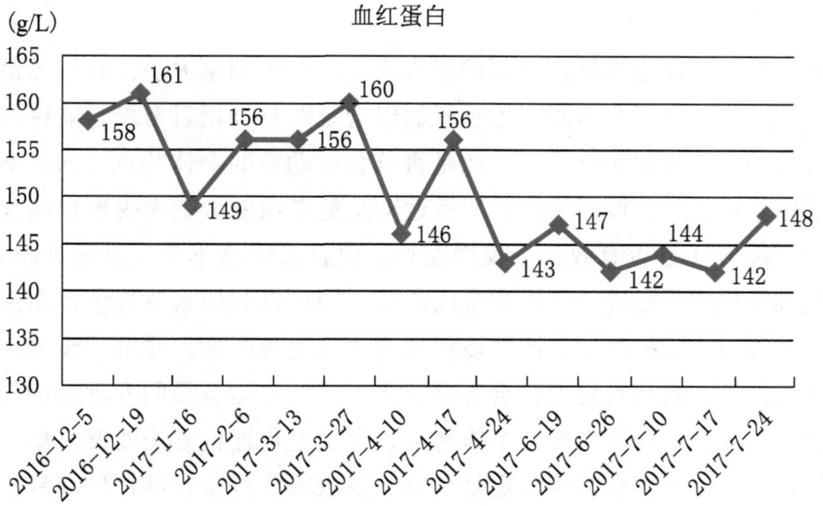
(g/L)
血红蛋白
165
160
155
150
145
140
135
130
158
161
149
156
156
160
146
156
143
147
142
144
142
148
2016-12-5
2016-12-19
2017-1-16
2017-2-6
2017-3-13
2017-3-27
2017-4-10
2017-4-17
2017-4-24
2017-6-19
2017-6-26
2017-7-10
2017-7-17
2017-7-24

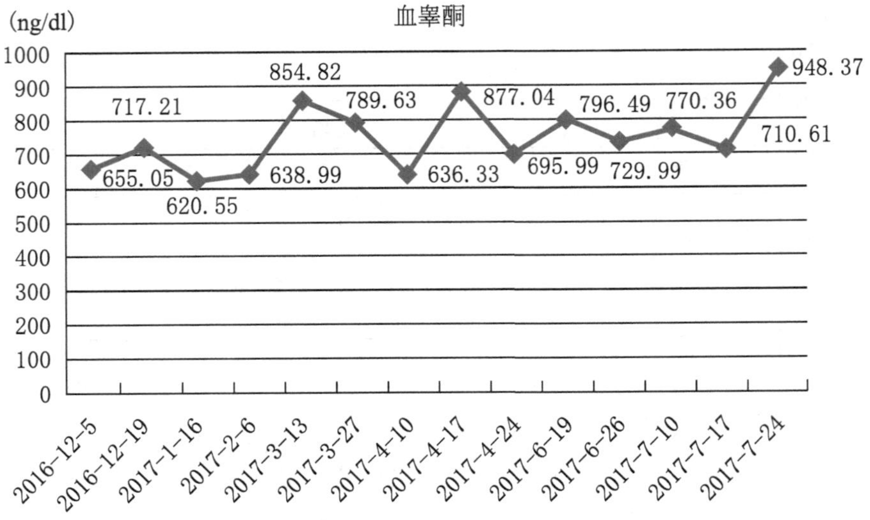

图 11-10　某拳击运动员赛前机能指标变化

从图 11-10 可见，该运动员近两周来肌酸激酶、尿素氮等疲劳指标逐渐下降，血红蛋白、血睾酮等恢复指标逐渐上升，且血睾酮达到近期最高水平，表明身体各系统均在实现超量恢复，竞技状态良好。综合观察其近期训练情况，训练强度达到最大，且完成情况良好，运动员自我感觉良好，有比赛欲望，则说明赛前训练控制良好。

总之，赛前身体机能监控的作用，就是保证在训练中给予运动员足够刺激的基础上，及时发现运动员可能出现的身体或神经疲劳，进行有针对性的恢复，保证运动员以最好的身体状态参加比赛。因此，赛前的生理生化监测必须较平时密度更大，尤其是发现问题后更应重点加强相关测试，以保证赛前训练的顺利、成功。

四、训练方法的监控指标与方法

训练方法是影响训练效果最重要的因素之一。对于训练方法，教练员最关心的应该是训练负荷、训练流程及不同训练手段的组合是否符合项目要求，能否高效地提高运动员某方面的能量代谢系统能力，或是否符合运动员的个体特点。如果不采用生理生化监控手段，通常需要根据一段时期后运动员的专项能力是否得到提高来判断前一阶段采用的训练方法是否有效，不仅周期长，而且准确性不高，也很难做定量分析。如果采用生理生化的手段进行训练方法的监控，则可以利用人体能量代谢系统的工作规律，通过其代谢产物的测定，评估该训练方法的生理强度，并进一步与比赛的生理强度进行比较分析，判断其是否符合专项要求；或结合运动员的专项体能特点，判断该训练方法是否符合运动员当前的个体特点。生理生化评估方法能够对单一训练手段进行精确评估，最大的优点是能够定量分析，使教练员可以根据评估结果不断修正训练方法，并反复测试，最终使之达到最佳训练效果。

训练方法生理生化监控的常用指标有两个，即心率和血乳酸。心率和血乳酸的结合是目前训练中应用最普遍的强度监控手段，它们能够在一次动作完成后即刻测定机体对训练强度的反应，或对有目的地发展运动员某部分能量代谢系统供能能力的训练方法和手段进行监控。用心率和乳酸评价训练负荷强度的具体评价方法和标准详见表11-5。依据评价标准，则可对不同训练方法进行定性、定量分析，如表11-13所示为对部分常见糖酵解供能系统训练方法进行的分析，以及提出的训练方法修改建议。

表11-13　拳击部分常见糖酵解系统供能训练方法强度评定及建议

训练方法	乳酸水平（mmol/L）	训练方法优化建议
全力变速跑（男900-800-700-600-400m），（女800-700-600-400-400m）间歇1.5~2分钟	H 9.9，SJ 15.3，SG 16.7，M 14.3，YF 12.9，YJ 13.5，L 14.6，属耐乳酸至最大乳酸强度之间	可作为耐乳酸训练，建议距离顺序颠倒，从短到长，间歇基本合理，使乳酸保持在12~15mmol/L，保持长时间刺激
3分钟3项快速专项循环（跳绳双摇，哑铃空击，沙袋全力），第一组各1分钟，第二组各30秒，第三组各20秒，第四组各15秒，间歇1分钟	Y 13.7，L 9.1，属最大有氧至耐乳酸强度之间	可作为专项耐乳酸训练，与技术结合较紧密，乳酸应保持在8~12mmol/L
400m×5全力跑，间歇1分钟~1分钟20秒	H 11.8，SJ 16.2，SG 14.9，M 13.7，YF15.5，YF14，L12.2，属耐乳酸至最大乳酸之间	可作为最大乳酸训练，间歇应缩短至45秒~1分钟，使乳酸达到16mmol/L以上
8项循环快速力量（小哑铃空击、杠铃杆平推、小杠铃挺举、大杠铃弯举、甩绳、大壶铃前抡、小壶铃上举、跳宽箱，每组循环3次）×3组，第1组每项30秒歇3分钟；第2组每项20秒，间歇2分钟；第3组每项15秒	H 19，SJ 13.1，SG 15.2，M 7.5，YF13.7，YJ10.6，L 12.1，J 21，属耐乳酸至最大乳酸之间	可作为最大乳酸力量耐力训练，建议增加下肢快速动作（如负重跳跃）和全身动作，间歇应缩短至45秒~1分钟，使乳酸突破16 mmol/L
快速沙袋+空击，2分钟连续快速空击×4组，间歇1分钟；快速打沙袋（共5组）：30秒沙袋-30秒防守动作×3组，间歇1分钟；30秒沙袋，30秒休息，间歇1分钟；30秒沙袋，30秒休息	H9.4，S11.3，L9.4，Y 11.3，属最大有氧强度	建议不作为专项体能训练，而作为专项速度训练
6回合2对手实战	Y16.6，L11.5，属耐乳酸强度	专项综合耐乳酸训练，可以在专项能力训练初期采用

续表

训练方法	乳酸水平（mmol/L）	训练方法优化建议
5 回合 2 对手实战	H17.2，SJ13.6，W18.5，SG13.3，属耐乳酸至最大乳酸强度	专项综合耐乳酸训练，大级别运动员可能接近最大乳酸训练

由表 11-13 可以看出，一次单独的训练，其效果受到训练方法本身、运动员状态以及运动员个体化差异等多因素的影响，因此，为达到预期目标，需要做好训练前的身体准备，并在训练计划中尽量用不同的训练方法实现同一训练目标，以及针对重点运动员的个体情况进行负荷、持续时间和间歇设计。

赛前训练阶段国家拳击队主要采用 ATP-CP 系统供能能力训练，表 11-14 为传统采用的赛前最大强度训练方法之一，从 1 分钟连续击打沙袋，到 30 秒，再到 10 秒，记录击打次数，测定 3 分钟乳酸。

表 11-14　快速击打沙袋训练成绩及血乳酸水平

1 分钟自由沙袋：快速 1 分钟快速沙袋，间歇 1 分钟，共 6 分钟											
出拳数	R1	R2	R3								
L	92	91	88								
Y	110	97	82								
H	100	108	103								
30 秒自由沙袋：快速 30 秒快速沙袋，间歇 30 秒，共 3 分钟											
出拳数	R1	R2	R3	R4	R5	R6					
L	83	78	107	87	82	74					
Y	96	105	90	92	86	99					
H	83	81	80	86	89	79					
10 秒自由沙袋：快速 10 秒快速沙袋，间歇 10 秒，共 3 分 10 秒											
出拳数	R1	R2	R3	R4	R5	R6	R7	R8	R9	R10	**3 分钟乳酸**
L	41	31	34	38	42	34	28	40	33	32	7.9
Y	40	44	43	40	44	39	50	48	45	42	10.4
H	38	50	38	37	47	32	40	37	41	44	9.5

从乳酸水平来看，这种训练方法乳酸水平过高，达不到 ATP-CP 系统的训练效果，因此，针对爆发力发展的要求，对训练方法进行了改进，运动员按要求进行 3 组快速击打沙袋练习训练完成后的血乳酸水平，如表 11-15 所示。第 1 组近距离 10 拳+10 秒

互摔，第2组远距离反复进退2拳×5+10秒互摔，第3组近距离3拳×3+10秒互摔，每次动作总时间20秒，每组约90拳。

表 11-15 快速击打沙袋爆发力训练后血乳酸水平 （单位：mmol/L）

姓名	H	ZJ	SJ	WG	LW	WY	HJ	YF	YJ	CY	L
3分钟血乳酸	4.9	1.8	3.5	3.2	5.4	4.7	7.1	4.3	6.2	4.1	7.7

这种训练方法能够真实模拟比赛中主要以爆发力出拳，间歇以大量身体近距离贴靠对抗的特点，从乳酸水平来看，多数运动员能够达到良好的ATP-CP系统训练效果，从实际完成情况来看，运动员疲劳程度较高，是在疲劳状态下完成爆发力技术动作，因此，又有很好的ATP-CP系统再生能力训练效果，较前一种训练方法更适合于赛前训练。

总之，将生理生化监控手段用于训练方法的监控和改进首先应明确训练目标，即以哪种能量代谢系统作为主要发展目的，进而根据不同能量代谢系统的供能特点、代谢产物水平来设定监控标准，再依据实际测定结果评估训练目标实现程度，进而修改负荷重量、持续时间、间歇时间、完成组数等关键参数，使训练方法更有效。由于优秀运动员之间的个体差异较大，同样的训练设计很难通用，以及随着运动员体能水平的发展变化，需要不断调整训练方法，因此更有必要强化监控，进行个性化训练。

五、专项运动能力的监控

在进行一个阶段训练后或完成周期训练计划之后，随着运动员对训练负荷的适应，运动员的身体机能会在新的水平上重新建立平衡，表现为专项运动能力的提高。因此在训练实践中，通过监测无氧功、无氧阈、乳酸阈、最大摄氧量等生理指标，结合训练学指标评价该周期中训练方法、负荷合理性及训练效果，进而对运动员专项训练能力的变化进行监控。因此，这项工作相当于阶段性的训练效果评估，其与训练学评估的区别在于提供了更多的数据可供机理分析，可为改进长周期整体训练方案提供参考，但不能对具体训练方法进行指导。

例如，表11-16为对国家拳击队重点运动员进行的最大摄氧量测试，采用的是实验室递增负荷气体代谢测试法。

表 11-16 国家拳击队重点运动员最大摄氧量变化

姓名	2016年12月6日		2016年4月20日	
	VO_2max	VO_2/kg	VO_2max	$VO_2 max/kg$
LB	3.53	65	3.16	64

续表

姓名	2016 年 12 月 6 日		2016 年 4 月 20 日	
	VO_2max	VO_2/kg	VO_2max	VO_2 max/kg
HJ	4.43	85	3.59	65
ZJ	3.74	64	3.62	64
LW	4.92	67	4.82	67
YF	5.33	57	5.72	63
YJ	3.19	53	3.04	51
LQ	3.72	52	3.80	52

表中第一次测试为备战里约奥运会期间进行的一次测试，第二次测试则为奥运会结束 3 个月后集训初期进行的测试。可以看到大部分运动员最大摄氧量水平都有所提高，这表明两次测试期间运动员有氧训练效果良好，且奥运会后维持得较好，新的训练方案应在新数据的基础上进行设计和安排。

用无氧功、个体无氧阈和最大摄氧量等生理指标来监控一个长训练周期的整体训练效果，主要是在训练周期前后完成。这种测试安排不能够在训练周期中间为教练员随时改进训练方法和安排训练负荷提供帮助。而长周期训练的整体效果会受到训练方法、训练负荷、运动员机能状态等多因素影响，因此在进行分析评价时，需要结合这些因素的具体情况来综合分析。

生化指标对一个训练周期完成后运动员运动能力的变化也会有所反映，可以作为无氧功和最大摄氧量之外的重要的辅助指标，结合训练成绩一起分析有助于分析专项能力提高的机制。具体分析方法如下：①当运动员在大强度训练中的速度、爆发力有所提高，血氨水平也升高，则表明参与快速供能的高能磷酸物质比例提高，转换速度加快，ATP-CP 系统供能能力增强，使短时间内能量输出量增加，做功功率提高。如速度耐力有所提高，同时运动员的最大血乳酸水平也升高，则表明运动员无氧代谢酶系统活性提高，肌肉在高乳酸环境下工作的能力提高。如速度耐力有所提高，但同时运动后的血乳酸水平下降，则表明运动员有氧代谢酶系统活性提高，或乳酸消除能力提高，因此可能是最大有氧代谢能力提高的结果。②当运动员完成相同负荷的训练课/训练日后出现以下变化，表明其承受训练负荷强度的能力提高：a. 血清肌酸激酶升高幅度减少；b 血红蛋白下降幅度减少；c. 尿蛋白升高幅度减少；d. 尿胆红素和尿胆原水平升高幅度减少。运动员出现以下变化则表明其承受训练负荷量的能力提高：a. 心率恢复正常的时间缩短；b. 相同负荷运动后血乳酸下降或血乳酸恢复速率增加或运动强度-血乳酸曲线右移；c. 尿素氮水平升高幅度减少；d. 血红蛋白水平下降减少；e. 尿酮体升高幅度减少；f. 尿蛋白水平升高幅度减少；g. 尿胆红素和尿胆原水平升高幅度减少。

表 11-17 是国家拳击队两次循环力量训练后血乳酸值对比，训练方法均为 9 个动作循环训练，动作包括：①杠铃炮单推；②杠铃左右移动；③弹力带后高拉；④杠铃平推；⑤连续跳栏；⑥击掌俯卧撑；⑦甩绳；⑧壶铃弓步转体跳；⑨哑铃直拳。每个动作持续时间 20 秒，动作间无间歇，组间间歇 45 秒，共做 5 组。原则：低负荷，快速。测定第 5 组结束后 3 分钟血乳酸。

表 11-17　国家拳击队两次循环力量训练后 3 分钟血乳酸值对比　（单位：mmol/L）

姓名	2017 年 1 月 11 日	2017 年 3 月 20 日	变化
CY		23.6	
ZJ	7.2	8.6	↑
SJ	13.1	8.6	↓
WG	9.6	8.9	↓
LW	10.2	9.9	↓
HJ	13.7	15.4	↑
YF	9.2	8.2	↓
YJ	8.5	8.3	↓
LQ	7.2	6.3	↓

由表 11-17 可见，9 名运动员中，2 名运动员在第二次测试中血乳酸略高于第一次测试，6 名运动员第二次测试中血乳酸较第一次下降，表明期间进行的糖酵解系统供能训练效果良好，大部分运动员耐乳酸能力提高，或乳酸消除能力提高。另外，CY 这名运动员是 3 月初刚来到国家队集训的，未参加国家队之前进行的系统冬训，其 3 月 20 日测试乳酸水平显著高于其他运动员，表明其乳酸清除能力显著弱于其他运动员，进一步证明国家队本次冬训在有氧能力方面及耐乳酸训练方面效果显著。

表 11-18 为某拳击运动员在高原训练前后 3000m 跑成绩、心率和血乳酸水平变化情况。其在高原训练后 3000m 跑成绩提高，同时跑步过程中最大心率下降，跑后心率下降速度提高，血乳酸水平下降，均证明其有氧能力提高，乳酸消除能力提高。

表 11-18　拳击运动员 Z 高原训练后 3000m 跑成绩及心率、血乳酸变化情况

日期	3000m 跑成绩（min：sec）	HR_{max}（b/min）	跑后 1min 心率（b/min）	跑后血乳酸（mmol/L）
7 月 3 日	15：42	180	156	10.47
8 月 1 日	15：35	174	126	8.04

（冯连世，2008）

总之，评定阶段性竞技能力变化时如果能够综合运动表现和生理生化测试来进行，则不仅能够明确运动员竞技能力的变化方向，而且能够分析变化发生的内在原因，间接对前一阶段训练的合理性和有效性进行评估。

第三节　生理生化监控的实施

一、训练监控的实施步骤

为了使训练效果最大化，应重视每个训练阶段、每周、每堂课乃至每组训练的训练监控。针对训练课开展的生理生化训练监控一般是遵循如下程序进行的。

（一）明确训练目的和监控目的

一般来说，一堂训练课往往只围绕一个训练目的、针对一个方面能力的提高来实施，要对其进行训练监控首先应明确该堂课的训练目的，即主要想提高运动员哪个方面的能力，该方面的能力的强度特征是什么，属于哪个能量代谢系统供能。明确了训练目的，也就明确了训练监控的目的，确定了指标选择的范围。

（二）选择相应的监控指标

依据训练方法的强度特征，结合训练负荷和训练间歇等安排，选择相应的监控指标和方法。其基本原则是：①注重监控指标的有效性，所选择的监控指标对训练方法引起的生理生化改变应有灵敏的反映，能够准确地反映运动负荷，这是达到训练监控目的的首要要求；②如有条件，最好选择两个以上的指标同时评定，各生理生化指标之间应具有相对的独立性和良好的互补性，能够从不同角度反映训练负荷变化，同时兼顾简单、经济的原则，避免不必要的重复和浪费；③尽量避免训练以外的因素对既定的检测指标的影响，或者采取一定的措施以有效地排除训练以外因素的影响。

（三）生理生化监控的具体实施

评价一堂课中一次或一组动作负荷强度的指标主要是血乳酸和心率，评价该堂训练课的累积强度的指标主要是课后以及次日晨的血清肌酸激酶、血红蛋白、尿蛋白与尿胆原，评价该堂课训练量的常用指标主要是课后以及次日晨的尿素氮、血红蛋白、尿蛋白和尿酮体。血乳酸、心率、肌酸激酶、尿素氮对于训练强度或量的敏感度较高、区别度较高，应作为主要指标，血红蛋白和尿液指标对训练负荷强度和量都有反应，区别度不够高，因此可作为辅助指标，配合主要指标共同使用。应当注意的是，无论哪种训练监控，都必须结合运动员训练完成的具体情况来进行评价。

在训练监控中，有些指标安排在次日晨测试，测定运动员恢复了一夜之后的指标水平，主要考虑到：①有些指标（如血清肌酸激酶）出现峰值的时间并不在运动后即刻，而是有数小时至数十小时的延迟，因此可选择次日晨一个固定时间点进行测试；②运动员的状态（尤其是训练前的初始状态及恢复能力）是不断变化的，同一运动员在不同时间对某一固定训练负荷的身体反应是不同的，因此，测定次日晨指标水平综合考虑了运动员的恢复情况，能够更真实地反映运动员对负荷的适应程度，同时提供了运动员当前的机能状况，能够更好地帮助教练员制订当天及后续几天的训练计划。

监控一堂课的指标及其应用方法和原则总结如表 11-19 所示。

表 11-19　一堂训练课的生理生化训练监控指标应用方法及原则

指标	应用方法	应用原则
心率	测一次或一组动作完成后的即刻心率，反映训练的强度。须事先测试运动员的最大心率及心率储备作为评价强度的参考	尽量检测到训练后心率的峰值。适合于中、低强度训练的强度定量分析及高强度训练的强度定性分析
血乳酸	通常采指尖血或耳垂血进行测定，取血测定血乳酸的时间要根据运动强度和运动时间而定，长距离或长时间耐力训练后的血乳酸峰值，一般为训练后即刻，建议训练完成后尽快采血测定。400 米、800 米等距离、短时间力量耐力或爆发力训练后，血乳酸峰值一般出现在训练完成后 3~5 分钟，建议训练后 3 分钟取血测定乳酸，长期固定，便于横向与纵向比较	尽量检测到血乳酸升高的峰值，以准确反映身体能量代谢情况。适用于监控所有训练强度的定量分析，在安静状态下还可以监控运动员的紧张或调动状况
尿蛋白	训练课后 30 分钟内留中段尿测定，尿蛋白越高训练负荷强度或训练负荷量越大	一般不单独用于评价训练负荷，主要做辅助指标
尿胆原	训练课后 30 分钟内留中段尿测定，尿胆原越高训练负荷强度越大	一般不单独用于评价训练负荷，主要做辅助指标
尿酮体	训练课后 30 分钟内留中段尿测定，尿酮体越高训练量越大	主要做辅助指标，高脂饮食使其升高，运动中补糖使其下降，注意排除这些因素的干扰
血肌酸激酶	通常测周一晨起的血肌酸激酶值以反映上周总体训练负荷强度，也可以测一堂训练课/训练日后次日晨起值以反映前一日总体训练负荷强度，如想着重了解某堂课训练效果也可以在训练课后 4~6 小时取血测峰值，值越高表明训练负荷强度越大。因个体差异较大，应在运动员无疲劳时测一次安静值以了解其基础水平，用增长值反映运动强度	短周期评价取血时间要固定，注意该指标个体差异较大，并且特别大幅度的异常升高往往由肌肉损伤引起的，可用于肌肉损伤程度诊断

续表

指标	应用方法	应用原则
尿素氮	通常测周一晨起值以反映上周训练负荷量，也可以测一堂训练课/训练日后次日晨起的尿素氮以反映前一日的累积训练量，如着重了解训练效果也可以在训练课后1小时内取血测峰值，值越高表明训练量越大。应在运动员无疲劳时测一次安静值以了解其基础水平，用增长值反映实际训练量	短周期评价取血时间要固定，注意高蛋白膳食、睡眠不佳或减控体重能使该指标升高
血红蛋白	通常测周一晨起值以反映上周总体训练负荷，也可以测一堂训练课/训练日后次日晨起的血红蛋白以反映前一日的累积训练负荷，如着重了解训练效果也可以在训练课后1小时内取血测最低值，血红蛋白值下降越多表明训练负荷强度或训练负荷量越大。应在运动员无疲劳时测一次安静值以了解其基础水平，用变化值反映实际训练负荷	短周期评价取血时间要固定，注意铁缺乏、维生素 B_{12} 缺乏或蛋白质缺乏均可引起血红蛋白下降

在实际监控中，发现运动员之间存在较大的个体差异，每个人的生理生化指标波动范围或疲劳阈值也有所不同。由此，以上每个指标在具体应用时，都要遵守“个体化”原则，包括两层含义：一是不同运动员之间各个指标的基础值、阈值和最高值不同，有时甚至差别很大，因此在实施训练监控前应该测定每个运动员无疲劳状态下的值（基础值）作为评价基础，训练周期中间以指标变化幅度作为评定根据，进行个体分析、纵向比较，且不同运动员之间尽量不做横向比较；二是指在不同训练阶段，随着运动员训练水平和机能水平的不断变化，相同训练负荷引起的指标变化幅度也会改变，因此指标的参考范围和评价方法有必要做阶段性的调整和修正。

（四）提出训练意见和建议

根据测试结果评价训练目标完成的情况，进而评价训练方法、负荷安排的合理性，为下一阶段训练安排提出意见和建议。

一堂训练课或一个训练日的监控可为某种训练方法提供改进意见，为当日总的训练负荷提供评估结果，作为后续训练负荷安排的依据。

一个训练周期的训练安排往往是围绕提高运动员某一方面能力来进行的，如专门为了提高运动员的有氧代谢能力，或专门为了提高运动员的最大力量与最大速度，或专门为了提高运动员的糖酵解供能能力或耐乳酸能力等。首先应明确训练目的，并根据训练目的选择训练监控指标和方法，然后随着训练周期的展开，通过对各种指标连续跟踪测试积累下来的数据进行纵向比较分析来了解训练目的的完成情况，将多次测试数据积累起来进行趋势分析，综合评定训练目标的完成情况，为下一阶段或今后同类训练目标训练计划的制订提供参考。

二、实施训练监控的基本原则

训练监控是一项计划性和目的性很强的工作，它既有一般科研工作所要求的严谨、认真、求实和严格按实验计划操作的特点，又有随时根据运动员状态和训练计划变化调整测试计划的灵活机动的特点，这是由其为训练服务的最终目的所决定的。在具体操作中，需要注意以下原则。

（一）个体化原则

由于不同运动员在先天素质和后天训练敏感性方面存在巨大的差异，决定了在对不同运动员的动态活动进行监测的过程中必须重视这些差异；而一个个体在自身条件限制范围内发生的变化相对稳定的特点，又为我们能够动态观察训练效果和评估训练手段提供了依据，这就是我们反复强调的训练监控必须个体化、数据分析尽量纵向化的理论基础。

（二）系统化原则

所谓系统化就是保持测试的一贯性，使我们能够以发展的眼光观察和评估训练效果。系统化原则包括以下两个要点：第一，测试条件、测试指标、测试设备、测试方法与测试人员等都应该尽量固定，只有尽可能多地排除非训练因素的干扰，并对测试数据进行纵向比较和分析才有科学性；第二，训练周期内的测试安排目的性要强，计划性要强，针对性要强。只有根据明确的目的制订出有层次、有阶段的训练计划，才能根据相应的训练计划制订出相应的测试计划来对每个阶段和层次的训练效果进行评估，这样整个训练周期才能体现出系统性和科学性。

（三）合理化原则

测试指标的选择应该合理化，用两句话概括就是“最小化测试，最大化有效信息”。“最小化测试”是指避免测试指标在功能上的重叠，尽量将测试的次数、规模和耗费都降低到最低水平。这不仅是出于经济方面的考虑，更主要的是为了尽量减少对运动员和训练过程的干扰。“最大化有效信息”即最大限度地获取信息，这一原则包括两层意思：一是指应根据“有效和准确”的原则选择指标，虽然血乳酸、血清肌酸激酶、尿素氮等都可以单独作为评价训练负荷的有效指标，但毕竟它们都有各自的影响因素，有条件的话应增加其他辅助指标来提高信息的可信度。二是指应合理选择和搭配指标，使与评估目的相关的各个方面情况都有指标进行体现。在具体操作过程中，“最小化测试”与“最大化有效信息”两个原则应该根据实际情况灵活应用，尽量同时满足这两个原则的要求。

（四）规范化原则

规划原则主要指测试过程中仪器设备使用与操作的规范与合理，只有保证了指标测试过程中的规范化操作，才能尽量减少系统误差对测试结果带来的影响，才能使测试结果尽可能真实地反映训练效果。随着竞技体育水平的快速提高，竞争的日益激烈，运动员的水平越来越接近，哪怕细微的差别都会影响到训练效果的最大化，因此，规范化的测试是保证科学化训练监控的基本要求。

第十二章
拳击运动损伤的预防

蒋　亮

第一节　新规则下预防运动员伤病的新要求

一、新规则下的拳击运动特点

拳击的发展从其伊始至今，人们总是将其与“野蛮”“冲突”等概念联系在一起。这也无可厚非，拳击最初是在恶劣的自然界中诞生，并作为人类保护自身生命财产安全的技巧传承下来，在此过程中，参与的动机逐渐趋于规范化、理性化，变成了如今标志性的“勇敢者的运动”。可以说，拳击的发展史是人类社会“野蛮—文明”发展史的缩影。国际拳联在对拳击的规则制订与修改过程中，力求在完善规则的前提下保持和弘扬拳击运动对抗与竞技的本质特征。2013 年国际拳击联合会宣布今后男子业余拳击比赛中禁用头盔，“十分制”的计分系统也引入业余拳击比赛规则。国际拳击联合会的这一次重大改革，是通过规则转变实现对拳击技战术发展趋势的引导，以还原拳击的高对抗本质为目标，促进业余拳击向职业拳击的转变，从而提高拳击的观赏性与大众关注度。

新规则下，拳击运动表现出一些新的特点。

①强对抗。比赛更加激烈，每个回合 3 分钟基本是在不停地挥拳，有些拳手一个回合甚至能出一百多拳，这对拳手的耐力和意志品质提出了更高要求。

②中近距离的攻防转换加快。在强对抗的基础上，出现了中近距离的对攻或攻防转换，节奏非常快，对拳手的专项能力和心理素质提出了更高要求。

③攻击性加强。拳手更加凶悍，拳套的厚度变薄，拳的力度加强，以击倒为追求的职业拳击打法正在业余拳击中产生影响，对拳手的进攻能力与抗击打能力提出了更高要求。

④比赛的连续性加强。台裁较少喊停，靠犯规拖延时间、减少体能消耗往往不能

达到目的，对拳手的综合能力要求更高，体能训练已在各队广泛应用。

二、新规则下比赛损伤的特点

规则变化后，项目运动特点也随之产生了变化，由此对该项目运动员损伤也产生深远的影响。在旧规则时代，国内最激烈的全国男子拳击锦标赛中，受伤的情况寥寥无几，严重损伤更是鲜见，但规则变化后，运动员比赛中受伤发生率比例惊人。

2015 年全国男子拳击锦标赛，参赛运动员共有 255 人，比赛场次为 244 场，比赛中共出现各类损伤共计 30 例。其中比赛第一天 15 例，第二、第三天各 5 例，第四天 3 例，第五、第六天各 1 例。随着比赛的进行，损伤发生呈逐日减少的态势。在所有损伤中头面部伤口 24 例，占所有损伤的 80%；鼻出血 3 例，脑震荡 2 例，肘关节损伤 1 例。因伤终止比赛 5 场，其中因出现裂口终止比赛 2 场，出现头面部裂口终止比赛的比率占 8%。

2017 年第十三届全运会拳击项目第一次资格赛暨全国男子拳击锦标赛，参赛运动员共有 266 人，比赛场次为 271 场，比赛中共出现各类损伤共计 60 例，占参赛总人数的 22.5%。头面部新鲜伤口（排除旧伤口）共有 42 例，占各类损伤的 70%。因伤终止比赛 13 场，其中因出现裂口终止比赛 5 场，还有 2 例关节脱位、3 例 KO 脑震荡以及 3 例脚、膝、肩部的其他损伤。相对而言，因头面部伤口终止比赛的场次并不多，约占 12%。

从这两次比赛的伤病数据来看，新规则下运动员比赛损伤呈现出以下新的特点：

①损伤发生率高；

②损伤以头面部伤口为主；

③损伤呈现出多样化趋势；

④损伤程度呈现出加重趋势；

⑤致残、致死性损伤有可能会出现。

从损伤发生的原因来看，基本是无意碰撞为主，有效拳击打致伤较少，对运动员技术的规范性提出了更高的要求。

将两次成年男子拳击锦标赛统计数据相比，2017 年第十三届全运会比赛中受伤率更高，这也说明了比赛更加激烈。尤其是中近距离的直接对抗，大大增加了运动员头部互相撞击的机会，再加上运动员中近距离对抗时防守技术和防受伤意识不够，也进一步增加了损伤的发生概率。

比赛时运动员有两点危险动作需要特别关注：一是技术动作过大，头前冲动作很多，运动员难以控制重心与拳的落点，容易造成双方运动员伤害；二是近距离身体接触时双方的搂抱与转头，搂抱方往往是近距离对攻能力不足，被迫采用犯规的手段来保护自己，在此情况下对双方运动员易造成碰撞伤害。

三、新规则下预防运动损伤的重要意义

中国拳击运动发展经历过很多的波折，我国现代拳击运动始于20世纪20年代后期。1958年，21个城市在北京举办了当时最具规模的拳击比赛。但由于在一次比赛中出现了运动员伤亡事故，1959年3月，拳击运动暂停。这一停就是几十年，直到1980年，国家才允许拳击在一定范围内进行试验。而到了1986年3月，拳击运动才正式恢复。1987年4月，中国拳击协会成立，同年6月，正式加入国际业余拳击联合会（AIBA）。

拳击运动的发展从来离不开运动损伤的困扰，拳击运动饱受争议甚至一度中断开展，也正是因为伤病因素带来的影响，这一因素也正在影响着现代拳击的推广和开展，尤其在新规则施行后运动员面临损伤风险加大的情形下，运动员伤病预防工作更加任重而道远。需要从影响项目发展的新高度认真对待运动员伤病问题，着眼于训练和管理工作，努力减少运动员损伤发生率，尤其是要杜绝危害生命安全的重大伤亡事故的发生。

第二节　运动损伤的概念和分类

一、运动损伤的概念

体育运动中，造成人体组织或器官在解剖上的破坏或生理上的紊乱，称为运动损伤。

运动损伤不同于一般的工农业生产和日常生活中的损伤，其多与体育运动项目及技战术动作特点密切相关，为此常有些运动损伤便以其运动项目冠名。例如，“网球肘”“足球踝”“跳跃膝”“拳击骨折”等。运动损伤也常与运动训练水平，运动环境与条件等因素有关。

研究运动损伤的目的和任务，除预防及治疗运动中产生的损伤和缺乏运动产生的骨关节疾病外，更重要的是，要仔细研究损伤发生的机理和规律，与教练员、运动员一起改进技术和训练手段，以提高运动水平，延长运动寿命。

二、运动损伤的分类

（一）按受伤的组织结构分类

皮肤损伤、肌肉、肌腱损伤，关节软骨损伤、骨及骨骺损伤、滑囊损伤、神经损

伤、血管损伤、内脏损伤等。

（二）按运动损伤的时间分类

新伤和旧伤。

（三）按损伤的病程分类

急性损伤：直接或间接外力一次作用而致伤者，伤后症状迅速出现，病程一般较短。

慢性损伤：陈旧伤，急性损伤后因处理不当而致反复发作；劳损伤，由于局部运动负荷量安排不当，长期负担过重超出了组织所能承受的能力，局部过劳致伤。症状出现缓慢，病程迁延较长。

（四）按损伤的性质分类

开放性损伤：伤后皮肤和黏膜的完整性遭到破坏，受伤组织有裂口与体表相通。如擦伤、刺伤、切伤、撕裂伤及开放性骨折等。

闭合性损伤：伤后皮肤或黏膜仍保持完整，无裂口与体表相通。如挫伤、关节韧带扭伤、肌肉拉伤、闭合性骨折等。

（五）按损伤的程度分类

轻度损伤：伤后运动员仍能按计划进行训练。

中度损伤：伤后不能按计划进行训练，需停止患部活动。

重伤：伤后不能训练，需要停训、停赛。

（六）按运动技术与训练的关系分类

运动技术伤：与运动项目、技战术动作密切相关的损伤，如拳击骨折、拳击运动员掌指关节挫伤等，多与项目特点有关。

非运动技术伤：多为运动中的意外伤。

第三节　运动损伤发生的潜在因素

运动损伤的发病多因运动项目的不同而不同，不同运动项目有其自身的发病规律，即各项运动有其不同的损伤好发部位及其专项多发病。例如，体操运动员的跟腱断裂、羽毛球运动员的椎板疲劳骨折、拳击运动员的手部挫伤等。其他项目也是如此，尤其是慢性损伤，究其规律多由运动项目特点与人体解剖结构两方面所存在的因素共同决定。

其一：运动项目及其技战术对人体的特殊要求。

其二：人体自身某些部位在运动中所表现出的解剖生理弱点。

两个致伤条件是：技术动作错误、不合理、不正确，违反人体解剖学和生物力学规律，从而导致运动损伤发生，此时多为急性损伤；人体的某些局部运动负荷长期过重，超出该组织所能承受的最大程度，而逐渐发生退行性病理改变，导致慢性损伤。

例如，拳击运动员由于抡摆或过度开展的动作受阻导致的肩关节脱位；过度负荷导致的肘关节创伤性骨关节炎等。

认识了运动损伤的发病规律，教练员要自觉的在教学中、训练中有意识地引导两个潜在因素向有利的方面转化，以期达到积极预防运动损伤发生的目的。

第四节　运动损伤发生的原因及预防原则

一、运动损伤发生的原因

造成运动损伤的两个潜在因素是矛盾对立的两个方面，是对立统一，也是客观存在的，它们的存在仅能说明运动中具有发生损伤的可能，并不一定直接导致损伤的发生。是否发生损伤关键在于教练员和队医的水平，在专业训练中没有适当的保护措施则使受伤的危险性增高。了解运动损伤发生的直接原因，对于预防运动损伤具有十分重要的意义。

（一）认识不足

教练员和运动员对预防运动损伤的意义认识不足，思想麻痹，存在一些片面的认识，如“运动损伤在所难免”“运动损伤不过是些小伤小病，关系不大”。甚至将预防运动损伤的科学态度与勇敢、顽强、拼搏的体育精神对立起来。因此，在教学中未能积极地采取有效的预防措施，发生损伤后也不及时进行处理，导致了更严重问题的产生。

（二）训练安排不当

运动员训练包括一般身体训练、专项技术训练、战术训练、意志品质训练以及心理训练等，这些训练具有很强的关联性，忽略了其中任何一种或者过于强调专项训练而忽视了基础训练，往往会造成运动损伤。运动员在训练中应遵守一些规律和原则，包括积极性原则、自觉性原则、循序渐进原则、系统性原则和个性化训练原则，如果忽视这些原则，盲目采用三从一大的训练方法，有可能会导致运动损伤的发生。

（三）场地、器材、环境的影响

训练场地空间及地面平整度、训练器材是否达到质量要求、是否老化、环境温度和湿度是否适宜，都与伤病的发生有直接的关系。

（四）运动员自身状态不良

运动员在休息不充分、营养条件不良、心理状态不佳、疲劳未恢复等状态下进行大负荷训练，往往容易产生运动损伤。

（五）缺乏医务监督

有些专业队缺少队医，或者有队医但水平和责任心不够，导致未建立起有效的预防伤病机制，运动员和教练员的医务方面信息来源不足，往往容易忽视损伤的预防工作。

二、运动损伤的预防原则

①加强训练工作、遵守训练原则；
②因时、因地制宜原则；
③加强保护与管理原则；
④加强医务监督原则。

第五节　运动损伤的预防措施

一、思想上高度重视

运动队的一线工作人员都要深刻认识和理解运动损伤对于运动员的危害和由此导致的严重后果。要加强运动损伤的宣传及讲解，制定合理的运动训练管理制度，让运动参与者之间形成密切的配合，这样才能从根本上有效减少运动损伤的发生。

牢固树立预防重于治疗的思想，损伤一旦发生，治疗不是一朝一夕的事情，有时候不是队医水平不够，也不是他们工作不努力，而实在是无能为力。

二、科学安排训练工作

科学安排训练工作是预防运动损伤的根本和关键。除了确实因意外导致的损伤外，很多运动损伤都与训练不当直接相关。因此，在安排训练工作前应注意以下四点。

①训练周期及计划要合理、负荷量与强度要适当。

②准备活动要有针对性。

③重视拉伸在防伤方面的重要作用。

拉伸与伤病的关系：通过运动后拉伸训练能提高身体柔韧性，加速骨骼肌血液循环，缓解肌肉硬度，增加肌肉弹性，加快血乳酸的分解速度，有利于预防运动损伤。

④重视运动员损伤后的康复训练。

运动康复训练与伤病的关系：2008 年北京奥运会上，刘翔因伤退赛的一幕令国人抱憾的同时，越来越多的人开始关注运动员伤病保护的问题。在广州举办的第 16 届亚洲运动会科学大会上，专家提出，运动康复训练将是运动员伤病保护的“主流”。北京体育大学运动康复系主任矫玮博士说：科学训练是预防运动员伤病的关键。“很多运动员，如果说运动寿命短，主要因素都跟训练有关”。“除技术、体能训练外，康复训练也纳入运动员每日不可或缺的训练”。康复训练的内容是有针对性的，首先是要诊断出运动员生理结构和体能上的弱点，进而在每日的训练中弥补这些弱点，把康复和损伤的预防紧密结合在一起。事实证明，这种模式对于运动员伤病的减少非常有效。康复训练不同于传统意义上的按摩、推拿等疗法，它是一种基于运动的治疗训练，在所有的康复工作里，至少有 70%~80%的工作是运动疗法，仪器的治疗只占 20%左右。近年来，中国对运动员伤病的防护越来越重视，目前中国正在从过去的“伤后治疗”转变为现在的“提前预防—治疗—治疗后的康复”模式。

三、加强训练中的保护与帮助

运动员应学会各种支持带和护具的使用方法和注意事项，应注意各种专项器材和护具的保管和维护，主要包括以下三点。

①训练前防护措施；

②训练中护具使用；

③训练后恢复措施（泡沫轴、花生球、按摩棒、放松器、冰水浴等恢复措施）。

四、加强医务监督

全队应树立医务监督意识，要做到以下五点。

①进行体格检查：入队体检、年度体检、赛前体检。

②建立完善的医务工作团队：队医、按摩师、康复师、拳台医师、CUTMAN。

③建立三结合的工作方法：教练、队医、运动员。

④加强运动员自我监督：自我感受、自我检查。

⑤加强运动员管理与教育。

第六节　拳击运动中常见运动损伤及其预防

一、肌肉韧带拉伤

内因：训练水平不够，柔韧、力量、协调性差，生理结构不佳。

外因：准备活动不充分，场地、气温、湿度不适宜，负荷强度过大。

预防：注意气温对训练的影响、准备活动充分、循序渐进原则、训练前后充分拉伸、注意训练后肌肉疲劳的恢复。

处理：24 小时前为急性期，停止运动、冷敷、包扎、抬高受伤部位；24 小时后为恢复期，配合按摩、微动、康复锻炼。

二、关节扭伤及脱位

内因：协调性差、关节周围肌肉力量小、生理结构不佳、疲劳导致体力不足。

外因：技术掌握不好，准备活动不够，场地滑，器材使用不当，动作速度快，转、跳多。

预防：准备活动充分、支持带及护具使用、注意旧伤部位的保护、加强薄弱部位的力量练习、注意强化关节稳定性练习。

处理：24 小时前为急性期，停止运动，冷敷、包扎、抬高受伤部位；24 小时后为恢复期，配合按摩、微动、康复锻炼。

三、头面部损伤

内因：协调性、灵活性不够，头面部皮肤骨骼比较脆弱。

外因：技术掌握不好，不能熟练利用防守技术保护好自己，错误的进攻技术也容易造成自己和对手的伤害；战术运用不合理，不能很好地控制或摆脱对手的冲撞或搂抱。

预防：日常注意头面部皮肤护理及保养，保持弹性；对练及比赛前头面部皮肤的挤压及按摩；涂抹凡士林或卡文胶；规范技术；合理安排战术。

处理：消肿止痛、清创缝合。

四、脑震荡

内因：生理薄弱环节、头颈部肌肉力量不够、抗眩晕能力不够。

外因：项目特殊性、头部或下颌部受重击；技战术运用不合理。

预防：加强头颈部肌肉力量练习，加强抗眩晕练习，强化防护头面部受重击的技术练习，合理安排战术。

处理：必须由队医进行专业处理，必要时送医。

五、运动腹痛

原因：肝脾淤血，慢性腹部疾病；呼吸肌痉挛，准备活动不充分，肺透气低，运动与呼吸不协调；胃肠痉挛，运动前吃得过饱、饭后过早运动、空腹或喝水太多。

预防：运动前健康检查，合理安排运动饮食，饭后 1 小时运动、不在空腹或喝水太多的情况下运动。

处理：减慢运动速度、加深呼吸、调整运动呼吸节奏、按摩疼痛部位，仍不能缓解时则停止运动，口服解痉止痛药物。

第十三章

优秀拳击运动员竞技能力评价体系构建与诊断

吴国栋　冯玉梁　吴阳

竞技能力是运动训练学研究的核心概念之一，是竞技运动构成体系中的一个重要组成部分，是衡量运动员竞技水平高低的标尺，是项目选材、训练和竞赛以及内容体系的核心。田麦久在《竞技运动训练理论与方法》中提出，竞技能力是指运动员在训练比赛中体能能力和技能能力的综合体现，其中体能包括：身体形态、机能、健康素质和运动素质；技能包括：运动技术、运动战术、运动心理和运动智力。刘大庆等在《运动员竞技能力结构特点与基础训练方法》中提出，竞技能力是指运动员参加训练和比赛所具备的本领，也称为“运动能力”。

拳击运动员竞技能力训练是一个系统工程。教练员在进行科学的训练之前，首先要对运动员当前的竞技能力情况进行评价和诊断。这样做一方面教练员可以有针对性地制订训练方案，另一方面可以为运动员选拔做一个科学的评估。

评价与诊断的前提需建立该项目评价体系与标准，通过评价体系与标准评估运动员现有水平。在运动训练过程中，为了改变和发展运动员的竞技能力，实现运动员竞技能力由现实状态向特定目标状态的转移，需对运动员竞技能力实际状态进行及时地、不间断地检查和评定。由于竞技能力训练过程的长期性和影响因素的复杂性，因此需要教练员和科研人员不间断地对该项目竞技能力训练状态进行诊断，并根据诊断结果及时对训练方案做出调整，从而达到提高运动员竞技能力水平和实现在比赛中创造优异运动成绩的目的。

一、评价体系研究方法

（一）文献资料法

通过计算机检索 CNKI 中国期刊全文数据库（www. cnki. net）、国家图书馆、北京体育大学图书馆、国家体育总局社体中心年鉴文件等有关拳击项目方面的研究文献，查阅了同属格斗类项目有关竞技能力方面的学术研究、会议以及相关训练会议的摘要，重要的体育报刊文章，还包括其文献资料，同时根据研究需要，广泛查阅和阅读了训练学、生理学、测量评价、硕博论文及相关网站等方面的书籍和文献信息，并对相关文献和书籍进行分类和归纳整理，为拳击项目竞技能力研究提供了理论依据及测试方法与手段。

（二）访谈法

通过面访国家拳击队训练专家、各省市部分高级教练，就我国优秀男子拳击运动员竞技能力常用评价指标与方法，以及目前竞技能力训练状况、常用训练手段等问题展开访谈。

（三）问卷调查法

本研究调查问卷分为两份：第一份为“我国优秀男子拳击运动员竞技能力初选指标体系”专家问卷调查表。在查阅大量有关拳击运动员选材、训练评价与诊断、负荷监测与评定等文献和专家访谈的基础上，结合专项特征以竞技能力概念所涵盖的三个方面为出发点，设计了以体能、技能、心理为一级指标，内含 x 项二级指标和 y 项三级指标的专家初选指标问卷。根据反馈结果对竞技能力评价指标进行优化。第二份为“我国优秀男子拳击运动员竞技能力指标权重系数”专家咨询表。通过采用问卷调查法确定竞技能力结构要素的权重。

（四）测试法

测试目的：测试我国优秀男子拳击运动员竞技能力状况。

测试时间：根据运动员所处训练、比赛情况而定。

测试对象：选择国家拳击队男子运动员以及部分省市队一、二线优秀男子拳击运动员，其运动员等级均在国家一级以上（含一级），集中了我国目前拳击项目优秀运动员群体。

测试内容：初选指标体系专家筛选后的三级指标。

测试人员：由教练员、体科所科研人员和高校有经验的教师组成。

质量控制和测试程序：形态和素质测试严格按照《运动员科学选材》测试细则的要求进行；机能测试严格按照《优秀运动员机能评定方法》的要求进行。

（五）数理统计法

1.“竞技能力评价体系研究”部分

主要运用 SPSS 22.0 软件、Excel 对所测数据进行统计处理和分析。运用软件中的主成分分析法，由公因子值转化出各评价指标的权重，并采用百分位数法建立评价标准。依据评价标准对运动员的竞技能力实施评价。

2. “竞技能力诊断研究”部分

运用 Excel 中的雷达分析法对每位运动员竞技能力的个体态势进行评价，以各指标最优值建立我国优秀男子拳击运动员竞技能力发展目标挑战模型，并对每名运动员进行竞技能力差距分析，为制订个体竞技能力训练方案提供决策依据。

二、优秀运动员评价指标体系的建立

（一）指标筛选的原则

原则是事物发展内在规律的反映。对拳击运动员竞技能力水平的评价首先要建立一个能有效反映拳击运动员竞技能力的评价指标体系，这一体系的建立要在一定原则指导下进行。由于运动员竞技能力结构复杂，涉及面较广，究竟设立哪些指标？指标之间是什么关系？选择什么样的指标才能够较全面地反映一个拳击运动员竞技能力水平？这是需要首先解决的问题。因此，要在众多的指标中筛选出那些最有效、便于度量且内涵丰富的主导性指标。系统工程综合评价的理论和实践告诉我们，指标体系与评价结果有着密切关系，但在目前，我们还没有一套准确、可行的程序或方法保证指标体系的全面性和合理性，不过可以从总体上提出建立评价指标体系应遵循的原则。

1. 科学性原则

科学性原则是指指标体系一定要建立在科学的基础上，指标概念必须明确，并要有一定的科学内涵，能够度量和反映竞技能力系统结构和功能的现状。竞技能力指标的科学性首先表现为准确性和客观性，即能够比较客观地反映运动员竞技能力水平的实际情况，能从本质上反映运动员竞技能力的基本特征，其次表现为评价体系的合理性，即评估应在公平、合理的条件下进行。

2. 全面性原则

初选指标的选择应全面反映构成运动员竞技能力的各个层面，因为运动员的运动成绩是由其竞技能力决定的。依据训练理论，运动员的竞技能力由体能、技能、心理能力、战术能力和运动智能五大方面构成，因此，初选指标应力争包含这些方面。

3. 客观性原则

客观性原则是指指标设计要符合竞技能力自身的发展规律，在选取指标和制订指标评价标准时应该实事求是，要注意掌握指标体系在结构和内涵上的客观准确性，每一指标如实反映客观本质。另外，注意指标体系的结构平衡，不偏重于某一个方面，指标体系应体现广泛、公正和客观的评价要求。在进行竞技能力评价时为了确保可比性，评价指标应尽量用相对指标，少用绝对指标。

4. 专项性原则

任何专项都有自己的特点和项目特征，这就要求在确定初选指标过程中，一方面要广泛研究拳击项目的专项文献，另一方面必须走向实践，通过调查和访谈等方法总结提炼出能较好反映拳击专项本质有效的测试指标。

5. 可测量性原则

指标是联系统计理论与实践操作的结合点，竞技能力指标体系的构建也是如此。它既要以理论分析为基础，又必须考虑统计的可操作性，同时还要考虑到现实数据资料来源的可行性。指标的设置要尽可能利用现有资料。在实际操作中，指标数据要易于通过统计整理、抽样调查或典型调查，或直接从有关部门获得。那些不可测的指标，或者理论上可测，但实际无法操作的指标不能纳入竞技能力指标体系之中。

6. 相对独立性原则

相对独立性原则是要求在建立评价指标体系过程中，应充分注意指标的相关性、层次性问题。描述竞技能力发展状况的指标往往存在指标间的重叠，要按照分类、分层的方式来构建指标体系。分类、分层应该合理，符合运动员专项竞技能力训练的实际情况。要注意同一类同一层指标之间的相互独立性问题。从严格意义上讲，同一类同一层指标间应该是非相容的（即独立的），不允许一个指标包容另一个指标的情况出现。

（二）指标筛选程序

1. 初选指标筛选

查阅有关拳击项目以及与其密切相关的对抗性项目如跆拳道等方面的文献资料并结合专家访谈，建立拳击运动员初选指标体系（表 13-1）。

表 13-1　我国优秀男子拳击运动员初选测试指标

一级指标	二级指标	三级指标
形态指标	长度指标	身高、指距、指距—身高、足弓高
	宽度指标	肩宽、骨盆宽、骨盆宽/肩宽×100
	围度指标	颈围、胸围、胸径、大腿围、小腿围
	充实度指标	体脂百分比、去脂体重、克托莱指数

续表

一级指标	二级指标	三级指标
机能指标	有氧能力评定	最大摄氧量、肺活量、肺活量指数
	氧运转系统	血红蛋白、血细胞比容、红细胞
	肌肉负荷反应	血尿素氮、肌酸激酶
	内分泌	血清睾酮、血清皮质醇
	心血管系统	安静心率、运动后最高心率、运动后的恢复心率
	无氧能力评定	平均无氧功率、最大无氧功率
	心功能指标	心电图
素质指标	速度耐力	30 m 跑、400 m 跑、10 m×4 往返跑、10 s 快速空击后憋气
	一般耐力	600 m 跑、3000 m 跑
	力量素质	引体向上、臂力、握力、30 s 俯卧撑、30 s 抱头仰卧起坐、30 s 连续蹲起、1 min 击打沙袋、实心球对墙平推
	柔韧素质	坐位体前屈
	协调能力	1 min 跳绳
	平衡能力	15 s 左旋、15 s 右旋
	弹跳和专项素质	立定跳远、纵跳、六项素质循环
心理指标	心理素质	意志品质、运动员注意水平、运动员情绪诊断、运动员自我描述量表、个性特征、气质类型、自信水平、智力、神经类型、反应时
技术评定	专项技术	基本技术（基本拳法、组合拳、防守、移动、灵活性）、实战技巧（进攻与反击、距离感、时间差） 实战意识（心理战术与运用）

2. 专家筛选

针对初选指标体系进行了专家调查（调查人员包括国家拳击队教练、科研人员、医务人员，以及多年从事拳击训练监控工作的研究专家、省市教练员等），并结合拳击专项训练理论确定的测试指标体系（表 13–2）。

表 13–2　专家筛选后指标统计

一级指标	二级指标	三级指标
形态指标	长度指标	身高、体重、指距
	宽度指标	肩宽、骨盆宽、骨盆宽/肩宽
	围度指标	胸围、上臂紧张围、上臂放松围
	充实度指标	体脂百分比、瘦体重、克托莱指数

续表

一级指标	二级指标	三级指标
机能指标	有氧能力评定	最大摄氧量、肺活量
	氧运转系统	血红蛋白、血细胞比容、红细胞
	肌肉负荷反应	肌酸激酶、血尿素氮
	内分泌	血清睾酮、血清皮质醇
	心血管系统	安静心率、运动后最高心率
	无氧能力评定	平均无氧功率、最大无氧功率
	心功能指标	心电图
素质指标	速度耐力	30 m 跑、400 m 跑、10 m×4 往返跑、10 s 快速空击后憋气
	一般耐力	3000 m 跑
	力量素质	实心球对墙平推、握力（左）、握力（右）
	柔韧素质	坐位体前屈
	协调能力	1 min 跳绳
	平衡能力	15 s 左旋、15 s 右旋
	弹跳和专项素质	1 min 双摇、六项素质循环、立定跳远、纵跳
心理指标	心理素质	个性特征、气质类型、神经类型、选择反应时、意志品质综合总分、自制力、柔韧性、主动性、自觉性、果断性、自信心、躯体焦虑、个体失败焦虑、社会期待焦虑、运动员自我描述、智力能力综合总分
技术评定	专项技术	基本技术、主动进攻得点、防守反击得点、防守反击时机、距离差、时间差、步法技术、心理战术

3. 统计筛选

初选指标体系经过专家调查后第一轮筛选各类指标仍显过多，在每类指标中，有些指标又存在一定的相关关系。因此，必须再次对同类指标数量做降维处理，找出同类指标中更具有典型意义的指标，最大限度地减少评价指标数量，使之便于操作、可行，而又不会过多损失变量的信息。为此，本文采用因子分析（主成分分析）的方法对原始测试数据进行处理和筛选。

首先计算各项指标之间的相关数矩阵（R＝rij）；

再计算各指标的特征值和特征向量；计算各主成分贡献率和累计贡献率；计算初始因子矩阵；

对初始因子矩阵用方差极大法进行正交旋转得出旋转后的因子载荷矩阵；在每个主成分中挑选载荷最大的指标即典型指标，并依据载荷大小作为确定指标权重时参考。

4. 筛选结果

（1）形态指标的筛选结果

为了避免指标的重复和便于指标的测试，对形态指标进行了相关系数的检验。表 13-3为形态指标相关系数矩阵，反映了 12 项形态指标两两之间的相关关系，r 在 0~1之间取值，r 趋近于 1，表明两个变量之间相关程度高，r 趋近于 0，表明两个变量之间相关程度低。

表 13-3 形态指标的筛选结果统计

指标	身高	体重	指距—身高	胸围	体脂百分比	去脂体重	克托莱	骨盆宽/肩宽×100	上臂紧张围右	上臂紧张围左	上臂放松围右	上臂放松围左
身高	1.00	0.90	0.98	0.78	0.81	0.92	0.84	0.22	0.81	0.78	0.79	0.78
体重	0.90	1.00	0.89	0.91	0.95	0.99	0.99	0.25	0.92	0.91	0.91	0.91
指距—身高	0.98	0.89	1.00	0.78	0.80	0.91	0.83	0.19	0.80	0.78	0.77	0.77
胸围	0.78	0.91	0.78	1.00	0.84	0.90	0.91	0.25	0.92	0.91	0.91	0.91
体脂百分比	0.81	0.95	0.80	0.84	1.00	0.92	0.96	0.21	0.88	0.86	0.87	0.87
去脂体重	0.92	0.99	0.91	0.90	0.92	1.00	0.98	0.24	0.91	0.90	0.89	0.90
克托莱	0.84	0.99	0.83	0.91	0.96	0.98	1.00	0.23	0.91	0.90	0.90	0.90
骨盆宽/肩宽×100	0.22	0.25	0.19	0.25	0.21	0.24	0.23	1.00	0.22	0.25	0.31	0.26
上臂紧张围右	0.81	0.92	0.80	0.92	0.88	0.91	0.91	0.22	1.00	0.97	0.96	0.97
上臂紧张围左	0.78	0.91	0.78	0.91	0.86	0.90	0.90	0.25	0.97	1.00	0.95	0.97
上臂放松围右	0.79	0.91	0.77	0.91	0.87	0.89	0.90	0.31	0.96	0.95	1.00	0.97
上臂放松围左	0.78	0.91	0.77	0.91	0.87	0.90	0.90	0.26	0.97	0.97	0.97	1.00

因子分析要求：

样本适当性量的 KMO 值和 Bartlett 检验，当 KMO 趋近于 1 时，表明变量的共同因素越多，资料越适合作因子分析，一般认为 KMO 小于 0.5 时，则不适合做因子分析。从表 13-4 结果显示，KMO 为 0.89，适合做因子分析（以形态指标为例）。

表 13-4 样本适当性量的 KMO 值和 Bartlett 检验

取样足够度的 Kaiser-Meyer-OIkin 度量		0.89
Bartlett 的球形度检验	Approx	2585.71
	Chi-Square df	66.00
	Sig	0.00

对身体形态指标旋转后得到了 4 个因子，其中第一因子的贡献率占 47.23%，4 个因子总体贡献率为 97.51%，符合统计学要求。从表 13-5 可以看到第一因子为围度指标（上臂放松围左、上臂紧张围左、上臂紧张围右、上臂放松围右、胸围）；第二因子为长度指标（指距、身高）；第三因子为充实度指标（体脂百分比、去脂体重、克托莱指数、体重）；第四因子为宽度指标（骨盆宽/肩宽×100）。从每一个主成分中挑选 1 项指标作为代表，挑选指标的依据有两个：第一，因子载荷系数大，与拳击专项联系密切，在实际训练中较常采用的指标；第二，能够比较简便地进行测试。根据这一要求从 4 个主成分中筛选出了上臂紧张围、指距—身高、去脂体重、骨盆宽/肩宽×100 四项形态指标（表 13-6）。

表 13-5 形态指标旋转后的因子载荷矩阵

指标	1	2	3	4
上臂放松围左	0.87	0.38	0.23	0.12
上臂紧张围左	0.87	0.39	0.22	0.10
上臂紧张围右	0.86	0.42	0.24	0.07
上臂放松围右	0.85	0.39	0.24	0.18
胸围	0.79	0.42	0.29	0.11
克托莱	0.67	0.49	0.55	0.09
体重	0.65	0.58	0.48	0.11
去脂体重	0.62	0.46	0.61	0.07
指距—身高	0.45	0.86	0.20	0.07
身高	0.45	0.85	0.22	0.10
体脂百分比	0.62	0.63	0.44	0.10
骨盆宽/肩宽×100	0.12	0.07	0.05	0.99

表 13-6 形态指标因子分析与命名结果

因子	主成分命名	典型指标	特征值	方差贡献率（%）	累计贡献率（%）	权重
1	围度指标	上臂紧张围	5.67	47.23	47.23	0.48

续表

因子	主成分命名	典型指标	特征值	方差贡献率（%）	累计贡献率（%）	权重
2	长度指标	指距—身高	3.45	28.72	75.95	0.29
3	充实度指标	去脂体重	1.49	12.39	88.35	0.14
4	宽度指标	骨盆宽/肩宽×100	1.1	9.16	97.51	0.09

从表13-6中可以看出，建立的因子分析模型非常理想。从入选指标看，充分表现出我国优秀拳击运动员形态的专项化特征，即运动员要体脂含量低、上肢力量好、臂长、上肢及躯干肌肉发达，强健有力的匀称型运动员。

（2）机能指标的筛选结果

从表13-7中可以看出，5个因子中分别包括代表无氧能力、红细胞水平、心肺功能、运动机能、恢复机能的指标，累计贡献率达到79.096%。而最大无氧功率在机能指标主成分方差贡献率中占有24.3640，说明拳击运动对无氧能力的要求比较高，这和它的专项特点有关。拳击运动每个回合持续时间为3分钟，要求运动员在短时间内有较强的爆发力。因运动员既要完成单一拳法的进攻与防守，又要完成组合拳法的进攻与防守，进攻与防守的转换十分频繁，不同拳法的变换也十分复杂，所以高水平拳击运动员要以高效的ATP-CP代谢供能来保证出拳击打对手身体有效部位的力度与速度，又要以出色的糖酵解代谢供能来保证完成进攻与防守的复杂技术动作。无氧功也称无氧功率，是指机体在最短时间内、在无氧条件下发挥出最大力量和速度的能力。教学实战过程中的心率变化规律和血乳酸是评定无氧代谢能力和运动强度的常用指标。

表13-7　机能指标因子分析方差贡献与命名

因子	主成分命名	典型指标	特征值	方差贡献率（%）	累计贡献率（%）	权重
1	无氧能力因子	最大无氧功率	2.924	24.364	24.364	0.308
2	有氧能力因子	最大摄氧量	2.12	17.667	42.031	0.223
3	心肺功能因子	血红蛋白	2.028	16.902	58.932	0.214
4	激素水平因子	血清睾酮	1.27	10.583	69.516	0.134
5	恢复机能因子	血尿素氮	1.15	9.581	79.096	0.121

（3）素质指标的筛选结果

从表13-8评价体系的6个因子中分别筛选出代表速度因子的50 m跑；代表肢体力量因子的握力；代表基础耐力的3000 m跑；代表腰腹力量因子的30秒抱头仰卧起坐；代表专项力量因子的实心球对墙平推；代表协调性因子的1分钟双摇；6项因子的累计贡献率达到81.763%，达到统计学要求。可以说这6类指标综合了全部测试指标的绝大多数信息，反映了拳击运动高水平运动员运动素质的基本特征。

表 13-8 素质指标因子分析与命名结果

因子	主成分命名	典型指标	特征值	方差贡献率（%）	累计贡献率（%）	权重
1	速度因子	50m 跑	2.732	19.515	19.515	0.24
2	肢体力量因子	握力	2.193	15.665	35.181	0.19
3	基础耐力因子	3000m 跑	2.085	14.894	50.075	0.18
4	腰腹力量因子	30s 抱头仰卧起坐	1.798	12.841	62.916	0.15
5	专项力量因子	实心球对墙平推	1.433	10.238	73.155	0.13
6	协调性	1min 双摇	1.205	8.609	81.763	0.11

（4）心理指标的筛选结果

从表 13-9 可以看出，在评价体系的 3 个因子中分别包括代表运动员智能水平的智力指标、代表比赛心理能力因子的运动员心理素质评价、代表运动员果断性和坚韧性的意志品质指标，3 个因子的累计贡献率达到 81.45%，达到统计学要求。另外从理论分析的角度，反应时对拳击运动员是很重要的，因此，应把选择反应时作为拳击运动员的选材指标之一进入评价体系。

表 13-9 心理指标因子分析与命名结果

因子	主成分命名	典型指标	特征值	方差贡献率（%）	累计贡献率（%）	权重
1	智力水平	智力	1.465	29.297	29.297	0.360
2	比赛心理能力因子	运动员心理素质评价	1.449	28.973	58.270	0.356
3	意志品质因子	果断性	1.159	23.179	81.449	0.285

（5）技术指标的筛选结果

从表 13-10 我们可以看到筛选的结果非常理想，4 个因子的累计贡献达到 97.066%。在评价体系的 4 个因子中包含了实战意识、实战技巧、技术容量和实战战术。针对拳击项目的规律，距离差也是非常重要的技术，因此把此指标也选入评价体系。

表 13-10 技术指标因子分析与命名结果

因子	主成分命名	典型指标	特征值	方差贡献率	累计贡献率	权重
1	实战意识	时间差	2.698	33.726	33.726	0.347
2	实战技巧	防守反击能力	2.186	27.329	61.055	0.282
3	技术容量	基本技术	1.507	18.836	79.891	0.194
4	实战战术	战术	1.374	17.175	97.066	0.177

（6）优秀拳击运动员评价指标体系建立（表 13-11）

表 13-11　优秀拳击运动员竞技能力评价入选指标体系一览表

结构	内容	指标
形态	长度	指距—身高
	宽度	骨盆宽/肩宽×100
	围度	上臂紧张围
	体成分	去脂体重
机能	有氧代谢能力	最大摄氧量
	氧运转能力	血红蛋白
	无氧代谢能力	最大无氧功
	激素水平	血清睾酮
素质	速度	50 m 跑
	专项力量	实心球对墙平推
	专项耐力	3000 m 跑
	肢体力量	握力
	腰腹力量	30 s 抱头仰卧起坐
	协调性	1 min 双摇
心理	智力水平	智力
	比赛心理能力	运动员心理素质评价
	意志品质	果断性
	神经协调性	选择反应时
技战术	实战意识	时间差
	实战技巧	防守反击时机
	技术容量	基本技术
	实战心理意识	战术

三、优秀运动员竞技能力结构模型的建立

（一）建立优秀拳击运动员竞技能力结构模型的意义

1. 有助于更好地确定竞技能力训练目标

优秀拳击运动员竞技能力结构模型是对该项目竞技能力特征的科学抽象和理论概括。建立我国优秀拳击运动员的竞技能力结构模型，可以深刻揭示优秀拳击运动员竞技能力结构的共性特征，有助于更好地确定竞技能力训练目标，提高训练的科学化水平。

2. 有助于为拳击项目的科学选择提供导向目标

田麦久教授指出，“优秀运动员特征模型反映着训练目的的状态结构，我们所选拔的训练对象，应该是在未来有可能发展至这一模型要求的训练素材”。这就要求我们要熟悉和掌握被选对象的现时状态和所要达到的目标状态之间的差异情况，并准确把握两者间的相互关系。这可为运动员选材提供一个导向目标。

3. 有助于明确训练的目的和方向

运动员竞技能力训练的目标是要达到优秀运动员竞技能力结构模型的要求。建立优秀拳击运动员的竞技能力结构模型，是我们对目前优秀拳击运动员竞技能力进行诊断和评价的基础。它将提供一个客观基准，通过比较使我们从更深的层面发现制约我国拳击运动员竞技能力训练的因素，从而在未来的训练中采取针对性措施加以改善和解决。因此，建立优秀拳击运动员的竞技能力结构模型，可使训练的目的性、针对性和方向性更加明确。

（二）优秀拳击运动员竞技能力模型结构常规模型和理想模型

优秀拳击运动员竞技能力结构模型，是在对优秀拳击运动员各竞技能力构成指标进行优选，进而对其系统进行的一种数学描述和理论归纳。其目的是使优秀拳击运动员的竞技能力系统得到最大程度的优化，从而深刻揭示该项目的竞技能力结构特征。

1. 常规模型

优秀拳击运动员竞技能力结构常规模型是表现优秀运动员竞技能力总体特征的一种数学模型，是进入优秀运动员行列的基本条件，是优秀运动员群体竞技能力结构特点的集中概括。这种数学模型即给出各指标值的上下限范围，供选材时参考（表 3–12）。

表 13-12　优秀拳击运动员常规模型统计（Mean ± sd）

类别	竞技能力	指标	轻量级	中量级	重量级
形态	长度	指距—身高（cm）	2.3 ± 1.35	3.0 ± 2.46	4.8 ± 2.64
	宽度	骨盆宽/肩宽×100	73.0 ± 1.35	72.9 ± 4.83	78.0 ± 4.9
	围度	上臂紧张围（cm）	29.6 ± 1.35	32.3 ± 2.24	38.4 ± 3.22
	体成分	去脂体重（kg）	52.3 ± 3.0	63.4 ± 4.5	79.2 ± 5.8
机能	有氧代谢能力	最大摄氧量（ml/kg · min）	60.9 ± 2.58	59.6 ± 2.5	56.2 ± 4.21
	氧运转能力	血红蛋白（g/l）	152.5 ± 6.74	152.3 ± 4.57	153 ± 4.2
	无氧代谢能力	最大无氧功率（w）	583.1 ± 49.11	688.2 ± 70.78	937.1 ± 131.79
	激素水平	血清睾酮（ng/dl）	565.2 ± 86.69	578.3 ± 57.62	582.3 ± 52.48
素质	速度	50 m 跑（s）	7.2 ± 0.28	7.1 ± 0.13	7.1 ± 0.02
	专项力量	实心球对墙平推（次）	99.5 ± 6.07	102.3 ± 4.28	99 ± 3.55
	专项耐力	3000 m 跑（s）	678.5 ± 19.73	690.8+16.7	742.9 ± 29.34
	肢体力量	握力（kg）	50.8 ± 2.85	54.2 ± 4.67	62.2 ± 6.11
	腰腹力量	30 s 抱头仰卧起坐（次）	38.4 ± 3.19	38.8 ± 2.4	37.2 ± 2.13
	协调性	1 min 双摇（次）	129 ± 7.04	128.5 ± 7.4	129.8 ± 3.84
心理	智力水平	智力（分）	45.8 ± 5.04	47.4 ± 2.87	47.3 ± 4.31
	比赛心理能力	运动员心理素质评价（分）	198.1 ± 13.57	199.8 ± 11.87	206.5 ± 9.30
	意志品质	果断性（分）	32 ± 3.58	32.6 ± 2.69	34.2 ± 2.04
	神经协调性	选择反应时（s）	0.38 ± 0.04	0.37 ± 0.03	0.37 ± 0.03
	神经类型	以灵活型、稳定型为主，其次是兴奋型、亚稳定型			
	气质类型	多血质、多血质—黏液质			
	个性特征	P、N、E（分）	性格偏外向、情绪稳定、精神质适中		
技战术	实战意识	时间差（分）	3.6 ± 0.84	3.60 ± 0.80	2.7 ± 0.46
		距离差（分）	3.6 ± 0.86	3.60 ± 0.86	2.6 ± 0.45
	实战技巧	防守反击时机（分）	3.5 ± 0.88	3.7 ± 0.87	2.9 ± 0.5
	技术容量	基本技术（分）	3.7 ± 0.76	3.7 ± 0.90	2.8 ± 0.41
	实战心理意识	战术（分）	4.1 ± 0.38	4.0 ± 0.28	4.2 ± 0.40

2. 理想模型

优秀拳击运动员竞技能力结构的常规模型，只是标识了优秀选手群体的正态分布范围和群体的整体性特征，它只能为优秀选手提供竞技能力发展的基本导向。要想成为世界级选手将来在各种世界大赛，尤其是奥运会上承担重任，就要建立更为明确和高远的导向目标，瞄准世界水平。这就需要我们建立一个优秀运动员竞技能力结构的理想模型。所谓理想模型是指以同质样本中正态分布范围处于较高水平的优秀群体为对象而建立的模型。体质研究中，建立理想体质评价标准的基线是以指标样本数据处于人群 80 百分位以上，根据竞技体育的特点，竞技能力理想模型建立的基线应适度提高，通常为第 90 百分位数。据此，我们进行了优秀拳击运动员各典型指标的第 90 百分位数的计算，并将结果汇总，建立了优秀拳击运动员竞技能力结构的理想模型(表 13-13)。

表 13-13　优秀拳击运动员竞技能力结构特征理想量模型统计表

类别	竞技能力	指标	理想模型值≥90 百分位数		
			轻量级	中量级	重量级
形态	长度	指距—身高（cm）	5	7	7.1
	宽度	骨盆宽/肩宽×100	68	71	75
	围度	上臂紧张围（cm）	31	35	44
	体成分	去脂体重（kg）	54	77	85
机能	有氧代谢能力	最大摄氧量（ml/kg · min）	64.5	62.9	61
	氧运转能力	血红蛋白（g/l）	161	158	161
	无氧代谢能力	最大无氧功率（w）	634	772	1105
	激素水平	血清睾酮（ng/dl）	638	655	656
素质	速度	50m 跑（s）	6.72	6.93	7.03
	专项力量	实心球对墙平推（次）	108	108	106
	专项耐力	3000m 跑（s）	653.5	668.7	709.2
	肢体力量	握力（kg）	55	63	71
	腰腹力量	30s 抱头仰卧起坐（次）	42	40	36
	协调性	1min 双摇（次）	137	136	129

续表

类别	竞技能力	指标	理想模型值≥90百分位数		
			轻量级	中量级	重量级
心理	智力水平	智力（分）	48	48	48
	比赛心理能力	运动员心理素质评价（分）	208	208	208
	意志品质	果断性（分）	34	34	34
	神经协调性	选择反应时（s）	0.34	0.32	0.33
	神经类型	稳定型			
	气质类型	多血质			
	个性特征	P、N、E（分）	性格外向、情绪稳定		
技战术	实战意识	时间差（分）	4.5	4.3	3.8
		距离差（分）	4.5	4.6	3.3
	实战技巧	防守反击时机（分）	4.3	4.5	3.8
	技术容量	基本技术（分）	4.5	4.5	3.5
	实战心理意识	战术（分）	4.4	4.5	4.5

四、优秀运动员竞技能力水平评价方法

对运动员竞技能力水平的评价，可定位运动员竞技能力各指标所处的水平和层次，以便教练员直观掌握运动员的竞技能力状况。评价的目的，是为了建立一种标准，使受试者在所测量指标中的差异能得到客观、定量化的反映。只有基于对运动项目特征和运动员个体特点正确认识的基础上，才能从总体上把握影响竞技能力发展的各种因素，从而对运动员竞技能力水平有一个正确全面的认识。评价是系统控制过程的重要环节。无论是训练计划的制订，还是训练方法手段的选择及其组织实施与调控，都须以正确的评价为依据，竞技能力水平的评价具有多方面的作用：

①通过对运动员竞技能力水平一系列指标的检测与考核，可以打破以往只依靠运动成绩作为竞技能力发展评价标准的弊端，能比较全面地掌握评价对象的竞技能力状况，比较准确地预测其发展潜力，为相应的运动员选材与挖掘竞技能力潜力提供科学依据。

②竞技能力水平评价对实现预定竞技能力训练目标具有明确的导向作用，可以引导竞技能力训练过程沿着正确的方向进行。

③通过对运动员个体竞技能力状态的检测与评定，能使运动员看到自己的差距和不足，这可在一定程度上激发他们的竞争意识，激励他们按照一定的要求去改进训练，

有利于调动运动员的训练积极性和主动性。

④通过对指标逐项检测评价，可获取大量的反馈信息。及时发现训练中存在的问题与差距，使教练员与运动员掌握具体的训练情况，并以此为依据，有针对性地采取相应的对策改进训练。

因此，建立一套系统完整的指标体系来评价和比较运动员的竞技能力发展水平，不仅避免了单一根据成绩指标评定造成的片面性，而且能从影响竞技能力的多因素的评价中发现竞技能力实力强弱的原因所在，从而采取相应的对策来提高运动员的竞技能力水平。评价方法包括评分评价法和等级评价法。其中评分评价法又包括单项评分评价和综合评分评价两种方法；等级评价法也包括单项等级评价和综合等级评价两种方法。

（一）优秀拳击运动员竞技能力水平评分标准的建立及其评价

评价的首要前提，就是要建立评价标准，并且通过与此标准的比较，使受试者的差异得到客观、定量化的反映。为此，本研究运用体育测量与评价原理中的评分评价和等级评价方法，建立优秀拳击运动员竞技能力单项指标和综合指标的评分评价标准，单项指标及综合指标的等级评价标准。

1. 单项指标评价标准

单项指标评分表制订：单项评价标准的制订依照百分位数法来确定。

主要步骤为：

①计算全样本各典型指标的 P_{10}、P_{30}、P_{70}、P_{90} 百分位数。

②按照不同的区域分为不同的等级，即分别为五级、四级、三级、二级和一级。

③按表 13-14 的标准建立各典型指标的单项评分标准。

表 13-14　单项指标评分标准

等级	百分位数	得分
五等	P_{90}以上	100
四等	$P_{70}-P_{90}-\Delta$	80
三等	$P_{30}-P_{70}-\Delta$	60
二等	$P_{10}-P_{30}-\Delta$	40
一等	$P_{10}-\Delta$以下	20

例如，优秀男子拳击运动员轻量级级别竞技能力指标评分如表 13-15 所示。

表 13-15　优秀男子拳击运动员轻量级级别竞技能力单项指标评分

评价等级	5 等标准	得分	4 等标准	得分	3 等标准	得分	2 等标准	得分	1 等标准	得分
指距—身高（cm）	≥5	2.6	4.9-3.0	2.1	2.9-1.5	1.6	1.4-0.3	1.0	≤0.2	0.5
骨盆宽/肩宽×100	≥82	0.3	81-75	0.5	74-68	0.9	67-65	0.5	≤64	0.3
上臂紧张围（cm）	≥31	4.0	30-29	3.2	28-27	2.4	26-24	1.6	≤23	0.8
去脂体重（kg）	≥54	2.5	53-51	2.0	50-48	1.5	47-43	1.0	≤42	0.5
最大摄氧量（ml/kg·min）	≥64.5	3.7	64.4-62.9	3.0	62.8-59.9	2.3	59.8-57.8	1.5	≤57.7	0.8
血红蛋白（g/l）	≥161	3.0	160-155	2.4	154-149	1.8	148-146	1.2	≤145	0.6
最大无氧功率（w）	≥634	4.5	633-598	3.6	597-555	2.7	554-524	1.8	≤523	0.9
血清睾酮（ng/dl）	≥638	3.8	637-579	3.0	578-526	2.3	525-481	1.5	≤480	0.8
50m 跑（s）	≤6.72	4.0	6.73-6.91	3.2	6.92-7.22	2.4	7.23-7.71	1.6	≥7.72	0.8
实心球对墙平推（次）	≥108	3.0	107-103	2.4	103-96	1.8	95-90	1.2	≤89	0.6
3000m 跑（s）	≤653.5	3.6	653.4-669.5	2.9	669.4-685.5	2.2	685.4-699	1.4	≥699.1	0.7
握力（kg）	≥55	4.0	54-52	3.2	51-49	2.4	48-47	1.6	≤46	0.8
30s 抱头仰卧起坐（次）	≥42	3.2	41-40	2.6	39-37	1.9	36-34	1.3	≤33	0.6
选择反应时（s）	≤0.34	5.0	0.35-0.37	4.0	0.38-0.41	3.0	0.42-0.43	2.0	≥0.44	1.0
1min 双摇（次）	≥137	2.2	136-132	1.8	131-128	1.3	127-120	0.9	≤119	0.4
智力（分）	≥55	4.0	54-52	3.2	51-49	2.4	48-47	1.6	≤46	0.8
运动员描述（分）	≥208	7.5	207-187	6.0	186-173	4.5	172-168	3.0	≤167	1.5
果断性（分）	≥34	5.0	33-30	4.0	29-26	3.0	25-22	3.0	≤21	1.0
时间差（分）	≥4.5	6.6	4.4-3.7	5.3	3.6-3.2	4.0	3.1-2.5	2.6	≤2.4	1.3
距离差（分）	≥4.5	5.4	4.4-3.9	4.3	3.8-3.1	3.2	3.0-2.2	2.2	≤2.1	1.1

续表

评价等级	5 等标准	得分	4 等标准	得分	3 等标准	得分	2 等标准	得分	1 等标准	得分
防守反击时机（分）	≥4.3	6.0	4.2-3.6	4.8	3.5-3.1	3.6	3.0-2.3	2.4	≤2.2	1.2
基本技术（分）	≥4.5	6.6	4.4-4.1	5.3	4.0-3.1	4.0	3.0-2.6	2.6	≤2.5	1.3
战术（分）	≥4.4	5.4	4.3-4.1	4.3	4.0-3.8	3.2	3.7-3.5	2.2	≤3.4	1.1

2. 综合评价指标权重的确定

（1）一级指标权重确定

主要采用问卷调查法确定竞技能力结构要素的权重。具体方法如下：向有关拳击专家发放问卷调查表，请其结合专项特点，将重要程度分为非常重要、重要、比较重要、一般重要及不重要 5 个等级，采用五级评分法对每一级指标的重要性进行赋值，赋值为 5、4、3、2、1。

利用公式：

$$W_i=\frac{\sum_{j-1}^{20}P_{ij}}{\sum_{i-1}^{5}\sum_{j-1}^{20}\mathrm{P}_{ij}}\qquad (i=1,\ 2\cdots,\ 5)$$

其中：W_i表示竞技能力结构 i 因素的权重；P_{ij}表示专家 j 对 i 因素的赋值。经过上述步骤，本文得到了 5 个一级指标的权重（表 13-16）。

表 13-16　一级指标权重

指标名称	身体形态	运动素质	心理指标	身体机能	技战术指标
权重值	0.1	0.2	0.25	0.15	0.3

（2）二级指标权重确定

根据统计结果和专家问卷相结合，确定了一二级指标的权重（表 13-17）。

表 13-17　优秀男子拳击运动员各项权重系数表

一级指标		二级指标	
类别	权重	指标	权重
形态	0.1	指距—身高	0.026
		骨盆宽/肩宽×100	0.009
		上臂紧张围	0.04
		去脂体重	0.025

续表

一级指标		二级指标	
机能	0.15	最大摄氧量	0.0375
		血红蛋白	0.03
		最大无氧功率	0.045
		血清睾酮	0.0375
素质	0.2	50 m 跑	0.04
		实心球对墙平推	0.03
		3000 m 跑	0.036
		握力	0.04
		30s 抱头仰卧起坐	0.032
		1min 双摇	0.022
心理	0.25	智力	0.075
		心理素质评价	0.075
		果断性	0.05
		选择反应时	0.05
技战术	0.3	时间差	0.066
		距离差	0.054
		防守反击时机	0.06
		基本技术	0.066
		战术	0.054

（3）权重系数的最终确定

在确定选材指标权重的过程中，把专家调查结果、因子分析结果进行综合分析，最终确定的选材指标体系按百分制表述。拳击运动员竞技能力评价体系综合权重系数的最终确定如表 13-18 所示。

表 13-18　拳击运动员竞技能力评价体系综合权重分值

一级指标		二级指标	
类别	权重	指标	权重
形态	10	指距—身高	2.6
		骨盆宽/肩宽×100	0.9
		上臂紧张围	4
		去脂体重	2.5

续表

一级指标		二级指标	
机能	15	最大摄氧量	3.7
		血红蛋白	3
		最大无氧功率	4.5
		血清睾酮	3.8
素质	20	50 m 跑	4
		实心球对墙平推	3
		3000 m 跑	3.6
		握力	4
		30 s 抱头仰卧起坐	3.2
		1min 双摇	2.2
心理	25	智力	7.5
		运动员心理素质评价	7.5
		果断性	5
		选择反应时	5
技战术	30	时间差	6.6
		距离差	5.4
		防守反击时机	6
		基本技术	6.6
		战术	5.4

3. 综合评价标准的建立

为使某拳击运动员竞技能力和优秀运动员的差异能得到客观的反映，通过建立综合评价标准，对所有适龄队员进行客观、公正的评价，并对其实施跟踪监测，这是评价的最终目的。要对运动员进行竞技能力综合评价，我们须在单项评价的基础上，建立优秀拳击运动员竞技能力综合评价标准（表 13-19）。具体方法如下。

①根据全样本各典型指标的单项评分表，将运动员测试的数据按各级别选材评价标准进行评分，将实测数据转换成分数。

②根据各典型指标分类，分别计算运动员形态、机能、素质、技术和心理得分，按每个指标的分数乘以它在该级指标中的权重，得到各指标的加权分，然后将各加权分数累加，即得出运动员竞技能力综合评价得分。

③最后计算样本总分数的 P_{10}、P_{30}、P_{50}、P_{70}、P_{90} 百分位数，得到综合评价标准。

表 13-19　优秀拳击运动员竞技能力综合评价标准

划分标准	综合得分	等级
P_{90}以上	74 以上	5（优秀）
$P_{70}-P_{90}-\Delta$	73~65	4（良好）
$P_{30}-P_{70}-\Delta$	64~53	3（合格）
$P_{10}-P_{30}-\Delta$	52~50	2（不合格）
$P_{10}-\Delta$以下	49 以下	1

五、优秀运动员竞技能力诊断

在运动训练过程中，为了改变和发展运动员的竞技能力，实现运动员竞技能力由现实状态向特定目标状态的转移，而进行的及时地不间断地对运动员竞技能力实际状态的检查和评定，称为运动员竞技能力现实状态的诊断（简称状态诊断）。由于竞技能力训练过程的长期性和影响因素的复杂性，因此需要教练员和科研人员不间断地对拳击运动员竞技能力训练状态进行诊断，并根据诊断结果及时对训练方案做出调整，从而达到提高运动员竞技能力水平和实现在比赛中创造优异运动成绩的目的。

（一）常用诊断方法

1. 雷达分析法

雷达分析是通过雷达图的建立进行指标态势判断，在经济领域发展态势评价中，雷达图是由三个同心圆构成的，系统的各评价指标被平均分配在与同心圆相交的诸条射线上。其中中间的圆代表各指标标准值，通常取该年度的计划值或同行业平均水平值；外面的大圆半径为中间圆半径的 1.5 倍，作为最好状态的标准（称最优值），里面的小圆半径为中间圆半径的 0.5 倍，作为最差状态的标准（最劣值）。相应每个指标的标准值、最优值、最劣值标定在代表该指标的射线上，雷达图的特点是对各指标态势的判断令人一目了然。以我国某优秀男子拳击运动员基本身体素质为例，如图 13-1 所示。

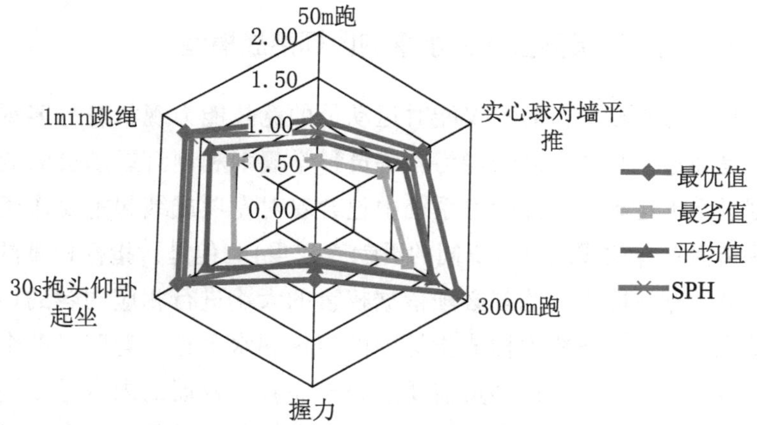

图 13-1　我国优秀男子拳击运动员 SP1-1 基本身体素质雷达图

2. 使用雷达分析注意事项

采用雷达分析法对优秀运动员进行竞技能力各指标态势分析时，与经济领域运用的雷达分析有所不同。主要表现如下。

在研究各指标的标准值时采用运动员的平均值；采用优势及劣势指标的临界值分别替代传统雷达分析中的最优和最劣值，优势值的半径大小采用指标 M+SD，劣势值的半径大小采用指标 M-SD。

依据钟添发、田麦久等构建的优秀运动员竞技能力结构模型理论，他们认为："优秀运动员的各指标 M±SD 勾勒了他们在该指标的正常状态数据范围。在优秀运动员群体中，如果某名运动员的某项指标数据不在整体平均值的正负 1 倍扩散区以内，我们便可以确定该运动员在这项指标上处于异常状态。这里，异常状态有好坏之分，指标数据高于整体 M+SD 的是优势指标，指标数据低于整体 M-SD 的为劣势指标。"

选择的运动员指标异常状态判断标准与大样本指标数据的异常值的界定标准是不同的（大样本指标的异常值一般以平均值±3 倍标准差为标准），这主要是因为关于优秀运动员的研究样本量通常较少，加之运动员在各指标方面的差距一般不大，优秀运动员群体中各指标落在平均值±3 倍标准差以外的情况是很罕见的。

雷达分析法不仅可对运动员个体竞技能力态势进行分析，它与综合评价法相结合，还可以进行运动员竞技能力方面——身体形态、生理机能、运动素质、心理和技术的态势分析。方法是：①分别计算每名运动员身体形态、生理机能、运动素质、心理和技术得分（采用指标加权得分）；②分别计算每名运动员身体形态、生理机能、运动素质、心理和技术得分的平均值和标准差；③界定运动员身体形态、生理机能、运动素质、心理和技术得分的优势及劣势临界值（M±SD）；④按雷达分析要求，创建每一位运动员身体形态、生理机能、运动素质、心理和技术态势雷达图。

（二）优秀拳击运动员竞技能力水平的目标挑战模型

运动员竞技能力诊断的目的不仅能对运动员的竞技能力现状进行客观而准确的评价，更重要的是通过竞技能力诊断能为教练员科学规划和制订运动员的竞技能力训练策略提供依据。拳击运动员竞技能力系统中包含着对专项成绩起重要作用的不同结构指标，且这些指标对专项成绩具有不同的贡献（权重）。但是，指标权重的不同并不意味着每个运动员的竞技能力训练都必须依据权重的大小进行相应内容的训练安排。这是因为，运动员在每个竞技能力构成指标中的表现和水平存在着明显的个体差异，这决定了在竞技能力训练中不同运动员需要致力于完善和发展的内容是不同的。这就需要我们建立一个统一且客观的标准来评估他们的竞技能力差异，并合理界定其竞技能力构成指标的名次先后，只有揭示这一特点，体现区别对待训练原则，制定科学竞技能力训练策略才具有真正的意义。为此，本研究运用目标挑战模型理论对运动员的竞技能力发展水平进行差距诊断。

1. 竞技能力目标挑战模型定义

所谓竞技能力目标挑战模型，是指构成运动员竞技能力的诸有效指标最优值的集合体。

优秀运动员的竞技能力目标挑战模型，是指每名运动员在我们通过统计筛选的竞技能力指标方面的最优值。该模型值反映了在一定时间内，对这些选手竞技能力发展的最高期望。虽然这些选手最终也可能没有任何一人能够在所有指标上完全达到目标挑战模型值的要求，但是我们可以通过指标差异系数的建立来达到规划运动员竞技能力训练策略的目的。

2. 目标挑战模型——差距系数

（1）差距系数定义

运动员竞技能力目标挑战模型建立后，我们便可以建立统一的标准客观诊断每名运动员在每项竞技能力构成指标上与目标模型值的差距大小，这个差距我们称为差距系数。

（2）分析

目标模型中的指标是所有运动员中该指标的最优值，拥有某项最优值的选手即达到了该项指标水平的 100%（即在该项指标上与模型的差距为 0），其余选手在该项指标上则小于 100%（即其与目标值之间存在差距），我们可使用指标的差距百分数来描述这一差距。

公式为：差距系数=（最优值-实际值）/最优值×100%。

利用这一公式，可以计算每名运动员在每项指标上距离目标模型的差距系数，以我国部分优秀男子拳击运动员运动素质为例（表 13-20）。

表 13-20　我国优秀男子拳击运动员素质指标差距系数一览表（%）

姓名	50m 跑	3000m 跑	实心球对墙平推	握力	30s 抱头仰卧起坐	1min 双摇
XL	0.3	3.0	1.6	0.5	3.7	2.8
LS	1.7	5.4	3.1	3.3	8.1	4.7
XLS	6.4	3.1	9.4	5.7	8.2	4.0
XLL	3.3	1.9	3.1	0.9	6.7	1.1
平均数	2.9	3.3	4.3	2.6	6.6	3.2
标准差	2.6	1.5	3.5	2.4	2.0	1.6

从总体上比较，优秀男子拳击运动员单项指标与专项成绩之间的权重排序 50m 跑>握力>3000m 跑>30s 抱头仰卧起坐>实心球对墙平推>1min 双摇，但由表 13-20 我国优秀拳击运动员素质指标相对于目标挑战模型的差距系数其大小排序为：30s 抱头仰卧起坐>实心球对墙平推>3000m 跑>1min 双摇>50m 跑 >握力。由此可以看出差距系数与权重排序并不存在一致性，权重较大的指标呈现出差距较小的趋势。30s 抱头仰卧起坐权重系数较小指标由权重排序的第 4 位上升至差距系数的第 1 位，这一现象说明优秀运动员核心力量较差，今后在这方面的训练应加强。

REFERENCE

参考文献

理论篇

[1] 王德新，樊庆敏．现代拳击运动教程［M］．上海：复旦大学出版社，2012.

[2] 佟立生．现代拳击教程［M］．内蒙古：内蒙古教育出版社，2002.

[3] https://en.wikipedia.org/wiki/Boxing.

[4] https://www.aiba.org/.

[5] https://en.wikipedia.org/wiki/World Boxing Association.

[6] https://en.wikipedia.org/wiki/World Boxing Council.

[7] https://en.wikipedia.org/wiki/International Boxing Federation.

[8] https://en.wikipedia.org/wiki/World Boxing Organization.

[9] https://en.wikipedia.org/wiki/AIBA World Boxing Championships.

[10] 王德新，王兴，梁慧子．新规则下世界拳击强国乌克兰运动员技战术特征研究［J］．山东体育学院学报，2012（3）：66-72.

[11] 王德新，吴瑛，荣敦国，等．2012年伦敦奥运会拳击项目的备战对策：基于2011年世界拳击锦标赛赛况的分析［J］．首都体育学院学报，2012（03）：245-251.

[12] 王德新，胡亦海，荣敦国，等．世界优秀男子拳击选手制胜技术特征与对策研究［J］．武汉体育学院学报，2012（6）：63-67.

[13] 王德新．现代男子拳击运动技战术特征研究［D］．上海：上海体育学院，2010.

[14] https://www.olympic.org/boxing.

[15] 樊庆敏，王德新，张辉，等．国际拳联2013评分规则对我国男子拳击选手技战术特征影响［J］．北京体育大学学报，2014（06）：125-128，139.

[16] 王海峰，王德新，张亚琪．国际拳联新规则对世界男子拳击运动员技、战术运用变化影响的研究［J］．中国体育科技，2015（06）：90-96.

[17] 张辉，樊庆敏，王德新．女子拳击运动员竞技能力网络结构特征的探索［J］．北京体育大学学报，2017（07）：95-105.

[18] 鲍善军，皮传胜，王德新．中外女子优秀拳击运动员比赛制胜因素表现差异的对比研究［J］．武汉体育学院学报，2017（06）：63-71.

[19] 谢飞，王德新，王海峰．国际拳联新规则影响下哈萨克斯坦冠军运动员竞技能力表现特征研究［J］．北京体育大学学报，2016（12）：124-130.

[20] 余银，高平，鲍善军，等．我国男子拳击项目技战术实战特征与发展趋势分析［J］．北京体育大学学报，2014（6）：129-132.
[21] 李正，仇军．略论教练员文化素质的结构［J］．南京体育学院学报，1995（1）：7-10.
[22] 尹军，于勇，蔡有志．对我国部分项目优秀教练员能力结构的研究［J］．中国体育科技，2001（10）：46-47，50.
[23] 陈小蓉．创新——高水平教练员必备的能力［J］．中国体育科技，1995（1）：44-45.
[24] 吴述成，孟令英，张斌．谈教练员决策能力［J］．南京体育学院学报（社会科学版），1999（2）：106-107.
[25] 张鹏．我国高水平游泳教练员执教能力体系的建立及现状研究［D］．北京：北京体育大学，2004.
[26] 许登云，乔玉成．我国10位成功教练员素质特征研究［J］．成都体育学院学报，2010（12）：36-39.
[27] 王耀东，柳海民．论教练员教育知识管理的建构［J］．北京体育大学学报，2015（10）：134-138.
[28] 关朝阳，张建．我国体育教练员培养体系及岗位培训的研究［J］．山东体育学院学报，2008（3）：36-38.
[29] 吴依雪．谈排球教练员临场指挥能力的培养［J］．福建师范大学学报（自然科学版），1995（2）：107-112.
[30] 钟秉枢．简析教练员的知识、能力与素质［J］．运动，2013（7）：1-3.
[31] 彭飞．优秀教练员的精神和心理素质浅析［J］．四川体育科技，1995（4）：6-9，12.
[32] 李勇，程刚．构建我国教练员科学训练能力评估［J］．四川体育科学，2004（1）：63-64.
[33] 魏剑波．教练员素质体系的构建研究［D］．开封：河南大学，2008.
[34] 赵一鸣．提高教练员自身知识、智能水平的必要性［J］．上海体育学院学报，1991（1）：7-9.
[35] 尹军．对我国部分项目优秀教练员知识结构的研究［J］．武汉体育学院学报，2000（1）：41-44.
[36] 刘兵．论教练员的成功执教素养［J］．中国体育教练员，2014（1）：7-8.
[37] 王艺兰．我国教练员知识需求、结构与培养策略研究［J］．体育与科学，2010（6）：81-84，88.
[38] 蔡端伟．重实践轻理论阻碍我国教练员运动训练创新——教练员培训课程理论与实践关系的辩证思考［J］．体育学刊，2015（1）：95-99.
[39] 杨年松．职业体育人力资本所有权性质、特点与政策建议［J］．体育学刊，2005，12（1）：39-41.
[40] 姜俭．竞技体育教练员的智力、知识与实践［J］．武汉体育学院学报，1998（2）：48-50.
[41] 荣霁．美国体育组织研究［J］．体育文化导刊，2014（12）：20-82.
[42] 陆升汉，汪康乐，邰崇禧．论创新是竞技教练员的核心素质［J］．成都体育学院学报，2002（6）：61-63.
[43] 张松林．关于复合型教练员团队的几点思考［J］．山东体育科技，2009（1）：1-4.
[44] 田麦久．运动训练学［M］．北京：人民体育出版社，2000：79.
[45] 仇乃民．竞技能力非线性系统理论与方法［D］．北京：北京体育大学，2012.
[46] 何大韧，刘宗华，汪秉宏．复杂系统与复杂网络［M］．北京：高等教育出版社，2009：1-3.
[47] 刘建国．复杂网络模型构建及其在知识系统中的应用［D］．大连：大连理工大学，2007：2-3.
[48] 田麦久，刘大庆，熊焰．竞技能力结构理论的发展与“双子模型”的建立［J］．体育科学，

2007，27（7）：3-6.
[49] 田麦久．论竞技能力决定因素之分析［J］．体育科技，1984（3）：1-4.
[50] 过家兴．运动训练学［M］．北京：北京体育学院出版社，1986：133.
[51] 韩丹．论运动竞技能力［J］．武汉体育学院学报，1990（4）：12-17.
[52] 田麦久，等．运动训练学（第二版）［M］．北京：高等教育出版社，2017：46.
[53] 郑念军，刘新民，刘兴．竞技能力新论［J］．西安体育学院学报，2001，18（1）：51-53.
[54] 宋会君．从耗散结构原理看运动员竞技能力发展的有序性［J］．体育与科学，2003，24（3）：49-53.
[55] 钟秉枢．运动员基础训练的人文社科指导［M］．北京：北京体育大学出版社，2005：119.
[56] 代中善．对竞技能力构成要素的审思［D］．湖南：湖南大学，2007：34.
[57] 杜长亮．竞技能力网络结构特征［D］．北京：北京体育大学，2011：7.
[58] 迪特里希·哈雷．训练学——运动训练的理论与方法学导论［M］．蔡俊五，译．北京：人民体育出版社，1985：12-27.
[59] 曼弗里德·葛欧瑟．运动训练学讲稿［M］．田麦久，译．北京：北京体育大学教务处，1983：80.
[60] B. H. 普拉托诺夫．运动训练的理论与方法［M］．陆绍中，译．武汉：武汉体育学院，1986：97.
[61] 周西宽．体育学［M］．成都：四川教育出版社，1988：227.
[62] 徐本力．运动训练学［M］．济南：山东教育出版社，1990：74.
[63] 程勇民，许伟民．竞技能力结构及其项群划分［J］．山东体育学院学报，2004，20（5）：35-37.
[64] 根本勇．运动训练的基本原则［J］．林栋，译．冰雪运动，1987（2）：10-14.
[65] 田麦久，刘大庆，熊焰．竞技能力结构理论的发展与“双子模型”的建立［J］．体育科学，2007，27（7）：6.
[66] 李岩．竞技能力结构模型的分析与新议——皮球理论模型的建立［J］．北京体育大学学报，2010，33（2）：116-118.
[67] 李凯．“合金理论”初探——试论运动素质与运动能力的关系［J］．山东体育学院学报，2000，16（1）：1-4.
[68] 岳建军，阎智力，杨尚剑．个体竞技能力结构分析［J］．体育学刊，2013，20（3）：97-102.
[69] 熊焰，孔祥宁，李景丽．竞技能力结构理论评价［J］．天津体育学院学报，2004，19（1）：55-57.
[70] 田麦久．我国运动训练学理论体系的新发展［J］．北京体育大学学报，2003，26（3）：145-148.
[71] 刘大庆，等．潜优势项目特点与制胜规律研究——拳击［R］．北京，2010：51-52.
[72] 王连方．优秀拳击运动员竞技能力的非衡因素及补偿［C］．第八届全国体育科学大会论文集，2007：75.
[73] 巴义名．我国优秀男子拳击运动员竞技能力特征及选材标准的研究［D］．北京：北京体育大学，2007：107.
[74] 王德新．全国拳击高级教练员培训班讲稿［R］．武汉，2009：11.
[75] Pastor-Satorras R, Vespignani A. Evolution and Structure of the Internet: A Statistical Physics Approach［M］. Cambridge University Press, 2004.
[76] 汪小帆，李翔，陈关荣．网络科学导论［M］．北京：高等教育出版社，2012：2.
[77] 张兰华．复杂网络建模的仿真与应用研究［D］．大连：大连理工大学，2013：5.

[78] Erdös P, Rényios A. On the evolution of random graphs [J]. Publications of the Mathematical Institute of the Hungarian Academy of Sciences, 1960 (5): 17-61.

[79] Watts D J, Strogatz S H. Collective dynamics of 'small-world' networks [J]. Nature, 1998, 393 (6684): 440-442.

[80] AL Barabási, R Albert. R. Emergence of scaling in random networks [J]. Science, 1999, 286 (5439): 509-512.

[81] LD F. Costa, FA Rodrigues, G Travieso, et al. Characterization of complex networks: A survey of measurements [J]. Advances in Physics, 2007, 56 (1): 167-242.

[82] 何大韧，刘宗华，汪秉宏．复杂系统与复杂网络［M］．北京：高等教育出版社，2009：53.

[83] R Albert, AL Barabási. Topology of evolving networks: local events and universality [J]. Physical Review Letters, 2000, 85: 5234-5237.

[84] LA Amaral, A Scala, M Barthelemy, et al. Classes of small-world networks [J]. Proc. Natl. Acad. Sci. USA, 2000, 97 (21): 11149.

[85] 任晓龙，吕琳媛．网络重要节点排序方法综述［J］．科学通报，2014，59（13）：1175-1197.

[86] 焦凯．我国优秀越野滑雪短距离男运动员主要关节肌肉力量特征与滑行能力的相关性研究［D］．沈阳：沈阳体育学院，2013：20.

[87] 赵亮，葛春林，陈小平．高水平沙滩排球运动员核心稳定性与下肢专项移动能力的相关性研究［J］．北京体育大学学报，2013，36（1）：134-137.

[88] 李激扬，孙和平．部分生化指标在拳击运动员机能评定中的运用研究［J］．北京体育大学学报，2002，25（1）：70.

[89] 马海燕．我国优秀竞走运动员高原训练生理生化指标检测和评价［D］．长春：吉林体育学院，2014：16.

[90] 姒刚彦，张忠秋，张春青，等．中国运动员备战2008年北京奥运会的心理服务［J］．中国体育科技，2012，48（4）：7.

实践篇

[91] 田麦久，刘大庆，熊焰．竞技能力结构理论的发展与“双子模型”的建立［J］．体育科学，2007（7）：3-6.

[92] 张辉，樊庆敏，樊蕊．新规则下我国男子拳击小级别运动员2016年奥运会备战研究［J］．中国体育科技，2015（6）：97-102.

[93] 张辉．拳击运动员竞技能力网络结构特征的实证研究［D］．北京：北京体育大学，2016.

[94] 张辉，樊庆敏．世界优秀男子拳击小级别冠亚军技战术制胜特征对比分析［J］．首都体育学院学报，2015（6）：552-557.

[95] 邱瑞瑯．技击性运动概论及其制胜原理之研究［D］．上海：上海体育学院，2001.

[96] 巴义名．我国优秀男子拳击运动员竞技能力特征及选材标准的研究［D］．北京：北京体育大学，2007.

[97] http://www. aiba. org/.

[98] http://sports. espn. go. com/espn/page2/sportSkills.

[99] 黎涌明，毛承．竞技体育项目的专项供能比例——亟待纠正的错误［J］．北京体育大学学报，2014，34（10）：93-97.

[100] Ghosh A K，Goswami A，Ahuja A. Heart rate & blood lactate response in amateur competitive boxing［J］. The Indian journal of medical research，1995，102（102）：179-183.

[101] Guidetti L，Musulin A，Baldari C. Physiological factors in middleweight boxing performance［J］. Journal of sports medicine and physical fitness，2002，42（3）：309-324.

[102] Crisafulli A，Vitelli S，Cappai I，et al. Physiological responses and energy cost during a simulation of a Muay Thai boxing match［J］. Applied Physiology，Nutrition，and Metabolism，2009，34（2）：143-150.

[103] Atha J，Yeadon M R，Sandover J，et al. The damaging punch［J］. Br Med J（Clin Res Ed），1985，291（6511）：1756-1757.

[104] Obminski Z，Borkowski L，Sikorski W. The shot put performance as a marker of explosive strength in polish amateur boxersA pilot study［J］. Archives of Budo，2011，7（3）：173-177.

[105] 冯连世．优秀运动员身体机能评定方法［M］．北京：人民体育出版社，2003.

[106] 高维纬．中华人民共和国第八届运动会拳击比赛调研报告［A］．北京：组委会科研部，1997：267-272.

[107] 宋红海，樊庆敏，臧广悦．规则变化对我国拳击运动发展趋势影响的研究［J］．北京体育大学学报，2012，35（1）：116-119.

[108] 胡亦海．竞技运动训练理论与方法［M］．武汉：湖北人民出版社，2005.

[109] Martsiv V P. Comparative analysis of competitive activity parameters of amateur boxers high qualification［J］. Physical Education of Students，2014，6（6）：41-44.

[110] Davis P，Benson P R，Pitty J D，et al. The activity profile of elite male amateur boxing［J］. International journal of sports physiology and performance，2015，10（1）：53-57.

[111] 樊庆敏，王德新，张辉．国际拳联评分规则对我国男子拳击选手技战术特征影响［J］．北京体育大学学报，2014，37（6）：125-128.

[112] 王海峰，王德新，张亚琪．国际拳联新规则对世界男子拳击运动员技、战术运用变化影响的研究［J］．中国体育科技，2015，51（6）：90-96.

[113] 宋兆铭．拳击出拳技术特征分析及核心区力量训练对出拳技术作用的研究［D］．北京：北京体育大学，2016.

[114] 夏吉祥，张波．青少年拳击运动员专项体能训练方法探析［J］．运动，2011（10）：34-36.

[115] 李晓辉．拳击运动体能特征研究［J］．科技信息，2012（18）：299.

[116] 朱家新．业余拳击运动员速度训练研究［J］．渭南师范学院学报，2002，17（2）：64-67.

[117] 安俊刚．青少年拳击运动员体能训练方法［J］．经营管理者，2012（14）：354-355.

[118] 苏彦炬．拳击下肢专项力量特征研究及训练辅助器械的研制［D］．上海：上海体育学院，2013.

[119] 王德新．现代男子拳击运动技战术特征研究［D］．上海：上海体育学院，2010．

[120] 荣敦国，王德新．浅析运动智力因素的培养［J］．南京体育学院学报（自然科学版），2017（2）：15-20.

[121] 鲍善军，王德新，王海峰．奥运冠军邹市明职业拳击参赛中的制胜因素运用变化特征研究［J］．北京体育大学学报，2017（11）：111-116，138.

［122］鲍善军，龙跃玉，王德新．中外优秀男子拳击运动员比赛制胜因素对比分析［J］．上海体育学院学报，2016（4）：58-64.
［123］王德新，余阿荣，张震．新规则下拳击运动员对抗能力和技战术训练研究［A］．2015 第十届全国体育科学大会论文摘要汇编（一）［C］．2015.
［124］王德新．现代男子拳击技战术特征［M］．北京：人民体育出版社，2012.
［125］王德新．高等体育院校拳击教材［M］．上海：复旦大学出版社，2012.
［126］巴义名．我国优秀男子拳击运动员竞技能力特征及选材标准的研究［D］．北京：北京体育大学，2007.
［127］http://www.espn.com/espn/page2/sport Skills.
［128］https://en.wikipedia.org/wiki/Boxing.
［129］陈月亮．我国优秀短距离速滑运动员体能训练的理论与实践研究［D］．上海：上海体育学院，2007.
［130］冯连世，冯美云，冯炜权．运动训练的生理生化监控方法［M］．北京：人民体育出版社，2006.
［131］冯连世，冯美云，冯炜权．优秀运动员身体机能评定方法［M］．北京：人民体育出版社，2003.
［132］冯连世，张漓．优秀运动员训练中的生理生化监控实用指南［M］．北京：人民体育出版社，2007.
［133］冯连世．潜优势项目专项训练监控系统的研究［R］．国家科技计划课题结题报告．国家体育总局体育科学研究所，2010.
［134］冯炜权，谢敏豪，王香生，等．运动生物化学研究进展［M］．北京：北京体育大学出版社，2006.
［135］谢敏豪，林文弢，冯炜权，等．运动生物化学［M］．北京：人民体育出版社，2008.
［136］田麦久，刘大庆．运动训练学［M］．北京：人民体育出版社，2012.
［137］国际拳联医务委员会．拳击医务手册［M］．国际业余拳联，1984.
［138］曲绵域．实用运动医学第四版［M］．北京：北京大学医学出版社，2003.
［139］田麦久．竞技运动训练理论与方法［M］．北京：人民体育出版社，2005.
［140］刘大庆，等．运动员竞技能力结构特点与基础训练方法［M］．北京：北京体育大学出版社，2006.
［141］田麦久，武福全，等．运动训练科学化探索［M］．北京：人民体育出版社，1988：191．
［142］李蓝．我国男子竞技体操运动员竞技能力评价指标体系的构建［D］．西安：陕西师范大学，2009.
［143］夏娇阳．优秀短距离速度滑冰运动员核心竞技能力训练理论体系与实证研究［D］．北京：北京体育大学，2007.
［144］高亮．我国优秀武术散打运动员竞技能力特征与评价研究［D］．北京：北京体育大学，2008.
［145］田麦久．运动员科学选材的研究［J］．北京体育科技，1983（2）：22-24.
［146］曹景伟．面向 2008 年奥运会我国优秀皮划艇运动员科学选材的理论与实证研究［D］．北京：北京体育大学，2004：65．

附 录

国际拳联技术规则

2017 年 4 月 26 日生效

国际拳联技术规则-1

目 录

规则的适用性

本规则适用于国际拳联开展的包括公开拳击赛、职业拳击赛和世界拳击联赛在内的所有比赛。该规则在世界范围内具有唯一性，所有国际拳联会员协会、俱乐部，以及国际拳联大家庭成员举办任何级别的比赛与活动中都必须遵守该技术规则。任何会员协会不能制定与之相悖的技术规则，但可以根据本国的法律或制度进行适度修改，特别是有关医务和安全的规定。

定义

国际拳联：国际拳击联合会；

国际拳联赛事：国际拳联按照技术规则和 AOB、APB、WSB 竞赛规则开展的所有形式的比赛、竞赛、活动、联盟或锦标赛；

国际拳联官方拳击设备供应商：经国际拳联授权许可生产官方拳击比赛设备的供应商；

国际拳联计分系统：国际拳联指派的评判员在拳击比赛中用以打分的电子系统；

AOB：国际拳联公开拳击赛；

APB：国际拳联职业拳击赛；

比赛：由两名运动员参与的拳击对抗比赛；

拳击运动员：由国际拳联成员和会员协会注册的运动员；

教练员资格证明：经考试合格后，由国家拳击协会授予的可以在国际拳联赛事中担任教练的资格证明；

竞赛官员：国际拳联比赛中被指派或认证的裁判员、评判员、比赛监督、拳台医生、国际技术官员或其他任何职务；

洲拳击联合会：由属于同一个大洲的国际拳联会员协会组成的组织；

洲综合性运动会：指非洲运动会、泛太平洋运动会、亚洲运动会和欧洲运动会；

纪律准则：适用于国际拳联各联合会、国家拳击协会、官员，包括竞赛官员、运动员的行为准则以及因违规行为而可能受到的相应处罚；

FOP 区：比赛场地，以拳台为中心，国际拳联公开赛从拳台外延向外延伸至少 6 米所组成的比赛区域，或国际拳联职业比赛、世界职业拳击联赛从拳台外延向外延伸至少 2 米所组成的比赛区域，只允许竞赛技术官员进入；

拳套：比赛时运动员双手佩戴的保护器材；

头盔：比赛时运动员头部佩戴的保护器材；

身体接触类个人体育项目：包括合气道、除 AOB、APB、WSB 以外的拳击、笼式搏击、柔道、柔术、空手道、剑道、自由搏击、K-1、泰拳、MMA 综合格斗、桑搏、法式拳击、相扑、跆拳道、摔跤、武术，以及其他国际拳联认定为身体接触类个人体育项目。

台下评判员：每场比赛分配在拳台周围，根据国际拳联技术与竞赛规则，对台上运动员的表现进行评判；

医务规则：由国际拳联颁布，运动员在赛前、赛中和赛后必须遵守的医务标准；

国家拳击协会：经国际拳联代表大会批准成为国际拳联会员协会的国家或地区拳击协会；

国家级别的比赛：由某一国家拳击协会组织和/或批准的，并且只有本国运动员参加的比赛；

台上裁判员：确保运动员在场上比赛中遵守国际拳联技术与竞赛规则的人；

拳台医生：执行拳击比赛医务规则的人；

规则：包括反舞弊腐败规则、反兴奋剂规则、纪律规则、竞赛规则、医务规则、程序规则和技术规则；

场上助手：具备担任国际拳联公开拳击赛、国际拳联职业拳击赛和国际拳联世界拳击联赛场上助手资格的教练员或训练师；

比赛监督：由国际拳联指派，在国际拳联比赛中全面负责竞赛技术指导与监督工作的技术官员，比赛监督分为两级，即国际拳联所有比赛比赛监督和国际拳联公开拳击赛比赛监督；

随队官员：参赛代表队中除运动员以外的其他成员，包括领队、教练员和医生等；

WSB：国际拳联世界拳击联赛，由多个加盟俱乐部组成，每年举办一次。

竞赛管理规则

规则 1　级别

1.1　年龄分级。

1.1.1　19 至 40 岁的男子、女子拳击运动员为成年组。

1.1.2　17 至 18 岁的男子、女子拳击运动员为青年组。

1.1.3　15 至 16 岁的男子、女子拳击运动员为少年组。

1.1.4　运动员的年龄以他/她的出生年为准计算。

1.1.5　少年组及 14 岁以下年龄组运动员参加的比赛仅由国家拳击协会和

洲际拳击联合会主办，此类比赛参赛运动员的年龄幅度不得超过2岁。

1.2 体重级别。

1.2.1 各体重级别名称详见附录A。

1.2.2 男子成年组和青年组分为10个级别：
46~49公斤级，52公斤级，56公斤级，60公斤级，64公斤级，69公斤级，75公斤级，81公斤级，91公斤级，+91公斤级。

1.2.3 女子成年组和青年组分为10个级别：
45~48公斤级，51公斤级，54公斤级，57公斤级，60公斤级，64公斤级，69公斤级，75公斤级，81公斤级，+81公斤级。

1.2.4 女子成年组3个级别为奥运会参赛级别：
48~51公斤级，57~60公斤级，69~75公斤级。

1.2.5 少年男子组和女子组分为13个级别：
44~46公斤级，48公斤级，50公斤级，52公斤级，54公斤级，57公斤级，60公斤级，63公斤级，66公斤级，70公斤级，75公斤级，80公斤级，+80公斤级。

规则2 会员和资格

2.1 会员。
所有运动员、教练员、官员和协会成员必须经国家拳击协会、洲际拳击联合会和国际拳联国际拳击协会认可批准，方可参加国家和国际拳击比赛。洲际拳联特许情况除外。

2.2 资格。

2.2.1 国籍资格。

2.2.1.1 在任何AOB比赛前、APB赛期中或WSB注册期内，国际拳联必须确认每一位运动员的国籍和参赛资格。如果在任何国际拳联比赛期间收到任何关于资格的投诉，比赛监督必须立刻报告国际拳联总部。若资格投诉属实，比赛监督必须马上取消该运动员比赛资格并通知各相关方。

2.2.1.2 在国际拳联比赛赛外出现的国籍资格争议，均由国际拳联执委会进行裁定。
若确定违反了国籍规定，则移交国际拳联纪律委员会复审并对当事运动员及其所属国家协会进行处罚。

2.2.1.3 国籍由运动员的护照确定。若国籍存在疑问，国际拳联有权要求出具以下文件补充证明：

2.2.1.3.1 出生证明；

2.2.1.3.2 居民身份证；

2.2.1.3.3 国籍身份证明；

2.2.1.3.4 国家奥委会出具的确认信。

2.2.1.4 更换国籍。

2.2.1.4.1 如果运动员更改国籍，该名运动员可在国籍更改两年后使用新国籍参加国际拳联比赛。

2.2.1.4.2 如果运动员同时拥有两个或多个国籍，该名运动员必须选择一个国籍参加国际拳联比赛。因此，在该名运动员选定一个参赛国籍后，两年内不得使用其他国籍参加国际拳联比赛。

2.2.2 职业资格（略）。

参加过任何业余级或专业级个人搏击类比赛的运动员都有资格参加国际拳联或者是国家协会举办的相应水平的拳击赛事。

2.2.2.1 当国家协会希望为任何一名其他一对一格斗类的运动员注册参赛，必须完整填写附录B的申请表和医务健康证明，并提交国际拳联审批。国际拳联将征询国际拳联技术规则委员会同意后正式批准。运动员收到国际拳联纸质批复函即正式获得参赛资格。

2.2.2.2 根据上述 规定获得批准的运动员将不能再参加任何其他一对一格斗类赛事。

2.2.3 健康资格。

2.2.3.1 健康证明。

2.2.3.1.1 参加国际比赛的运动员，必须具有运动员手册，手册上必须具有由国际拳联医务委员会认可的医师所开具的“适合参赛”的体检证明。体检信息必须填写完整方可有效。

2.2.3.1.1.1 持有清晰、可识别的有效护照（不接受其他证件）和医师资格证的医师方具有资格。

2.2.3.1.1.2 为了使体检合格，体检必须（1）由一位有资质的医师完成，（2）开具有效期内的体检证明，（3）体检记录必须清晰可读且体检项目齐全，（4）必须上传至所有国际比赛在线或离线注册系统中。

2.2.3.1.2 运动员称重前，必须接受拳台医生检查并确认适合比赛。为了确保称重顺利进行，比赛监督可决定提前开始体检。比赛监督负责向所有运动队领队通知这一变更。

2.2.3.1.3 体检时运动员或者其代表必须根据规则提供所有必备材料。

2.2.3.2 运动员允许参赛的残障条件——参见国际拳联医务手册。

2.2.3.3 限制参赛——对于具有如下限制规定的运动员不能参加任何国际拳联比赛：

2.2.3.3.1 如果运动员头部和脸部（包括鼻子和耳朵）有划伤、擦伤、撕裂或者血肿。除凡士林、火棉胶、凝血酶溶液、微原纤胶原蛋白、吸收性明胶海绵、氧化纤维素和1/1000肾上腺素或者无菌切口胶布外，不允许使用其他物品包扎伤口。拳台医生将在运动员比赛当天体检时做出决定。

2.2.3.3.2 运动员在体检称重和每场比赛前应保持面部清洁，不允许蓄胡子。比赛时运动员身上不允许带有任何尖刺物和配饰。

2.2.3.3.3 任何运动员如果植入了任何电子或其他替代身体功能的设备都不允许比赛。

2.2.3.3.4 运动员仅允许佩戴软式隐形眼镜，禁止佩戴其他类型角膜接触镜。运动员比赛中掉落隐形眼镜时：

2.2.3.3.4.1 如果运动员同意继续比赛，该比赛可以继续；

2.2.3.3.4.2 如果运动员不接受在没有隐形眼镜的情况下继续比赛，台上裁判必须终止比赛，并且宣布裁判员终止比赛获胜（RSC）。

2.2.3.3.5 其他限制情况参见国际拳联现行医务手册。

2.2.3.4 观察期后体检——根据规则第2.2.3.6条规定，运动员在休息期结束后，需要医生签字确认才可恢复比赛。

2.2.3.5 击倒获胜（KO）与裁判员终止比赛获胜（RSC）.

当比赛结果是击倒获胜或者裁判员终止比赛获胜，拳台医生必须填写并签署比赛医务报告并更新国际拳联数据库，同时发送至相关的国家协会。医务报告中必须说明休息时间或保护措施，并由拳台医生提交给比赛监督。

2.2.3.6 保护性措施。

2.2.3.6.1 一次被击倒。比赛中因头部受重击被击倒或因头部受重击失去防守和继续比赛能力而被判终止比赛的运动员，从其被击倒或宣判终止比赛开始，至少30天内不得参加拳击比赛和实战。

2.2.3.6.2 两次被击倒。在90天内，若连续两次因头部受重击被击倒或因头部受重击失去继续比赛能力而被判终止比赛的运动员，从其第二次被击倒或宣布终止比赛开始，在90天内不得参加拳击比赛或实战。

2.2.3.6.3 三次被击倒。在12个月内，若连续三次因头部受重击击倒或因头部受重击失去继续比赛能力而被判终止比赛的运动员，从其第三次被击倒或宣布终止比赛开始，一年内不得参加拳击比赛或实战。

2.2.3.6.4 如果比赛因运动员被击倒或头部受重击而终止，拳台医生将根据脑部受震荡的严重程度决定停赛的时间：

2.2.3.6.4.1 如果没有失去知觉，则停赛至少 30 天；

2.2.3.6.4.2 如果失去知觉小于 1 分钟，则停赛至少 90 天；

2.2.3.6.4.3 如果失去知觉超过 1 分钟，则停赛至少 180 天；

2.2.3.6.4.4 如果在首次失去知觉后的 3 个月内第二次因重击失去知觉，该运动员的停赛期将是上次的两倍；

2.2.3.6.4.5 如果运动员在 12 个月内三次失去知觉，从他第三次失去知觉日起停赛至少 18 个月；

2.2.3.6.4.6 任何受到医务停赛的运动员在停赛期间不允许训练或实战。

2.2.3.6.5 如果运动员在训练时被击倒并/或出现脑震荡，以上条款同样适用。教练有责任向所在协会报告。

2.2.3.6.6 如果运动员在裁判员发出“分开”或“停止”口令后被击中头部并被台上裁判数秒到 10 而终止比赛时，该运动员则因对手被取消比赛资格获胜，但不允许继续比赛。

2.2.3.6.7 受伤运动员必须在得到该国医务委员会开具的可以参赛的书面证明，并通知国际拳联总部办公室后才能继续参赛。如果国家协会没有医务委员会，该证明须由神经科医师或运动医学专业人士提供。

2.2.3.6.8 如果是身体被击中，拳台医生将根据赛后检查决定休息期间或应采取的防护措施。

规则 3 记分系统

3.1 所有比赛必须使用国际拳联“十分制系统”。

3.2 在所有国际拳联公开拳击赛中，每场比赛 5 位台下评判员的位置由记分系统随机确定。APB 和 WSB 比赛中，每场比赛 3 位台下评判员位置由比赛监督手动抽签确定。

3.3 每一回合比赛结束时，每位评判员必须通过 10 分制记分打点决定该回合的获胜方。获胜方可得到 10 分，失败方可获得 9 分或者更少的分数，最低为 7 分。评判员根据对手在该回合中所处的劣势程度来判分。每一回合必须评出获胜方。

3.4 在 AOB 比赛中，5 名评判员打分分数全部被计入最终评分。APB 和 WSB 比赛中，3 名评判员的打分分数计入最终评分。

3.5 评判员必须在每回合结束后 15 秒内按下记分器。评判的分数在比赛监督的监控下会被直接传送至计算机系统，已传送的记分不会受到任何修改或添加。最后一回合比赛结束后，最终比分经比赛监督确认后由播报员宣布并在电视转播画面中显示出来。该宣布必须经比赛监督批准，由比赛监督将比分送至现场转播员处。比赛结束后，精确得分以及台下评判员的每次打分会被公开显示。公开显示的比分还包括每位被抽选出的评判员整场比赛的打分（包括因警告而扣除的分数）。

3.6　在比赛结束时，每位评判员最后记分包括任何扣分出现平局，比赛的结果将根据规则 4.3 项决定。

3.7　被抽中的三位评判最后一回合比赛打出的分数不得在宣告胜负前公布或者显示。在任何情况下都不得公布未被选中的两位评判员打出的分数。

3.8　由比赛监督告知宣告比赛结果。

3.9　所有在记分系统中记录的结果必须在每场比赛结束后打印出来，并由比赛监督同正式报告一并提交国际拳联总部。

3.10　如果记分系统在比赛进行中发生故障，台上裁判员应在每回合结束后，收集 5 名台下评判员署名记分表并递交给比赛监督。

3.11　每位评判员根据以下标准为两名运动员独立记分：

3.11.1　击打有效部位有效拳的数量；

3.11.2　运用技战术控制比赛的能力；

3.11.3　竞争性。

3.12　评判员必须使用以下标准进行回合打分：

3.12.1　10 比 9——双方实力相近；

3.12.2　10 比 8——胜负明显；

3.12.3　10 比 7——悬殊的比赛。

规则 4　胜负判定

4.1　得分获胜（Win on Points—WP）。

4.1.1　比赛结束，根据台下评判员的评分判定获胜选手，该记分为每位评判员每一回合评分的总和。获胜可能是一致获胜或多数获胜。

4.1.2　评判员将为每位运动员每一回合比赛进行评分，直到整场比赛结束。根据记分系统统计分数，分数领先的运动员为获胜方。如果比赛提前终止，即使该回合比赛不完整也要判分。

4.1.2.1　国际拳联公开拳击赛比赛（AOB）——在任何回合内，如果因非故意犯规造成受伤，导致裁判员终止比赛时，适用上述 4.1.2 规则；

4.1.2.2　国际拳联职业拳击比赛（APB）——在第三回合开始后，如果因非故意犯规造成受伤，导致裁判员终止比赛时，适用上述 4.1.2 规则；

4.1.2.3 世界拳击联赛（WSB）——在第二回合开始后，如果因非故意犯规造成受伤，导致裁判员终止比赛时，适用上述 4.1.2 规则。

4.1.3 评判员将为每位运动员每一回合比赛进行判分，直到整场比赛结束。根据记分系统统计分数，分数领先的运动员为获胜方。如果比赛提前终止，即使该回合比赛不完整也要判分。

4.1.3.1 国际拳联公开拳击赛比赛（AOB）——如果两名运动员同时受伤，裁判终止比赛，适用上述 4.1.3 规则；

4.1.3.2 国际拳联职业拳击比赛（APB）——如果在第三回合开始后两名运动员同时受伤，裁判终止比赛，适用上述 4.1.3 规则；

4.1.3.3 世界拳击联赛（WSB）——如果在第二回合开始后两名运动员同时受伤，裁判终止比赛，适用上述 4.1.3 规则。

4.1.4 如果发生因运动员或台上裁判员无法控制的事件而导致台上裁判员终止比赛，如拳台损坏，停电，自然力量或其他类似不可预见的情况。在该情况下，评判员将为每位运动员每一回合比赛进行判分，直到整场比赛结束。根据记分系统统计分数，分数领先的运动员为获胜方。如果比赛提前终止，即使该回合比赛不完整也要判分。

4.1.5 国际拳联公开拳击比赛（AOB）——在第一回合结束后发生以上情况，适用上述 4.1.4 规则。

4.1.6 国际拳联职业拳击比赛（APB）和世界拳击联赛（WSB）——在第三回合开始后发生以上情况，适用上述 4.1.4 规则。

4.2 记分系统按照以下原则给出一致性获胜或多数获胜的判定。

4.2.1 一致性获胜：对于国际拳联公开拳击赛（AOB），台下 5 名评判一致判定同一方获胜。对于国际拳联职业拳击赛（APB）和世界职业拳击联赛（WSB），台下 3 名评判一致判定同一方获胜。

4.2.2 多数获胜。

4.2.2.1 国际拳联公开拳击赛 AOB。

4.2.2.1.1 3 名评判员判一方获胜，另外 2 名评判员判另一方获胜或平分；

4.2.2.1.2 4 名评判员判一方获胜，另外 1 名评判员判另一方获胜或平分。

4.2.2.2 国际拳联职业拳击比赛（APB）和世界职业拳击联赛（WSB）。

4.2.2.2.1 2 名评判员判一方获胜，另外 1 名评判员判另一方获胜；

4.2.2.2.2 2 名评判员判一方获胜，另外 1 名评判员判另一方平分。

4.3 平局——在比赛结束时，每位评判员最后评分包括任何扣分后出现平局，台下评判员将被要求选定一个获胜方。以下几种为平局情况：

4.3.1 国际拳联公开拳击赛 AOB。

4.3.1.1 1名评判判平分，其余4名评判2比2判不同方获胜；

4.3.1.2 2名评判判平分，其余3名评判不是一致性判定；

4.3.1.3 3名或3名以上评判判平分。

4.3.1.4 国际拳联公开拳击赛 AOB 技术规则 4.3.1.1 项不适用的条件就是至少3名评判判同一方获胜。

4.3.1.5 国际拳联职业拳击赛 APB 和世界职业拳击联赛 WSB。

4.3.1.5.1 1名评判判平分，其余2名评判判不同方获胜；

4.3.1.5.2 2名评判判平分，其余1名评判判某一方获胜；

4.3.1.5.3 所有3名评判判平分。

4.4 技术性平局——（TD）。

4.4.1 国际拳联公开拳击赛 AOB——没有技术性平局。

4.4.2 国际拳联职业拳击赛 APB。

4.4.2.1 如果在第三回合开始前，因非故意犯规造成受伤，导致裁判员终止比赛时，可判定比赛为技术性平局。

4.4.2.2 如果在第三回合开始前，两名运动员同时受伤，导致裁判员终止比赛时，可判定比赛为技术性平局。

4.4.2.3 如果在冠军争夺赛中双方同时被击倒，可判定比赛为技术性平局。

4.4.3 国际拳联职业拳击联赛 WSB。

4.4.3.1 如果在第二回合开始前，因非故意犯规造成受伤，导致裁判员终止比赛时，可判定比赛为技术性平局。

4.4.3.2 如果在第二回合开始前，两名运动员同时受伤，导致裁判员终止比赛时，可判定比赛为技术性平局。

4.5 弃权（ABD）。

运动员因受伤自愿放弃比赛或者因教练员向拳台内扔毛巾或登上拳台围绳边，在台上裁判员没有数八的情况下，宣布其对手因弃权比赛获胜。

4.6 因裁判终止比赛获胜（RSC）。

4.6.1 当运动员在回合间休息后无法立即继续比赛，宣布其对手因裁判终止比赛获胜。

4.6.2 当运动员明显处于劣势或受到过多重击不适宜继续比赛时，台上裁判员终止比赛，并宣布其对手因裁判终止比赛获胜。

4.6.3 当运动员被重击而数八后不适宜继续比赛或者无法继续比赛时，宣布其对手因裁判终止比赛获胜。

4.6.4 根据“规则7击打过低”部分的相关规定，运动员在90秒后没有恢复，宣布其对手因裁判终止比赛获胜。

4.6.5 如果运动员被有效拳击出拳台外，在没有任何帮助的情况下，当裁判员完成数八后无法在30秒内返回拳台，宣布其对手因裁判终止比赛获胜。

4.6.6 比赛监督在征询拳台医生建议后判定应终止比赛，并通知台上裁判员终止比赛，宣布其对手因裁判终止比赛获胜。

4.7 因对手受伤裁判员终止比赛获胜（RSC-I）。

4.7.1 当一方运动员因被有效拳击打受伤或伤情加重不适宜继续比赛，台上裁判员终止比赛，宣布另一方因对手受伤裁判员终止比赛获胜。

4.7.2 当一方运动员因非击打受伤不适宜继续比赛，台上裁判员终止比赛，宣布另一方因对手受伤裁判员终止比赛获胜。

4.8 因对手被取消比赛资格获胜（DSQ）。

4.8.1 如果一方运动员因犯规或者任何其他原因被取消比赛资格，宣布另一方运动员因对手被取消比赛资格获胜。若获胜运动员因为此犯规或其他原因无法参加下一轮的比赛，则适用4.7.2规则。

4.8.2 台上裁判员判定一方运动员为故意犯规，并且该犯规动作造成对方受伤而不能继续比赛。故意犯规的运动员被取消比赛资格，受伤运动员获胜。

4.8.3 运动员得到三次警告将被自动取消比赛资格。

4.8.4 被取消比赛资格的运动员不能获得该比赛的任何奖励与积分。如果其行为违背体育道德，比赛监督必须在24小时内将相关情况汇报国际拳联纪律委员会。

4.8.5 若双方运动员均被取消比赛资格（BDSQ），包括未出场WO情况，则判双方运动员因被取消比赛资格负。

4.8.6 若一方运动员因违反体育道德（如攻击裁判员、比赛监督、随队官员或其他人员）而取消比赛资格，则判另一方运动员因对手违反体育道德取消比赛资格获胜（DQB）。犯规运动员将由国际拳联纪律委员会根据纪律守则进行处罚。

4.9 击倒获胜——（KO）。

4.9.1 如果一方运动员被击倒，在数到10秒之前不能继续比赛，即宣布另一方运动员击倒对手获胜。

4.9.2 在紧急情况时，台上裁判员在未数到10秒之前，可立即通知拳台医生上台。另一方运动员击倒对手获胜。

4.9.3 如果双方同时被击倒（DKO），判双方运动员因同时被击倒输掉比赛。

4.9.3.1　国际拳联公开拳击赛（AOB）决赛时出现同时被击倒，适用 4.1.3 规则。

4.9.3.2　世界拳击联赛（WSB）季后赛出现同时被击倒，适用 4.1.3 规则。

4.9.4　国际拳联职业拳击比赛（APB）。

4.9.4.1　如果双方被击倒，排名高的运动员获胜，排名低的运动员负。

4.9.4.2　在比赛中，无论运动员被击倒时位于拳台内或跌出拳台外，以上规则均适用。

4.10　对手未出场获胜——（WO）。

4.10.1　一方运动员已进入拳台准备就绪等待比赛，而另一方运动员未出场比赛，若比赛锣响后 1 分钟内，对手仍未出场，台上裁判员则应宣布场上运动员因对手未出场获胜。

4.10.2　AOB 比赛中如果一方运动员没有通过体检或称重、APB 和 WSB 比赛中一方运动员没有通过称重，那么判另一方运动员因对手未出场获胜。

4.10.3　如果比赛监督提前得知某方运动员不出场比赛，则取消规则 4.7.1 中描述的程序，直接宣布比赛结果。

4.10.4　国际拳联公开拳击赛 AOB——获得奖牌的运动员至少要参加一场比赛。

4.11　因故停赛——（NC）。

4.11.1　国际拳联职业拳击比赛（APB）和世界拳击联赛（WSB）。

4.11.1.1　如果发生运动员或者台上裁判员无法控制的事件，比如：拳台损坏，停电，自然力量以及其他类似的不可预见的情况，台上裁判员可终止该比赛。如果该情况发生在第三回合比赛开始前，比赛的结果为因故停赛。

4.11.1.2　如果两位拳手的体重均超过或者低于官方规定体重 500 克，那么则宣布该比赛因故停赛。国际拳联纪律委员会将根据纪律条例对两位拳手做出处罚。

4.11.2　国际拳联职业拳击比赛（APB）。

仅在拳王争霸赛时，如果两位拳手的体重均超过或者低于官方规定体重 1000 克，那么则宣布该比赛因故停赛，冠军的头衔空缺。国际拳联纪律委员会将根据纪律条例对两位拳手做出处罚。

4.12　特别修订。

国际拳联公开拳击赛（AOB）——如果发生因运动员或台上裁判员无法控制的事件而导致台上裁判员终止比赛，如拳台损坏、停电、自然力量或其他类似不可预见的情况，台上裁判员可终止该比赛。

如果该情况发生在第一回合结束前时，比赛的结果为因故停赛。由比赛监督确定重赛时间，重赛时间尽量安排在同一天。

规则 5 申诉

5.1 国际拳联各项赛事（AOB、APB 和 WSB）均不允许申诉，裁判员的评判为比赛的最终决定。

5.2 国际拳联公开拳击赛（AOB）——若比赛监督认为台上裁判的判罚有悖于技术规则和竞赛规则时，比赛监督必须填写比赛复议申请，并召开由副比赛监督、台上裁判员和台下评判员、评估员参加的复议会议。比赛监督必须在下场比赛开始前，将复议决定通过比赛复议申请表以书面的形式通知有关方。

规则 6 犯规

6.1 打腰带以下部位，搂抱、绊人、踢人、用膝关节和脚顶撞对方；

6.2 用头、肩部、前臂、肘关节顶撞或击打对手，使对手呼吸困难，用手臂或肘关节挤压对方的面部，把对手的头向后压向围绳；

6.3 用开掌、掌心、掌根或拳套侧面击打对手；

6.4 打对方背部，尤其是击打对方的颈后、后脑和肾部；

6.5 转体击打；

6.6 握住围绳或不正当的利用围绳进行击打；

6.7 用角力动作搂抱，压靠或摔绊对方；

6.8 击打已倒地或倒地后正在起立中的对手；

6.9 将对方抱住击打或拉住击打；

6.10 搂抱，锁挟对方的手臂或头部，或反推对方的肘关节；

6.11 身体下蹲过低，头部下潜至对方腰带以下；

6.12 抱头弯腰、故意摔倒、跑动或者转身进行消极防御；

6.13 说话；

6.14 当台上裁判员命令“分开”时，不向后退；

6.15 当台上裁判员命令“分开”时，未后退一步便试图袭击对手；

6.16 在任何时候，袭击裁判员或对裁判员有挑衅性的举动；

6.17 没有受到击打而有意吐出护齿，运动员可直接受到警告；

6.18 受到击打而护齿脱落，如果是第三次护齿脱落，运动员将受到警告；

6.19　伸直前手手臂以阻挡对手视线；
6.20　咬对手；
6.21　模仿对手的假动作犯规。

规则 7　击打过低

7.1　一方运动员击打过低。如果被击打的运动员没有抱怨，并且击打不重、不是故意的行为，台上裁判员必须在不打断比赛的情况下给予犯规的告诫。
7.2　一方运动员击打过低。如果被击打的运动员抱怨击打过重，台上裁判员可有两种选择：
7.2.1　如果是故意击打且力度较大，则立即取消击打方运动员的比赛资格。
7.2.2　开始对被击打运动员数八。
7.3　数八后，台上裁判员可有两种选择：
7.3.1　如果被击打运动员能够继续比赛：如果台上裁判员认为有必要，可以对犯规运动员警告，比赛继续。
7.3.2　如果被击打运动员不能继续比赛：台上裁判员可给被击打运动员最多 1 分 30 秒的恢复时间。
7.4　在上述时间段后，台上裁判员可有两种选择：
7.4.1　如果被击打运动员能够继续比赛，裁判员可以对犯规运动员警告，比赛继续。
7.4.2　如果被击打运动员不能继续比赛，则宣布对手技术性击倒获胜。

规则 8　告诫，警告，取消资格

8.1　在比赛中，如有运动员不服从裁判员指令、违反拳击规则、做出违背体育道德的行为，台上裁判员可酌情给予该运动员告诫、警告或取消其比赛资格的处罚。台上裁判员在对运动员提出警告时，应使用“STOP”口令中断比赛，用手势示意犯规类型。然后向比赛监督和每个台下评判员指出被警告的运动员。
8.2　如果运动员受到警告，比赛监督会在评分系统中记录该警告，得到一次警告在每位评判员的总分中减去一分。一场比赛中得到三次警告将被取消比赛资格。
8.3　如果一方运动员受到头部撞击或犯规拳击打，但未导致开口或受伤，台上裁判员应给予犯规运动员警告并扣 1 分。或者当台上裁判员认定犯规运动员的行为足够严重时，可以取消犯规运动员比赛资格。

8.4 如果一方运动员因头部撞击或犯规拳击打导致开口或受伤，台上裁判员必须取消犯规运动员比赛资格。

8.5 如果台上裁判员认为运动员有犯规行为，而自己没能看清楚时，可以咨询台下评判员意见。

8.6 比赛结束时发现运动员的护手绷带有异常，而且该异常有助于运动员从中获利，则立即取消该运动员比赛资格。

8.7 比赛监督有权对违反规则的运动员助手进行告诫，驱逐出场或者取消比赛资格的处罚。

规则 9 倒地

9.1 运动员受到有效拳击打，出现下列情况时可判倒地：

9.1.1 受到重击或连续击打后，除双脚以外的身体任何部分触及地面；

9.1.2 受到重击或连续击打后，体力不支倒在围绳上；

9.1.3 受到重击或连续击打后，身体或身体的部分躯干越出了围绳；

9.1.4 受到重击或连续击打后，虽没倒下，也没有倚靠在围绳上，但处于半昏迷状态，裁判员认为其丧失了继续比赛的能力。

9.2 倒下后的数秒。

运动员被击“倒下”时，台上裁判员应立即发出“STOP ”口令，并大声数秒。如果被击倒运动员在数完秒数前已站立起来准备继续比赛，台上裁判员从 1 数到 8。如果被击倒运动员不能继续比赛，台上裁判员从 1 数到 10。每个数字间的间隔为 1 秒，并用手势表示秒数，让被击倒的运动员知道秒数。从运动员“倒下”到数第一秒时，中间应有 1 秒钟的间隔。

9.3 对手的责任。

如一名运动员被数秒，台上裁判员在数秒同时应让对手退至中立角，如对手没有按台上裁判员的指令退至中立角时，台上裁判员应中断数秒，直到该运动员退至中立角，数秒再从被打断的地方继续进行。

9.4 强制性数八。

在一名运动员被击“倒下”，台上裁判员数秒的过程中，虽然该运动员在数完 8 秒之前身体状态已经恢复正常，并准备继续比赛，但台上裁判员仍须继续强制性地数到 8 秒后，才能继续比赛。

9.5　两名运动员同时倒下。

如果两名运动员同时倒下，只要其中一名运动员仍然处于“倒下”状态，台上裁判员则应继续数秒。

9.6　强制性数秒的限定。

9.6.1　一个回合最多 3 次数八；

9.6.2　整场比赛对于数八没有数量限制；

9.6.3　在 AOB 成年女子、青少年比赛中，整场比赛中最多 4 次数八。

9.6.4　由于犯规拳击打数八，不计入数八次数。

9.7　运动员被击出拳台。

如果一名运动员被击出拳台，允许该运动员在无人帮助的情况下，在 30 秒内返回拳台。如果无法在规定的时间段内返回拳台，则宣布对方运动员裁判员终止比赛获胜（RSC）。

9.8　击倒。

当台上裁判员数秒到 10 秒时，比赛终止，宣告击倒获胜。如裁判员认为运动员必须接受医生检查时可以立即停止数秒。

9.9　运动员在回合结束时被击倒。

9.9.1　运动员在回合结束时被击倒，尽管该回合时间已到，台上裁判必须继续数秒。

9.9.2　如果台上裁判员数到 10 秒，则判该运动员被击倒而输掉比赛。比赛锣声不能救运动员。

9.10　没有受到新的击打而再次倒下。

一名运动员被击倒下，待台上裁判员数完 8 秒后继续开始比赛。如果该运动员在没有受到新的击打之前再次倒下，则台上裁判员应从 8 开始继续数秒，直到数到 10。

竞赛官员规则

规则 10　台上裁判员

10.1　在所有的国际拳联比赛中，每场比赛必须有一名台上裁判员，台上裁判员是在拳台上执裁，不对比赛进行评分。在国际拳联公开拳击赛 AOB 中，每场比赛台上裁判员必须经抽签委员确认，必要时需经比赛监督确认。在国际拳联职业拳击比赛 APB 和世界职业拳击联赛

WSB 中，由比赛监督确认。

10.2 台上裁判员的职责：

10.2.1 在整场比赛中，保护双方运动员的安全是台上裁判员的首要职责。

10.2.2 严格遵守规则，保证比赛公平、公正。

10.2.3 保持对比赛各阶段的控制。

10.2.4 避免较弱的运动员遭受过度和不必要的打击。

10.2.5 使用四个口令执法：

10.2.5.1 “STOP”（停止）：命令运动员停止比赛；

10.2.5.2 “BOX”（开始）：命令运动员继续进行比赛；

10.2.5.3 “BREAK”（分开）：命令运动员停止相互扭抱，各自后撤一步，继续比赛；

10.2.5.4 “TIME”（停秒）：命令计时员或敲锣员停表。

10.2.6 用恰当和明确的指令、口令或手势向运动员示意其犯规动作。

10.2.7 台上裁判员可以用手触碰运动员以“分开”运动员或“停止”比赛。

10.2.8 在宣告员宣布比赛胜负以前，不得以任何方式示意比赛结果。在宣告员宣布获胜运动员后，应面向电视转播主机位举起获胜者的一只手臂示意。

10.2.9 当台上裁判员要取消运动员比赛资格或终止比赛时，必须先向比赛监督报告哪方运动员因何种原因被取消比赛资格或终止比赛，以便于比赛监督将判决结果记入系统并通知宣告公布比赛结果。

10.2.10 运动员受伤，台上裁判可咨询拳台医生意见。

10.2.11 当台上裁判员请拳台医生上台检查运动员时，只有台上裁判员和拳台医生两人能够进入拳台或站在围绳边；但是当拳台医生要求别人帮助时除外。

10.2.12 出现受伤时，如果台上裁判员不能清楚地辨明伤情，台上裁判员必须遵照如下程序：

10.2.12.1 要求未受伤的一方运动员站到中立角；

10.2.12.2 台上裁判员应请拳台医生上台检查运动员是否能够继续比赛。如果拳台医生告知可以，台上裁判员可以决定继续比赛；

10.2.12.3 如果拳台医生告知不可以继续比赛，台上裁判员可以决定终止比赛。如果裁判员没有看到犯规动作，必须咨询五位台下评判员意见，是否所有或者多数认定为犯规或是正确的击打。台上裁判员据此做出以下决定：

10.2.12.3.1 如果所有或多数评判员看到的是正确的击打，适用技术规则 4.4.1；

10.2.12.3.2 如果所有或多数评判员看到的是故意违规，适用技术规则4.5.2；

10.2.12.3.3 国际拳联公开拳击赛（AOB）。

如果所有或多数评判员认定为非故意犯规，适用技术规则4.1.2.1；

10.2.12.3.4 国际拳联职业拳击比赛（APB）。

10.2.12.3.4.1 在第三回合开始前，如果所有或多数评判员认定为非故意犯规，适用技术规则4.2.2.1；

10.2.12.3.4.2 在第三回合开始后，如果所有或多数评判员认定为非故意犯规，适用技术规则4.1.2.2；

10.2.12.3.5 世界拳击联赛（WSB）。

10.2.12.3.5.1 在第二回合开始前，如果所有或多数评判员认定为非故意犯规，适用技术规则4.2.3.1；

10.2.12.3.5.2 在第二回合开始后，如果所有或多数评判员认定为非故意犯规，适用技术规则4.1.2.3。

10.3 台上裁判员的职责：

10.3.1 如果比赛双方实力悬殊，可随时终止比赛。

10.3.2 如果一方运动员受伤，台上裁判员认定伤势严重到无法继续比赛时，可随时终止比赛。

10.3.3 运动员在比赛中消极，没有对抗，可随时终止比赛，并取消一方或双方运动员的比赛资格。

10.3.4 为确保规则的正确执行，对犯规运动员给予告诫，对严重犯规运动员或任何违背公平竞赛的行为给予警告。

10.3.5 对于不立即服从台上裁判员口令，或对裁判员有挑衅或攻击行为的运动员，可取消运动员比赛资格。

10.3.6 对有严重犯规行为的运动员可不事先警告，直接取消其比赛资格。

10.3.7 在规则适用和允许的范围内执法，并处理比赛中出现的、规则没有明文规定的任何事件。

10.4 装备检查。

10.4.1 当运动员进入拳台，台上裁判员必须根据国际拳联公开拳击赛、国际拳联职业拳击赛和世界职业拳击联赛的竞赛规则的相关规定检查运动员装备。

10.4.2 不允许运动员佩戴国际拳联公开拳击赛、国际拳联职业拳击赛和世界职业拳击联赛的竞赛规则规定以外的任何物品、佩饰。

10.4.3 若比赛中拳套松脱，台上裁判员应中断比赛，待整理好后，恢复比赛。

10.4.4 比赛结束后，台上裁判员必须检查每个运动员的护手绷带。

10.5 比赛开始前确认台下评判员和拳台医生就位。台上裁判员必须在得到比赛监督准许后开始比赛。

规则 11 台下评判员

11.1 任命和参赛。

11.1.1 所有国际拳联公开拳击赛，每场比赛由 5 名评判记分，该 5 名评判按照国际拳联公开拳击赛竞赛规则中所示分别坐在拳台 4 边。

11.1.2 所有国际拳联职业拳击赛和世界拳击联赛，每场比赛由 3 名评判记分，该 3 名评判按照国际拳联职业拳击赛竞赛规则和世界拳击联赛竞赛规则中所示分别坐在拳台 3 边。

11.2 在每场比赛赛前、赛中和赛后，不得与参赛运动员、其他评判员及任何人说话和示意。

11.3 在比赛结果没有宣布前，任何台下评判员不得离开各自的座席。

规则 12 国际拳联裁判员的管理

12.1 国际拳联负责所有星级裁判员的资质认定。

12.2 国家拳击协会执委会成员，如主席、执委、秘书长等不能担任任何级别比赛的裁判工作；但是，如果某成员不是协会主席、下属委员会主席或秘书长可执裁国家级别的比赛。

12.3 国际拳联裁判员管理系统与资质标准参见国际拳联裁判员管理指南。

12.4 所有国际拳联比赛的所有裁判员必须签署附录 E 国际拳联行为规范。

规则 13 拳台医生

13.1 拳台医生有权利和责任在比赛中执行医务规则。

13.2 国际拳联拳台医生的整个管理系统参见国际拳联拳台医生管理指南。

规则 14 计时员和敲锣员

14.1 计时员和敲锣员的主要职责是控制好比赛回合数、每个回合的时间，以及回合与回合之间的休息时间。两个回合之间必须休息整1分钟。

14.2 计时员和敲锣员以敲锣的方式宣布每个回合的开始和结束。

14.3 每回合结束前10秒，计时员和敲锣员必须给出提示，示意该回合即将结束。

14.4 计时员和敲锣员使用秒表或时钟对全场比赛时间进行计时。只有在台上裁判员发出“TIME”的口令时停表，在发出“BOX”的口令后恢复计时。

14.5 在台上裁判员数秒的同时，计时员和敲锣员应以声音信号告知裁判员秒数的间隔。

14.6 在台上裁判员数秒时，即使该回合结束时间已到，也不能鸣锣，只有当台上裁判员下令继续开始并发出“BOX”口令时，方可鸣锣。

14.7 当出现击打过低或运动员出现丧失意识，或运动员摔出拳台外时，计时员和敲锣员必须记录下相应的时间。

规则15 宣告员

15.1 宣告员的职责：

15.1.1 比赛开始前，宣告比赛类型、级别，比赛持续时间，运动员的姓名、国籍、体重级别和最好成绩，以及台上裁判员和台下评判员的姓名和国籍。

15.1.2 在每一回合比赛开始后宣布回合数。

15.1.3 按照从比赛监督处得到的比赛结果，在拳台上宣布比分及获胜方。

15.1.4 每个回合开始前10秒钟，宣告员要发出“助手退场”的口令，第一回合除外。

15.2 对于所有的国际比赛，宣告员必须具备以下资质：

15.2.1 能够流利地使用多种语言进行交流，至少可以使用英文。

15.2.2 熟悉国际拳联技术和竞赛规则。

15.2.3 在体育赛事播报方面拥有丰富的工作经验。

15.2.4 宣告员座位应紧靠拳台，在比赛监督左侧。

规则16 教练员/助手

16.1 资格。

16.1.1 只有具有国际拳联资质的教练员才能担任国际拳联比赛的助手。所有被运动员、国家拳击协会或者国际拳联拳击学院聘请的助手必须具有国际拳联颁发的资格证书；国际拳联特许情况除外。

16.1.2 其他职业拳击组织的现役教练员如已获得国际拳联教练员资格成为国际拳联注册教练员，可以担任国际拳联拳击赛事的教练和场上助手。

16.1.3 每名运动员可有3名助手协助比赛。然而只有两名助手可以登上拳击台，仅允许其中1人进入拳击台围绳之内。

16.2 助手的职责。

16.2.1 每一回合比赛开始前助手必须离开拳台，并将椅子、毛巾、水桶等物品从拳击台上清理干净。

16.2.2 比赛过程中助手应为运动员准备好毛巾。助手可以替运动员弃权比赛。在认为运动员无法继续坚持比赛时，助手可以往拳台内投掷毛巾表示弃权，但在裁判员数秒时除外。

16.2.3 助手只允许使用赛事组委会提供的透明瓶装水。如果出现划伤，助手只能使用凡士林、火棉胶、凝血酶溶液、微原纤胶原蛋白、吸收性明胶海绵、氧化纤维素和1/1000肾上腺素。也允许使用冰袋、冰熨斗和棉签。

16.2.4 助手可以使用最大尺寸为30cm×20cm×20cm的包。

16.3 禁止行为。

16.3.1 在比赛过程中，助手不允许喊叫、给运动员或裁判员击掌，不允许通过言语、手势鼓励和煽动观众。不允许拍打拳台、叫喊、引起骚乱或干扰比赛。

16.3.2 助手座席应该距拳台边角0.5~1米，在2~2.5平方米范围内。助手不允许走出特定的区域或做出任何反对台上裁判的手势。

16.3.3 助手不允许向拳台扔掷任何物件表示不满，也不允许踢椅子或水杯或其他东西，这些都是违反体育道德的行为。

16.3.4 在比赛内场担任助手时，不得使用移动电话、对讲机、耳机、微波收音机等。

16.3.5 比赛中，无论出现任何情况，不得给运动员补氧。

16.3.6 在FOP区域内，助手不许向竞赛官员大喊。

16.4 处罚。

16.4.1 第一次违反上述条例的助手将受到告诫。

16.4.2 第二次违反上述条例的助手将受到警告，并被驱逐出竞赛场地，但允许留在场馆内。

16.4.3 第三次违反上述条例的助手，比赛监督将责令其在当天剩余的比赛中不能出现在赛场。

16.4.4 如果助手被第二次逐出赛场，将禁止其该次比赛的助手资格。

竞赛器材规则

规则 17　拳击台

17.1　官方认证。

所有国际拳联比赛，国家拳击协会和国际拳联市场营销公司（BMA）必须使用获得国际拳联认证的官方器材供应商提供的拳击台。

17.2　拳击台和盖布的尺寸。

17.2.1　所有国际拳联比赛，拳击台围绳内面积为6.1米见方。

17.2.2　拳击台外延与围绳的间距是85厘米，包括紧固和固定拳台使用额外的帆布的厚度。

17.2.3　拳击台各部分尺寸如图1所示。

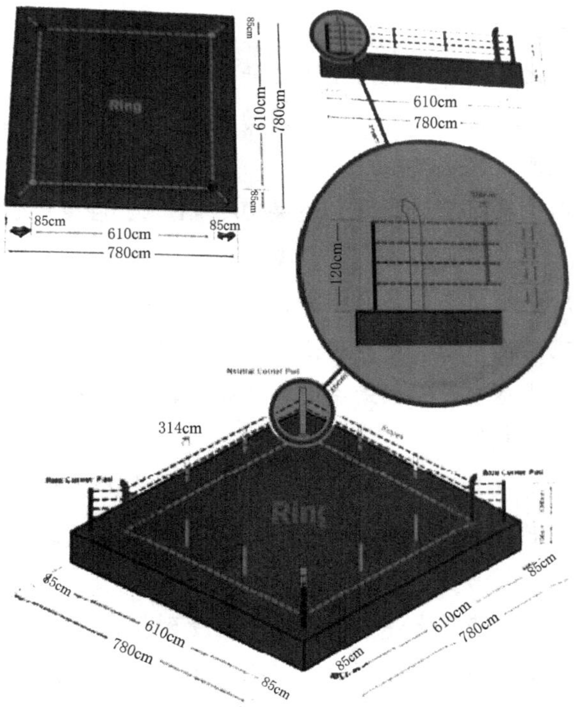

图1

17.3　拳击台高度。

拳击台距离地面的高度为100厘米。

17.4 拳击台面和角垫。

17.4.1 拳击台面应安全、稳固和平整，不得有任何障碍物。拳台的四角设有四个角柱，角柱用角垫缠绕，防止拳手受伤。面向比赛监督席角垫颜色的安排如下：

a. 近左角——红色

b. 远左角——白色

c. 远右角——蓝色

d. 近右角——白色

17.4.2 拳台台面是7.8米见方。

17.5 台面遮盖物。

17.5.1 台面必须覆盖有毡制品、橡胶或者其他经批准的软质、有弹性的合适材料。厚度不得小于1.5厘米，不得大于2.0厘米。

17.5.2 帆布必须覆盖整个平台，必须由防滑材料制成。

17.5.3 帆布必须为蓝色，潘通色卡299。

17.6 围绳。

17.6.1 围绳必须包有一层厚衬垫。

17.6.2 每一边有4根4厘米粗（不包括包垫的厚度）的围绳，与四个角柱稳固相连。

17.6.3 四根围绳离拳击台面的高度分别为40厘米，70厘米，100厘米和130厘米。

17.6.4 围绳的每一边用两条宽3至4厘米的帆布带将其上下相连、拴牢，四边帆布带之间的距离应相等。帆布带要稳固，不能顺着围绳滑动。

17.6.5 上面两根围绳必须足够拉紧，下面两根围绳不得拉得太紧。但是，在任何情况下，如有需要，台上裁判员和比赛监督都有权调整。

17.7 台阶。

拳击台设有三个台阶。红、蓝角各设一台阶，供参赛运动员及其助手使用；中立角设一台阶，供裁判员和临场医务监督人员使用。

规则18 拳台辅助设施

拳击台辅助设施要求如下，要求组委会至少在比赛开始之前两小时准备完毕。

18.1 锣（带锣锤）或者铃；

18.2 两个用于吐漱口水的塑料容器；

18.3 为比赛监督、副比赛监督、仲裁员、医务监督、计时员和敲锣员宣告及评判员等技术官员提供若干桌椅。

评判员座席标准为：

形状：正方形

宽度：80~100cm

高度：80cm

桌布颜色：白色

18.4 一只符合记分系统要求的电子秒表和一只手动秒表备用。

18.5 一台记分系统。

18.6 一个带有扩音设备的麦克风。

18.7 按照医务手册要求提供急救物品。

18.8 在拳击台两个中立角的外侧，各备一个非透明的塑料袋，供裁判员、拳台医生或医生放用过的止血棉球或纱布。

18.9 分别在红蓝角为助手提供三把椅子。

18.10 一副担架。

18.11 为抽取台下评判员的评判位准备一盒乒乓球和两个容器（一个透明、一个不透明）。

规则 19 护齿

19.1 在所有比赛中，运动员必须佩戴护齿。

19.2 不得佩戴红色或部分红色的护齿。

规则 20 护裆

对于所有男子比赛，运动员必须佩戴护裆，此外可再使用护身三角绷带。护裆不得覆盖任何有效击打部位。

规则 21 拳套规格

21.1 国际拳联公开拳击赛成年男子比赛、国际拳联职业比赛和国际拳联职业联赛：

21.1.1 49 公斤级至 64 公斤级必须使用 10 盎司拳套；

21.1.2 69 公斤级至+91 公斤级必须使用 12 盎司拳套。

21.2 国际拳联公开拳击赛成年女子比赛和青年男、女子比赛所有级别必须使用 10 盎司拳套。

附录 A 级别划分与术语

成年男子和青年男子
10 个体重级别

体重级别	最小体重	最大体重
轻蝇量级 Light Fly	46	49
蝇量级 Fly	49	52
羽量级 Bantam	52	56
轻量级 Light	56	60
轻次中量级 Light Welter	60	64
次中量级 Welter	64	69
中量级 Middle	69	75
轻重量级 Light Heavy	75	81
重量级 Heavy	81	91
超重量级 Super Heavy	91	—

成年女子和青年女子
10 个体重级别

体重级别	最小体重	最大体重
轻蝇量级 Light Fly	45	48
蝇量级 Fly	48	51
羽量级 Bantam	51	54
次轻量级 Feather	54	57
轻量级 Light	57	60
轻次中量级 Light Welter	60	64
次中量级 Welter	64	69
中量级 Middle	69	75
轻重量级 Light Heavy	75	81
重量级 Heavy	81	—

奥林匹克运动会成年和青年女子
3 个体重级别
根据变化

体重级别	最小体重	最大体重
蝇量级 Fly	48	51
轻量级 Light	57	60
中量级 Middle	69	75

少年男子和少年女子
13 个体重级别

体重级别	最小体重	最大体重
别针级 Pin	44	46
轻蝇量级 Light Fly	46	48
蝇量级 Fly	48	50
次羽量级 Light Bantam	50	52
羽量级 Bantam	52	54
次轻量级 Feather	54	57
轻量级 Light	57	60
轻次中量级 Light Welter	60	63
次中量级 Welter	63	66
轻中量级 Light Middle	66	70
中量级 Middle	70	75
轻重量级 Light Heavy	75	80
重量级 Heavy	80	-

附录 B　国家协会接受其他搏击类运动员参赛申请的通知（略）

附录 C　年度体检合格证明

健康证明

运动员

姓名：
出生日期：
签名：　　　　　　日期：

医生

姓名：
职务：
地址：
签名：　　　　　　日期：
意见：

可以参赛 □
不可参赛 □

健康证明

若存在下列情况，请予以说明：

1. 目前是否在接受任何治疗？

2. 是否受过脑震荡或昏迷？

3. 最近 6 周内头部是否受到过重击？

4. 最近 2 周内是否出现过头疼现象？

5. 是否有任何出血问题？

6. 是否有乙肝、丙肝或艾滋病病毒感染史？

7. 是否有突然致死的家族病？

8. 是否做过任何外科手术？

9. 是否住过院？

10. 是否有其他任何病情？

健康证明

若运动员在上一年有过脑震荡：	在休息期结束后，经过检查运动员可以参赛	是		否	
总体检查	全面检查	正常		不正常	
头部	眼睛：瞳孔尺寸和反应性，眼外移动	正常		不正常	
	嘴，牙齿	正常		不正常	
	颞下颌关节	正常		不正常	
	鼻子	正常		不正常	
颈部	颈椎移动	正常		不正常	
胸部	呼吸，压倒肋骨时感到疼痛	正常		不正常	
心血管系统	脉搏（请记录）	正常		不正常	
	血压（请记录） 心音	正常		不正常	
骨科系统	上肢：肩部、手腕、手	正常		不正常	
	下肢：踝关节	正常		不正常	
神经系统	条件反射	正常		不正常	
	语言反应	正常		不正常	
	运动反应	正常		不正常	
过敏	过敏史	有		否	
用药	名称和记录（清单）	是		否	

是否要提交治疗用药豁免申请表？如有，请说明。

附录D 复议申请表

比赛名称：
城市、国家：
日期：
场次：
单元数：
级别：
男子/女子：
运动员姓名红角和国家：
运动员姓名蓝角和国家：
描述：

之前判定结果：

新的和最终结果：

国际拳联比赛监督（姓名正楷）国际拳联比赛监督（签名）

抄送：双方领队、国际拳联总部

附录 E　国际拳联行为规范准则

国际拳联所有比赛中，裁判员必须签署“行为规范准则”，要求裁判员在整个比赛过程中必须恪守下列行为规范。

尊严

条例 1：比赛期间不许饮酒。

条例 2：不许在比赛场馆内吸烟。

条例 3：不许使用或携带任何电子设备包括但不仅限于手机、手提或台式电脑进入比赛场馆。

条例 4：不做出任何有损于国际拳联的行为。

条例 5：比赛期间不得做出任何破坏当地及外国游客民俗的行为。

条例 6：时刻保持专业和道德的行为，履行比赛监督工作要求。

正直

条例 7：不得与任何个人或团体做出违反国际拳联技术规则和 AOB、APB、WSB 竞赛规则的行为。

条例 8：只能接受国际拳联赠送的官方纪念品，作为裁判工作的纪念。

保密

条例 9：不得与任何个人或团体勾结做出违反国际拳联技术规则和 AOB、APB、WSB 竞赛规则的行为。

条例 10：在担任国际拳联裁判工作期间，在整个比赛期间，不得在比赛场馆内及其他任何场所与任何人谈及比赛相关话题。特别是对本国协会官员、国际技术官员、执委会成员、媒体和公众。

条例 11：不得与运动员、教练接触交往，不能做出任何让人怀疑能够影响公正判罚的举动。

条例 12：对于作为裁判员从国际拳联处得到的有关信息必须严格保密，特别是不允许向外透露自己上场执裁的安排。

参加

条例 13：必须按时参加与本人有关的各项活动。

条例 14：必须参加所有裁判员会议。

条例 15：必须履行比赛监督分配的各项工作。

责任

条例 16：必须保持良好的身体状态、个人卫生和职业形象。

条例 17：不得批评或评判任何其他裁判员的决定，除非比赛监督要求。

条例 18：必须遵守国际拳联技术规则、AOB、APB、WSB 竞赛规则和国际拳联纪律条例和道德条例。

我同意签署上述行为规范条例，并接受国际拳联纪律委员会和执委会对任何违反上述条例的行为做出的处罚。

日期：　　/　　/

姓名：

职务：

签名：